# I Sessantotto
# di Sicilia

di Pina La Villa e Sergio Failla

ZeroBook
2016

Questo libro è stato edito da Zerobook: www.zerobook.it.
Seconda edizione: novembre 2016
ebook: ISBN 978-88-6711-067-4
libro: ISBN 978-88-6711-068-1

Tutti i diritti riservati in tutti i Paesi. Questo libro è pubblicato senza scopi di lucro ed esce sotto Creative Commons Licenses. Si fa divieto di riproduzione per fini commerciali. Il testo può essere citato o sviluppato purché sia mantenuto il tipo di licenza, e sia avvertito l'editore o l'autore.

**Controllo qualità ZeroBook: se trovi un errore, segnalacelo!**
zerobook@girodivite.it

**Copertina: public domain by** https://pixabay.com/

# I Sessantotto di Sicilia

# Nota

Pubblichiamo qui, in forma ampliata, la ricerca presentata nell'ambito del convegno internazionale di studi dal titolo "Le radici della crisi.L'Italia dagli anni Sessanta ai Settanta", svoltosi a Bologna il 28-29-30 ottobre 1998, e organizzato dall'Istituto Gramsci Emilia-Romagna in collaborazione con il Dipartimento di discipline storiche dell'Università di Bologna, la John Hopkins University di Bologna, il Centro studi Piero Gobetti di Torino, e l'IMES Istituto meridionale di Storia e Scienze Sociali di Roma . Il testo della ricerca, col titolo "I Sessantotto di Sicilia: linee d'indagine" è stato poi pubblicato negli Annali dell'Istituto Gramsci Emilia Romagna, n 2-3 /98-99, Clueb, Bologna, 2000.

All'interno del convegno questa ricerca è stata l'unica, con nostro stupore, a presentare un primo approccio di studi riguardo il Sessantotto "al di sotto" della linea geografica di Roma. Da questo punto di vista consideriamo che, a distanza di anni, possa costituire ancora una base documentaria per chi volesse approfondire la ricerca.

1 settembre 2016

# Introduzione

A **Catania** la notte tra mercoledì 28 e giovedì 29 febbraio 1968, una ventina di studenti si barricano dentro il palazzo centrale dell'università. L'occupazione durerà una settimana. Sarà seguita da altre occupazioni e da una fase di agitazioni nelle facoltà che dura almeno fino alle elezioni politiche del 72. Il Sessantotto catanese vedrà la partecipazione di un gruppo di "giovani di sinistra" con funzione d'avanguardia rispetto alla massa degli studenti, in un contesto dominato dal sistema democristiano e socialista di Nino Drago e Fagone, costituenti un blocco organico con i "cavalieri del lavoro"; e che nel 1971 avrebbe dato un contributo nazionale alla politica italiana divenendo la città "più nera" d'Italia.

A **Palermo** la facoltà di Lettere viene occupata nel febbraio '68. A marzo seguono le occupazioni di Scienze e di Architettura. Nello stesso marzo 1968 si forma l'Interstudentesco tra le scuole medie e vengono occupati tre istituti.

Lotta alla mafia a partire dal grave problema dell'edilizia scolastica , autonomia del movimento studentesco, sperimentazione di forme di coordinamento (collettivi e interstudentesco) caratterizzano alcuni anni a cui possiamo anche qui porre il termine del 1972 (anno del rapporto di Lotta Continua sulla Destra fascista a Palermo [1]).

A **Messina** a partire dal Sessantotto si ha un duplice processo: mentre da una parte il ceto baronale universitario si impegna in una interna lotta per il potere, che porta al predominio delle facoltà di medicina [2] dall'altra la gestione ordinaria e quotidiana dell'Università viene demandata ad un sottoproletariato che garantisca la fedeltà al potere e la non intromissione negli affari interni finanziari. Messina ha il privilegio di conoscere, più che le altre università siciliane, il dominio militare dei gruppi neofascisti (occupazione del rettorato nel marzo 1969; occupazione della Casa dello studente).

---

1 *Rapporto sui fascisti a Palermo* / Lotta Continua. - 1972.

2 In ballo ci sono i finanziamenti per il Policlinico che diventerà a partire dagli anni Settanta l'ente appaltatore più importante di una provincia che vede provenire i finanziamenti e gli investimenti solo dagli Enti pubblici.

Nel 1967-1968 anche la **Sicilia**, con le sue tre sedi universitarie (Palermo, Catania e Messina) fu "investita" dall'ondata di occupazioni e manifestazioni che nel resto dell'Italia ha interessato le università e le città universitarie. Ma il caso Messina ci avverte subito che, all'interno di movimenti studenteschi comuni al resto d'Italia, in Sicilia c'è qualcosa che diverge dal quadro. La Sicilia vive il Sessantotto (la fase delle lotte studentesche che vanno dal 1967 al 1972) nella complessità di una regione che non ha caratteristiche unitarie, né per storia né per evidenze e manifestazioni sociali. Cogliere il Sessantotto in Sicilia e procedere allo studio storico e all'analisi significa avere a che fare con un quadro estremamente diversificato. Per questo preferiamo parlare qui di studio e tentativo d'analisi di "casi" e non di un unico fenomeno globale regionale.

Quando, nel 1997, siamo partiti con il nostro lavoro di ricerca, sapevamo molto poco del movimento studentesco siciliano. Man mano che abbiamo proceduto, contattando protagonisti, scovando memorie e pubblicazioni in cui (soprattutto in occasione del ventennale) alcuni avevano proceduto a una prima operazione memorialistica, abbiamo scoperto una realtà molto più complessa di quella che ci attendevamo. Questo nostro lavoro può considerarsi un primo tentativo di cogliere la realtà del movimento nell'isola dal punto di vista unitario, e secondo una metodologia storica che, crediamo, supera il limite della parzialità memorialistica. Mentre per altre aree territoriali si è prodotta una vasta memorialistica e persino una produzione di carattere storico sui movimenti sociali e politici negli anni del Sessantotto, per la Sicilia riteniamo non esista una ricostruzione d'insieme e spesso neppure parziale. Si è trattato allora di impostare una prima raccolta di dati e una prima riflessione.

Già alla fine del 1997, facendo un primo punto di verifica sulla nostra ricerca, formulavamo alcune domande.

Cosa fu il movimento studentesco che tra il 1968 e il 1969 ebbe le sue manifestazioni anche in Sicilia? Movimento *studentesco*: movimento di difesa corporativa, tutto interno ai bisogni di una categoria, quella legata al mondo della scuola - e c'erano sicuramente alcuni che transitavano già verso il mondo accademico o comunque si erano posti la ricerca universitaria quale sbocco personale di vita, che avevano questa tendenza -? O Movimento borghese, fatto da borghesi che vogliono una modernizzazione borghese della società - all'interno di una modernizzazione difficile come quella degli anni Sessanta e della "guerra fredda" in cui si affrontano sul campo borghesia reazionaria, borghesia statunitense, borghesia filo-sovietica ecc. -? O, ancora, movimento del ribellismo borghese, la "fronda" o gli "scapigliati" "maudit" borghesi? O movimento politico anti-borghese, che usa i problemi della scuola e dell'università come momento di lotta e di unificazione dei bisogni di una massa non ancora politicizzata, la fa transitare alla politica di opposizione attraverso la dimostrazione della impossibilità della riforma all'interno della società. I problemi della scuola sono allora problemi strumentalizzati da queste fazioni (le "avanguardie comuniste")? Il 68 come specchio della trasformazione borghese in atto, e dei problemi che non risolve - dunque i fatti dell'università come momento specifico, ma che rimandano ad altro -? Il solito mix di tutto questo?

E, ancora, che caratteristiche ha avuto in terra di Sicilia? E' stata una 'imitazione' pedissequa e modaiola di manifestazioni, atteggiamenti, movimento "di riporto", oppure ha avuto una sua specificità? Come si ponevano i ragazzi del movimento in quegli anni, qual era la loro posizione nei confronti non solo dei problemi della scuola, ma dei problemi specifici del mondo del lavoro e della produzione? Che grado avevano di comprensione dei mutamenti e delle trasformazioni in atto nell'isola, qual era la loro dimensione? Cosa pensano oggi quei "ragazzi", di se stessi di allora e di se stessi di ora. Che visione riusciamo a darne noi oggi, che non apparteniamo a quella generazione e che viviamo una fase storica altra?

E ancora, quali "categorie" ci spingono a formulare, provare, verificare, quei movimenti e quelle esperienze. Cosa ci svelano di noi? La sfida del fare ricerca e storia contemporanea deriva dal diverso rapporto che si ha tra se stessi, le proprie categorie mentali, il proprio mondo, e l' "oggetto" storico, che in ogni momento trasborda, ti coinvolge, richiama un dissidio che è proprio di una storia che non è del passato, non è "finita", ma che ha chiare manifestazioni anche nel nostro oggi. Una storia politica, perché coinvolge direttamente categorie ideologiche e soprattutto finalità polemiche dirette. Trent'anni di distanza possono bastare a riuscire a transitare da uno stadio di contingenza polemica a una acquisizione "scientifica" di dati, informazioni, interpretazioni? Su quest'ultimo punto abbiamo ipotizzato una risposta negativa: no, trent'anni sono pochi. E tuttavia sono sufficienti per un altro tipo di lavoro, che ci appartiene maggiormente, se non altro per questioni "generazionali": noi siamo forse la prima generazione di "storici" che può guardare ai fatti del Sessantotto senza esserne stati coinvolti direttamente, senza reducismi né polemiche di retroguardia. La vicinanza generazionale nello stesso tempo ci permette forse di "comprendere" linguaggi e forme di pensiero che non sono più parte dell'attualità di questo mondo che ha attraversato il 1989.

Un approccio da parte nostra alla storia del Sessantotto, si inquadra poi nell'ambito dell'attenzione che ci siamo posti rispetto ai movimenti e alle forme di azione collettiva [3] che hanno attraversato la società europea ed italiana. Ma con particolare riferimento ai riflessi e alle specificità culturali proprie di una "regione" come la Sicilia, in cui i movimenti della modernizzazione si scontrano in maniera determinata con forme e tensioni sociali ed economiche pre-esistenti.

Le difficoltà di ricerca sulla storia contemporanea, oltre alle difficoltà proprie di una ricerca che vede il proprio materiale d'oggetto in evoluzione, riguardano anche l'assenza e l'incuria in cui versano molti archivi pubblici che potrebbero in Sicilia svolgere un ruolo diverso. Poche (ma preziosissime) le eccezioni. L'Università, riguardo alla storia contemporanea e in particolare sulla storia della Sicilia, potrebbe svolgere un ruolo decisivo.

Il nostro approccio si inquadra nell'ambito dell'attenzione che ci siamo posti rispetto *ai movimenti e alle forme di azione collettiva* che hanno attraversato la società europea ed italiana dopo il 1945. Ma con particolare riferimento ai riflessi e alle specificità culturali proprie di una "regione" come la Sicilia, in cui i movimenti della modernizzazione si scontrano in maniera determinata con forme e

---

3 Cfr.: Ginsborg96, che dedica al 1968-1973 il titolo del cap. 9, "L'epoca dell'azione collettiva", p. 230 e segg.

tensioni sociali ed economiche preesistenti. Tenendo conto che il 1968 è in Sicilia l'anno del Belice e degli scontri nelle campagne tra braccianti e forze dell'ordine, e quindi nel quadro di un'analisi storica della Sicilia che vede la regione in quegli anni attraversare un periodo di trasformazione, con decise chiusure sul piano politico (dopo l'esperienza del "milazzismo") e speranze di fuoruscita dal sottosviluppo (le indicazioni di un economista come Sylos Labini in un'inchiesta pubblicata nel 1967 e condotta proprio all'Università di Catania in quegli anni [4]). Sul piano sociale assistiamo alla decisa immissione studentesca del ceto medio nell'università e i mutamenti di costume e di mentalità legati al primo consumismo e ai modelli culturali provenienti dal "continente" (con precise conseguenze sul distacco tra giovani e anziani, e il primo emergere di una soggettività femminile).

## Quattro casi per quattro città

La nostra ricerca analizza il movimento studentesco nel contesto di tre territori urbani e universitari (Palermo, Catania, Messina) siciliani. E il movimento studentesco che viene a consistere in una città periferica, non universitaria, attraversata da grosse tensioni e contraddizioni sociali interne, come Lentini e il suo territorio a carattere rurale (agrumaio).

Si tratta di contesti sociali diversi, di "storie" diverse. Esistono degli elementi comuni: la formazione ad esempio di gruppi di ragazzi che hanno vissuto l'esperienza delle manifestazioni antifasciste del 1960 (a Palermo e a Catania ci sono anche dei morti, a Messina ci sono manifestazioni). Da quei ragazzi proviene la generazione siciliana dell'UGI che ha impostato per tutti gli anni Sessanta, fino al 1967, le lotte studentesche all'interno delle università. Sono ragazzi che hanno una presenza anche culturale nella città: ad esempio il CUC di Catania (da cui nascerà l'esperienza di «Giovane Critica», rivista che avrà respiro nazionale proprio negli anni considerati). E che cominciano a formarsi al di fuori delle tradizionali organizzazioni della Sinistra storica (Fgci): nei circoli e nei gruppi di una Sinistra che inizia un percorso di elaborazione ideologico di critica anti-autoritaria: così il circolo

---

4 Problemi dell'economia siciliana / a cura di P. Sylos Labini. - Milano : Feltrinelli, 1966.

Pintor a Catania o il gruppo di Mario Mineo a Palermo. La generazione dei ragazzi formatisi con i "fatti del 1960" (e che compongono il quadro del Pre-Sessantotto nelle città universitarie siciliane) si salda a quella dei ragazzi che "fanno il Sessantotto". Fra i temi comuni alla protesta giovanile e studentesca emergono i tentativi di collegarsi con i problemi del territorio sia sul terreno dell'analisi politica che su quello dell'organizzazione della lotta (a Catania gli edili, i braccianti di Lentini, il problema del polo chimico di Priolo e Gela, a Palermo il problema del cantiere navale, della casa, della lotta alla mafia).

Il 1969 rappresenta per le tre città universitarie un salto di qualità nello scontro con la Destra fascista. Nel caso della città non-universitaria, lo scontro tra fermenti di rinnovamento e dominio delle strutture sociali conservatrici vede i "modernisti" sostanzialmente perdenti.

La frammentazione dei gruppi della nuova sinistra (sono presenti a partire dal 1969 tutte le "sigle" nazionali : Pcd'I, Lotta Continua, Servire il popolo, Movimento Studentesco ecc.) non favorisce un approccio e un contrasto unitario a una Destra che nel 1972 si affermerà in Sicilia con la vittoria alle politiche. I gruppi della nuova sinistra e i "modernisti" cattolici non riescono a penetrare all'interno delle organizzazioni "storiche", a portarle su posizioni più moderne e avanzate: finiranno per estinguersi progressivamente mentre la società nel suo insieme vivrà un processo di sclerosi e cristallizzazione - delle classi dirigenti come dei riti quotidiani.

# La Sicilia negli anni Sessanta

## L'economia

La Sicilia negli anni Sessanta è interessata da una serie di fenomeni e processi molto diversi, che investono tutti i campi della vita civile e culturale, e che solo in prima approssimazione possono essere etichettati sotto il segno di una dialettica in atto, uno scontro, tra trasformazione e conservazione. Gli stessi eventi che nel 1967-1969 che accadono in terra di Sicilia e che attirano l'attenzione dell'opinione pubblica nazionale italiana (attraverso i suoi giornali e mass-media) sono visti come segno di questo scontro in atto: così i "fatti di Avola" o il terremoto in Belice. I moti di contestazione studentesca delle università siciliane in quegli anni, nelle scuole medie superiori, e a partire dal 1969 nel tentativo di legarsi con le lotte contadine ed operaie, mostrano i segni di questo scontro che è composto e complesso.

> "Il decennio 1956-65 ha visto in Sicilia il più ambizioso e velleitario protagonismo politico coincidere con quella 'crisi del modello', e capitalistico e sovietico insieme, che si consuma nel 1956; la presunzione, alimentata all'inizio degli anni '60, di costruire e sperimentare in Sicilia un modello indigeno per dar corpo all'autonomia [...], si esaurì in una risposta debole e incoerente alla 'sfida meridionalistica'. L'apparato, di burocrazia regionale e degli enti economici, pensato in funzione di un piano di sviluppo, in assenza di forze sociali in grado di riconoscersi nei suoi obiettivi, e per la crescente sfiducia nel politico capace ci controllare il cambiamento, identificò il proprio ruolo nella tutela ed espansione dei suoi privilegi di corpo: e pertanto si atteggiò per un verso a duttile strumento di un ceto politico, che lo corruppe e ne fu corrotto, e per l'altro diventò il portatore più convinto del regionalismo 'sicilianista'" [5]

---

5 Giar87, p. 641.

La Sicilia negli anni Sessanta viene vista da uno dei migliori economisti dell'epoca, Paolo Sylos Labini, come una Sicilia divisa in due: una occidentale e una orientale, caratterizzate da strutture economiche diverse. Siamo nel corso degli anni 1959-1962, e Paolo Sylos Labini (prof di Politica dell'economia nell'Università di Catania) dirige una inchiesta sull'economia della Sicilia insieme a un gruppo di giovani collaboratori [6]. L'obiettivo è "la comprensione dei problemi fondamentali dello sviluppo siciliano e per l'azione di politica economica da intraprendere" [7]. Secondo Sylos Labini infatti "La Sicilia è ora in un delicato stadio di transizione: uno stadio intermedio tra la completa arretratezza e un processo di sviluppo capace di sostenersi da sé" [8]. Centrale è per Sylos Labini lo sviluppo dell'industrializzazione. Egli parla di

> "due Sicilie, di due diverse società. Zone con aziende industriali moderne (per lo più piccole ma anche grandi) si possono trovare nella parte orientale, mentre mancano quasi del tutto in quella occidentale. Nella prima troviamo le più importanti trasformazioni agrarie. Qui il commercio è relativamente più sviluppato e le forme più odiose di sfruttamento dei piccoli contadini da parte degli speculatori e degli intermediari, così comuni nella parte

---

6 L'inchiesta condotta da Paolo Sylos Labini sarà pubblicata nel 1966 da Feltrinelli (Sylos66) in un volume di più di 1500 pagine. L'inchiesta era divisa in 4 parti: popolazione occupazione e salari, con saggi di Andrea Saba e Sebastiano Solano (Lineamenti dell'evoluzione demografica ed economica della Sicilia dall'Unificazione ad oggi), Andrea Saba (Movimenti della popolazione e struttura economica), Ester Damascelli e Lorenzo D'Agata (Movimenti migratori), Maria Clara Tiriticco (Occupazione e salari nell'agricoltura e nell'industria); agricoltura e industria, con saggi di Ferdinando Buffoni (Tendenze dell'agricoltura), Franco Gallo (L'evoluzione dell'industria dal principio del secolo ad oggi. L'artigianato nella situazione industriale siciliana); questioni speciali, con saggi di Salvatore Assenza (L'industria elettrica 1947-1960), Romolo Flaccomio (La zona industriale di Catania), Piero Nucci (Credito ed usura), Ignazio Papale (Armamento e pesca), Andrea Saba (Il mercato agrumario nella Sicilia orientale e nella Sicilia occidentale); problemi di sviluppo, con saggi di Vittorio Ottaviano (L'assunzione del personale da parte della Regione), Paolo Sylos Labini (Il problema dello sviluppo industriale nella particolare situazione siciliana. La determinazione del contributo di solidarietà nazionale a favore della Regione Siciliana), Franco Leonardi (Operai nuovi : studio sociologico sulle nuove forze del lavoro industriale nell'area siracusana), Francesco Indovina (La scuola in Sicilia : sviluppo scolastico e sviluppo economico).

7 Sylos66, introd. p. V; cit. da Giar86, p. 308 e segg.

8 Sylos66, introd. p. V.

occidentale, sono relativamente rare. Infine troviamo la 'mafia' solo nelle provincie occidentali, non in quelle orientali" [9].

E ancora:

"Oggi le condizioni per un vero e proprio processo di sviluppo sono molto più favorevoli nella parte orientale che in quella occidentale della Sicilia. La via da seguire è di accelerare quei cambiamenti istituzionali che fino ad ora hanno avuto luogo in modo troppo lento e limitato. Questi cambiamenti dovrebbero riguardare soprattutto l'agricoltura, [...] attraverso quel poderoso strumento di trasformazione sociale che è l'industria moderna; e, naturalmente, dovrebbero essere accompagnati dal rafforzamento e dall'estensione delle strutture scolastiche che oggi sono carenti in tutta la Sicilia" [10].

Per Sylos Labini, la riforma agraria era stata attuata limitatamente e su terre molto povere. I maggiori progetti erano stati attuati, in maniera frammentaria, solo da pochi proprietari, "fortemente sussidiati dallo Stato o dalla Regione" [11]. Occorreva invece un intervento pubblico, nell'irrigazione e nella riorganizzazione dei mercati e nell'assistenza tecnica, e con

"una politica tendente a promuovere l'unificazione dei piccolissimi fondi in grandi unità produttive ed una politica vigorosa per organizzare cooperative ed altre associazioni fra i produttori" [12].

Nel settore industriale, Sylos Labini registra le difficoltà delle aziende che invece avrebbero potuto svilupparsi secondo

---

9 Sylos66
10 Sylos66
11 Sylos66
12 Sylos66

tradizioni produttive locali: dall'artigianato, all'industria tessile a quella alimentare. La progressiva scomparsa dei piccoli artigiani, mentre i tentativi di aziende più grosse falliscono perché sconfitte dalla concorrenza delle merci del Nord e di altri paesi, che producono in maniera più efficiente e standardizzata, e impongono i prodotti tramite le campagne pubblicitarie.

Rispetto agli economisti che individuavano nelle industrie a bassa intensità di capitale quelle da privilegiare nei paesi sotto-sviluppati, Sylos Labini indicava invece che "la priorità deve essere data alle industrie capaci di provocare i più ampi effetti collaterali e verticali, quale che sia la loro intensità di capitale": es. Siracusa, Gela, Ragusa dove si aveva non meno di 25 milioni per addetto, mentre a Catania si era sui 2 milioni per addetto (con intensità di capitale dunque molto bassa). Sylos Labini e il gruppo di collaboratori sono già in grado nel 1966 (data di pubblicazione ufficiale della ricerca) di vedere gli effetti dell'industrializzazione nelle aree dei nuovi complessi manifatturieri e minerari, soprattutto a spiegare quello che sarà evidente solo dopo: il fatto che i nuovi operai sono consumatori, ma di beni che provengono dal settentrione (l'offerta locale non è in grado di soddisfare il consumo dei nuovi stipendi e dei nuovi modelli), che si riesce a creare un indotto industriale solo dove le grandi industrie hanno bisogno di beni e servizi esterni, mentre a Catania, essendo imprese medie e piccole, non provocano indotto.

Il quadro economico che si ha davanti, è di una regione in profonda trasformazione, con un ruolo forte giocato da Stato e ente pubblico (Regione) [13]. Lo stesso bilancio economico regionale riguardante il settore dell'agricoltura e foreste, passa dal 40,5% (1952), al 28% (1959), al 17,8% (1970), mentre il settore industrie commercio trasporti e credito passa dal 36,5% (1952), al 46,5% (1959) [14] con tendenza alla crescita negli anni e decenni successivi. Tuttavia la riforma agraria, pensata nella cultura

---

13 Nelle tabelle pubblicate in *Notizie sulla congiuntura economica siciliana. Consuntivo 1966*, pubblicato a cura del Centro Studi della Cassa di Risparmio V.E. per le Province Siciliane (Palermo) nel 1967 si può desumere l'incidenza dello Stato e della Regione, soprattutto per quanto riguarda le opere pubbliche. A p.18, risultano per il 1965 lavori eseguiti per 35,5 mld finanziati dallo Stato contro i 6,7 mld finanziati senza interventi statali (totale 42,2 mld); nel 1966 si hanno opere pubbliche per 64,6 mld finanziati dallo Stato e 6,8 mld senza finanziamenti statali (totale 71,5 mld).

dell'epoca come cardine di ogni struttura economica e base per la pianificazione degli altri settori economici, anche se ha avviato delle trasformazioni nel medio e lungo periodo, fu attuata male e mantenendo privilegi e domini tradizionali. Il mutamento è reale [15], ma non nella direzione di un ammodernamento capitalistico delle campagne: la riforma infatti

> "in Sicilia è stata attuata limitatamente e, di regola, su terre molto povere" [16]

Il quadro che si deriva da altre fonti, non di studiosi [17] ma politici, e dunque legati in parte alla polemica contingente e con taglio pamflettistico, con il rilevamento delle commistioni tra riforma, "blocco agrario" e metodologie di dominio mafiose, è più inquietante e riteniamo più vicino alla realtà [18]. La lentezza di

---

14 Renda76, p. 693-694.

15 In questo senso vedi Renda76, p. 692-94, che tende a cogliere gli aspetti di mutamento: "Nella transizione dagli anni '50 agli anni '60 avviene nella campagne un mutamento radicale quale mai si era avuto nel passato; entra in crisi definitiva, cioè, una economia agricola di sussistenza, fortemente caratterizzata dalla sovrabbondanza di mano d'opera contadina e quindi dalla sottoutilizzazione della forza-lavoro agricola. In sua vece si afferma o tende a essere prevalente una economia agricola di mercato con un crescente ruolo dell'azienda trasformata. Questo passaggio [...] ha sconvolto antichi equilibri, [...] dato luogo ad uno sviluppo isolano molto diseguale e assai contraddittorio, creando zone di trasformazione molto importanti e zone di desolato abbandono che coinvolge popolazioni di interi territori [...]. Un ruolo fondamentale [...] ha avuto e continua ad avere lo Stato".

16 Sylos66

17 Occasione mancata di una migliore comprensione della realtà economica e politica della Sicilia di quegli anni ci sembra il saggio di Salvatore La Francesca (Lafran77) nella poderosa *Storia della Sicilia* coordinata da Rosario Romeo.

18 Scrisse Pio La Torre: "Dopo un ampio dibattito, l'Assemblea regionale siciliana, il 27 dicembre 1950, approvò l'importante legge di riforma agraria che oltre a fissare il limite delle proprietà terriere a 200 ettari, imponeva agli agrari alcuni vincoli per la trasformazione delle terre che restavano di loro proprietà. Ma quella legge, varata in un clima drammatico, doveva essere apertamente sabotata e restare per cinque anni senza attuazione. Fu scatenata dagli agrari siciliani un' 'offensiva della carta bollata' per bloccare l'attuazione della legge. Ma quell'offensiva potè avere successo perché il governo regionale presieduto dall'on. Restivo fu ben lieto di assecondare la manovra degli agrari e dei loro avvocati. Intanto gli avvocati degli agrari erano noti esponenti della Democrazia cristiana siciliana come il prof. Gioacchino Scaduto (allora sindaco di Palermo), il prof. Pietro Virga (allora assessore ai lavori pubblici del Comune di Palermo), il prof. Lauro Chiazzese, rettore dell'Università, presidente della Cassa di Risparmio V.E. per le province siciliane, e segretario amministrativo della DC, il prof. Orlando Cascio, uomo di fiducia del ministro Mattarella. Queste personalità, presentando i ricorsi degli agrari, erano in grado di influenzare fortemente l'attività dell'assessorato regionale all'agricoltura

attuazione stessa della riforma (segno del potere degli agrari ma anche del loro decadimento o spostamento [19]) permette agli interessi del 'blocco agrario' di spostarsi progressivamente su altri settori di sviluppo (come quello della speculazione edilizia), innestando qui i cardini del nuovo potere dei ceti dominanti.

Se tuttavia gli anni Cinquanta saranno dominati dal problema dello sviluppo agrario, negli anni Sessanta si porrà in

e dell'Ente di riforma agraria. Il personale dell'assessorato dell'agricoltura e quello dell'Ente di riforma agraria, d'altro canto, era stato assunto con i peggiori metodi del clientelismo privilegiando alcuni rampolli delle più note famiglie mafiose. Le connivenze, pertanto, diventarono un fatto normale. Solo così si spiega il fatto che per ben 5 anni gli agrari riuscirono a bloccare l'attuazione della riforma. Nello stesso tempo venne attuata una colossale truffa nei confronti dei contadini siciliani con l'operazione vendita delle terre, in violazione della legge di riforma agraria. Protagonista di questa operazione doveva essere la mafia. Le relazioni presentate dalle federazioni comuniste di Caltanissetta, Agrigento e Trapani nel 1963 [...] documentano gli episodi più significativi di questa grande truffa. La relazione della federazione comunista di Caltanissetta documenta come in quella provincia, negli anni successivi all'approvazione della legge, siano stati venduti circa 20.000 ettari di terra" (Mafia76, p. 35-36). Sulla influenza della mafia sulla politica: "nel periodo della 'mafia agricola' le più importanti cosche mafiose della Sicilia occidentale confluirono nel sistema di potere della DC. Ciò spiega la loro potenza e come riuscirono prima a bloccare la riforma agraria e poi a svuotarla largamente con l'operazione vendita delle terre. Ciò spiega anche l'inquinamento della pubblica amministrazione. L'Ente di riforma agraria, i consorzi di bonifica, i consorzi di irrigazione, ecc. erano in mano alla mafia" (Mafia76, p. 39). E' da notare che l'orizzonte di realtà costituito dal dominio mafioso rimane fuori dal campo di osservazione di Giar87.

19 In questo senso vanno lette, a nostro avviso, le intelligenti notazioni del socialista Simone Gatto (lettera a "Lo Spettatore italiano" maggio 1955; poi in Lo Stato brigante, Trapani 1977, p. 64-73, cit. Giar87, p. 619-620): "Il blocco agrario non ha più la compattezza, politica ed economica, che aveva ricostituito negli anni tra il 1948 e il '50. Il fatto stesso che la riforma agraria abbia potuto avere attuazione, sia pure molto limitata, indica che esso non ha potuto continuare a tenere unite le forze politiche che lo rappresentano in una situazione di immobilismo, sulla base comune della conservazione delle strutture. Ad un certo punto per poter mantenere in funzione il monopolio della direzione politica dell'isola, ha dovuto cedere su alcuni punti fondamentali, tra cui l'effettuazione degli scorpori [...]. La DC può ancora contare su quella parte del blocco agrario che, avendo ormai dato per scontata l'applicazione più o meno differita della riforma agraria, punta ora su altre possibilità di profitto ancora legate alla terra [...]. Un altro settore del blocco agrario che rimane legato al partito di maggioranza è costituito da quei gruppi che hanno ritenuto conveniente investire in appalti di lavori pubblici, per il più alto margine di profitto e per la maggior possibilità di una diretta agevolazione da parte degli organismi politici e regionali. Insieme con il sorgere di nuove imprese edilizie nelle zone più interne dell'isola e all'instaurarsi di rapporti 'precapitalistici' in questo nuovo settore dell'industria edilizia, si è venuta configurando una cosiddetta 'mafia degli appalti', destinata ad affermare i sistemi del feudo, sia nei rapporti tra imprenditore e manodopera che in quelli tra appaltatore e sub-concessionario. Un antagonismo tra mafia del feudo e mafia degli appalti è stato alla base di clamorosi contrasti tra alti esponenti della DC durante la campagna elettorale del '53".

Sicilia il problema dello sviluppo urbano e industriale. La nascita delle industrie di trasformazione del petrolio e chimiche concentrate nei poli di Priolo e Gela, susciterà grandi speranze di un'isola inserita nel pieno dello sviluppo occidentale e capitalistico europeo. Speranze presto deluse dal tipo di scelte effettuate, dipendenti tutte dalla decisione politica pubblica. Si effettuano i primi investimenti, ma poi tutto viene bloccato a metà, non si prosegue nella pianificazione di quello sviluppo. La stessa domanda di beni di consumo che deriva dalla nuova occupazione operaia in queste aree, e nelle aree urbane di Palermo, Catania, Messina interessate indirettamente dalla modernizzazione, è diretta verso beni di consumo di provenienza esterna, che non porta a stimolare la nascita di aziende locali [20].

Nel 1962 si procede a una mini-riforma del governo regionale [21], che in parte è un momento di razionalizzazione - si passa a dieci il numero degli assessorati, si precisano meglio funzioni e ruoli di presidente, assessori regionali ecc. - ma porta anche alla creazione di un apparato burocratico regionale:

> "Si passa così da 200 a 1000 dipendenti, che presto diventeranno 1450; e ad essi già la legge regionale n. 11

---

20 Ci si riferisce alle aziende di produzione alimentare e tessile, ad esempio, stroncate dalla concorrenza delle aziende del nord-Italia. Mentre per quanto riguarda i consumi vale quanto sottolineato da Franco Leonardi, in Sylos66: "La domanda pei prodotti poveri cresce poco o non cresce affatto; cresce invece in misura sensibile la domanda di prodotti ricchi (specialmente latte, e latticini, carne, zucchero; anche frutta e ortaggi). Ma [...] quelli ricchi sono prodotti localmente solo in quantità limitate. Inoltre molti di questi prodotti sono confezionati ai tipi standardizzati dalle industrie del Nord [...]: di conseguenza, una parte non trascurabile della domanda addizionale dei prodotti agricoli va a beneficio delle regioni settentrionali piuttosto che dell'agricoltura e delle industrie alimentari locali". Lo stesso "nel caso degli impianti e dei macchinari e dei beni durevoli do consumo, come motociclette, automobili, televisori, apparecchi radio; va in parte a beneficio delle industrie siciliane nel caso dei materiali da costruzione, di apparecchi elettrici, e di certi beni non durevoli di consumo; va totalmente a beneficio della produzione locale, nel caso di alcune piccole industrie manifatturiere, di vari servizi dell'artigianato moderno (per esempio, servizi di trasporto, officine meccaniche)". Si rileva ancora come "Gli effetti collaterali sono rilevanti solo quando le imprese sono grandi e hanno bisogno di beni e servizi esterni. Così codesti effetti hanno avuto un certo peso a Siracusa, ma sono stati poco importanti a Catania, dove l'ampiezza delle nuove imprese è media o piccola [...]. E' necessario un intervento pubblico per lo meno al livello finanziario e organizzativo, per promuovere lo sfruttamento degli effetti verticali" (Sylos66).

21 legge regionale n. 28, 29 dicembre 1962, 'Ordinamento del Governo e dell'Amministrazione centrale della Regione Siciliana' (Cfr. Giar87, p. 636)

del 1° febbraio 1963 avrebbe riconosciuto un miglior trattamento economico rispetto al dipendete statale con uguale funzione" [22]

La burocratizzazione della Regione Sicilia avrà effetti ben determinati sullo sviluppo stesso della regione. Da una parte esisteva la necessità di creare un'azienda Regione che potesse essere meglio capace di assolvere le funzioni di coordinamento e stimolo, amministrative ed economiche, proprie dell'idea di sviluppo sostenuto che si aveva all'epoca; dall'altra, il modo con cui fu messo in piedi l'apparato burocratico, con personale scelto secondo criteri clientelari, con la pratica del clientelarismo attuata nello svolgimento della funzione amministrativa a deprimento di diritti e doveri. Così quella dei funzionari regionali diventava, all'interno di una regione con forte bisogno di impiego, una casta oggetto di privilegi e che diventava soggetto della conservazione non solo del potere del partito dominante, ma anche della reazione a qualsiasi tentativo di riforma.

Si formano alcuni Enti destinati (in teoria) a coordinare lo sviluppo economico:
1. ERAS, che divenne nel 1967 ESA (Ente sviluppo agricolo)
2. nel gennaio 1963, l'EMS (ente minerario siciliano)
3. nel 1966, l'ESPI (ente siciliano di promozione industriale), nato sulle ceneri del SOFIS (esistito nel 1957), omologo di IRI e ENI su scala regionale.

"Il modo stesso in cui la classe politica isolana si appropria della 'cultura della programmazione', ancorandola ai quadri regionali per fare con i piani ora proposte concorrenziali rispetto all' 'offerta' dello Stato, ora complice adescamento di venturieri della finanza o

---

22 Giar87, p. 636.

> dell'impresa, riduce gli enti a pascolo riservato del sottogoverno 'siciliano'" [23]

Alla fine del 1965, l'assessore allo Sviluppo Economico, Attilio Grimaldi, presenta un "Progetto di programma di sviluppo economico della Regione Siciliana per il quinquennio 1966-1970". L'obiettivo era bloccare l'emigrazione, creare occupazione, aumentare la produttività e l'efficienza gestionale del settore pubblico [24]. Grimaldi muore nel 1967, e del programma di sviluppo si perde memoria; solo nel 1978 la Regione tornerà a parlare di "programmazione". Nel periodo tra il 1966 e il 1972, i due assessorati economici chiave della Regione Sicilia saranno tenuti saldamente da due politici socialisti: Salvatore Fagone (all'Industria [25]), e Calogero Mangione (Sviluppo economico).

## Il potere delle esattorie

Proprio l'autonomia siciliana, e l'interpretazione che ne viene fatta, nella lotta interna tra i ceti dominanti dell'isola, diventa motivo di incentivo della pratica del clientelarismo e del dominio feudale-mafioso dell'isola. L'autonomismo tributario in particolare, perseguito dai governi regionali di Milazzo (1959-60, con Benedetto Majorana della Nicchiara alle finanze), e D'Angelo (1961-63, Paolo D'Antoni alle finanze):

> "clamorosa l'approvazione il 15 dicembre 1962 della legge regionale n. 531 di proroga ai 'privati' della gestione delle esattorie siciliane per il decennio 1964-73" [26]

---

23 Giar87, p. 637.

24 Cfr. l'analisi che ne fa. Giar87, p. 648-649.

25 Tranne che per 7 settimane, sotto il governo Giummarra. Cfr. Giar87, p. 653.

26 Giar87, p. 634.

e con cui si perpetua la pratica degli aggi esattoriali, aggi che rimangono i più alti tra quelli praticati in Italia e nel Mezzogiorno. Esattorie private che sono nelle mani delle famiglie dei Cambria e dei Salvo:

> "Tra gli inizi del '62 e l'approvazione della legge (35 voti contro 27) fu attivata dai consigli di amministrazione delle società interessate 'la libera disponibilità dei fondi di emergenza': e gli esattori riuscirono così ad ottenere da una maggioranza 'avanzata' il blocco dell'iniziativa di un Ente regionale di riscossione delle imposte, e in anticipo sulla scadenza la proroga decennale" [27]

Il presidente della Regione Siciliana, D'Angelo, subì nel 1967 una dura sconfitta elettorale, ma rimase segretario regionale della DC siciliana. Nel dicembre 1970 sarà sotto la Commissione Antimafia e dichiara:

> "veda i carichi delle esattorie, veda quali aggi si praticano in Sicilia, e constaterà quale massa di miliardi converga legittimamente nelle mani di alcune persone, che saranno tre o quattro in tutta la Sicilia. Io ho sempre detto [...] che nemmeno la Montedison ha la possibilità di disporre a suo piacimento di capitali di questo tipo e di queste dimensioni" [28]

## La mafia

Nelle sentenze di rinvio di giudizio di mafiosi palermitani stese tra il 1963 e il 1964 da Cesare Terranova, è possibile comprendere "il salto di qualità che trasporto, raffinazione e spaccio degli stupefacenti avevan prodotto nelle strutture e nella 'cultura' della

---

27 Giar87, p. 634.

28 Giar87, p. 634-5, che al solito cita solo vagamente la fonte.

mafia" [29]. Una consapevolezza, quella di Terranova, che non ebbe riscontri in altri ambienti o fu letta con "superficialità".

"La via della droga, dal Medio Oriente all'America, passava per la Sicilia attivando i consolidati canali tra mafia isolana e gangsterismo siculo-americano: a metà degli anni '60, fossero siciliani o siculo-americani, i grandi capi della mafia erano attivi sull'asse Messico-Canada e la testa dell'organizzazione era negli Stati Uniti o in Canada, e la Sicilia era una dipendenza, con il suo brodo di cultura, i suoi killer, la sua 'cupola'. Impegnata a tessere la rete dei collegamenti nazionali e internazionali (e i nodi di questi collegamenti, a Milano o a Marsiglia, a Città del Messico o a New York sono segnati da 'regolamenti di conti'), la 'grande mafia' garantisce gli equilibri locali dell'area occidentale dell'isola, porta altrove le sedi di mediazione e autorità, lascia alle locali associazioni (a delinquere) libertà di profittare delle occasioni di arricchimento che le nuove strutture della Regione - assessorati, enti locali, enti di promozione economica, credito agevolato e incentivi - offrono, in un sistema sostanzialmente privo di controlli e di verifiche" [30]

"Nelle campagne, la presenza mafiosa si consolida nei consorzi di bonifica e nei consorzi agrari, nel controllo dei flussi di spesa pubblica (spese per l'edilizia rurale, e infrastrutture, contributi a fondo perduto): gli scontri e le mobilitazioni per le dighe sullo Jato e sul Belice riportano in primo piano la 'mafia delle acque', e il ruolo di intermediazione politico-clientelare assistita da mafiosi nella trasformazione fondiaria degli anni '50 e '60. Ma è soprattutto la città l'area delle nuove opportunità: non più soltanto il controllo del mercato agroalimentare e della distribuzione, in una fase di rapida espansione e crescita dei consumi, ma soprattutto la speculazione sulle aree, le agevolazioni in materia di credito fondiario, la presenza

---

29 Giar87, p. 637

30 Giar87, p. 637-638.

interstiziale nel mercato edilizio. Sarà il terreno su cui si salda l'alleanza tra mafia e politici rampanti" [31]

Scrive Umberto Santino, uno dei più attenti studiosi sul fenomeno mafia della Sicilia:

"La mafia alla fine degli anni '60 e dei primi anni '70 è in mutamento, nel senso che da una dimensione urbano-imprenditoriale circoscritta all'orizzonte locale passa sempre di più a una dimensione nazionale e internazionale, in relazione con un incremento mai prima registrato dell'accumulazione illegale, in particolare dovuto alla produzione e commercio di droga («mafia finanziaria» [...]. Già all'inizio degli anni '60 si è sperimentata una forma organizzativa unitaria per la gestione del contrabbando dei tabacchi, in cui figurano «delegati» delle varie «famiglie», e alcuni «problemi» derivanti da tale rapporto unitario, insieme con la volontà egemonica dell'organizzazione di Palermo centro, diretta dai La Barbera, avevano scatenato la guerra di mafia degli anni 1960-63. Adesso si usa per gestire il traffico di droga la stessa formula unitaria, trasversale all'organizzazione familistica, funzionale ai «nuovi compiti» ma portatrice di nuove tensioni che esploderanno nella più recente guerra di mafia (1981-83). Mentre la mafia degli anni '60 non può che contentarsi dello spazio che ha, in relazione a un'accumulazione limitata, che la vede dipendere, come altri soggetti, dal denaro pubblico, a cui attinge attraverso appalti e subappalti, la mafia degli anni '70 realizza livelli di accumulazione tali da uscire dalla dipendenza e da autorizzare una richiesta di spazi esorbitante rispetto alle compatibilità per lo più irrigidite dalle difficoltà economiche che ridimensionano il flusso di ricchezza pubblica dirottato verso il Mezzogiorno, con le conseguenze [...] di scontro di settori politico-istituzionali che si oppongono al processo di espansione degli interessi mafiosi. Quindi la mafia degli anni '60 non è «sotto controllo» perché obbedisce ancora a codici tradizionali, ma vige un rapporto pattizio politici-

---

31 Giar87, p. 638.

amministratori-mafiosi che consente una convivenza pacifica, dato che il *do ut des* tra i soggetti del patto funziona con relativa «soddisfazione» dei contraenti. Tale patto salterà successivamente perché uno dei soggetti, cioè i mafiosi, cresce troppo rispetto a un quadro complessivo che non ha molte possibilità di «elasticità»" [32].

"L'ondata repressiva che seguì alla strage di Ciaculli (1963), che portò all'istituzione della commissione parlamentare d'inchiesta (con l'ennesima scoperta della mafia come «questione nazionale» [...]) si risolse senza danni sostanziali per le organizzazioni mafiose. Proprio allo scadere degli anni '60 si celebrano i processi che avrebbero dovuto concretare l'azione repressiva: il processo di Catanzaro a 113 mafiosi, il processo per traffico di droga, il processo a 18 mafiosi del quartiere Uditore, che si conclusero con lievi condanne e con assoluzioni, che frustrarono il tentativo, compiuto quasi solo dal giudice istruttore terranova, di lettura unitaria della delittuosità mafiosa e di applicazione al fenomeno mafioso della fattispecie «associazione a delinquere» prevista dall'art. 416 del codice penale. Solo il processo per gli assassini del commissario Tandoj si conclude con la condanna all'ergastolo degli imputati" [33].

E ancora, per quanto riguarda la Sicilia orientale:

"La Sicilia orientale, la cui criminalità associata solo ora entra - anche per la mediazione di gruppi e di singoli 'catanesi' che operano in Lombardia o in Piemonte [...] - nella più vasta rete nazionale della mafia, conosce una vicenda che è in parte diversa: qui la mediazione burocratica è più importante di quella mafiosa nel controllo della spesa pubblica, più stretto e continuo è il rapporto con la grande distribuzione e la grande finanza, ma anche tradizionalmente più varie le opportunità di

---

32 Santino92, p. 68.

33 Santino92, p. 67.

successo economico. Nelle aree di sviluppo industriale, se la meccanica stenta ad affermarsi, le attività connesse all'edilizia conoscono una crescente espansione; e tuttavia le dimensioni rimarranno modeste per struttura e numero di addetti, e lento l'adeguamento tecnologico. La speculazione sulle aree, possibile e remunerativa sol che si disponga di una copertura politica autorevole, non si concentra a tutta prima in ristretti gruppi di controllo ma si disperde in rivoli numerosi che alimentano e saldano l'irregolare tessuto delle clientele. Il salto di qualità avviene attraverso il coinvolgimento negli appalti, e la diretta assunzione di opere pubbliche (viabilità, infrastrutture primarie): la mediazione politica ha un ruolo essenziale nella selezione degli imprenditori, sia attraverso il credito agevolato sia come strumenti di traduzione in profitti finanziari della quota di spesa pubblica che il politico locale è riuscito ad assicurare per la sua area, e di cui è gestore e garante quel sottogoverno che egli controlla" [34]

## Il sindacato

"Il sindacato - culturalmente sorpreso dalla rapida 'conversione', e dall'egemonia urbana - svolge un ruolo dipendente, quasi sempre di rimessa e in alcune sue frange di 'copertura padronale'. Il riferimento obbligato ai partiti, la DC per i cattolici, soprattutto il PCI per la CGIL, gli sottrae ogni spazio politico e di rappresentanza di interessi e di alternativa programmatica. Lo spazio sindacale rimane comunque in Sicilia l'area privilegiata di formazione e di azione del nuovo 'politico di sinistra', che negli anni '60 è sempre meno l'avvocato o il professionista antifascista e sempre più il funzionario, l'organizzatore sindacale, un dipendente del parastato o degli enti locali o regionali. Gli anni '70 avrebbero posto

---

34 Giar87, p. 638-639.

in drammatica evidenza gli esiti di questo processo, sotto l'esponente complessivo della 'crisi dei partiti' " [35]

## L'emigrazione

"L'egemonia della città, e l'attivo mercato edilizio attraggono dalla campagna in lento riordino strutturale (proprietà e coltura) forza-lavoro 'inferiore'; ma l'industrializzazione tarda, e la piena occupazione - che rimane l'obiettivo di ogni piano di sviluppo - non ispira certo la politica della spesa pubblica che la struttura del potere regionale è fatta quasi apposta per disperdere verso punti di attrazione creati dai mutevoli 'accordi politici'. Bastano perciò rallentamenti prodotti ora da inciampi attinenti al rifinanziamento degli enti ora agli urti di un sistema produttivo fragile se non precario, perché si producano scoli migratori: ma è più la Sicilia ad espellere che l'Italia industriale o la Svizzera e la Germania ad attrarre. L'emigrazione peraltro si caratterizza come emigrazione rurale, e perde velocità e significato l'emigrazione intellettuale" [36]

## La magistratura

Il " dibattito sulle attenuanti del cosiddetto delitto d'onore [...] in questi anni accrebbe l'isolamento della magistratura siciliana, di cui la credibilità e il prestigio scesero negli anni '60 ai livelli forse più bassi dell'intero periodo. La docilità compiacente verso il crimine amministrativo e verso il ceto politico, gestita peraltro attraverso un groviglio di astuzie e ricatti, e insieme l'impotenza, denunciate con crescente consenso, ebbero

---

35 Giar87, p. 639.

36 Giar87, p. 639-640.

l'effetto di chiuderla alla comprensione del cambiamento, esaltandone i caratteri di corpo separato che contratta potere contro privilegio" [37].

## Centri culturali e trasmissione della cultura in Sicilia

La Sicilia negli anni Sessanta è una regione che presenta, a livello culturale, esperienza complesse, estremamente avanzate. Operano Sciascia, Guttuso, Dolci; una serie di ricercatori universitari di prim'ordine (si pensi a Carlo Muscetta e Sylos Labini a Catania; Rosario Villari a Messina ecc.). C'è tuttavia un segnale indicativo, che nasce dall'esperienza propria dello scetticismo siciliano (si pensi a Falcone, e alle sue interviste televisive ultime in occasione della presentazione del suo libro) e che è possibile ritrovare anche nel cinico commento di Giarrizzo: "il dubbio del meridionalista è come confortato dallo scetticismo della mafia, che assassina i sindacalisti, da Panepinto a Carnevale, ma risparmia Dolci e la sua denunzia dello 'spreco'" [38].

## La chiesa cattolica

"La Chiesa cattolica, ancora impegnata a riscuotere dal 'suo' partito i crediti accumulati negli anni '50 soprattutto in favori per la scuola confessionale, si presenterà impreparata e rassegnata alla sfida del Concilio Vaticano II. Le riesce senza grande sforzo di bloccare i pur vivaci nuclei di evangelismo presenti e attivi in aree circoscritte (di particolare rilievo è il centro valdese di Riesi), e che isolate iniziative di chiese e gruppi evangelici statunitensi vogliono insediare nelle città, e soprattutto nei nuovi quartieri. In Sicilia, la cultura cattolica rimane peraltro minoritaria" [39]

---

37 Giar87, p. 640.

38 Giar87, p. 630

39 Giar87, p. 640.

Se dal punto di vista culturale la chiesa cattolica, nel parere di un laico come Giarrizzo risulta "minoritaria", il dominio economico e la capacità di egemonia politica risultano invece dominanti, non scalfita neppure dai periodici "scandali" che interessano la chiesa cattolica che mantiene una alta collusione mafiosa e di compartecipazione alle scelte economiche che interessano la regione [40].

## La cultura laica

> "Nella scuola pubblica come nell'Università più salda e combattiva è la cultura laica, di area liberale o socialista; è peraltro un laicismo, che se sceglie ancora per terreno di impegno la difesa e la qualificazione della scuola pubblica, è variamente segmentato e non ha più nel settarismo massonico il suo punto di aggregazione. Per quel che è dato saperne, l'associazionismo politico fa ancora premio alla metà degli anni '60 sull'associazionismo massonico o paramassonico e sull'associazionismo ecclesiastico. L'accesso al potere e la legittimazione sociale che l'accompagna passano in Sicilia come altrove attraverso i partiti e il controllo delle loro strutture locali: solo attorno al '64-65 la concitazione e gli appelli dei partiti all' 'impegno politico', ancora esaltato come valore, denunciano anche in Sicilia mutamenti culturali corrispondenti al ricambio generazionale e a crescente diffidenza verso le istituzioni, le antiche e le nuove" [41]

---

40 Si pensi anche agli "scandali" che colpiscono vari prelati e che diventano "caso nazionale": cfr. ad esempio nel 1967 il caso di monsignor Antonio Travia, della Segreteria di Stato del Vaticano, che rimane coinvolto in un clamoroso (per l'epoca) scandalo giudiziario legato al Banco di Palermo.

41 Giar87, p. 640-641.

# L'Università e la scuola

Ruolo di primo piano nella formazione non solo delle classi dirigenti e dei funzionari, per l'amministrazione e la produzione locale ma anche per le strutture nazionali (grazie al vistoso fenomeno dell'emigrazione), ma anche per la trasmissione dei valori culturali e ideologici viene svolta dalla scuola.

In Sicilia operano tre università statali, a Palermo, Catania e Messina. Si tratta di università "storiche", costituite in periodo pre-unitario.

Quadro delle Facoltà presenti nelle tre università siciliani, al 1967

| Facoltà presente | Palermo | Catania | Messina |
|---|---|---|---|
| Agraria | SI | SI | No |
| Architettura | SI | No | No |
| Economia e commercio | SI | SI | SI |
| Farmacia | SI | SI | SI |
| Giurisprudenza | SI | SI | SI |
| Ingegneria | SI | No | No |
| Lettere e filosofia | SI | SI | SI |
| Magistero | SI | E' presente un Istituto universitario pareggiato di Magistero | SI |
| Medicina e chirurgia | SI | SI | SI |
| Medicina veterinaria | No | No | SI |

| Matematiche, Fisiche e Naturali | SI | SI | SI |
|---|---|---|---|
| Scuola di Statistica (c/o Facoltà di Giurisprudenza) | SI | No | SI |

Fonte: nostra tabella su dati presenti in Pirker67

Lo "stato" delle Università siciliane non è dei più felici. Scrivono Lucio Lombardo-Radice e Alberto Monroy nel 1959:

> "Nei primi decenni di questo secolo, le tre università siciliane (Catania, Palermo, Messina) hanno vantato maestri, l'attività dei quali ha avuto un rilievo culturale nazionale, e talvolta mondiale [...]. Nei primi decenni del secolo Palermo è uno dei massimi centri mondiali della ricerca matematica: vi insegnano stabilmente Bagnera, De Franchis, Cipolla, Corradino Mineo; i «Rendiconti del Circolo Matematico» fondato da Guccia hanno rilievo internazionale. Intorno al 1920, all'Università di Catania troviamo Maurizio Ascoli e Izar nella Facoltà di Medicina, Adolfo Omodeo e Giuseppe Lombardo-Radice in quella di Lettere e Filosofia, Manfredi Siotto-Pintor in quella di Giurisprudenza, Griziotti in quella di Economia e Commercio, Gaetano Scorza (matematico) in quella di Scienze [...]. A Palermo Giuseppe Levi insegna anatomia e costituisce uno dei primi laboratori per la coltivazione dei tessuti un vistro; alla chimica si succedono tre dei maggiori maestri della loroepoca: S. Cannizzaro, E. Paternò e G. Oddo; alla Zoologia, F. Raffaele e A. Giardina; la Facoltà di Giurisprudenza vanta S. Riccobono. La misura della importanza culturale nazionale delle Università siciliane è data anche [...] dalle case editrici legate alla produzione culturale [...] (ricordiamo, tra le altre, Sandron di Palermo e Principato di Messina)" [42].

---

42 LombRad59, p. 677-678.

Dagli anni Trenta in poi, si ha "la scomparsa o [... la] decadenza dei grandi maestri che avevano dato la loro impronta al periodo precedente, da un (relativo) 'silenzio scientifico' e culturale delle Università siciliane" [43]. Il grande maestro "non lascia una grande scuola, e talvolta non lascia alcuna scuola" [44]. Un mutamento Lombardo-Radice e Monroy avvertono a partire dal 1950: "Il periodo attuale, dal 1950 in poi, appare contrassegnato da una lenta e non facile ripresa, dall'ingresso o dalla affermazione nelle Università siciliane di elementi giovani, capaci, al corrente dei progressi della scienza e della cultura del mondo: la formazione di scuole è però ancora in una fase assai delicata" [45].

Cause del decadimento della qualità scientifica sono individuate nel mutamento della ricerca scientifica, che richiede attrezzature sperimentali più dispendiose e lavoro di equipe, e la decadenza della nobiltà come classe dirigente siciliana, la scomparsa della relativa organizzazione culturale. Ciò porta all'emigrazione intellettuale dei 'cervelli' a Roma, Pisa, Milano, Padova, Torino, Napoli. Pochissimi quelli che tornano, e a loro si deve il ripartire della ricerca e della produzione scientifica di qualità, l'aggiornamento che sono in grado di produrre nelle metodologie e nei contenuti della ricerca.

Resta il problema di una 'vita media siciliana' dei vincitori di cattedre siciliane, bassissima: al termine di 1-2 anni i neo-cattedratici di prima nomina lasciano la Sicilia; pochissimi sono i cattedratici che superano i 4-5 anni necessari per l'avviamento di una 'scuola' [46]. Mentre il numero delle cattedre rimane fermo al numero di cattedre d'inizio secolo, gli studenti si moltiplicano.

Lombardo-Radice e Monroy rilevano come i ragazzi che si presentano al primo anno di università sono in Sicilia mediamente "a un .livello più basso di quello di altri centri universitari [...]. Il

---

43 LombRad59, p. 678.
44 LombRad59, p. 678.
45 LombRad59, p. 678.
46 LombRad59, p. 680.

livello culturale, medio beninteso, del giovane che conclude gli studi secondari in Sicilia, è uno dei più bassi d'Italia" [47]. Le cause:

> "Classi sovraffollate dalla prima elementare alla terza Liceo; bassa percentuale di posti di ruolo; estrema instabilità degli insegnanti, in gran parte [...] in posizione precaria; necessità di fare 'su e giù' o di stare fuori casa per i ragazzi di molti piccoli centri e delle campagne; mancanza pressoché totale di assistenza: ecco, alla rinfusa, alcune delle cause che portano a un basso rendimento medio la scuola primaria e secondaria in Sicilia" [48].

Il discorso di Lombardo-Radice e di Monroy è volto verso una forte spinta riformistica: "Noi riteniamo pertanto che è solo attraverso un radicale rimaneggiamento dei metodi e della struttura della scuola media che sarà possibile sollevare il livello degli studenti che accedono alle Università. Il rimedio in questo caso va cercato cioè fuori e non dentro l'Università. Questo discorso ha valore, è vero, per tutta l'Italia ma, per le cosiderazioni fatte sopra, acquista, per la Sicilia, aprticolare importanza" [49].

> "La Sicilia poi, terra povera, è stata ed è per tradizione, esportatrice di burocrati. Per una altissima percentuale di siciliani la massima ambizione nella vita è quella di ottenere un impiego - sia esso in una banca, in una pubblica amministrazione, in una scuola elementare o media. Nulla di meglio quindi, si pensa, che conseguire una laurea - e poco importa come conseguita - in Giurisprudenza o in Lettere. Si assiste così al fenomeno [...] di facoltà di Giurisprudenza almeno cinque volte più affollate di quelle di Ingegneria o Medicina, per non parlare di quelle di Scienze" [50].

---

47 LombRad59, p. 682-683.

48 LombRad59, p. 683.

49 LombRad59, p. 683.

50 LombRad59, p. 683-684.

E' un discorso su cui esiste (da Salvemini [51] in poi) un'ampia pubblicistica: nel Mezzogiorno "quello umanistico è diventato l'indirizzo di studi cui la piccola borghesia si è rivolta sotto la spinta di condizioni storiche, economiche e sociali obbiettive" [52]:

> "Gli studenti in Sicilia, appena usciti dal Liceo, si orientano verso la facoltà di giurisprudenza e verso quella di lettere anzitutto per la semplice considerazione che si tratta di facoltà che non esigono l'obbligo della frequenza, poiché nella loro maggioranza non hanno la possibilità di essere mantenuti dalla famiglia in città; in secondo luogo perché ritengono comunemente di abbracciare quella facoltà che dà maggiori possibilità di trovare un *impiego sicuro*" [53].

Sulla situazione delle singole università, daremo conto all'interno dei singoli capitoli dedicati alle tre università siciliane.

## Gli organismi di rappresentanza studentesca prima del Sessantotto

---

51 Prima del 1860, spiegava Salvemini, tutta l'ambizione della piccola borghesia merdionale "era di aver un figlio prete; e appena i genitori si trovavano ad aver fabbricato un marmocchio non del tutto cretino, fin dai dieci anni lo tingevano di nero, gli mettevano il nicchio in testa e via al Seminario. Il rampollo veniva su come Dio voleva, si faceva prete e diventava il sostegno e il lustro maggiore della famiglia. I preti allora stavano benone; perciò l'avito fondicello ritrovava ben presto qualche fratellino; le rendite crescevano geometricamente; la famiglia del prete si rinpulizziva, si elevava lentamente e e se la seconda generazione riusciva a produrre un altro prete, entrava addirittura fra le case notabili e per bene della città". Le cose cambiarono dopo il 1860, ma considerandosi "un disonore" mandare al lavoro manuale un "figlio di buona famiglia", restò "non potendone fare un prete, farne un impiegato o un professionista". La libera professione non era tuttavia aperta a tutti e remunerativa per tutti, così i figli della piccola borghesia cominciarono a cercare un posto al Comune: "cercarono di essere medici condotti, avvocati del dazio, ingegneri municipali, maestri delle scuole municipali, scrivani, ecc." (G. Salvemini, *Scritti sulla questione meridionale*, Torino 1958).

52 Onufrio59, p. 691.

53 Onufrio59, p. 691.

Anche nelle Università siciliane sono attive le organizzazioni studentesche così come avviene nel resto dell'Italia: dall'UGI all'Intesa, dalle organizzazioni vicine al MSI e alla destra, ai Monarchici, ai liberali dell'AGI. Anche qui tali organizzazioni, specie negli anni Sessanta, accentuano le caratteristiche ideologiche e di schieramento, caratterizzandosi e differenziandosi sulla base di una identificazione politica di partito. Anche in Sicilia tali organizzazioni collaborano a svolgere il ruolo di selezione dei quadri dirigenti dei partiti [54].

Riportiamo i dati delle elezioni universitarie che siamo stati in grado di rinvenire [55]:

Università di Messina

| Anno | Intesa | UGI | Fuan | Monarchici | Agi | Altri |
|---|---|---|---|---|---|---|
| **1961-62** | 22,85 | 17,14 | 22,85 | - | 22,85 | 14,31 |
| **1962-63** | 22,85 | 20 | 17,14 | - | 14,28 | 25,73 |
| **1963-64** | 25,71 | 20 | 17,14 | - | 14,28 | 22,87 |
| **1964-65** | 34,30 | 17,14 | 20 | - | 14,29 | 14,29 |

Università di Catania

| Anno | Intesa | UGI | Fuan | Monarchici | Agi | Altri |
|---|---|---|---|---|---|---|
| **1961-62** | 27,11 | 15,25 | 30,50 | 15,25 | 8,47 | 3,42 |
| **1962-63** | 17,75 | 20,31 | 31,25 | 10,93 | 4,68 | 14,08 |
| **1963-64** | 24,19 | 27,41 | 29,03 | - | 19,35 | 0,02 |

54 Per un quadro generale e una analisi più particolareggiata sulle organizzazioni studentesche prima del Sessantotto si rimanda a: Urbani66. In particolare, per quanto riguarda una breve storia dell'UGI, p. 119 e segg.; per l'Intesa, p. 129 e segg.; per il FUAN, p. 148 e segg.

55 I dati riguardano le Università di Messina e di Catania, e sono desunte dalle tabelle, riarragiate, in Urbani66, p. 81-83. Per quanto riguarda le astensioni, sono riportate solo le percentuali riguardanti l'anno accademico 1958-59 (Urbani 66, p. 94): per l'Università di Messina, su 8000 iscritti risultano aver votato 3911 studenti (48,88%); per l'Università di Catania su 8700 iscritti, i votanti sarebbero stati nel 1958-59 3026 (34,78%).

| 1964-65 | 29,03 | 25,81 | 24,19 | - | 17,74 | 3,23 |

## La scuola e l'emancipazione femminile

"Sono anni in cui la scolarità cresce, e trascina con sé una domanda soprattutto di maestri: la elefantiasi degli istituti magistrali, se non vale ad accrescere la già modesta considerazione, rende tuttavia più addensata la presenza femminile nelle professioni liberali. Sarà questo, dell'insegnamento nella scuola primaria, presto esteso alla media dell'obbligo, il canale più importante dell'emancipazione culturale della donna siciliana, che non affida più pertanto al matrimonio e alla maternità la funzione di rito di passaggio e promozione sociale [...]. La spia di tale processo, con le sue contraddizioni e difficoltà, è data dal dibattito sulle attenuanti del cosiddetto delitto d'onore" [56].

---

56 Giar87, p. 640.

# Il *caso* Catania

## Introduzione

Catania è il caso di una città che negli anni Sessanta conosce una serie successiva di sperimentazioni nel settore della speculazione urbanistica. Il ricambio delle classi dirigenti che si verifica, e che porta dal blocco di potere rappresentato da Magrì-La Ferlita a Antonino Drago sarà cruciale: da una parte permetterà lo sviluppo di una imprenditoria legata all'interventismo politico statale, che si fa forza del controllo sul territorio che avviene grazie alla milizia del racket e del clientelismo di quartiere; dall'altra porterà, nella crisi politica alla metà degli anni Settanta, alla proiezione di quel blocco di potere su una più ampia compagine nazionale: si forma una triarchia, in cui i "cavalieri del lavoro" forniscono le caratteristiche peculiari della mafia imprenditrice catanese, le cosche legate ad esse collaboreranno - ma alla pari, in una spartizione dell'isola in due - con i corleonesi nel controllo della Sicilia, mentre ai politici tocca assicurare la continuità degli afflussi di denaro pubblico e protezione giudiziaria.

Catania è negli anni Sessanta una città degradata, una "megalopoli imperfetta" come la definirà con una punta di civetteria uno dei suoi storici. All'interno di questo calderone, si muovono spinte centrifughe che non riescono a trovare se non nella protesta misoneista risposta costruttiva.

## Gli anni Cinquanta

### La Catania del quartiere san Berillo

Punto di forza del potere della DC negli anni Cinquanta è la possibilità di far convergere su Catania i fondi per la "ricostruzione" - ma tenendo presente un particolare non secondario:

> "La città non ha subito per guerra danni gravi al patrimonio edilizio: un censimento accerterà che ad essere danneggiati sono meno di 15 mila vani, attorno al 10% del patrimonio cittadino (e nel 1948 un terzo era già stato riparato). Sicché la 'ricostruzione' è un pretesto per rilanciare gli antichi progetti di risanamento" [57].

E' l'occasione per procedere più che al rammodernamento edilizio alla speculazione su aree e su stabili. Quartieri interessati: s. Berillo, Consolazione, Zia Lisa (arch. G. Nicotra), Idria-Antico Corso, Civita (arch. Giuseppe Marletta), Teatro Greco (arch. B. Miccichè), s. Cristoforo (arch. R. Marletta).

I progetti "sono già pronti dal 1947. Non ci sono però le risorse finanziarie" [58]. Il sindaco Perni allora a capo di una giunta qualunquista, nomina una commissione di studio (58 sedute, dal 13 aprile 1949 al 12 maggio 1952): "vi trova mediazione un blocco di interessi, che fa capo agli ingegneri F. Fusco, C. Majorana e F. Costarelli, e trova il suo punto di forza nella cosiddetta 'operazione San Berillo'" [59].

Nei giorni in cui la DC è estromessa dal governo cittadino (intesa tra MIS e Qualunquisti, sindaco Gallo Poggi), "ottiene gli appoggi nazionali e regionali necessari per costituire (27 novembre 1950) l'Istituto immobiliare di Catania, l'ISTICA" [60]. Presidente ne è l'on. Claudio Majorana (era stato eletto alla Regione nel 1947 per il BLDQ; nel 1951 diventa uno dei 6 eletti della DC, insieme all'ing. F. Costarelli) che fa approvare il piano su s. Berillo di Giuseppe Marletta e B. Miccichè redatto in meno di un mese. Si costituisce l'Istituto per l'edilizia popolare di San Berillo, con convenzione tra ISTICA e Comune (3 gennaio 1951): viene revocato il piano del 1947, e adottato il nuovo piano che prevede 700 mila mc di

---

57 Giar86, p. 276

58 Giar86, p. 276

59 Giar86, p. 276

60 Giar86, p. 277

cubatura per 50 mila abitanti (a fronte di 3 mila famiglie residenti allora).

Il rafforzamento della DC riceve la sanzione politica alle elezioni regionali del 1951. Nel governo regionale Restivo, Silvio Milazzo è assessore ai lavori pubblici.

Il commissario prefettizio che succede a Gallo Poggi, il 6 gennaio 1952, F. Scolaro, il 12 maggio inserisce il piano ISTICA per san Berillo nel piano regolatore generale di Catania, che adotta il 16 maggio (10 giorni prima delle elezioni!).

Appena eletto sindaco D. Magrì con l'accordo DC-Partito nazionale monarchico, "piovono i finanziamenti" soprattutto legati all'*affaire* san Berillo [61]:

> "sono quasi 4 miliardi e mezzo accumulati in pochi mesi, cui vanno aggiunti i 3000 alloggi popolari dell'INA-Casa e dell'UNRRA-Casa: un pacchetto imponente di edilizia sovvenzionata su cui costruire il potere democristiano e la propria fortuna politica" [62].

Negli anni Cinquanta l'operazione san Berillo permette a Magrì di assumere l'egemonia all'interno della DC catanese e provinciale (dal maggio 1952 è commissario straordinario nella DC catanese, "guida la riscossa dei 'catanesi' sui 'calatini' che culmina nel suo successo al VI congresso provinciale" [63] nel febbraio 1953. Nel 1953 è senatore); succedono gli stanziamenti per le opere pubbliche gestite da La Ferlita (che era stato assessore ai lavori pubblici sotto Magrì), pur continuando a costituire san Berillo oggetto di attenzione stanziativa costante.

La Ferlita gestisce non solo

> "l'edilizia sovvenzionata, ma un altrettanto imponente pacchetto di lavori e opere pubbliche: più di 2 miliardi per strade, quasi altrettanto per la rete fognante e la Centrale del latte, 700 milioni per le infrastrutture della

---

61 Giar86, p. 278

62 Giar86, p. 278

63 Giar86, p. 278

zona industriale. Sarà solo l'inizio: ai primi del 1955 il Comune avrebbe avuto dalla Regione altri 4 miliardi per opere pubbliche (fogne, vie, edilizia scolastica, case popolari)" [64].

Dopo il rimpasto di giunta del luglio 1954 "il ritmo degli interventi finanziari nel settore dei lavori pubblici si fa convulso" [65]: zona industriale, mercato ortofrutticolo, illuminazione, risanamento IACP del quartiere Antico Corso. Tuttavia: "è un modo di rispondere alle critiche, che si fanno insistenti e persino concitate, e montano entro la stessa maggioranza, sulla convenienza della operazione san Berillo" [66].

Il risanamento/sviluppo del quartiere san Berillo è parte emblematica del sacco edilizio a cui è sottoposta la città, gestito male e in maniera truffaldina dai democristiani.

Giarrizzo [67] assume la vicenda san Berillo come il nodo centrale del potere democristiano del dopoguerra, il nucleo da cui non solo si sviluppano i poteri individuali di alcuni notabili democristiani, ma che dà, crediamo, il modello su come sviluppare e mantenere il proprio potere e il consenso locale nella città. Il successo dell'*affaire* san Berillo per la DC (un successo tutto per la DC, non tanto per la città e per lo sviluppo urbano e sociale, che anzi ne esce profondamente condizionato e condizionante) sarà poi ripetuto con Librino ecc.

Negli anni Cinquanta, non esiste PRG [68]: "in assenza di PRG, la città è sottoposta a un impressionante 'sacco edilizio', che opera sotto lo scudo formale del regolamento edilizio del 1935" [69]. Un regolamento dimensionato per una città da 1 milione di abitanti, e comunque "arnese povero e vecchio" [70] dal punto di vista anche concettuale.

---

64 Giar86, p. 278-79

65 Giar86, p. 279

66 Giar86, p. 279

67 Giar86

68 una redazione del 1954 viene inviata alla Commissione provinciale di controllo solo nel 1958, alla vigilia della IV giunta La Ferlita.

69 Giar86, p. 280

70 Giar86, p. 280

"Esso sollecitava singoli e gruppi a frettolose 'compromissioni': e il frantumarsi della domanda in favori rendeva il ceto politico sicuro peraltro dell'appoggio interessato degli ordini professionali, indisponibile a considerare coerenze e contraddizioni del modello" [71].

"Faziosità e autocensura operavano, con impressionante efficacia, nel ridurre i margini di discussione attraverso anticipate imputazioni di vantaggio al 'nemico': e la stampa catanese concorse in misura decisiva a vestir di sospetto ogni denuncia dell'opposizione, esaltando il sano pragmatismo [sic!] contro le utopie programmatorie e trovando consensi facili nel vivace sottobosco di piccoli imprenditori e faccendieri di cui si andava arricchendo la rada foresta della politica catanese" [72].

"La sinistra catanese fu subito attenta al profilo affaristico di quella politica, e alla rapidità con cui la DC si adeguava come partito ai problemi posti da queste scelte [ma che vuol dire? che la DC era corrotta e faccendiera, ma perché non lo dice?]: le denuncie furono quindi esplicite, anche se non mancarono attenuazioni e reticenze connesse alla difficoltà di fronteggiare una realtà sociale, così espansiva e in fermento" [73].

"La CGIL, i cui quadri si erano formati anche ideologicamente nella lotta contadina, apparve frastornata quando tra il 1952 e il 1955 i nodi della questione urbana si presentarono stretti e aggrovigliati in un'area di tumultuosa immigrazione" [74].

---

71 Giar86, p. 281
72 Giar86, p. 281
73 Giar86, p. 281
74 Giar86, p. 281

> "La DC catanese cresce e si radica, negli anni Cinquanta, più come struttura articolata di mediazione che come partito clientelare" [75]

> "La domanda di assistenza degli immigrati dalla provincia [...] si rivolge alla parrocchia o a istituzioni clericali di assistenza veramente operanti nei quartieri vecchi e nuovi; e attorno a questa domanda, che è di sussidio o di impiego, di 'favore' o di pratica da evadere, di medici e di medicine, di 'titolo' o di licenza, e che viene addensata o aggregata, si aggirano nuclei di faccendieri, di cacciatori e 'spacciatori' di voti da cui emergono quei politici di quartiere che la DC catanese ha federato ed alimentato. Non è casuale l'impegno, che sarà di Antonino Drago negli anni Sessanta, di cucire la disgregata immigrazione catanese in un ordito tessuto dalla più ristretta e riconoscibile clientela dei paesi di origine. Ciò spiega perché sia fin da questi anni consistente la presenza nel ceto politico di dipendenti dal parastato o da enti di previdenza e di assistenza" [76].

Giarrizzo spiega in questo modo la nascita della tipologia del politico-faccendiere:

> "Per questa via [...] il potere locale si apprestava a recuperare una funzione che con il fascismo aveva perduto: e qui la cultura cattolica appariva capace di sovrapporre l'assistenzialismo al municipalismo, creando un tipo di politico-faccendiere esperto del confuso intreccio di istituzioni (ecclesiastiche, ex-fasciste, da 'stato sociale') deputate a fornire servizi a una società in rapido cambiamento" [77].

---

75 Giar86, p. 281

76 Giar86, p. 281-82

77 Giar86, p. 282

# La cultura negli anni Cinquanta

Secondo Giarrizzo, "dove lo scontro ideologico fu negli anni del dopoguerra più vivo e senza riguardi, era il mondo della cultura catanese e della scuola" [78].

Cultura cattolica: negli anni '50 "priva di prestigio" [79]. Lo storico Santo Mazarino (presente a Catania in quegli anni) svolgeva una ricerca appartata. Catania non ha avuto una stampa cattolica [80]: «L'Idea cristiana» di Luigi La Ferlita e Paolo De Grazia (settimanale DC, uscito dal luglio 1945 al luglio 1948) ha avuto carattere parrocchiale. La DC cercò di creare un giornale cattolico (1947), mentre nel 1951-54 entrò nel «Corriere di Sicilia», ma senza riuscire a cattolicizzare quella testata (che rimase di destra).

Cultura *radical*: lo storico veneto Nino Valeri, gobettiano; Stefano Bottari storico dell'arte; Rosario Romeo (1950-55) introduce Gramsci (su posizioni critiche).

> "Ancora sino alla metà degli anni Cinquanta, la questione contadina rimane il tema più dibattuto e con essa si identifica la questione meridionale. I contributi più importanti vengono dai tecnici agrari, dal lentinese Marino, che è riuscito negli anni Trenta a costituire nuova proprietà contadina in zona agrumetata, ai tecnici e dirigenti dell'Ente per la colonizzazione del latifondo (Mario Ovazza, Otello Marilli, S. Cristaldi ecc.), i quali si impegnano nell'indirizzare il movimento contadino della provincia verso esiti organizzativi, tecnici, finanziari che superino la precarietà e le contraddizioni dei tentativi degli anni Venti. Su questo terreno si incontrano e scontrano [...] con economisti agrari come Nunzio Prestianni" [81].

---

78 Giar86, p. 282, inizio del paragrafo intitolato "Una città senza volto".

79 Giar86, p. 282

80 Giar86, p. 282, nota 17

81 Giar86, p. 283

Prestianni, autore del rapporto sui caratteri della piccola impresa nella Sicilia agricola (per conto dell'INEA), trovò ospitalità su "La Sicilia", dal 1945.

Su «La Sicilia»

> "i proprietari terrieri ripropongono le tradizionali apologie della grande proprietà e argomentano la superiorità dell'affittanza capitalistica rispetto alla conduzione diretta; sul fondo, la difesa 'di principio' del diritto di proprietà e l'opposizione di fatto ai 'fascisti' contratti collettivi" [82].

> "L'assenza e il lento decollo a Catania della facoltà di Agraria [...] priva questo dibattito di un centro istituzionale, e non consente che a Catania maturino le condizioni di un dialogo forte con il meridionalismo continentale" [83].

Più forte e sentito fu, nella cultura laica, il dibattito sulla scuola:

> "di contro all'irresistibile affermazione di una DC clericale, a difesa e sostegno della scuola di Stata, insidiata dai favori governativi per le scuole cattoliche".

> Ciò "valse a rafforzare il prestigio della cultura laica, e attraverso le istituzioni scolastiche le assicurò un'egemonia indiscussa sulla cultura catanese: convegni, dibattiti, interventi su questi temi contribuirono a fare della scuola e dell'educazione il vero oggetto della cultura politica catanese degli anni Cinquanta" [84].

Mentre procede la ristrutturazione fordista post-bellica, la cultura 'laica' e di sinistra riesce a discutere solo della scuola?

---

82 Giar86, p. 283

83 Giar86, p. 283

84 Giar86, p. 284

> "Nel passaggio dal banditismo urbano degli anni Quaranta alle associazioni per delinquere degli anni Cinquanta e Sessanta, l'ordine pubblico è reso precario da una criminalità diffusa che dai quartieri assedia il centro rubano, e che non è facile combattere per la rapidità con cui si aggrega e si disperde senza ancora costituire stabili 'bande di quartiere' " [85].
>
> Si tratta "di una criminalità, ancora intenta al furto alimentare e al sacco dei depositi, priva di collegamenti importanti con aree regionali o nazionali di ricettazione, che non ha il prestigio o la struttura della mafia" [86].

La magistratura, il cui "credito rimane basso per la denunzia di compromissioni e costante subalternità alle vendette dei politici" [87], moltiplica i processi contro la piccola criminalità da una parte a causa della propria "inclinazione repressiva" e dall'altra nel tentativo di "recuperare un consenso *super partes*" che non riuscirà ad avere [88].


## La situazione economica negli anni Cinquanta

La disoccupazione ha *trend* ascendente fino al 1958. E i giovani in cerca di prima occupazione passano dal 15% al 20%. La crescita dell'occupazione è ancora modesta.

> Vi è una "tenuta dell'occupazione in agricoltura, collegata però con mutamenti della struttura, ché a una domanda accresciuta nei settori 'ricchi' (vigneto, agrumeto, coltura ortalizia) corrisponde un crescente calo di occupazione in terre a grano - con la conseguenza che, a partire dal 1953,

---

85 Giar86, p. 288

86 Giar86, p. 288

87 Giar86, p. 288

88 Giar86, p. 288

i salari agricoli del catanese aumentano con ritmo più celere che in altre zone" [89].

L'occupazione industriale "ha un ritmo lento di espansione" [90], ma a fronte del processo di ristrutturazione industriale, e a una incidenza "tradizionalmente elevata" del precariato:

> "l'imminente boom occupazionale nell'edilizia avrebbe ampliato, in misura consistente, la banda già tanto larga dell'occupazione precaria a Catania" [91].

Negli anni Cinquanta, forte è l'immigrazione "che nel 1945-48 'riempie' i vuoti della guerra mentre a partire dal 1953 risponde a un'offerta di lavoro varia ma non ancora differenziata nettamente" [92].

"L'apporto più consistente viene da province esterne (Enna soprattutto, e Siracusa), ed è conseguenza dei modificati rapporti di proprietà e di produzione nelle campagne" [93].

Si insidiano poi

> "le famiglie di medi e grandi proprietari che hanno trasferito in rendita urbana e in rendita finanziaria la rendita agraria, tradizionale o ereditaria: attivi nel mercato edilizio (edifici ma anche suoli 'edificabili'), essi sono i protagonisti della nuova usura cittadina, direttamente per i prestiti più consistenti (tra i 2 e i 4 milioni) e anche indirettamente attraverso i prestatori e gli usurai di quartiere" [94].

---

89 Giar86, p. 289

90 Giar86, p. 289

91 Giar86, p. 289

92 Giar86, p. 289

93 Giar86, p. 289

94 Giar86, p. 289; cfr.: Problemi dell'economia siciliana / a cura di P. Sylos Labini. - Milano : Feltrinelli, 1966

Le banche non fanno il proprio dovere, anzi sono "collegate con una politica ancora diffidente se non restrittiva" [95], per cui

"espandono con ritmo sostenuto il mercato finanziario privato e per sostenere iniziative di trasformazione di imprese artigianali o l'impianto di negozi di piccola o piccolissima dimensione, e per far fronte a consumi 'non necessari'" [96].

"Il prestito della banca si rivolge ai propri clienti privilegiati, mentre i medi e i piccoli possono rivolgersi solo ai privilegiati in una struttura che potremmo definire di feudalesimo bancario, e che sarà sostanzialmente perdurante per almeno due decenni e non solo a Catania. La situazione è tale per cui, indicativamente, a partire dal 1952-53, i 'prestatori' operano anche lo sconto su cambiali per vendite a rate" [97].

"Catania negli anni Cinquanta vede accentuati [...] i caratteri di città commerciale, a egemonia piccolo-borghese: e però con una forte inclinazione a strutturarsi come centro di servizi, burocratici e non, di basso e medio livello" [98].

"In campo alimentare, cresce il piccolo commercio ma nei settori tessili e dell'abbigliamento alle ditte già affermate altre se ne aggiungono via via che si riversa su Catania la cresciuta e crescente domanda dell'hinterland. Ciò accresce il numero degli autoveicoli privati (Catania è agli inizi del decennio la città più motorizzata della Sicilia), e con questi una rete in rapida crescita di officine meccaniche e di gommisti" [99].

---

95 Giar86, p. 289

96 Giar86, p. 289

97 Giar86, p. 289

98 Giar86, p. 290

99 Giar86, p. 290

> "La sostituzione del ceto politico, l'avvento a un mercato di consumi dilatato di nuove forze sociali, la crisi culturale del dopoguerra, sono cause sinergiche del crescente imbruttimento e disordine della città" [100].

Ciò che cresce è il sottobosco, che

> "troverà nel boom edilizio dei secondi anni Cinquanta, e che già ora si profila come ricerca disordinata di opportunità speculative marginali, la sua occasione 'storica' di incontro con i politici emergenti della prima generazione post-bellica, che - attraverso la mediazione di ingegneri e di notai - aggregano quel sottobosco in gruppi di interessi e sorvegliano con attenzione il parallelo disporsi di fortune imprenditoriali e di fortune politiche" [101].

> "Non è infrequente il caso di politici provinciali attratti a Catania da imprenditori edili della loro area, e di politici rampanti che si portano dietro 'dal paese' mediatori o piccole imprese locali" [102].

> "Catania è sempre più una città aperta" [103].

I cattolici non riescono a costituire validi centri aggreganti, né con la parrocchia né con la sezione del partito.

> "La DC di De Gasperi non ha ancora l'insediamento urbano, la sezione-cellula dell'ambizioso progetto fanfaniano di partito: qui, dove il modello sturziano è stato sempre minoritario e la fazione 'calatina' è stata dagli inizi contestata, la sacrestia di rado è luogo di stabile

---

100 Giar86, p. 290

101 Giar86, p. 290

102 Giar86, p. 290

103 Giar86, p. 290

> incontro; un ruolo più significativo assumono le scuole cattoliche, e i circoli che a queste si appoggiano" [104].
>
> E ancora: "il 1948 legittima il diritto dei cattolici catanesi di guidare, sulla base di una autorità che è elettorale piuttosto che culturale e politica, il nuovo blocco di potere urbano. Ciò rallenta, o spegne le tensioni che sono presenti nel mondo cattolico [...]. Distrutto sistematicamente quanto c'era di 'sturzismo', i cattolici chiameranno i giovani a far politica sulla base prammatica del potere come tale" [105].

I "partiti di massa, il socialista e il comunista, stentano a uscire dal clima eroico delle lotte contadine [...]. I contadini si inurbano, ma i loro capi (e politici e tecnici) sono ancora prigionieri di illusioni ruraliste" [106].

> "Dopo il 1953 viene alla luce una coalizione di interessi, che tende a concentrare attorno alla DC catanese i 'padroni della città' (armatori, commercianti, industriali, titolari di rendita urbana ecc.): il garante politico dell'operazione, che salda alla DC monarchici e liberali, è Mario Scelba" [107].

Nel 1953 infatti è la sconfitta che chiude l'età di De Gasperi (che morì l'anno dopo).

«La Sicilia», che ha sempre guardato con entusiasmo i tentativi politici a destra (es. l'iniziativa di Pella, Andreotti, Togni di creare un movimento politico di destra che accolga monarchici e missini; il rilievo dato al partito di Lauro; anche con le punte para-golpiste tipiche della stampa dell'epoca: es. l'editoriale di A. Russo, *Una democrazia giacobina*, 16 maggio 1954, con l'invito a "evitare che il

---

104 Giar86, p. 291

105 Giar86, p. 296

106 Giar86, p. 291

107 Giar86, p. 292

declino dello Stato provochi e renda necessaria l'autodifesa dei cittadini" [108]) diviene portavoce scelbiana.

Ci si pone il problema della modernizzazione (a fronte anche di ciò che si muove: il miraggio petrolifero di quegli anni, ma anche la costituzione a Catania dell'Istituto di Fisica nucleare, grazie a E. Ricamo), ma sostanzialmente

> "la città di Magrì e La Ferlita continua a iscrivere le sue ambizioni 'moderne' sul palinsesto borghese della Catania ottocentesca" [109].
>
> "La trasformazione degli anni Cinquanta si concreta in un atteggiamento di accettazione sottilmente misoneista del presente" [110].

## Gli anni Sessanta

|  | DC | PNM | PMP | PLI | MSI | PCI | PSI | USCS |
|---|---|---|---|---|---|---|---|---|
| **1955 (regionali)** | 35,6 | 13,2 | 4,2 | 2,1 | 15,5 | 20,1 | 6,1 |  |
| **1956 (comunali)** | 43,7 | 13,4 | 2,9 | 4,3 | 9,6 | 17,0 | 6,6 |  |
| **1958 (politiche)** | 39,5 | 7,1 | 3,1 | 5,4 | 8,9 | 26,5 | 6,8 |  |

---

108 Cfr. Giar86, p. 292, nota 31

109 Giar86, p. 294

110 Giar86, p. 297

| 1959 (regionali) | 35,1 | 7,9 | 3,4 | 8,2 | 25,8 | 6,1 | 11,1 |
|---|---|---|---|---|---|---|---|
|  |  | 10,5 | 6,5 | 6,1 | 19,4 | 6,6 | 5,6 |
| 1960 (comunali) | 44,8 |  |  |  |  |  |  |

Fonte: Giar86, p. 299

Il voto alle politiche del 1958 segna una avanzata del PCI: "il 'nuovo' voto, giovani e immigrati, sembra collocarsi tutto a sinistra" [111]. Per le regionali del 1959 appaiono gli uscotti di Milazzo, che rodono l'elettorato democristiano, ma già nel 1960 Milazzo è liquidato, e il PCI riperde i voti conquistati nei quartieri.

Nel 1960 Catania ha 383 mila abitanti (50 mila più del 1955), con un quoziente di natalità del 28,1‰ (superiore di 10 punti alla quota nazionale), con quozienti di mortalità (9,03‰) inferiori a quelli di Napoli e Palermo. L'immigrazione cresce, ma si blocca nel 1962 quando toccherà valori negativi; dal 1966 in poi (anno della stasi edilizia) il saldo sarà costantemente negativo e nel 1972 non sarà compensato dall'incremento naturale.

> "Frattanto il consolidarsi dell'incremento naturale e la stabilità nell'insediamento 'periferico' valgono a fondare nei tardi anni Cinquanta e negli anni Sessanta la base demografica e la struttura socioculturale della Catania contemporanea" [112].

Costante è l'incidenza dell'evasione dell'obbligo scolastico (20%): nel 1962-63, su 46.500 bambini (6-11 anni), sono quasi 9500 quelli che non frequentano una scuola elementare. Nel 1951-61 Catania ha un analfabetismo del 3% maggiore che Messina e Palermo. Tuttavia cresce enormemente la frequenza alla secondaria:

---

111 Giar86, p. 300

112 Giar86, p. 301

1954-55:       8.450 studenti

1961-62:       13.400 studenti

Il ritmo di crescita è superiore nell'avviamento, rispetto alla scuola media (nel 1956-57), senza tuttavia raggiungerla in cifre assolute. Sembrerebbe che il contrario avvenga nelle scuole private [113].

|  | 1954-55 | 1955-56 | 1956-57 | 1957-58 | 1958-59 | 1959-60 | 1960-61 | 1961-62 |
|---|---|---|---|---|---|---|---|---|
| Medie statali | 3778 (100) | 3949 (104,5) | 4146 (109,7) | 4493 (118) | 4926 (130) | 5259 (139) | 5437 (144) | 6232 (165) |
| Medie legalmente riconosciute | 2040 (100) | 1950 (95,5) | 2054 (100) | 2335 (114) | 2537 (124) | 2673 (131) | 2537 (124) | 2772 (135) |
| Avviamenti statali | 2130 (100) | 2246 (105,4) | 2625 (123,0) | 2989 (140) | 3413 (160) | 3831 (180) | 4150 (195) | 3830 (180) |
| Avviamenti legalmente riconosciuti | 503 (100) | 337 (67,0) | 417 (82,9) | 531 (105) | 525 (104) | 542 (107) | 560 (111) | 570 (113) |

Fonte: Giar86, p. 303. Lievemente modificata. Tra parentesi l'incremento di numero d'indice (base 100 nel 1954-55).

---

113 ma Giar86, p. 302, nota 5, pone dei dubbi sulle cifre che trova in V. Casaccio, *Struttura e sviluppo dell'istruzione*, in Aa.vv., Catania contemporanea, p. 425

La riforma della scuola media e l'istituzione della scuola media unica (1962) nascondono il declino della scuola di avviamento. La riforma "peraltro coincise, anche a Catania, con l'attenuarsi del boom che qui - come in genere nel Mezzogiorno - era cominciato tardi e con segnali contraddittori" [114].

|  | 1954-55 | 1961-62 |
|---|---|---|
| Liceo-ginnasio, liceo scientifico, ist. Magistrale (statali) | 3755 | 3905 |
| Licei (privati) | 1316 | 1485 |
| Ist. tecnici (statali) | 2425 | 5676 |

Fonte: Giar86, p. 302. Tabella desunta dai dati.

La crescita dei licei (soprattutto degli istituti tecnici) porta a una

"crescente offerta di diplomati, che si accumula sulla soglia di una domanda stagnante di forza-lavoro intermedia: sono periti industriali, ragionieri, geometri; ma soprattutto maestri ad affollare una vasta area confinante con quella, tradizionale, del lavoro intellettuale" [115]. "Tutto ciò, mentre cresce a Catania e nel paese la domanda di laureati, e per la pubblica amministrazione e per l'industria, con la conseguenza di un miglioramento crescente dello status professionale del laureato" [116]:

"un'esperienza che l'Europa aveva vissuto negli anni Ottanta dell'Ottocento, e di cui si era perduta la memoria" [117].

---

114 Giar86, p. 302
115 Giar86, p. 302
116 Giar86, p. 302
117 Giar86, p. 302

"I maestri guidano le pattuglie disordinate ma folte dei diplomati in cerca di occupazione: e premono sugli accessi all'università. Catania ha un ateneo, che non ha il Magistero tra le sue facoltà; e i maestri della città e della provincia si sono laureati in prevalenza a Messina. L'iniziativa locale fonda un Istituto universitario di magistero, affidato alle cure di un ristretto gruppo di docenti della facoltà di Lettere catanese; ed esso svolgerà, specie negli anni Cinquanta e Sessanta, un ruolo decisivo di promozione professionale per migliaia di maestri del catanese e di un hinterland assai vasto che ingloba centri e aree del nisseno e dell'agrigentino" [118].

"L'università statale [...] è costretta a far fronte, con risorse e strumenti non sufficienti, a un aumento della popolazione studentesca che si addensa a macchie irregolari e mutevoli sì da compromettere ogni ipotesi di programmazione: una tensione, che apre contraddizioni e conflitti tra generazioni di docenti, e tra docenti incaricati e la massa del precariato. Mentre l'assedio disordinato dei diplomati si appresta ad abbattere, per la cosiddetta liberalizzazione degli accessi (1968-69), le mura sbrecciate della vecchia cittadella" [119].

Il 14 maggio 1955 a Catania si svolge in convegno "per l'industrializzazione della provincia" [120]. Partecipano l'assessore regionale G. Russo, e il presidente della commissione finanze dell'Ars, B. Lo Giudice. E' una delle occasioni pubbliche in cui rispunta fuori il problema dell'industrializzazione della provincia e di Catania. Si creano aree di sviluppo industriale: nel 1953 è l'area di sviluppo di Pantano d'Arci, coeva agli insediamenti dell'area industriale di Siracusa [121]: "qui, con le industrie del legno e delle materie plastiche, a tirare sono - nell'ordine - le industrie meccaniche (ma sono 17 con meno di 3000 addetti), le

---

118 Giar86, p. 302-304

119 Giar86, p. 304

120 Giar86, p. 304, nota 8

121 Giar86, p. 305, nota 9

metallurgiche, del mobile e le alimentari: in tutto 53 aziende, con quasi 8000 addetti (al 1973)" [122]. Al 1962 erano stati investiti per infrastrutture circa 1,4 miliardi [123]; fino al 31 gennaio 1962 erano 41 stabilimenti con 3867 operai [124].

Alla fine degli anni Cinquanta si avvia un Consorzio per l'area di sviluppo industriale, e nel 1962 viene dichiarata zona consortile Piano Tavola (un'area nel territorio di Belpasso). Al 1965 si insediano 18 stabilimenti con quasi 700 addetti (al 1973): "la direzione finanziaria e tecnica delle imprese più importanti (impiantistica, materie plastiche, meccanica, alimentaristica) ha tuttavia sede a Catania" [125].

A Piano Tavola e a Pantano d'Arci sono in tutto occupati meno di 9000 addetti, contro una previsione di 14 mila occupati al 1975.

> "Negli anni Sessanta Catania avrebbe costruito, e consumato il sogno di diventare una città industriale" [126].

Gli addetti provengono in gran parte da agricoltura e edilizia. L'edilizia "rimane negli anni Sessanta l'industria dominante a Catania" [127].

> "L'occupazione nell'industria costituisce l'uscita dalla 'sottoccupazione', che è e rimane carattere strutturale dell'impresa edile" [128].

> "Nell'industria catanese prevalgono aziende di dimensione medio-piccola, a bassa intensità di capitale, e che - pur di fruire di una assistenza pubblica - hanno

---

122 Giar86, p. 305

123 Giar86, p. 305, nota 9

124 Giar86, p. 305, nota 10

125 Giar86, p. 305

126 Giar86, p. 304

127 Giar86, p. 305

128 Giar86, p. 305

accettato di trattenere un carico anti-economico di personale" [129].

Le aree di nuova industrializzazione, hanno la caratteristica di essere aree incentivate, in un contesto che non pone alternative alla forza-lavoro e tecnologicamente arretrato. Ciò ha conseguenze su:

- caratteristiche 'imprenditoriali' delle aziende; là dove esisteva una cultura imprenditoriale, essa viene subito sradicata dal prevalere della dell'assistenza politica;
- difficoltà del sindacato, sia rispetto al mutamento produttivo che al costituire comunque tali industrie l'unica alternativa alla disoccupazione;
- le assunzioni vengono comunque strettamente gestite e sorvegliate dall'intermediazione democristiana cosicché si ha a Catania come a Priolo la nascita del fenomeno della fedeltà operaia siciliana alla DC (con una netta differenza rispetto al Nord d'Italia);
- mutamento della cultura del lavoro che l'industria pone agli operai, trattandosi qui come nel siracusano di una forza-lavoro a bassa o infima qualificazione per cui "il passaggio di molti addetti da manovale ad operaio specializzato fu assai rapido" [130].

"Non è facile, in una situazione come quella descritta, stabilire tuttavia quale sia stato il grado e i caratteri di modernizzazione di questi 'nuovi' operai catanesi: sicurezza e continuità del posto hanno profondamente modificato la psicologia e l'ideologia dell'operaio, anche se egli si è trovato a vivere in un contesto poco dinamico e 'bloccato' in fatto di innovazione tecnologica. E per tal via, il loro sistema di valori, poco insidiato nell'area di esperienza dell'edilizia, è risultato profondamente sconvolto nel contatto con la fabbrica e le macchine:

---

129 Giar86, p. 305, sulla base di R. Catanzaro, L'imprenditore assistito, Il Mulino 1979.
130 Giar86, p. 306, nota 12

> anche se la modesta dimensione dell'impresa, e la tenacia nel personalizzare i rapporti ne hanno rallentato, moderato il cambiamento" [131].

Fino alla metà degli anni Cinquanta l'edilizia catanese è ancora "polverizzata e precaria" [132]. Ora emerge "una netta tendenza al controllo oligopolistico" [133] con quelli che diverranno i "cavalieri di Catania": Costanzo, Rendo, Massimino. E' questo nuovo assetto che impone un nuovo programma di fabbricazione (novembre 1961) e il Piano Regolatore Generale (ottobre 1963), entrambi opera di Luigi Piccinato autore del progetto di piano del 1932. Infatti si esaurisce l' "ondata San Berillo" [134], mentre diviene urgente "riportare sui grandi lavori pubblici e sull'edilizia sovvenzionata l'asse della politica urbanistica di Catania" [135].

> "Catania ha ora capitali e competenze per utilizzare in proprio le crescenti opportunità che grande viabilità ed edilizia popolare offrono per il Mezzogiorno e per la Sicilia: non è più necessaria l'esperienza tecnica e finanziaria 'esterna', che aveva reso possibile l'operazione San Berillo" [136].

> "La DC - a Catania come a Palermo - si orienta verso una semplificazione dei quadri dell'imprenditoria locale, che garantisce certezza e continuità di interlocutori e concentra in poche mani la già dispersa rete di mediatori/affaristi tornando a prestigio del 'partito'" [137].

Le vere novità del Piano Piccinato (asse attrezzato, centro direzionale di Picanello, risanamento di Cibali, quartiere-satellite di

---

131 Giar86, p. 306

132 Giar86, p. 306

133 Giar86, p. 306

134 Giar86, p. 306

135 Giar86, p. 306

136 Giar86, p. 306-307

137 Giar86, p. 307

Librino) diventano "la base del nuovo 'blocco di potere urbano' di cui Antonino Drago (dal 1964 sindaco di Catania) è venuto definendo la struttura e del quale per un decennio sarebbe stato l'espressione più significativa e il garante politico" [138].

> "Dietro quel disegno, che non manca di lucidità e rivela una scala alta di ideazione, c'è un progetto politico ambizioso e coerente, non tuttavia una cultura urbanistica e socio-economica adeguata al disegno. Senza adeguati supporti tecnici e culturali (il progetto Kenzo Tange per Librino parrà una diversione strumentale), quel progetto si frantuma in una serie incoerente di opere pubbliche e di interventi suggeriti da 'crediti' di questo o quell'imprenditore, ovvero rinviati o solo in parte realizzati per la difficoltà di costituire in Consiglio comunale la maggioranza necessaria (ove a mediare, e a 'garantire' non fosse lo stesso imprenditore). L'ipotesi del centro-direzionale a Picanello cade, e il progetto viene spostato a Cibali: in attesa di mobilitare le risorse necessarie per 'l'asse attrezzato', l'IACP e il Consorzio per l'area di sviluppo industriale (1962) diventano gli strumenti di gestione di consistenti finanziamenti pubblici - in una con l'autostrada Messina-Catania, e i lavori pubblici (d'istituto e in concessione) della Provincia. Solo negli anni Settanta sarà possibile apprezzare i limiti di quel disegno, e misurare le conseguenze del suo fallimento nella ingovernabilità del traffico cittadino, e ancor più nell'indisponibilità del gruppo dominante della DC a spostare dall'urbanistica (e dai lavori pubblici) ai servizi l'asse dell'attività amministrativa" [139].

Negli anni sessanta la DC municipalizza i servizi essenziali (nettezza urbana, trasporti, acqua, attività musicale):

> "ma di contro a costi crescenti (di gestione e per il personale), il livello e la continuità dei servizi non sono

---

138 Giar86, p. 307

139 Giar86, p. 307

> garantiti, mentre Catania si è modificata profondamente negli equilibri territoriali e la domanda di servizi si fa più qualificata e più estesa. Né assicura prestazioni adeguate l'assistenza sanitaria offerta dagli ospedali cittadini, impegnati ancora negli anni Sessanta a servire una popolazione assai più vasta degli stessi confini provinciali [...] e 'infuria' la polemica che si protrae sino ai primi anni Settanta contro il proliferare delle cliniche private" [140].

## La situazione culturale

A parte Sylos Labini, che però non ha audience nella società catanese, il dibattito sullo sviluppo "rimane povero" [141]. Antonio Petino pubblica gli "Annali del Mezzogiorno", e a partire dal 1960 impegna i suoi collaboratori per la stesura di "Catania contemporanea : cento anni di vita economica" uscito nel 1976.

> "E però, via via che negli anni Sessanta l'impegno di ricerca si fa più coerente, e la pressione culturale della città più consistente e organica, il ceto politico locale appare sempre meno interessato e più distratto: dalla disattenzione ostentata all'indifferenza, secondo un processo che presto avrebbe coinvolto l'intero ceto politico siciliano e meridionale" [142].

Importante la funzione di Carlo Muscetta [143]:

> "tratti del suo magistero e della sua 'provocazione' si ritrovano nella più importante rivista giovanile di quegli anni a Catania, «Giovane Critica» (1963-1975) di G. Mughini: la quale media anche istanze di documentazione

---

140 Giar86, p. 308

141 Giar86, p. 312

142 Giar86, p. 312

143 Giar86, p. 312

e di dibattito, che trovano matura espressione nella Casa della cultura e nel CUC (Centro universitario cinematografico). E' qui soprattutto che, tra proiezioni e dibattiti, la 'cultura giovanile' trova a Catania una opportunità e uno spazio per aggiornarsi su temi importanti della trasformazione sociale e della crisi contemporanea, e riconsiderare criticamente il rapporto tra pubblico e spettacolo (la città ha dal 1958 un teatro stabile, destinato a rappresentare una presenza forte nel panorama culturale della città), e tra le varie forme - tradizionali e no - di linguaggio figurativo: teatri, cinema, totocalci, televisione" [144].

La giovane rivista catanese saluta nel suo primo numero la venuta di Muscetta a Catania, in un breve ma significativo trafiletto:

"A partire dal corrente anno scolastico la cattedra di letteratura italiana all'Università di Catania è occupata dal prof. Carlo Muscetta, uno dei critici di maggiore statura e personalità fra quelli della generazione postcrociana. Noi, che alle sue pagine siamo assai debitori, salutiamo con gratitudine in lui l'uomo e lo studioso che - nella avvertenza a una sua raccolta di saggi - in di una cosa soltanto si vantava: di aver sempre *parteggiato*, e in una direzione precisa, *più o meno apertamente*" [145]

## La crisi dei partiti istituzionali

Alla metà degli anni '60 vi è una crisi dell'impegno politico:

"cresceva il controllo dei partiti sulle istituzioni, ma i partiti di massa (ov'era il 'sottogoverno' a fissare la quota di tesseramento, e non viceversa) se pur fungevano da

---

144 Giar86, p. 313

145 Giovane critica, n. 1-2, 1963-64, p. 44.

canali del consenso, non erano già più aree di socializzazione politica e culturale" [146].

Giarrizzo parla purtroppo indiscriminatamente dei "partiti di massa"; in realtà il ruolo che individua va riferito a DC e PSI, mentre il PCI sembra essere fuori da qualsiasi ruolo rispetto alle istituzioni come pure rispetto al bisogno di socializzazione. Un bisogno di socializzazione di cui non viene indicato motivo né dimensione, né forme particolari (tutto il discorso di Giarrizzo è qui vago e allusivo, proprio di chi non è stato dentro queste nicchie culturali). Ci si limita a registrare

> "lo sviluppo assai rapido dell'associazionismo extra-istituzionale, dai circoli ai pub: questi svolgono a Catania una funzione di grande importanza, non tanto per i paradigmi culturali a cui si rifanno ovvero per gli obiettivi di solidarietà sociale o di diffusione culturale che costituiscono il loro programma; quanto per essere canali di rapida legittimazione di nuove figure sociali [ma quali?], area di mediazione tra operatori tecnico-economici e borghesia intellettuale, tra 'capitale' e provincia. Come tali, essi appartengono di pieno diritto alla modernizzazione sociale e culturale di Catania negli anni Cinquanta e Sessanta: e interpretarono, assai meglio del ceto politico e dei partiti, le ambizioni e le potenzialità di una metropoli che viene già assumendo le dimensioni della megalopoli senza averne le istituzioni e la cultura politica. Nascerà da questa divaricazione quella che, negli anni Settanta, sarà denunziata come la crisi di identità di Catania, città commerciale e di servizi, che pretende di essere anche città industriale e città turistica: un'incertezza che si manifesta come impotenza della città a governare, con la stessa crescita, quella talora (ma non sempre) indotta della sua provincia" [147].

Secondo Giarrizzo "il 'milazzismo', la ventata sicilianista dei tardi anni Cinquanta, non ebbe per la vita politica catanese grande

---

146 Giar86, p. 313

147 Giar86, p. 313

significato" [148]. Mi sembra invece che il fallimento del milazzismo abbia inciso in maniera determinante sulla vita politica ed economica di Catania. Ha bloccato l'ascesa elettorale del PCI, ma soprattutto ha segnato la vittoria di un tipo di sviluppo e di un gruppo dirigente politico chiamato a dirigere lo 'sviluppo' che quel gruppo intendeva perseguire. Non si ha un mutamento di rotta della vita politica catanese, ma quella rotta fu proseguita su coordinate ulteriori rispetto alla fase precedente. La fine del governo di La Ferlita a l'ascesa di Antonino Drago segna un mutamento antropologico oltre che generazionale.

> "Antonino Drago si appresta a diventare il leader indiscusso dei democristiani di Catania, mediando e 'federando' gruppi e notabili delle varie zone della città: alla base della formazione di questi gruppi c'era, piuttosto che una coalizione di interessi locali, una rete più o meno fitta di rapporti personali tessuta attorno a una domanda di assistenza particolarmente forte e diffusa nelle zone urbane di immigrazione" [149].

> "Il notabile monta e gestisce questa struttura di assistenza e servizi, ora direttamente ora come collaboratore del parroco e del clero locali: le risorse provengono per lo più da enti o istituzioni pubbliche di assistenza, le cui sedi fungono negli anni Cinquanta da centrali elettorali e talora sono promosse - in rapporto al credito e al raggiunto prestigio politico del notabile - a sezione di partito. La DC clericale dei primi anni Cinquanta è diventata la DC clientelare degli anni Sessanta, che recluta il suo personale politico cittadino da questo nobilitato di zona, cui accedono - con formazione e ruoli affini - anche politici e mediatori originariamente non democristiani, con o senza malleverie clericali. Per lo più mediatori di assistenza, questi notabili di rado sono rappresentanti degli interessi di quartiere che è il loro serbatoio elettorale ma in cui di rado vivono per attività e residenza familiare: quando emergono a livello cittadino

---

148 Giar86, p. 314

149 Giar86, p. 314

> o di partito, gli interessi che sono chiamati a interpretare e gestire sono supralocali; il loro status economico e politico si misura con il rango nell'apparato, mai o quasi mai con un'improbabile patriottismo di quartiere che non avrebbe radici salde in una città come Catania che nel decennio 1955-65 ha sperimentato la più radicale riallocazione di tutta la sua storia" [150].

E' una fenomenologia generale del sistema di sub-potere democristiano in linee generali condivisibile.

> "La Catania della speculazione edilizia, era una città brutta perché anonima, in una casualità di allineamenti e di stili, in sgradevoli combinazioni di forme e di colori, e con interni comuni mal definiti e peggio strutturati che i nuovi proprietari - per lo più acquirenti 'sulla carta' di vani e servizi - avevano lasciato irresponsabilmente alla avida e incolta discrezionalità del costruttore" [151].

Sembrerebbe un fattore solo estetico, mentre è un fattore culturale e di vivibilità dei quartieri, privi di servizi e sostanzialmente malsani. Quartieri di nuova espansione che vedono di contro

> "la crescita impressionante delle sezioni DC di Picanello e di Ognina [...]. Saranno queste sezioni a pilotare il rilascio di licenze commerciali; e a metà degli anni Sessanta ogni segretario di sezione cittadina della DC poté disporre di una licenza di vendita di carburanti, e della relativa concessione dell'area" [152].

Il milazzismo ebbe effetti devastanti (Giarrizzo parla eufemisticamente di "punto di fuga" [153]) per il PCI siciliano e catanese. La situazione politica è complicata:

---

150 Giar86, p. 314
151 Giar86, p. 315
152 Giar86, p. 315
153 Giar86, p. 315

- l'autonomia siciliana era vista (dal PCI) come strumento di lotta contro i monopoli e le multinazionali attirate dal boom dell'industria mineraria siciliana;
- l'iniziativa di Milazzo poteva essere l'occasione di bloccare il progetto centro-sinistra (che significava l'esclusione dalla stanza delle decisioni politiche del PCI);
- l'iniziativa di Milazzo poteva inoltre essere l'occasione per far partire dalla Sicilia una risposta 'nazionale' ai programmi di sviluppo dipendente dell'economia e della società italiana;

di qui la scelta milazzista del PCI che però:

- era politicamente e in termini di quadri debole a Catania; (il PCI è tradizionalmente più forte nella provincia);
- dovette subire la scissione del PSIUP;
- ciò facilitò la costituzione della giunta Drago, la risposta DC-PSI, e il rapido riassorbimento del milazzismo.

La DC

> "può disporre di un assetto del potere locale in grado di conciliare la 'concorrenza' entro la grande imprenditoria delle costruzioni. Tra il 1964 e il 1967 il 'caso Catania' assume perciò in Sicilia e fuori un rilievo positivo, per la facilità con cui Drago chiude con una maxisanatoria la fase dell'urbanizzazione selvaggia e assume la grande edilizia pubblica come strumento di riqualificazione del tessuto e del territorio di Catania: il PCI vota a favore, il PSI gestisce l'abusivismo, e la DC [gestisce] la svolta e l'intesa con 'i cavalieri di Catania' " [154].

Proprio il modo con cui a Catania viene sconfitto il milazzismo e soprattutto si riesce a dare risposta al problema (DC)

---

154 Giar86, p. 316

dell'occupazione del potere, fa di Catania modello per il resto della regione:

> "Così nel 1967, Salvo Lima, il politico rampante della DC palermitano, tira la volata di Drago alla segreteria regionale democristiana: la frana di Agrigento e l'Antimafia vanno affrontate nell'isola attraverso la estensione del modello catanese, che appare la versione più moderna e dinamica del programma di 'occupazione del potere' " [155].

> "Il centro-sinistra, identificato con la pubblicizzazione dei servizi e i grandi lavori pubblici, ebbe a Catania la sua base sociale nella burocrazia municipale e nel vasto fronte interclassista cementato dagli interessi finanziari, speculativi, tecnici, imprenditoriali, di occupazione convergenti nell'edilizia pubblica: l'ombrello politico fu costituito dall'asse DC-PSI, in concreto dal 'patto' fra Drago e Salvatore Fagone, il deputato regionale socialista, dall'agosto 1963 al febbraio 1972 ininterrottamente assessore regionale prima ai Lavori Pubblici, e dal 1968 all'Industria. Saranno, Fagone e Drago, i padroni di Catania nei secondi anni Sessanta e saranno assunti a simbolo di spregiudicato affarismo, di corruzione clientelare, di cinico degrado del ceto politico catanese [...], portatori entrambi di quella estraneità tra la politica e la cultura della città, che ha portato quest'ultima a un crescente rifiuto della politica" [156].

## Il '68 di Catania

### La contestazione studentesca

> "Il '68 indusse a Catania reazioni incerte e scomposte, come effetto del disorientamento del ceto politico e dei

---

155 Giar86, p. 316

156 Giar86, p. 316

gruppi dominanti di fronte all'emergere (da 'profondità' culturalmente insondabili, e psicologicamente estranee) della contestazione del potere e del sistema. Qui come altrove, l'occupazione del palazzo centrale dell'università fu il fatto simbolico diretto a denunciare il *pactum sceleris* fra scienza e potere, a esaltare le valenze politiche del lavoro scientifico, demolendo da sinistra il modello povero del togliattiano 'intellettuale organico'. Non soltanto per la vicinanza spaziale (la facoltà divideva con il Rettorato e gli uffici centrali il palazzo universitario), la contestazione investì soprattutto la facoltà di Lettere, vi radicalizzò lo scontro generazionale in atto che ne risultò nobilitato nelle sue ragioni: non riuscì però, anche per i contrasti ideologici e le differenti 'prospettive strategiche' dei giovani leader, a tenere il campo e fu presto riassorbita nel mobile riformismo tattico del più giovane baronaggio accademico lasciato a rianimare in periferia tra ceneri ancora calde le smorte faville del centro-sinistra. Si confrontano così, in un ambiguo gioco delle parti, un riformismo che vuol riaprire la partita delle illusioni e una rivoluzione senza passato e senza futuro: hanno in comune la scelta del campo, che è il terreno nobile dell'utopia. Si incontrano, per confondersi in composti incoerenti e indigesti, i modelli rivoluzionari più noti: la Francia del 1792-93, la Russia del 1917, la rivoluzione cinese, la Cuba di Fidel Castro. La egemonia provvisoria dell'analisi marcusiana della modernizzazione si fonda più sui contorni vaghi dell'utopia di una società post-moderna, che su una verifica attenta della base e degli strumenti di analisi della società contemporanea" [157].

"Ne risulta, in singolare contraddizione, la ricerca dei fondamenti rivoluzionari dell'arretratezza; e il recupero amplificato di un meridionalismo terzo-mondista, destinato nel corso degli anni Settanta a banalizzarsi nella tesi dell'economia e società meridionale come società ed economia 'dipendente'. L'autunno del 1969, che ebbe a Catania uno degli epicentri meridionali, offrì al

---

157 Giar86, p. 317

Movimento Studentesco - vivace nella città, ma poco presente nella provincia - un'opportunità insperata di saggiare qui formule e iniziative teorizzate per l'Italia e l'Europa industriale: l'alleanza si esaurì tuttavia molto presto come un equivoco, una ambigua proposta il cui residuato sarà - con modeste presenze a Catania, e in Sicilia - la veneta Autonomia organizzata" [158].

"Eppure l'esperienza del '68 lasciò nella cultura e nella politica di Catania segni profondi. Si aprì, e non si chiuse presto, il dibattito sul rapporto tra sapere e potere, sugli usi politici del sapere; e si fecero conti severi con il 'gramscismo' e con i suoi intellettuali organici. L'opposizione dei 'movimenti' ai partiti diverrà in quegli anni a Catania un tema forte per la presenza (è ordinario di Sociologia nella facoltà di Scienze Politiche) di Francesco Alberoni, le cui lezioni e tesi sullo 'stato nascente' trovano un uditorio vasto e partecipe; e nella stessa facoltà, dal 1971, Alberto Spreafico insegna e verifica avanzate metodologie in fatto di geografia e comportamento elettorali, mentre Pietro Barcellona vi chiama - tra le diffidenze e l'ostilità di accademici e di operatori del diritto - i più acuti analisti della 'politica del diritto'. Temi, sollecitazioni, provocazioni nuove entrano a forza nel recinto protetto della storiografia del mondo contemporaneo, che ha sfilacciato la risorgimentistica in storia dei partiti (e una storia invero più dell'organizzazione che delle ideologie e dei programmi)" [159].

Intorno al '68 sono in atto cambiamenti "che hanno i tratti dirompenti di una rivoluzione culturale" [160] in cui è la scuola e non più la Chiesa cattolica o i Partiti, "il luogo della 'socializzazione', e nel sistema e contro di esso" [161].

---

158 Giar86, p. 317-318
159 Giar86, p. 318
160 Giar86, p. 319
161 Giar86, p. 319

> "La 'contestazione' fu vissuta a Catania, con effetti che si protraggono sino alla metà degli anni settanta, più come movimentismo che come alternativa: autorità e istituzioni erano demistificate non perché custodi di valori esauriti, ma perché garanti di un'etica formalistica, un'etica che i padri, i titolari del potere, non vivevano all'altezza a chi la predicavano. Perciò l'impatto fu fortissimo nell'area cattolica, e investì la contraddizione vissuta tra la religione e la politica" [162].

## La chiesa cattolica

Dal 1952 a Catania è arcivescovo Guido Luigi Bentivoglio. Durante il suo lungo episcopato non sembra avvengano fatti di rilievo, se si esclude il congresso eucaristico del 1959, che fu celebrato con grande sfarzo a Catania. Bentivoglio eredita l'episcopato altamente politicizzato di Patanè, ma

> "appare una figura grigia e autoritaria, più attento ai problemi strutturali e organizzativi della Chiesa [cattolica] che alla ricerca di nuovi ruoli e di un'identità non tradizionale: un atteggiamento e una cultura, che sembrano condivisi dall'intero episcopato siciliano" [163].

Interessante può essere l'analisi del 'consilia et vota' (ag. dic 1959) stilati per il Concilio Vaticano II, che danno "una impressione di forte ritardo, di estraneità persino dei vescovi di Sicilia rispetto all'ispirazione innovatrice del Concilio, e di diffidenza nei confronti dei movimenti culturali e sociali che contestano e coinvolgono le istituzioni ecclesiastiche" [164].

La chiesa cattolica catanese

---

162 Giar86, p. 318

163 Giar86, p. 318-319

164 A.G. Aiello, I ' vota' dei vescovi siciliani per il Vaticano II, in Aa.vv., *A Vent'anni dal concilio : Prospettive teologiche e giuridiche*, DFTS, Palermo 1984, pp. 93-106. Cfr.: Giar86, p. 319

" 'subisce', non senza sconcerto, gli esiti e le speranze del Vaticano II; prende atto di una lenta ma irreversibile riduzione della scuola cattolica, in strutture e frequenza; appare incerta sulla crisi di vocazioni e sulla riforma del seminario. La cultura cattolica non conosce a Catania nessuna delle tensioni che attraversano, anche per la sua tormentata personalità, il pontificato di Paolo VI. Spira invece, come reazione al '68, un'aria di tradizionalismo difensivo che riapre antiche diffidenze tra clero regolare e clero secolare: la Curia è stata, e continua a essere assente di fronte al sacco edilizio della città, alla qualità della vita nei nuovi quartieri.

Non c'è dialogo tra gli assistenti sociali, istituzionali e volontari, che sono presenti al Pigno, a S.M. Goretti, a Monte Po e le autorità della Chiesa catanese: si cercano altre mediazioni, delle ACLI e dei sindacati, con forti solidarietà anche se con esiti modesti. L'adesione di giovani cattolici al PSI, e più al PCI in questi anni a Catania non è meno significativa dei risultati del referendum del 1974" [165].


I cattolici catanesi hanno i loro gruppi e associazioni, che esauriscono il momento politico nella DC, mentre a livello associativo è da notare un progressivo fermento, a partire dal 1960. Sono piccoli segnali di apertura e di confronto con il mondo moderno. Così l'attività del FUCI con i suoi incontri di studio (uno persino sulla letteratura esistenziale, Sartre e Camus, nel 1961 [166]), i sintomi vistosi di disagio dell'Intesa, l'organizzazione studentesca universitaria cattolica che nel 1962 perde la maggioranza all'ARU (l'assemblea rappresentativa dell'Università, a Catania) a favore della destra, pur di non cedere alle proposte di alleanza con l'UGI di sinistra [167].

---

165 Giar86, p. 319

166 Lettera del FUCI, datata 21 marzo 1961, a firma di Innocenza Indelicato, con l'invito a partecipare all'incontro tenuto da Carmelo Jacono sulla letteratura esistenziale (Sartre e Camus). La lettera, che si chiude con i consueti "cordiali saluti nel Signore", è in Fondo Recupero, Cart. 1.

167 La vicenda è ripercorribile anche tramite i documenti – ritagli di giornali, depliants, programmi ecc. – rinvenuti nel Fondo Recupero, Cart. 1. Si veda ad esempio il trionfante articolo apparso su La Sicilia (14 marzo 1962) "Fallito il tentativo dell'Intesa – L'ARU ha eletto una Giunta di destra – Le sinistre e i fiancheggiatori hanno abbandonato l'aula

Nel maggio 1961 viene organizzato a Catania un "convegno studenti" dal titolo "Scuola e libertà, scuola e società" [168]. E' un momento interessante di verifica soprattutto dal punto di vista ideologico della posizione dei cattolici catanesi sul problema della scuola. Vi partecipano Nicola Palazzolo (presidente della FUCI), Eugenio Termine che parla sui rapporti tra Stato e scuola, Vincenzo Guarrella su scuola e società. Il dibattito vede la presidenza assunta da Giuseppe Auletta. Non a caso, mentre si dibatte su finanziamento pubblico alle scuole cattoliche private o meno, e si cerca di stabilire fino a che punto un discente è "libero", e quale tipo di insegnamento deve essere impartito alla luce di quale concetto della democrazia, si punti sul concetto della totalità dell'educazione che dipende non solo dalla scuola ma anche "dalla famiglia, dalla Chiesa, dallo Stato, dal partito, dalla stampa, dal cinema, dal teatro ecc. ecc." per cui occorre "richiamare al loro compito educativo tutte le forze sociali, affinché collaborino pienamente consapevoli di questo problema unico della vita umana che è l'educazione dei giovani " [169], l'intervento che forse richiama più direttamente il "fuori" ideologico e dei problemi concreti provenienti dalla società, è quello di Pietro Banna, presidente della Gioventù Studentesca. Diceva Banna nel suo intervento:

> "Oggi si parla tanto di crisi della scuola, ma in alcuni ambienti, specialmente politici, si tende a ridurre questo problema ad un problema di insufficienza di aule e quindi di provvidenze scolastiche [...]. Certo è già qualche cosa che dopo tanti anni si cominci a pensare seriamente alla scuola; ma dicevo la crisi della scuola non deriva soltanto dalla insufficienza degli edifici scolastici ma da tante altre cose. Vorrei fare un accenno all'insufficienza della scuola in ordine ad una reale preparazione ed a un effettivo inserimento dello studente nella vita sociale. Questo problema è al centro della scuola ed in questo senso possiamo riscontrare una insufficienza di metodi, di programmi, di strutture. Per quanto riguarda i

poco prima della votazione".

168 *Scuola e libertà, scuola e società : atti del I° convegno studenti* / FUCI, Gioventù Studentesca. 14 maggio 1961.

169 Scuola e società / relazione del prof. Vincenzo Guarrella, in *Scuola e libertà*, cit., p. 16.

programmi, noi oggi assistiamo ad una frammentarietà ad una tendenza verso l'erudizione, il culturalismo, l'enciclopedismo, l'istruzionismo, tutti termini in 'ismo, deteriori, ma che rispondono a una reale negatività. Quanto poi esaminiamo le strutture, vediamo che la scuola italiana è per niente o del tutto adeguata alle strutture politiche democratiche ed alle strutture economiche sociali della Nazione: la scuola oggi vede ancora lo studente non come il suo centro, ma risentendo di una impostazione alquanto assolutistica considera lo studente non come persona, ma piuttosto come oggetto. Quindi noi si auspica un avvento della scuola attiva [...], un insegnamento che sia suscitatore di idee più che un sistema che inculca delle nozioni. La scuola, noi siamo convinti, è una comunità fatta di persone, dico persone, perché voglio mettere bene in evidenza come a tutte le persone deve essere portato rispetto alla personalità delle loro idee. Lo studente deve essere visto in questa dimensione comunitaria, egli non è spettatore, ma è protagonista dell'ambiente [...]: come protagonista di un ambiente, egli può condizionarlo [...], può condizionare l'ambiente in cui si trova [...]. Perché siamo sicuri di poter condizionare il nostro ambiente, ci poniamo e discutiamo certi problemi, sicuri di poter dare a questi anche il nostro contributo" [170]

Tra gli altri interventi, segnaliamo anche quello di Francesco Ventorino, che terrà a sottolineare come non si debba dare "un'eccessiva preminenza alla libertà dell'insegnante", dovendo considerare anche i "diritti della famiglia [...] a educare i figlioli come si vuole", "i diritti della società a trasmettere i valori sociali, etici, religiosi acquisiti" [171].

## Lo scontro tra i partiti. Le elezioni 1968-1972

---

170 Intervento di Pietro Banna al convegno, in *Scuola e libertà*, cit., p. 17-18.
171 Intervento di Francesco Ventorino, in *Scuola e libertà*, cit., p. 28.

> "La politica assume tra il 1968 e il 1972 i caratteri di una spenta liturgia, che riafferma però i diritti offesi del 'quotidiano'" [172].

Al di là dell'uso retorico della parola, la lotta politica all'interno delle istituzioni e delle amministrazioni vede l'apparente preponderanza di una DC compattata attorno alla sua corrente maggioritaria, facente capo a Antonino Drago. I partiti dell'opposizione di sinistra non sono in grado di contrastare in alcun modo questa occupazione, né l'opposizione interna, coagulata attorno alla corrente democristiana dei "sindacalisti" è capace di porre argini.

Proprio nel 1968 il clima politico dei partiti è incandescente, tutto impegnato e concentrato sulle scadenze elettorali. Il XII congresso provinciale della DC che si apre a Catania il 18 febbraio 1968 vede la vittoria larghissima di Antonino Drago [173].

elezioni regionali (1967):

1. 'tengono' a Catania: DC, MSI, monarchici
2. avanzano: repubblicani (perdono i liberali)
3. PSI e PSDI sono unificati, ma insieme ottengono lo stesso che il solo PSI
4. PCI e PSIUP passano da 30 a 46 mila voti

elezioni politiche del 1968:

- guadagnano: DC, MSI, PDIUM
- perdono: PLI, PRI; confluiscono i voti alla Nuova Repubblica del gollista Pacciardi
- tiene: PSI
- piccolo guadagno del PCI (4 mila voti)

elezioni comunali del 1970 (che "si svolgono in piena contestazione": Giar86, p. 320):

---

172 Giar86, p. 319

173 Sulla situazione interna alla DC e sul sistema di potere democristiano in questi anni si rimanda al saggio di Mario Caciagli (Caciagli77). Sulla situazione nel 1968, cfr. p. 414 e segg.

- tiene: MSI. Il PDIUM è in costante declino, assorbito dal MSI
- recupera: PRI (rispetto alle politiche). Il PSDI (di nuovo scissisi dal PSI) prendono voti dal PLI
- perde: PCI
- netta affermazione: DC. "I suoi 12 mila nuovi voti (dal 38% del 1968 al 45%) vengono in una certa misura del 'voto nuovo', ma più [...] dal serbatoio comunista, che perde rispetto al 1968 12 mila voti (dal 22 al 15%), e sono voti dei nuovi quartieri. Ancora una volta, l' 'assistenza' agli immigrati transita dal PCI alla DC" [174].

Gli andamenti delle elezioni fino al 1970 mostrano

> "una sostanziale tenuta della struttura politica della città (con rapidi assorbimenti di non gravissime trasgressioni). Scricchiolio, non cedimenti dunque di un edificio su cui si abbatte improvvisa la tempesta del 'voto nero' del 1971-72" [175].

elezioni regionali del 1971:
- perde: DC (-38.456 voti rispetto al 1970), PSI, monarchici
- vince: MSI (+ 40 mila voti), con il 27,2% dei voti diventa il primo partito della città
- recupera: PCI, a spese del PSI

elezioni politiche del 1972:
- recupera: DC, ma con difficoltà e solo la metà della perdita
- perde: PSI, PRI, PSDI
- vince: MSI (+ 11.500 voti), ma si attesta 'solo' al secondo posto (30,6% dei voti, rispetto al 33,4% della DC)

referendum sul divorzio del 1974:

---

174 Giar86, p. 320

175 Giar86, p. 320

- no: 63,1%
- sì: 36,9%

elezioni comunali del 1975:

1   tiene: PCI (che divora il PSIUP)(+ 10 mila voti)

2   perde: MSI (- 26.500 voti), PLI,

3   avanza: DC (+ 10 mila voti)

4   avanzano: PSDI, PRI

Il 'voto nero' del 1971-72

> "esprime un disagio piuttosto che una protesta, quello di una comunità che accetta il cambiamento e la modernizzazione ma ha paura dei costi da pagare: e cerca la forza politica (prima il MSI, quindi il PCI) capace di ridurne il peso, in fatto di corruzione e inefficienza, e in fatto di ordine pubblico (nuova mafia, aggressioni, sequestri, scippi). La contestazione del PSI e della DC è la versione 'borghese', da ceti emergenti, della contestazione del '68: i figli, che hanno paura del cambiamento inevitabile, si rivoltano contro i padri invecchiati nella delusione del cambiamento desiderato. La cosiddetta 'cultura del privato' dei tardi anni Settanta [...] ha in questa tormentosa contraddizione le sue vere radici" [176].

## Catania e le occupazioni

Per Nino Recupero [177]

> "a Catania più che altrove, il problema del Sessantotto non è stato che esso ci sia stato, e come sia cominciato, quanto quello di capire perché e come esso sia finito, e

---

176 Giar86, p. 321

177 Nino Recupero, in DS88, p. 9.

quali tracce abbia lasciato nella città". La Catania che Recupero ha davanti, nel 1988, è una "città sfasciata", "con il suo centro storico deturpato e in abbandono, la sua fascia costiera schiacciata e inquinata dall'edilizia selvaggia. Ospedali da raccapriccio, servizi pubblici da raccapriccio: morale pubblica da raccapriccio" [178].

E si chiede: "Ma da qui è passato il Sessantotto?". A chi osserva che "la nostra è una delle poche situazioni nelle quali la generazione formatasi politicamente intorno a quell'anno è rimasta esclusa dal governo della cosa pubblica", precisa che "la generazione del Sessantotto è come se fosse ammutolita per tutto quanto riguarda la sfera pubblica [...]. Una generazione esclusa anche da quella essenziale forma di governo che è l'opposizione. Esclusa, o autoesclusasi" [179].

## Prima dell'occupazione

Scrive Carlo Muscetta, che dal novembre 1963 si trovava a Catania:

"Alle vicende periferiche del movimento studentesco a Catania non fu estraneo un autonomo processo politico-culturale, che qui maturò nel quinquennio precedente [...]. Dopo i fatti d'Ungheria, io ero uscito dal Partito comunista, ma *da sinistra* [...]. Restavo (e resto) un comunista critico, non per nulla di ascendenza 'azionista', vicino a socialisti come Raniero Panzieri e sempre più attratto dalla Cina e dalla lezione di Mao. (A proposito del quale, gli studenti di Catania che venivano a trovarmi col libretto rosso in mano, ricorderanno che io mi professavo filo-cinese, adottavo tra i miei testi le famose pagine di Mao sulla contraddizione, ma ero contrario al culto della sua persona)" [180].

---

178 Nino Recupero, in DS88, p. 9.

179 Nino Recupero, in DS88, p. 10.

180 Carlo Muscetta, "Mancarono collegamenti con la classe operaia", in DS88, p. 23.

Ricorda Massimo Gaglio:

> "pur non esistendo un 'movimento studentesco' organizzato, c'erano state parecchie occasioni d'incontro tra i 'giovani avanzati', tutti di sinistra; anche se non di massa, parecchie centinaia e forse qualche migliaio di studenti erano interesati al rinnovamento degli studi e della società" [181].

Gaglio enumera una serie di elementi:

- «Giovane Critica», rivista di livello nazionale, diretta da Mughini;
- il CUC, cineclub universitario con Nino Recupero e altri, che "intratteneva ogni settimana centinaia di giovani su film di avanguardia estranei ai circuiti normali o ripresi con dibattiti che a volte duravano fin oltre l'una di notte" [182];
- ruolo importante è svolto anche dal circolo Pintor;
- e dal periodico universitario «Sicilia UGI»;
- "l'influenza della Rivoluzione Culturale cinese cominciava già ad essere ampiamente presente, gli scritti di Mao circolavano abbastanza ampiamente tra gli studenti ed era presente un circolo catanese di «Nuova Cina»" [183];
- la morte di Che Guevara "aveva aperto un ampio discorso su Cuba e sulle possibili alternative pratiche di una via socialista diversa da altre" [184];

---

181 Massimo Gaglio, "Pochi i docenti ammessi alle assemblee", in DS88, p. 29.
182 Massimo Gaglio, "Pochi i docenti ammessi alle assemblee", in DS88, p. 29.
183 Massimo Gaglio, "Pochi i docenti ammessi alle assemblee", in DS88, p. 29-30.
184 Massimo Gaglio, "Pochi i docenti ammessi alle assemblee", in DS88, p. 30.

- la diffusione di una serie di autori e testi di riferimento: l'*Uomo a una dimensione* di Marcuse, il teatro di Dario Fo;
- il dibattito sul Vietnam che "incombeva paurosamente, ma in misura massiccia su molti giovani" [185]: con la nascita anche del circolo «5 Vietnam» "in cui si dibattevano tutti i problemi di rinnovamento della società" [186].

Già da questi elementi, possiamo enucleare tre linee di tendenza che, all'interno delle nostre ipotesi di lavoro, costituiscono le tre coordinate principali attorno cui si venne costruendo il movimento di critica e di contestazione a Catania nel 1968-69:

- la critica culturale ed estetica
- la dissidenza ideologica e militante
- i dialoganti

La prima coordinata a nostro avviso individua l'area più consapevolmente e limitatamente culturale della "contestazione", si identifica ma non si esaurisce nella rivista «Giovane Critica» e nel personaggio di Mughini. La seconda nasce e si sviluppa attorno all'idea di una più forte presenza e concretezza politica. La terza coordinata, che abbiamo chiamato dei "dialoganti" individua i soggetti presenti all'interno delle istituzioni (accademiche, politiche, sociali), che cercano di saldarsi con il movimento esterno di contestazione, cercando di portare il movimento all'interno di un *iter* riformista e di dialogo con le istituzioni.

Un secondo aspetto che è da tenere presente nell'analisi del Sessantotto di Catania, è quello costituito dal fenomeno dell'emigrazione. Emigrazione di singoli militanti e di "quadri" che cercano altrove una continuità nella lotta culturale e politica (il caso di Turi Toscano); ma anche la fuoriuscita sic et simpliciter. In ogni caso l'effetto è un impoverimento dei quadri a livello locale, che avrà effetto sulla continuità della lotta e sulle caratteristiche di

---
185 Massimo Gaglio, "Pochi i docenti ammessi alle assemblee", in DS88, p. 30.
186 Massimo Gaglio, "Pochi i docenti ammessi alle assemblee", in DS88, p. 30.

sviluppo (o inviluppo) del "movimento" nei mesi immediatamente successivi al periodo cruciale delle occupazioni.

Per Distefano "la tappa principale, prima del '68, è il luglio 1960. Di questo grande movimento erano stati protagonisti ragazzi tra i sedici e i vent'anni (quelli delle magliette a strisce); si trattava di una generazione nuova, venuta alla ribalta dopo le lotte degli anni Cinquanta" [187].

La rivolta contro il governo di destra Tambroni permette di riannodare un importante filo generazionale, tra i 'padri fondatori' della Repubblica e della Resistenza, e la nuova generazione dei nati nel '40. Dice Nicola Torre, dirigente della FGCI negli anni Sessanta:

> "Erano ragazzi nati durante la guerra, che avevano sofferto i patimenti tra il 1940 e il 1945; una generazione che aveva compreso le ragioni del divario tra gli ultraricchi e la stragrande maggioranza della popolazione. Il 1960 non è solamente la ribellione contro la DC e il governo Tambroni: è lo sbocco di fermenti sociali nuovi, è l'esigenza di mutare radicalmente l'ordine costituito" [188].

I giovani a Catania avevano come punto di riferimento allora Azione Cattolica, oppure le organizzazioni della destra come Giovane Italia, Gioventù Monarchica. Le organizzazioni della destra erano attive anche nelle manifestazioni di piazza, come quelle seguite ai fatti d'Ungheria del 1956, che videro l'assalto della federazione del PCI.

L'8 luglio 1960 a Catania viene ucciso, nel corso delle manifestazioni anti-Tambroni, il giovane Salvatore Novembre [189].

---

187 DS88, p. 38.

188 DS88, p. 38.

189 C'erano già stati il 6 luglio gli scontri a Porta San Paolo (Roma) e il 7 luglio a Reggio Emilia. La CGIL di Catania indisse lo sciopero generale per l'8. La mattina dell'8, il questore Buttiglione aveva già mobilitato polizia e fatto affluire rinforzi di carabinieri da altre città. Ricorda Franco Pezzino, allora deputato del PCI (in una conferenza tenutasi il 15 luglio 1972, cit. in DS88, p. 111-113): "Gli attacchi della polizia contro i cittadini e i lavoratori furono molteplici ed estremamente violenti. Il centro cittadino era sommerso

Dopo il luglio 1960 sorsero i comitati studenteschi di sinistra. Al Liceo-ginnasio Spedalieri nell'aprile 1961 nacque il giornalino «Il Dibattito»: Nel comitato di redazione erano: Vito Carammia, Nicola Torre, Andrea Cernigliaro, Rodolfo Gennaio, Stefano Aloisi, Bruno Novelli; impaginatore era Aldo Forbice; tra i collaboratori furono Luisa Navarria, Roberto Sichel, Simonetta Soldani, Nino Recupero, Ugo Entità. In prima pagina la poesia di

---

da una nube di gas lacrimogeni [...]. In uno dei momenti più drammatici di questi gravi disordini che scuotevano il centro della città, in piazza Stesicoro, nel luogo in cui oggi sorge il palazzo del Banco di Sicilia e nel quale allora invece si estendevano le rovine di un vecchio palazzo demolito, Salvatore Novembre, colpito alla gola da un proiettile sparato dalle forze di polizia, cadeva ferito a morte. Accanto a lui altri giovani feriti più o meno gravemente [...]. Eppure Salvatore Novembre non morì subito [...]. Da un'inchiesta [...] i cui risultati si possono leggere negli atti parlamentari della Camera dei Deputati in data 2 agosto 1960, fu accertato che egli era stato ferito alle 18,45 precise. Subito dopo tre agenti, come risulta dalle fotografie pubblicate da vari giornali [...], lo trascinarono sollevandolo di peso per le braccia e per le gambe fino al centro della pizza Stesicoro, e lì lo abbandonarono, atroce monito per i manifestanti che sostavano ancora ai lati della piazza [...]. Ebbene, dalle 18,45 alle 19,40, per 55 interminabili minuti, Salvatore Novembre rimase lì, abbandonato su quel marciapiede di piazza Stesicoro di fronte al cinema Olimpia. Abbandonato ancora vivente, mentre carabinieri e polizia non si curavano di portarlo all'ospedale [...]. Salvatore Novembre rimase sul marciapiede, egli ancora si muoveva, girava la testa da una parte e dall'altra e mutava la posizione del braccio. Alle 19,40 furono infine alcuni pietosi cittadini a portarlo, con la loro Fiat 500, all'ospedale Vittorio Emanuele. Giunsero, come risulta dai registri di entrata, alle 19,45, mentre ancora Salvatore Novembre era vivo [...]. L'indomani i funerali di Salvatore Novembre, assente la polizia perché noi avevamo preteso e ottenuto che non si facesse assolutamente vedere sul percorso del corteo, videro la partecipazione commosso di almeno 100.000 persone" (DS88, p. 111-113). Ricorda Nicola Musumarra, che nel 1960 era segretario delle sezioni 'Ilio Barontini' e 'Fratelli Cervi' unificate nel 1960, nel quartiere San Cristoforo, che il PCI aveva all'epoca 5 sezioni solo a San Cristoforo: "Gli edili costituivano il settore predominante della classe operaia catanese: erano i braccianti della città, dato che l'espulsione della manodopera dalle campagne aveva fatto giungere nel centro urbano una massa considerevole di ex braccianti agricoli. In quegli anni gli scioperi degli edili e i cortei erano di migliaia di persone, venivano puntualmente caricati dalla polizia e, spesso, anche i dirigenti sindacali subivano violenze. Nel luglio del 1960 si verificarono alcune coincidenze particolari: alla zona industriale due fabbriche (la Siclea e la Sepca, occi Scac) avevano licenziato circa 150 operai. Il sindacato contestò i provvedimenti e attivò un movimento di lotta alla zona industriale e nei cantieri edili. La realtà particolare di Catania si intrecciò con gli avvenimenti nazionali [...]" (DS88, p. 115). Musumarra ricorda gli avvenimento del luglio 1960 in questo modo: "la mattina [... dell'8 luglio] i comunisti furono davanti ai cantieri per i picchetti: in alcuni cantieri, quelli di Costanzo, non era facile picchettare, data la presenza costante di malavitosi. Il concentramento operaio era fissato alla Camera del lavoro: il clima era molto teso e avevamo già notato che le forze di polizia erano dislocate in diversi punti della città. Ad un tratto giunse alla CGIL un funzionario della questura che voleva notificarci il divieto per qualsiasi corteo: nessuno però, volle accettare la notifica [...]. Si decise che ci saremmo ritrovati nel pomeriggio. Pochissimi, però, tornarono a casa; molti si fermarono nelle adiacenze della Camera del Lavoro e in tal modo potemmo renderci conto che la città era in stato d'assedio [...]. I dirigenti della CGIL e del PCI invitarono tutti i

Pietro Calamandrei "Lo avrai camerata Kesserling", e un articolo che chiedeva l'eliminazione degli esami di settembre. Si chiedeva maggiore democrazia nella scuola, si affrontavano tematiche nazionali e internazionali. Si raccolsero attorno al giornalino le varie componenti politiche del liceo: cattolici, valdesi, simpatizzanti della sinistra. L'uscita del giornale provocò reazioni scomposte, soprattutto da parte della Curia (l'insegnante di religione padre Francesco Ventorino). La polizia sottopose a interrogatorio i responsabili del giornale sulle loro opinioni politiche nei locali della scuola, con il consenso del preside. L'on. Franco Pezzino (PCI) presentò una interrogazione parlamentare al ministro dell'Interno [190]. Si mossero in funzione intimidatoria gli studenti di destra. Ci fu la solidarietà degli ambienti democratici (come quella del prof. Antonino Bruno, dell'ADESPI).

---

compagni a restare alla Camera del lavoro; ma aspettare avrebbe significato farsi intrappolare definitivamente. L'episodio che diede il via agli incidenti accadde ai Quattro Canti. Una compagna, Maria Lo Presti, stava diffondendo un volantino contro il governo Tambroni quando la polizia tentò di impedirglielo; si raccolse un'enorme folla di compagni, fra questi Nino Di Bella, che cominciò a protestare energicamente. la polizia voleva arrestare Di Bella e la Lo Presti: tutti i presenti cercarono di impedire la provocazione; fu a questo punto che uno dei commissari indossò la fascia tricolore e ordinò la carica [...]. In verità l'attacco era premeditato: velocissime, decine di camionette sbucarono da diversi punti tentando di investire la gente che stava sui marciapiedi. Fu a quel punto [...] che i lavoratori reagirono [...]. Per prima cosa i manifestanti 'rispedirono al mittente' le bombe lacrimogene che la polizia aveva cominciato a sparare; poi, per cercare un riparo ai numerosi colpi d'arma da fuoco che la polizia sparava ad altezza d'uomo, la folla si spostò nella zona tra piazza Spirito Santo e l'attuale corso sicilia. Lì si trovavano i carretti dei venditori ambulanti che servirono a formare delle barricate. la polizia stazionava nella zona di piazza Stesicoro: ad un tratto, dal lato della fiera, avvistammo un gruppo di poliziotti e di carabinieri che si dirigevano verso di noi: ci stavano imbottigliando. Andammo di corsa verso un riparo: fu in quel momento che Salvatore Novembre rimase colpito a morte; il, come tanti altri, fui ferito (una pallottola allo sterno). Non potrò mai dimenticare il volume di fuoco che sprigionò la polizia" (DS88, p. 115-117). Anche Nino Recupero, nei documenti lasciati nel Fondo Recupero presso la Biblioteca Ursino-Recupero di Catania, fa iniziare la propria memoria politica e culturale da questi fatti: la cart. 1 dell'archivio inizia proprio con la documentazione della morte di Novembre, con i vari numeri de L'Unità che a queste morti dedicò ampio spazio. Il 9 luglio 1960 si pubblicava sull'Unità un comunicato della CGIL, in prima pagina: "Gravissimi fatti di sangue hanno [...] funestato lo svolgimento della sciopero a Palermo, e a Catania. A Palermo, dove è stato impedito ai dirigenti sindacali di svolgere la loro azione moderatrice, la polizia ha ucciso un ragazzo di 14 anni e un operaio edile e vi sono tra i civili decine di feriti d'arma da fuoco, di cui uno gravissimo. Anche a Catania la polizia ha fatto uso delle armi provocando la morte di un operaio e ferendo, anche in modo grave, numerosi altri lavoratori" (p. 1, e continua p. 2 colonna 9, L'Unità 9 luglio 1960). Ma si consideri che in quei giorni le notizie di scontri, uccisioni e torture sono continue (L'Unità 6 luglio 1960: "La polizia spara a Licata : un giovane ucciso").

190 Cfr. DS88, p. 39.

All'interno delle scuole medie superiori di Catania si formò, nella generazione che sarebbe poi divenuta universitaria nel 1968, un movimento embrionale, con tentativi anche di formazione di strutture organizzative di rappresentanza e di organizzazione studentesca. Così nel marzo 1964, il tentativo di far nascere l'Associazione Studenti Medi Catanesi (ASMC). Il 16 marzo viene indetta l'assemblea di costituzione, nei locali dell'UGI di via Napoli 106. Una assemblea che viene immediatamente attaccata dai giovani organizzati dalla destra, con pestaggi e lanci di rudimentali lacrimogeni. Ciccio e Salvatore Giuffrida finiscono all'ospedale (Ciccio Giuffrida sarà protagonista della prima occupazione dell'Università di Catania) [191].

Un altro punto importante furono le manifestazioni della primavera 1963, sull'Algeria e sul Venticinque Aprile. I ragazzi si mostravano insofferenti "per l'attendismo dei 'grandi', per la politica di partito" [192]. Personaggio chiave fu Turi Toscano. Ricorda Nino Recupero:

> "E' vero che già Turi [Toscano] si muoveva su una linea nazionale [...] e che la sua influenza era contestata, ma purnondimeno influì parecchio tra i giovani socialisti e negli ambienti studenteschi senza partito. Ai miei occhi incarnava la linea ultima dell'opposizione, il rifiuto di ogni compromesso, al limite con la considerazione e la follia. Per questo, forse, non potevamo allora capirlo a fondo, né lui faceva molto per farsi capire, restio com'era, con quel suo sorriso malinconico, ad ogni abbassamento di livello" [193].

---

191 E' interessante come viene presentato l'attacco fascista dal maggiore quotidiano siciliano, La Sicilia del 16 marzo 1964, p. 2, ha come titolo: "Volgare baraonda fra i giovani nelle scuole medie. Estremisti di destra lanciano un candelotto nella sede di un'assemblea studentesca di sinistra. Due fratelli rimangono feriti. Intervento della polizia". L'articolista ha una sua linea di interpretazione: "Da che cosa nasceva tale azione? Si trattava, piuttosto di reazione. In precedenza, infatti, taluni aderenti a organizzazioni di estrema destra avevano – così si afferma – conclamato minacciosamente che in nessun caso avrebbero permesso che si svolgesse la preannunziata 'assemblea generale'. Inutile dire che la riunione degli studenti sinistrorsi ebbe ugualmente inizio". Diverso il titolo dei giornali "di parte", di sinistra. Così L'Avanti!, p. 7: "Devastata dai fascisti la sede dell'UGI. Vigliacca e teppistica aggressione domenica mattina a Catania".

192 DS88, p. 40.

193 DS88, p. 40.

Su Turi Toscano, che ebbe un ruolo centrale nel movimento della sinistra a Milano, insieme a Cafiero e a Capanna, si rimanda alle ricerche riguardanti il movimento studentesco sessantottino e post-sessantottino a Milano. La figura di Toscano ebbe un ruolo di riferimento costante per i "catanesi", rafforzato da una idea di Milano sentita come centro del "movimento" economico e della lotta. Un ruolo che servì a rafforzare l'organizzazione del movimento [194], fino al 1969 piuttosto deboli e succubi davanti anche agli attacchi diretti dei fascisti.


## FGCI

Ai primi anni Sessanta conosce il massimo dell'espansione, forte anche della presenza organizzata del PCI. Si trattava di circa 400 iscritti a Catania (circa 1200 nella provincia). Si legge Gramsci, Marx, London ("Il tallone di ferro"). Si organizzano manifestazioni, si partecipa al lavoro politico del PCI. In una foto del settembre 1963, scattata in occasione di una Mostra fotografica sulla violenza della polizia, tenuta al Castello Ursino perla Festa dell'Unità, si vedono alcuni dei volti dei figicciotti di allora: Nicola Torre, Agostino Carria, Gabriele Distefano, Vittorio Campione, Nuccia Di Stefano, Marisa Libra, Giuseppe Pezzino, Saro Migliaccio, Nuccia Famoso.

Si sviluppa, attraverso l'attività politica nella FGCI, un interesse forte per i temi della politica internazionale. Così la manifestazione per la pace, organizzata nel 1964 a Sigonella [195].

Si forma, con Nicola Torre e altri giovani, una componente meno tollerante delle chiusure del PCI. Ciò porterà presto alla rottura e alla fuoriuscita di questa componente e alla riduzione dell'influenza della FGCI sulla sinistra giovanile catanese.

---

194 Il carattere di Turi Toscano emerge sintomaticamente anche nel libro-memoria di Mario Capanna, quando il leader siciliano definisce "una minchia piena d'acqua" lo spontaneismo della lotta (Capanna88, p. 38).

195 Alc une decine di giovani. Tra essi c'erano: Nuccia Famoso, Gianni Famoso, Aurora Barone, Mario Valenti, Demetrio Severino, Nicola Musumarra, Tuccio Famoso (cfr. DS88, p. 127, foto).

## FGSI

> "La sinistra socialista viveva un momento decisamente interessante: attorno a figure come Ester Fano Damascelli ruotava un'intensa vita culturale. Questa sinistra socialista [...] si richiamava alle posizioni di Panzieri ed esercitava un ruolo positivo verso tutta la sinistra; FGCI e FGSI avevano come luogo d'incontro l'UGI e i circoli culturali della città" [196].

## Il circolo Giaime Pintor

All'inizio del 1966, su impulso di una componente della FGCI e di alcuni tra coloro che collaboravano al CUC, inizia le attività il circolo Giaime Pintor. Lo statuto era stato elaborato nel settembre 1965, la costituzione tramite assemblea costitutiva viene fatta il 15 novembre. Il circolo si autodefinisce come:

> "circolo d'ispirazione marxista, [che] si ricollega alla teoria e alla prassi del movimento operaio internazionale. Il circolo è pienamente autonomo dalle organizzazioni storicamente costituite della sinistra" [197]
>
> "Il circolo si propone l'elaborazione teorica e l'intervento politico nell'ambito della realtà sociale e culturale catanese" [198].

Il circolo nasce dal bisogno di uno strumento organizzativo culturale e politico più efficace, capace di una maggiore presenza nella realtà catanese. Non riuscivano più a soddisfare le forme organizzative fino ad allora utilizzate – CUC troppo ristretto al cinema, UGI troppo ristretto ai problemi universitari, Giovane

---

196 DS88, p. 45.
197 Cfr. art. 1 dello Statuto del circolo Giaime Pintor, in Fondo Recupero, Cart. 3.
198 Cfr. art. 2 dello Statuto del circolo Giaime Pintor, in Fondo Recupero, Cart. 3.

Critica troppo rivista [199] -, né certamente i gruppi e le organizzazioni della sinistra tradizionali – FGCI, PSIUP ecc. -. Di qui il tentativo di una forma associativa, politica e culturale, in cui riuscire a far dialogare componenti della FGCI e del PSIUP e giovani della sinistra. Nei momenti di maggior sviluppo poté contare fino a 200 soci. Vi aderirono tutte le componenti della sinistra giovanile catanese: FGCI, giovani del PSIUP, cattolici di sinistra, democratici. Si legge in una lettera aperta del circolo ai militanti del movimento operaio in Italia:

> "Il Circolo Giaime Pintor è sorto alcuni mesi or sono con lo scopo di contribuire a stimolare la partecipazione dei militanti e dei giovani catanesi alla vita politica e culturale, di facilitare la loro maturazione critica, di costituire un punto di incontro e di confronto fra tutti coloro che, pur richiamandosi a diverse organizzazioni culturali, trovano un comune denominatore nella volontà di impostare una lotta a fondo per il rovesciamento del sistema di produzione capitalistico dominante e della sua ideologia [...]. Per venire sul piano locale, a Catania, questa crisi si manifesta in maniera più palese, dato che già da tempo la fisionomia politica del PSI si esaurisce in manovre elettoralistiche, in equilibrismi trasformistici, in clientelismi, mentre il PCI è caratterizzato da una pericolosa carenza di lotte politiche (di cui è indice il tracollo elettorale delle ultime amministrative) e da una ancora più preoccupante mancanza di vitalità nella vita associativa e nel dibattito interno del partito (perdita, da parte delle sezioni, della loro funzione di centri politici propulsori). Il PSIUP presenta a tutt'oggi, in parte, i limiti della vecchia corrente socialista e, di conseguenza, una inefficienza nel lavoro organizzativo e nelle iniziative politiche autonome" [200].

---

199 Ancora nel 1964 alcuni manifesti "politici" di presa di posizione su temi nazionali e indizione di assemblee e incontri sono firmati come "redazione Giovane Critica", ma si avverte l'insufficienza e l'indeterminatezza di tale sigla.

200 DS88, p. 40-41.

Tuttavia già nel dicembre 1965 il circolo entra in dissidenza con la FGCI ufficiale catanese, che decide di disertarne le iniziative [201].

Nel luglio 1966 [202], davanti alla base NATO di Sigonella, il circolo Pintor organizzò una manifestazione "antimperialista". Erano un centinaio di militanti. Fu fatto un comizio, in inglese, di Anna Vio. Furono scattate delle foto. In un volantino, diffuso per l'occasione, si leggeva:

> "L'amministrazione Johnson è divenuta una macchina governativa che taglia a pezzi la carne viva del popolo vietnamita. La bestialità nazista ha trovato di che vergognarsi: nel Vietnam, contro un popolo al quale non è mai stata dichiarata guerra formalmente, gli USA impiegano armi terribili, bandite dalle stesse convenzioni borghesi internazionali [...]. Allo stato attuale, una forma di aiuto concreto che il movimento operaio italiano ed i suoi alleati debbono dare agli eroici compagni vietnamiti consiste nel portare avanti senza mezzi termini un impegno di lotta per costringere i soldati americani stanziati sul nostro territorio ad andare via, a smobilitare le basi atomiche qui installate, a costringere lo Stato italiano ad uscire dalla NATO immediatamente, prima della scadenza del trattato, che avrà luogo nel '69" [203].

Fu letta la "Declaration of Berkeley", e un invito ai militari americani nei toni e nel carattere del pacifismo dell'epoca:

> "Ospiti americani, amici americani, ci dispiace moltissimo che le funzioni che voi compite qui e nel Vietnam ci portino qui oggi per protestare contro la vostra presenza militare sul nostro territorio [...]. Sottoscrivendo gli accordi NATO il nostro governo non rappresentava più il popolo italiano. Noi vogliamo soltanto una posizione di neutralità nel teatro internazionale. Non vogliamo basi

---

201 Cfr. lettera ufficiale del segretario della FGCI catanese, dell'11 dicembre 1965. In: Fondo Recupero, Cart. 3.

202 DS88 p. 41, ma in DS88 p. 128-9 si porta come data "7 agosto 1966", e un testo in inglese e italiano di un appello ai militari Usa.

203 DS88, p. 41-42.

militari. Noi protestiamo contro la vostra presenza qui, protestiamo contro il vostro fare una guerra nel Vietnam, protestiamo contro i vostri bombardamenti sul Nord Vietnam. E la nostra protesta proviene da un senso di amicizia verso di voi, e il popolo americano [...]" [204].

Nota Distefano: "le lotte contro l'imperialismo e il terzomondismo saranno i temi dominanti nella vita del circolo Pintor" [205]. C'era l'Algeria, il Vietnam di Ho Chi Minh, il Congo, Cuba. "decisa era la condanna dell'imperialismo e, nel contempo, si contestava apertamente il modello sovietico; il dibattito sulle questioni internazionali faceva registrare una spiccata simpatia verso le posizioni troskiste" [206]. Si discuteva sull'America Latina; si ascoltava Joyce Lussu parlare sulla "Poesia d'avanguardia nell'Africa di oggi"; Mario Mazza presentava "Il pensiero storico classico" di Santo Mazzarino ecc.

Secondo i bilanci del Circolo Pintor (estate 1967), su un totale di 75.000 lire, "la metà è coperta dalla vendita di libri - prevalentemente di impronta trotskista e terzomondista - e l'altra metà è una sottoscrizione; la maggioranza delle quote è di 500 e 1000 lire. Eravamo poveri; le 50.000 lire che ci inviò Giangiacomo Feltrinelli per organizzargli la conferenza su Cuba (31 ottobre 1967) ci parvero una somma gigantesca" [207].

## La fine dell'esperienza del Pintor

---

204 DS88, p. 128-129.

205 DS88, p. 43.

206 DS88, p. 43.

207 Nino Recupero, in DS88, p. 13. Nel Fondo Recupero (Cart 3) abbiamo rinvenuto fogli sparsi di bilancio del circolo Pintor. Tra i contributori del circolo risultano (secondo il bilancio stilato il 10 luglio 1967): Gabriele Centineo, Signorelli, Nicola Torre, Nino Recupero, Tanteri, Cirrone, Mannino-Gobbi, Roberto Grillo, Giani, Catanzaro, Marotta, Gamboni, F. Arcidiacono, Sciotto, Cavadi, Famoso, Migliaccio. Con un contributo di 500 lire a testa: Amata, Emma Baeri, Vio, Modica, Lo Duca, Abate, Casella, Antonio Pioletti, Sammartano.

Alla fine del 1967 è il lento declino del circolo. Alcune componenti ricercano connessioni politiche con quanto avviene a livello nazionale. E' il caso della partecipazione di Nino Recupero, nel 1967, al tentativo di creazione di una rivista nazionale, settimanale, che avesse il ruolo di connettere e organizzare i gruppi di sinistra della penisola. Un tentativo che dura lo spazio di pochi numeri del settimanale, per disaccordi sulla linea politica tra i due maggiori sponsor dell'iniziativa, Feltrinelli da una parte e Savelli e Samonà dall'altra. Dai documenti privati risulta tuttavia una differenza politica tra i partecipanti catanesi all'iniziativa, quelli palermitani e Feltrinelli [208].

Dalle ceneri del circolo Pintor nascono due linee:

- il CAPA, poi '5 Vietnam';
- Falcemartello (da un gruppo di dissidenti della FGCI).

---

208 Leggiamo il foglio dattiloscritto conservato nel Fondo Recupero, Cart. 3, contenete una memoria sulla riunione organizzativa di «Sinistra», tenutasi a Napoli il 22 dicembre 1967. Presenti: Lidia Cirillo, Guarino, Tano Cirillo (Napoli), Salvatore Pau (Cagliari), Antonio Moscato (Bari), Iannetti (Caserta), Flores (Roma), Feltrinelli, e Recupero (Catania): "La riunione inizia in maniera piuttosto astratta sulla base di discorsi troppo generici. Si inizia col raccogliere le esperienze locali. Il rappresentante sardo, avendo individuato nel conflitto sociale 'arretrato' della sua terra la possibilità di 'spezzare la macchina dello stato borghese autoritario', Feltrinelli riprende il discorso facendo un parallelo in sostanza tra le zone arretrate dell'Italia meridionale e le zone arretrate dell'economia mondiale. Si discute in termini astratti per un paio d'ore sul conflitto seguente: se la strategia rivoluzionaria debba passare attraverso le fabbriche del Nord o attraverso le lotte dei contadini e dei pastori del Mezzogiorno. Feltrinelli parla di 'unità mediterranea' contrapponendola al triangolo industriale europeo (Belgio, Germania ecc.)". Tra i catanesi (tramite Nino Recupero) e i palermitani (Mario Mineo e Beppe Fazio) si instaura una corrispondenza, connessa all'idea della rivista. Nella lettera di Beppe Fazio (19 dicembre 1967) si lamenta il fatto che "finora non c'è stato nessun tipo di collaborazione tra noi". Il 28 marzo 1968 Feltrinelli scrive a Recupero, informandolo dei suoi dissidi con Samonà e Savelli sulla conduzione di «Sinistra» (allega anche copia delle lettere inviate a Samonà e Savelli). L'esperienza di «Sinistra» è presto conclusa. Feltrinelli invita Recupero e il gruppo dei catanesi di farsi promotori di una propria linea autonoma, autonoma anche rispetto al gruppo palermitano di Fazio e Mineo giudicato "troskista", e di un gruppo a loro vicino politicamente, con sede a Palermo: "a Palermo un altro gruppo [per] sottrarre queste forze giovanili all'influenza di Mineo e Fazio ed impegnarle in un lavoro più serio". Il dialogo tra Feltrinelli e Recupero non è però senza dissidi e diversità di valutazioni politiche tra Feltrinelli e lo stesso Recupero: già nel breve resoconto dattiloscritto della riunione di Napoli emerge l'insofferenza di recupero per i discorsi "astratti", ma anche nella corrispondenza con Fazio e Mineo emerge la diversità di opinioni tra Recupero e Feltrinelli.

# Giovane Critica

"L'importanza della teoria era emersa, peraltro, con la pubblicazione - nel 1964 - della rivista Giovane Critica, che ospitava articoli di alcuni intellettuali (Fortini, Fofi) appartenenti al marxismo critico'" [209].

La rivista, nata come organo del CUC di Catania, divenne, sotto la direzione di Giampiero Mughini (che poco prima, fino al 1962, faceva da base redazionale di Catania per la rivista palermitana mensile «Rinnovamento» che recava come sottotitolo: "rivista siciliana di politica e cultura" [210]), rivista di contatto tra gli intellettuali della sinistra catanese e la sinistra italiana allora più avanzata. CUC e «Giovane Critica» si fecero organizzatori di dibattiti e incontri - così l'incontro con Franco Fortini, nel marzo 1964, a Catania [211].

Romano Luperini [212] pose la rivista catanese tra le quattro "più note e diffuse della sinistra rivoluzionaria", accanto a «Nuovo impegno», «Classe e stato», e «Quaderni piacentini».

«Giovane Critica» rappresentò un momento importante per il mondo culturale catanese, e per il gruppo di giovani intellettuali che si era formato e si stava formando. Tuttavia, proprio nel 1967-1968 avviene all'interno della redazione una rottura, che fu anche personale oltre che politica e culturale. Rottura che peserà crediamo anche sulla debolezza del movimento politico e culturale

---

209 DS88, p. 43-44.

210 La rivista, iscritta al Tribunale di Palermo il 18-4-1962, n. 9, dura pochi numeri. Il Fondo Recupero ne custodisce i primi due numeri (Cart. 3). La direzione palermitana era affidata a Gino Lo Re, la direzione a Salvo Riela (anche lui di Palermo). Giampiero Mughini era il referente della "redazione di Catania" con sede a casa sua. Il comitato di redazione era composto da: Roberto Bruno, Ester Damascelli, Ignazio De Franchis, Anna Fiorista, Maurizio Lo Forti, Gino Longhitano, Gino Lo Re, Ferdinando Martino, Giampiero Mughini, Enzo Russo, Agostino Sangiorgi, Rosario Scaramella, Giuseppe Sobbrio, Antonella Sucato, Maria Rosaria Vetri.

211 L'incontro, tenutosi nella Sala Spinella a Catania, ha per tema "Organizzazioni politiche e intellettuali di sinistra in Europa negli ultimi cinquant'anni". Nino Recupero ne fece una trascrizione dattiloscritta, purtroppo mancante dell'inizio (pochi minuti) e della fine (circe 20 minuti) a causa di inefficienza di registrazione. Il testo è custodito nel Fondo Recupero, Cart. 3.

212 Luperini74, p. 166 e segg.

catanese di quegli anni, riflettendone nello stesso tempo alcune delle caratteristiche.

Scrive Luperini, in quella che può essere considerata un'ottima sintesi di retrospettiva (benché scritta formalmente *in vitam*, e ciò crediamo sia significativo della conclusione di un ciclo di lotte culturali che avevano espressione in un certo numero di riviste italiane) sulla rivista catanese:

> "«Giovane Critica» [...] non ha avuto una propria precisa linea politica e dunque non ha costituito un sicuro punto di riferimento nel dibattito politico degli ultimi due anni. Essa ha svolto una funzione utile perché è stata una tribuna di idee per un aperto confronto fra posizioni fra loro contraddittorie (sia pure all'interno della dissidenza di sinistra); ma è servita più a passare in rassegna i vari aspetti della nuova opposizione che a fornire una loro sintesi *interessata*; ha raccolto e messo insieme contributi quasi sempre intelligenti e anche importanti ma non li ha 'orientati' in una direzione precisa, secondo prospettive di lotta. Ciò è dovuto al fatto che la rivista catanese è rimasta sempre un po' slegata da un movimento reale di contestazione e d'opposizione al sistema perché priva di concreti agganci sia col Movimento Studentesco [...] sia con avanguardie organizzate" [213]

Già in anni precedenti alla nascita di «Giovane Critica», il CUC di Catania aveva prodotto dei «Quaderni», di argomento cinematografico e con periodicità discontinua. Per la stagione 1961-62, sotto la presidenza di Nino Recupero, si cercò di dare maggiore continuità all'iniziativa, in parallelo alle attività di proiezione e organizzative del centro.

Nel dicembre 1963 / gennaio 1964 nasce «Giovane Critica»; nel comitato direttivo sono Nino Recupero, Vittorio Campione, Miriam Campanella, Gaetano Leo cui si aggiungerà Giampiero Mughini. Direttore responsabile Pietro Battiato. Un numero costava 350 lire. Argomento principale della rivista è la critica

---
213 Luperini74, p. 166.

cinematografica militante, sull'esempio anche di altre riviste diffuse in Italia allora, come «Cinema 60» e «Cinema nuovo» [214]. Vi appaiono saggi di Giuseppe Ferrara, Pio Baldelli, Adelio Ferrero, Guido Oldrini, Guido Flinck. I giovani catanesi nell'editoriale di presentazione pongono una premessa interessante, che indica quale problema li comprendeva: "a che scopo dunque questa rivista, sorta e generata in provincia?". La loro risposta, oltre che nel *fatto* stesso della rivista, si dà alcune risposte. Il tipo di domanda e il tipo di risposta - l'angoscia del provincialismo tipico di provinciali - che i giovani redattori catanesi si pongono crediamo sia molto interessante, soprattutto per quanto riguarda il significato del lavoro politico svolto da costoro in questi anni, del pubblico cui si rivolgevano e del loro rapporto con la città che sarà quasi immediatamente inesistente, tutti in gran parte proiettati verso una platea nazionale che li farà abbandonare in gran parte Catania:

> "L'aspirazione a un lavoro culturale *non provinciale*. Crediamo che si possa essere *provinciali* in due modi. O dando in pasto le proprie pagine a una o più firme illustri, per cui l'attività di chi pubblica equivale a quella di un correttore di bozze ovvero rimasticando *in proprio* e sguainando enfaticamente tutta una sfilza di giudizi e di esperienze alla cui elaborazione non si è partecipato benché minimamente, neppure nel senso di un *ascolto* appassionato e rigoroso. Viceversa il contatto con critici e personalità affermate della cultura cinematografica ci interessa solo nella misura in cui questo contatto si situi all'interno e nel vivo di un discorso contemporaneo che è nostro quanto loro"

E ancora:

> "Occorre poi ribadire come non essere *provinciali* non significa certo dimenticare ed eludere il terreno concreto, nelle sue varie coordinate sociali-politiche-culturali o di pretesa culturale, nel quale ci siamo formati dal quale siamo in larga parte condizionati. Intendiamo cioè

---

214 Per ulteriori informazioni e per un quadro più specifico sulle interconnessioni, si rimanda a Carmelo Adagio, tesi di laurea di cui Sergio non ha copia!

rovistare nelle penombre e nei simulacri della provincia, nella sua inerzia e nei suoi fermenti e agitazioni vive, illuminare quanto ci sia in esse di significativo e di rivelatore, su scala minore, di una topografia nazionale" [215].

Nei primi numeri, viene tenuta una rubrica/inchiesta su "cultura in provincia", inchiesta e tipo di rubrica che non sarà più ripresa [216]. Tra il 1965 e il 1966 la rivista, per impulso di Giampiero Mughini, comincia a pubblicare saggi e articoli più propriamente politici: il primo saggio importante da questo punto di vista, e che mostra l'apertura della rivista e le linee verso cui si proietta, è *Mandato degli scrittori e limiti dell'antifascismo* (n. 4, 1964) di Franco Fortini. Ancora fino al n. 7 (1965) la rivista è in transizione; su questo numero, importante è *Una nota a proposito di due problemi : morale e moralismo, religione e marxismo* di Roberto Roversi, in cui si postula "una ideologia di contestazione contrapposta finalmente col rigore della totalità demistificante all'ideologia della classe dominante: che è una ideologia di giustificazione sulle forme tradizionali" [217]. Con il n. 9 (autunno 1965) la svolta decisa verso forme più politicizzate: viene pubblicata una lettera di Mario Cannella [218] che invita a superare l'ambito più strettamente culturale e metodologico per un collegamento e un discorso sul "movimento operaio italiano, la politica del fronte antifascista" [219]. Mughini scriveva di voler "far emergere come determinante, nel nostro discorso, il momento della 'tendenziosità' politica" giacché "non c'è lavoro intellettuale oggi [...] che possa astenersi dalla messa in discussione della nozione di socialismo" [220].

---

215 Giovane critica, n. 1-2, dicembre-gennaio 1963-1964, p. 3-4.

216 Sempre in questo primo numero della rivista si saluta l'assegnazione della cattedra di letteratura italiana a Carlo Muscetta, all'Università di Catania, in un breve trafiletto al termine di un articolo di Giampiero Mughini.

217 *Una nota a proposito di due problemi: morale e moralismo, religione e marxismo* / Roberto Roversi, in Giovane critica, n. 7, 1965.

218 *Di cosa scrivere? Per chi?* / Mario Cannella, in Giovane critica, n. 9, 1965.

219 "Non lasciamoci intrappolare nel mito del 'rinnovamento culturale' e della 'nuova metodologia' [...]. Vorrei che certi argomenti fossero presi d'urto, con tutta l'amarezza che la situazione richiede. E, seriamente, con coscienza e responsabilità occorre ricostruire un discorso sul movimento operaio italiano, la politica del fronte antifascista, quella – culturale e no – del PCI dopo il '45; e poi su tutto il resto, fino al contrasto russo-cinese" (*Di cosa scrivere? Per chi?* / Mario Cannella, in Giovane critica, n. 9, 1965)

220 Nota redazionale firmata da Giampiero Mughini, in Giovane critica, n. 9, 1965.

Gli interventi della stagione 'politica' della rivista, sono tesi a smascherare i contenuti riformisti (visti come negativi) della politica culturale della sinistra in campo cinematografico e teatrale: Fofi [221], Cannella [222], Baldelli [223].

Dopo il numero estivo del 1966, la rivista attraversa un periodo di transizione, di ricerca di una sua identità e collocazione. Si cercano contatti con «Nuovo impegno», si pubblica un saggio di Federico Stame [224] che viene presentato dalla redazione come affrontante "i temi cruciali" scaturiti dagli incontri tra i redattori delle riviste di sinistra alla fine del 1966. A partire dal n. 15-16 (primavera-estate 1967) appare la rubrica "Classe-Partito-Teoria", in cui si discutono i temi dell'attualità politica militante, aperta alle voci della dissidenza marxista di sinistra: Cazzaniga [225], M. Macciò [226], Asor Rosa [227], Reiser [228], G. Mottura [229], Tronti [230], Stefano Merli [231]. Sul n. 19 si discute sul tema dell' "organizzazione" (una tavola rotonda che vede impegnati Luciano Della Mea, Adriano Sofri, L. Grande, Romano Luperini [232]), un corsivo redazionale asserisce la coincidenza di posizioni teoriche con «Nuovo Impegno» [233], vengono pubblicati alcuni documenti sul rapporto

---

221 *Il cinema del Fronte Popolare in Francia* / Goffredo Fofi, in Giovane critica, n. 10, 1965.

222 *Ideologia e ipotesi estetiche nella critica del realismo* / Mario Cannella, in Giovane critica, n. 11, 1966.

223 *Politica culturale e cultura di sinistra* / Pio Baldelli, in Giovane critica, n. 9; e, sempre sulla rivista catanese: *Teatro, politica culturale e pubblico*, n. 10 e n. 11; *Mass-media e politica culturale*, n. 12.

224 *La pratica sociale* / Federico Stame, in Giovane critica, n. 14, inverno 1967.

225 *Per una definizione del concetto di classe* / G. M. Cazzaniga, in Giovane critica, n. 15-16, 1967; e dello stesso: *I giovani hegeliani del capitale collettivo*, n. 17, autunno 1967.

226 *Crisi del marxismo teorico tradizionale* / M. Macciò, in Giovane critica, n. 15-16, 1967.

227 *Su "Operai e capitale" di M. Tronti* / Alberto Asor Rosa, in Giovane critica, n. 15-16, 1967.

228 *Il rapporto masse-omologazione* / V. Reiser, in Giovane critica, n. 17, 1967.

229 *Organizzare la lotta contro la proletarizzazione* / G. Mottura, in Giovane critica, n. 17, 1967.

230 *La nuova sintesi: dentro e contro* / M. Tronti, in Giovane critica, n. 17, 1967.

231 *Sui problemi della ricerca consiliare nel movimento operaio italiano* / S. Merli, in Giovane critica, n. 17, 1967.

232 Giovane critica, n. 19, inverno 1968-69. Cfr. Luperini74, p. 168. Su tale dibattito ne dà un succinto ragguaglio ora anche Sergio Dalmasso (Dalmasso97, p. 28).

233 Cfr. editoriale, in Nuovo Impegno, n. 12-13, ottobre 1968.

avanguardie-masse in Francia dopo il maggio parigino, si dà corpo alla rubrica "Meridione e rivoluzione" (rubrica apparsa dal n. 18).

## Giovane critica dopo il 1969

Dal n. 19 la rivista assume caratteristiche sempre più mughinocentriche, ma soprattutto gioca la carta "nazionale". Mughini si trasferisce a Roma - e da questo momento in poi sarà ufficialmente uno degli "emigrati" intellettuali della Sicilia -, si avvicina per un certo tempo all'esperienza (alcune settimane) de Il Manifesto, scompare il comitato direttivo fino ad allora formato da Antonio Lombardi, Francesco Mannino, Antonio Marra, Alfonso Pozzi. Il n. 22-23 contiene un significativo saggio su "Meridione e rivoluzione" a cura del Centro Studi Marxisti di Roma: ci sembra interessante proprio la provenienza del saggio: non dal meridione (cui si vorrebbe fare riferimento) ma Roma. Il tentativo, uno degli ultimi all'interno della nuova sinistra, di reimpostare la "questione meridionale" e il problema dello sviluppo del Sud. All'interno del numero, viene pubblicato un documento del Centro di Coordinamento Campano intitolato "Contributo allo studio della scuola capitalistica in Italia". Anche qui l'impressione è che si tratti di un trascinamento di qualcosa che si sente non più proprio all'interno della rivista.

Dal n. 24 l'amministrazione è spostata a Roma. Il 1972 vede un Mughini arcignamente spostato su posizioni di disillusione e riformiste, isolato rispetto agli interlocutori di un tempo [234]. Con il n. 29 l'ultimo tentativo, quello di cambiare editore (Musolini, di Torino, poi dal n. 30 le edizioni Sapere, di Milano) – e con l'apertura a una nuova ondata di nuovi collaboratori: Pino Ferraris, Sergio Garavini; si dibatte su marxismo e nuove generazioni, dieci anni di centro-sinistra, socialismo negli anni Settanta; intervengono Giolitti, Giovannini, Lombardi, Ruffolo, Signorino, Tortora (ACLI), Amendola ecc. -, fino alla chiusura (con il n. 37) [235].

---

234 Dalmasso97, p. 29 e segg.

235 Sulle vicende di Giovane critica, forte rimane l'interconnessione con le sorti e gli atteggiamenti del suo leader, Giampiero Mughini. Su Mughini forse il più equilibrato giudizio è in Carlo Muscetta (Muscetta92, p. 131).

# L'UGI

L'Unione Goliardica Italiana era nata come movimento studentesco universitario di ispirazione liberale. Era diventata a poco a poco l'associazione unitaria dei giovani della sinistra (democratici e marxisti), con preponderanza socialista. Con il congresso di Perugia del dicembre 1956 inizia un processo di radicalizzazione [236]. Ciò ha effetti anche sull'UGI di Catania, che nel 1962-1963 si rafforza a livello universitario, anche per l'impegno dei giovani della sinistra socialista (poi passati al PSIUP): Gabriele Centineo, Raimondo Catanzaro, Giorgio Sciotto, Fausto Giani. Essi aderirono alle tesi 'pisane' della proletarizzazione degli studenti.

Dal 1962 l'uscita del giornale «Sicilia UGI», diretto da Nicola Torre, "contribuì a stabilire un legame tra i comitati studenteschi dei licei e i gruppi universitari" [237]. Tra i più attivi dell'UGI, furono attivi anche nel circolo Pintor. Il nuovo gruppo UGI ebbe una continua presenza nella vita associativa universitaria, all'interno dell'Università come nelle occasioni ufficiali, di incontro e dibattito. Nel 1963 fu tra l'altro presente con una propria delegazione al Congresso nazionale dell'Intesa cattolica, a Messina [238]. Nel febbraio 1964 furono presenti al Congresso nazionale dell'UGI, a Firenze [239].

## Sicilia UGI 1963-1966

Delle attività e dell'impegno dell'UGI in quegli anni, veicolo importante è, dicevamo, il giornale «Sicilia UGI». In prima pagina

---

236 cfr. *I movimenti studenteschi e la scuola in Italia : (1938-1968)* / F. Catalano. - Milano : Il Saggiatore.

237 DS88, p. 42.

238 C'erano sicuramente: Gabriele Di Stefano, Ottavio Ricciardi, Federico Romeo, Gabriele Centineo, Nicola Torre, Alfio Signorelli, Raimondo Catanzaro, Vittorio Campione, Franco Alberti (cfr. foto in DS88, p. 130).

239 Il 21-23 febbraio 1964. Da catania erano presenti: Franco Alberti, Vittorio Campione, Nicola Torre, Mario Libertini, Giusi casale, Alfio Signorelli, Federico Romeo, Rosario Catanzaro. Cfr. foto in DS88, p. 131.

sempre una frase di Gramsci [240] fino al 1967, quando cambia impaginazione. Fin dall'inizio «Sicilia UGI» cerca di muovere piccole inchieste, di far circolare idee e promuovere il "movimento studentesco". Nel primo anno, 1963, escono 5 numeri.

Sul n. 2, marzo-aprile 1963 [241], un articolo intitolato "Il Movimento Studentesco e l'attuale momento politico" di Raimondo Catanzaro, informazioni puntuali sulla "Inaugurazione del laboratorio di chimica industriale" a Ragusa di Gabriele Centineo, una inchiesta su "Prospettive di lavoro per i neo-laureati" di Luisa Navarria, una "Inchiesta sul presalario" a cura di Mario Libertini e Franco Alberti, un dibattito sulla "Organizzazione degli studenti medi a Catania" con un intervento di Vittorio Campione allora studente medio, e un articolo su "Lo sciopero degli studenti di architettura" a Palermo di Gino Lo Re.

Sul n. 5, dicembre 1963 [242], vengono pubblicati ampi stralci degli interventi per il XIV congresso dell'UGI di Firenze, con cui si dà una panoramica delle posizioni e sullo stato dell'elaborazione ideologica e politica sul movimento studentesco universitario fino ad allora raggiunto.

Sul numero di febbraio 1964 (anno II, n. 1), la pubblicazione del documento degli occupanti di Pisa [243] e la presa di posizione dell'UGI di Catania contro la formazione della Giunta UNURI tra UGI e Intesa che testimonia la presa di distanza netta dell'UGI Catania dalle posizioni filo-socialiste.

---

240 Nel 1963: "Ogni gruppo sociale, nascendo sul terreno originario di una funzione essenziale nel mondo della produzione economica, si crea organicamente uno o più ceti intellettuali che gli danno omogeneità e consapevolezza della propria funzione non solo nel campo economico, ma anche in quello sociale e politico". Ma già nell'ottobre 1963 sarà cambiata con l'altra: "Il modo di essere dell'intellettuale non può più consistere nell'eloquenza, motrice esteriore e momentanea degli affetti e delle passioni, ma nel mescolarsi attivamente alla vita pratica, come costruttore, organizzatore, 'persuasore permanente', perché non puro oratore e tuttavia superiore allo spirito astratto matematico; dalla tecnica-lavoro giunge alla tecnica-scienza, senza la quale si rimane 'specialista' e non si diventa 'dirigente' (specialista + politico)".

241 Direttore Nicola Torre, in redazione: Emma Baeri, Franco Alberti, Mario Libertini, Franco Marraro, Federico Romeo.

242 Direttore Nicola Torre, redazione: Franco Alberti, Vittorio Campione, Gabriele Centineo, Agostino Sangiorgio.

243 *Le agitazioni di Pisa* / Cazzaniga, Safri, Pierotti, Manenti, Lugliani, Garbesi, Bolelli, in Sicilia UGI, a. II, n. 1, febbraio 1964, p. 17-18.

Nel dicembre 1964 (anno II, n. 3), numero speciale per le manifestazioni indette contro il piano Gui, e che mettono in subbuglio il mondo universitario italiano.

Sul numero di gennaio-febbraio 1965 (anno III, n. 1-2), l'editoriale di Raimondo Catanzaro dà un quadro complessivo della situazione economica e politica e della crisi del movimento studentesco all'indomani delle agitazioni contro il Piano Gui, si danno notizie facoltà per facoltà delle varie attività dell'UGC, si pubblicano i documenti dell'UNEF (Union national des étudiants français) in lotta contro il piano di riforma Fouchet.

Già alla fine del 1965 fa la sua comparsa il tema "internazionale", e lo schierarsi polemico contro la guerra nel Vietnam. Nel numero di aprile 1967 (anno IV, n. 2) verrà stampato uno speciale che reca in prima pagina il titolo: "Solidarietà internazionale con il popolo vietnamita in lotta contro l'imperialismo" [244]

## Il punto di non-ritorno dell'UGI: il 1967

Nel 1967, dopo essere cresciuta all'interno dell'Università, contenendo la crescita dei cattolici e isolando la destra estrema, l'UGI nazionale entrò in crisi: "si scontravano sostanzialmente due posizioni: la prima, terzomondista nella concezione generale e legata al movimento sul piano specifico; la seconda conduceva la battaglia ritenendo gli studenti forza lavoro in via di qualificazione e si rifaceva (oltre che alle tesi di Pisa) alle riviste «Quaderni Piacentini» e «Problemi del socialismo»" [245]. L'UGI di Catania aderisce sostanzialmente alle posizioni elaborate alla Sapienza di Pisa nel febbraio 1967. Il documento che consideriamo apice delle posizioni assunte dall'UGI Catania, punto in un certo senso 'di non ritorno', è il numero di Sicilia UGI del novembre 1967 [246]. Dopo questo numero, con le elezioni universitarie, si avrà lo smembramento dell'UGI Catania, la scelta da parte di alcune di sue componenti di forme più radicali di lotta (l'occupazione).

---

244 Il numero reca ormai come direttore Giorgio Sciotto. Collaborano alla stesura del numero: Fausto Giani, Gianni Famoso, Nicola Torre, Franco Amata, Gabriele Centineo.

245 DS88, p. 42-43.

246 Sicilia UGI, anno V, n. 3, 29 novembre 1967.

Si tratta di un numero particolarmente denso. Campeggia la scritta "potere studentesco", e due titoli principali in prima: "Distruggere l'ARU" di spalla, e "Un anno di lotta" resoconto ragionato e tutto politico delle lotte studentesche di quell'anno. Viene riportato un ampio stralcio delle Tesi di Pisa, una ampia analisi su università e società di cui non viene dato titolo ma che costituisce documento ideologico che si pone alla discussione e all'analisi collettiva, e un articolo sulla situazione di degrado dell'Università di Catania intitolato "Lo spreco : ovvero dell'architettura inutile". Gli articoli non sono firmati: anche questo un segno del mutamento all'interno del gruppo UGI di Catania.

C'è, negli articoli pubblicati su questo numero la coscienza del salto di qualità avvenuto nelle lotte studentesche di quei mesi, in Italia ma di riflesso anche a Catania: "quest'anno è stato cruciale per il movimento studentesco essendosi verificati profondi mutamenti nell'indirizzo delle lotte" [247]. L'informazione che si vuole dare delle lotte avvenute non vuole essere una semplice cronistoria, ma una ricostruzione ragionata. La riapertura della stagione di lotte contro la legge 2314 sull'ordinamento universitario con la riapertura dell'anno accademico, a dicembre (1966), viene vista nell'insufficienza e nei suoi limiti: "L'impostazione delle lotte è stata quella tradizionale: mobilitazione degli assistenti, incaricati, studenti per imporre emendamenti [...]", una impostazione che "mostrava oramai tutti i suoi limiti: primo tra tutti quello di non riuscire a incidere realmente sulle scelte del governo" [248]:

> "Le agitazioni di dicembre sono state caratterizzate dalla estraneità degli studenti e dalla successiva crisi della dirigenza che fino a quel momento le aveva condotte. Si delineano frattanto varie posizioni: quella di chi, incapace di impostare in termini nuovi il discorso sui compiti del movimento studentesco mitizzava le sue presunte capacità di intervento a livello delle decisioni sulla legge, quella di chi ne chiedeva solamente la rapida discussione in Parlamento, quella di chi la rifiutava decisamente. Queste posizioni presenti in tutte le organizzazioni sia di studenti, che assistenti ed incaricati caratterizzano il

---

247 *Un anno di lotte*, in Sicilia UGI, novembre 1967.

248 *Un anno di lotte*, in Sicilia UGI, novembre 1967.

> dibattito sul 'che fare' dopo due anni di lotta. Ma il dato più importante che emerge da questa situazione è la scomparsa della dirigenza studentesca e il passaggio dell'iniziativa ad altre organizzazioni" [249]

Viene individuato nel febbraio 1967 un momento di sbandamento e "confusione" della lotta, accresciuta con l'inserimento delle rivendicazioni salariali dell'ANPUR (la rappresentanza sindacale dei professori di ruolo):

> "Tuttavia, in questo momento di confusione e di disgregazione delle forze e del discorso che le aveva tenute assieme, si verifica in molti sedi il rilancio delle lotte studentesche.
>
> Esse costituiscono un quadro sostanzialmente omogeneo per quanto riguarda le analisi che ne ispirano le intenzioni: inutilità della lotta al piano Gui, sia perché esso è 'passato' in realtà con la approvazione della legge finanziaria [...] sia perché nelle varie università si realizza e avanza un piano più complesso, talvolta anche contraddittorio, che è costituito dagli interventi dell'industria locale sulla sua struttura e sulle sue qualità, da ingerenze clientelari, da interessi di caste accademiche e politiche; la legge 2314 è quindi falso obiettivo, oltreché inutile; si tratta di riprendere la lotta nelle sedi, in facoltà, individuando di volta in volta le controparti del movimento studentesco nella classe accademica, nel governo e in ultima analisi nelle classi al potere e gli strumenti di contestazione" [250]

I catanesi dell'UGI individuavano due "livelli diversi di coscienza tra gli studenti in relazione alle diverse situazioni" nelle lotte nazionali del febbraio 1967:

> "a) Torino, Pisa in cui lo scontro tra studenti e classe accademica, è frontale, politico con le parole d'ordine di

---

249 *Un anno di lotte*, in Sicilia UGI, novembre 1967.

250 *Un anno di lotte*, in Sicilia UGI, novembre 1967.

'potere studentesco' in cui il momento delle forme di organizzazione e della elaborazione di un discorso alternativo prevale su specifici obiettivi di riforma [...].

b) Milano e Venezia Architettura, Napoli dove si realizzavano su obiettivi di riforma la mobilitazione di studenti e occupazioni lunghissime (a Milano 55 giorni), con il raggiungimento di alcuni decisivi obiettivi quali il controllo sulla ricerca e il bilancio degli istituti" [251].

Quali "problemi" pongono le lotte del febbraio 1967?

"Il problema principale posto dalle lotte di febbraio è quello della loro unificazione, del recupero del valore politico complessivo che esse hanno: in altri termini si tratta di definire e la dirigenza del movimento studentesco e soprattutto i collegamenti tra questo e le forze che nel paese sono ad esso omogeneo: la classe operaia, il proletariato che si caratterizza come il gruppo sociale che è escluso dal controllo effettivo dei mezzi di produzione e conseguentemente è subordinato a tutti i livelli del processo sociale di sviluppo" [252].

La convinzione è che "la condizione immediata dello studente è la condizione futura della società, per cui il salto da quella a questa è un salto politico" [253].
L'articolo pone gli obiettivi UGI per quei prossimi mesi:

"a) rilancio della iniziativa di base sulla base di un discorso che parta dalle condizioni studentesche, dei rapporti tra le università e il contesto economico in cui essa vive [...].

b) individuazione di strumenti di intervento che consentano la più larga partecipazione studentesca

---

251 *Un anno di lotte*, in Sicilia UGI, novembre 1967.
252 *Un anno di lotte*, in Sicilia UGI, novembre 1967.
253 *Un anno di lotte*, in Sicilia UGI, novembre 1967.

(assemblee), che costituiscano delle forme di organizzazione permanente e contrapposte a quelle attuali;

c) necessità del collegamento della nostra lotta con quella degli studenti di altre sedi e con gli assistenti ed incaricati su una comune piattaforma…" [254].

Il documento ideologico e di analisi su università e società ("Punto di partenza…") che si pone all'attenzione dei lettori di Sicilia UGI, è diviso in nove capitoli: 1) modelli di forza-lavoro, 2) uso capitalistico della forza-lavoro, 3) piano Gui e programmazione, 4) università e Mezzogiorno, 5) industrie ed università siciliane, 6) l'università di Catania, 7) indicazioni politiche generali, 8) sindacalismo studentesco, 9) gruppi di facoltà. Il documento riempie tutto il paginone centrale della rivista, affiancato dallo stralcio delle Tesi di Pisa. Il testo è documento interessante sul grado di coscienza e di capacità di analisi ed elaborazione teorica raggiunto all'interno del gruppo UGI di Catania. Tra le cose che noi oggi individuiamo come tra le più interessanti, è quello riguardante l'analisi dei rapporti diretti tra Università di Catania e apparato industriale. Lo sviluppo del "polo industriale" a Siracusa, Ragusa e Augusta, al di là dell'analisi negativa che può essere fatta dal punto di vista dell'efficacia industriale ed economica di tali scelte, modifica il ruolo dell'Università di Catania in maniera diretta. Proprio il mancato sviluppo del polo industriale porta a "un processo di forte emigrazione e di degradazione dell'agricoltura proprio nelle zone di localizzazione del polo" [255] e un eccesso di offerta di personale che si qualifica nelle scuole professionali che è costretto all'emigrazione. D'altra parte

"I complessi industriali debbono utilizzare e, nei limiti dei loro interessi immediati, trasformare, anche nel senso di migliorare, adeguare 'modernizzare' le strutture della nostra università per i seguenti fini:

---

254 *Un anno di lotte*, in Sicilia UGI, novembre 1967.

255 *"Punto di partenza"*, in Sicilia UGI, novembre 1967. Il documento non ha titolo, per indicarlo abbiamo assunto arbitrariamente questo titolo dall'incipit del documento stesso.

1) 'socializzare il costo' della qualificazione della forza lavoro, subordinando l'attività scientifica e didattica dell'università.

2) utilizzare il personale degli istituti scientifici in un lavoro di controllo della produzione. Citiamo ad esempio:

1. spettrometro di massa (Istituto di Fisica);
2. sezione distaccata di Ragusa del Laboratorio di Chimica Industriale.

Questo tipo di rapporto Università-Industria è un rapporto di subordinazione dell'Università alle esigenze tecnologiche locali. Interessa formare un certo tipo di tecnici, specializzati in un particolare settore delle tecnologie, legato agli interessi immediati dell'azienda [...]. Non interessa formare quadri attivi nel processo di ricerca (fondamentale ed applicata), capaci di organizzare e razionalizzare la produzione; in ciò una differenza sostanziale tra la situazione locale e il rapporto instaurato invece tra industria e politecnici nel Nord [...].

Le conseguenze a livello studentesco sono presto riassunte:

1) aumento impetuoso, a cominciare dal '59 del numero degli iscritti in fisica, chimica e geologia;

2) insufficienza delle attuali strutture universitarie a qualificare e a formare un numero così elevato di studenti.

3) inversione a Catania del rapporto nazionale tra studenti in chimica e in chimica industriale (prevale chimica industriale).

4) subordinazione dell'attività didattica alle esigenze dei complessi industriali (almeno in linea di tendenza) e dequalificazione, per il tipo di stretta specializzazione che si vuole ottenere del potenziale produttivo dei nuovi tecnici.

5) contraddizione tra il numero elevato di studenti e loro possibilità di impiego in loco" [256]

---

256 *"Punto di partenza"*, in Sicilia UGI, novembre 1967.

Il documento tra le proposte avanza quella della "necessaria formazione politecnica", della nascita dei dipartimenti, e della nascita di un "sindacato studentesco" [257]. E qui si vede anche come la forma-UGI sia ormai sentita come superata: "Il sindacato studentesco non è l'UGI, né il cartello delle associazioni bensì il movimento reale degli studenti che partecipano alle assemblee" [258]. La forma-assemblea diventa così la forma individuata come più rappresentativa e più qualificante della nuova stagione di lotta: "l'Assemblea non delega i propri poteri ad organismi più ristretti. Essa è permanente" [259].

Sulla situazione specifica, strutturale, dell'Università di Catania interviene l'articolo "Lo spreco : ovvero l'architettura inutile". E' una disamina dei problemi reali, strutturali dell'Università di Catania. Si parte dal dato dell'esplosione del numero di iscritti all'Università, 3 mila nell'anno accademico 1966-1967, altri 3 mila in quello in corso, con una consistenza di 14 mila iscritti totali. Di contro, le scelte del rettorato hanno mostrato una "assoluta incapacità di previsione" [260] e scelte di investimento in strutture dettate da criteri "di carattere politico" [261]:

> "In effetti, le nuove costruzioni – Casa dello Studente, Villa Cerami, Cittadella Universitaria – hanno in comune un notevole e sproporzionato **sfarzo architettonico** [grassetto nel testo], che non riesce a coprire la loro irrazionalità e non-funzionalità e rivela chiaramente invece la precisa volontà del rettore e delle Classi Accademiche di creare delle strutture universitarie destinate solo a una sparuta 'élite' di studenti, che, in assenza di una seria politica di diritto allo studio (il presalario o le poche borse di studio non sono che la copertura di questa politica discriminatoria) non

---

257 *"Punto di partenza"*, in Sicilia UGI, novembre 1967.

258 *"Punto di partenza"*, in Sicilia UGI, novembre 1967.

259 *"Punto di partenza"*, in Sicilia UGI, novembre 1967.

260 *Lo spreco : ovvero dell'architettura inutile*, in Sicilia UGI, novembre 1967.

261 *Lo spreco : ovvero dell'architettura inutile*, in Sicilia UGI, novembre 1967.

corrisponde quasi mai all' 'élite' intellettuale degli studenti" [262].

In sette punti si dà una breve disamina delle strutture carenti dell'Università di Catania:

> "1 – Le aule sono poche, di capienza molto limitata e assolutamente insufficienti a contenere il numero di studenti che frequentano i corsi;
>
> 2 – Il rapporto tra docenti e discenti è decisamente irrisorio: si toccano punte di UN docente per 400-500 studenti, in Medicina per esempio, o in Lettere;
>
> 3 – I laboratori sono dotati di attrezzature arcaiche, nei quali è impossibile poter dare allo studente la necessaria preparazione tecnico-scientifica (primi anni dei corsi di Fisica, Chimica, Medicina...)
>
> 4 – Le Biblioteche sono poche, insufficienti e scarsamente dotate, oltre che mai aggiornate a un livello tale da poter permettere la consultazione delle opere più recenti. Un esempio: la Biblioteca e il Seminario del Palazzo Centrale dell'Università hanno in totale **160 posti** che in rapporto ai **3000** e passa studenti della Facoltà di Lettere, Filosofia e Lingue che se ne servono (ma non sono i soli) è una cifra che fa ridere.
>
> 5 – Casa dello Studente: quattro anni fa veniva allargata la sua ricettività (190 posti letto di cui 50 'accampati' in tre appartamenti in un vicino stabile) con l'inaugurazione del nuovo edificio, annesso al primo, lussuoso, ma poco funzionale in quanto sfruttava in minima parte lo spazio disponibile, e assolutamente inadeguato alla richiesta con i suoi 60 posti letto, che rappresentavano e rappresentano un lusso per pochi privilegiati. Era facile prevedere che niente era risolto, che si trattava di un palliativo. Infatti ora la situazione è questa: **260 posti** letto per varie centinaia di richieste, una percentuale minima, solo **5 su cento studenti di provincia può esservi ospitata.**

---

262 *Lo spreco : ovvero dell'architettura inutile*, in Sicilia UGI, novembre 1967.

6 – Mensa: inserita nel nuovo edificio della Casa dello Studente, anche la Mensa era stata costruita con gli stessi criteri sfarzosi, ma poco funzionali. Ora infatti i suoi 200 posti e le capacità delle sue cucine (**400 pasti**) non possono assorbire la richiesta di **mille** pasti a pranzo, che pure l'anno passato è stata espletata con le prevedibili conseguenze per il servizio, l'igiene delle stoviglie, la qualità dei cibi ecc. ... Quest'anno il problema è stato... 'risolto' limitando il numero dei pasti a 500. Ciò significa che, tolti i 260 pasti per gli studenti della Casa, restano solo **240 pasti per 500-600 studenti**.

7 – Cittadella universitaria: la sua inaugurazione – che da anni si dà come imminente – lascerà pressoché immutata la situazione, per quanto riguarda gli alloggi, perché i 100 posti letto della nuova Casa dello Studente non intaccheranno nemmeno il problema. I magnifici istituti non potranno contenere la spinta di una massa di studenti come quella attuale molto maggiore di quella per cui erano stati progettati" [263].

Mentre la ricerca scientifica moderna preme per il lavoro di équipe, "sono stati creati degli istituti assolutamente isolati tra di loro e negli istituti delle piccole isole chiuse in sé che tendono ad atomizzare, invece che a coordinare, il lavoro e la ricerca dello studente" [264]. Di fronte a quella che viene giudicata come una "situazione estremamente critica della nostra Università" [265], le autorità accademiche rispondono sventolando il numero chiuso e la creazione delle province di sedi distaccate. Entrambe le risposte sono giudicate negativamente: "la limitazione del numero degli studenti sarebbe una grave misura di carattere discriminatorio, in quanto che la selezione avverrebbe su basi esclusivamente classiste (vedi Magistero)" [266], mentre le sezioni staccate creano in realtà "piccole succursali nelle quali si avrà un livello di formazione ancora più basso (sembra incredibile!) di quello della nostra Università" [267]: si cita il caso del laboratorio di chimica industriale a Ragusa, e il progetto di un biennio di lettere a Ragusa. Si tratta di

---

263 *Lo spreco : ovvero dell'architettura inutile*, in Sicilia UGI, novembre 1967.

264 *Lo spreco : ovvero dell'architettura inutile*, in Sicilia UGI, novembre 1967.

265 *Lo spreco : ovvero dell'architettura inutile*, in Sicilia UGI, novembre 1967.

266 *Lo spreco : ovvero dell'architettura inutile*, in Sicilia UGI, novembre 1967.

sezioni che saranno comunque frequentate da studenti meno abbienti, giacché quelli più danarosi potranno comunque permettersi di frequentare Catania dove comunque la qualità dell'insegnamento è migliore; mentre rimane dietro questa logica "la volontà degli ordinari di lettere di accumulare incarichi ad incarichi, con grave pregiudizio per la qualità dell'insegnamento (non è difficile prevedere che questi, oberati dal normale lavoro alla centrale, affidino poi ad assistenti la conduzione delle lezioni) e quindi della formazione culturale degli studenti" [268].

L'articolo presenta le proposte di una diversa politica di investimento edilizio e di gestione delle strutture esistenti (compresa la creazione del self-service per la mensa, gestita dagli studenti), e per una diversa politica del presalario da sostituire con un vero e proprio salario: "bisogna opporsi con forza a questa forma di assistenza, [...] poiché lo studente è un lavoratore e, come tale, se produce, ha diritto al salario, e, se non produce non ha diritto di restare all'interno dell'Università" [269]. Dunque, abolizione di tasse e tributi, e concessione di un salario "in misura tale da consentire non solo il sostentamento, ma anche una vita autonoma e socialmente completa, quale si addice a un lavoratore" [270].


Coerentemente con la nuova impostazione delle lotte, che prevedono una presenza più capillare all'interno delle singole facoltà, è la diffusione in forma ciclostilata di «Quaderni di dibattito» della Facoltà di Lettere filosofia e lingue, elaborata da un Gruppo UGC. Lo scopo è quello di "approfondire il discorso aperto sulla nostra formazione professionale" e "elevare il livello di coscienza comune nella consapevolezza che oggi solo attraverso un movimento di massa e non di élite, il Mov. Stud. Può riuscire a portare avanti la lotta per la riforma dell'Università" [271]. Il documento ripropone molti dei punti presenti nel numero di novembre di Sicilia UGI. Si critica l'impostazione del piano di studi (troppe materie, troppi esami, troppe materie fondamentali,

---

267 *Lo spreco : ovvero dell'architettura inutile*, in Sicilia UGI, novembre 1967.

268 *Lo spreco : ovvero dell'architettura inutile*, in Sicilia UGI, novembre 1967.

269 *Lo spreco : ovvero dell'architettura inutile*, in Sicilia UGI, novembre 1967.

270 *Lo spreco : ovvero dell'architettura inutile*, in Sicilia UGI, novembre 1967.

271 Quaderni di dibattito, Facoltà di Lettere Filosofia Lingue, n. 1, novembre 1967.

poche materie a scelta dello studente), i mezzi di cui dispone la facoltà, l'enciclopedismo (=nozionismo) richiesto per gli esami; si dà un apprezzamento dei seminari inaugurati dal prof Giarrizzo, ma se ne avverte l'insufficienza davanti al permanere del resto dei problemi strutturali e metodologici dell'insegnamento complessivo. Il caso dell'istituzione a Ragusa di una sezione distaccata di biennio per lettere, mostra come "mentre le Associazioni studentesche di battono per l'elezione dell'ARU, organismo privo di poteri e completamente staccato dalle reali esigenze della base studentesca, le decisioni più importanti di politica universitaria vengono prese dai professori, a nostra insaputa, e comunicate in seguito, a fatto compiuto" [272].


L'UGI fu un momento importante per la maturazione anche politica di molti giovani della generazione sessantottina. Racconta Antonio Pioletti: "Io ho cominciato attraverso l'UGI ad interessarmi di politica e l'approccio è stato strettamente sindacalista; la mia prima riunione fu sui problemi della facoltà. In quel periodo c'era una discreta presenza della sinistra; la mia impressione fu di un'esperienza molto positiva e non mi resi ben conto delle differenze tra le diverse linee politiche. Nel 1967 il dibattito interno si incrociò con i primi momenti di elaborazione a livello nazionale e subito si radicalizzò; si creò una divaricazione con la componente del PSIUP, che era ancorata a posizioni operaiste e vedeva lo studente come forza-lavoro in via di qualificazione" [273].


**Falcemartello**


Nasce da una componente della FGCI, che ha avuto esperienza nel circolo Pintor. E' la fine del 1967, un gruppo di ragazzi partecipa alle riunioni nazionali di Falcemartello [274]. A Milano si

---

272 Quaderni di dibattito, Facoltà di Lettere Filosofia Lingue, n. 1, novembre 1967, p. 4.

273 DS88, p. 49.

274 Già nelle lettere di corrispondenza tra Feltrinelli e Nino Recupero, in margine alla costituzione del settimanale Sinistra, vi è l'indicazione – da parte di Feltrinelli – di includere Falcemartello all'interno del comitato di redazione della ipotizzata rivista, accanto al "gruppo Recupero" (lettera di Giangiacomo Feltrinelli a Nino Recupero, 28

ritrovano: Luigi Bobbio e Massimo Negarville (Torino), Paolo Flores d'Arcais (Roma), Aldo Brandirali, Enzo Todeschini, Roberto Anselmino (Milano), Gianni Famoso, Ciccio Giuffrida, Nicola Torre (Catania).

Nell'autunno 1967 avviene il distacco definitivo dalla FGCI. Falcemartello diventa un gruppo autonomo: "gli aderenti furono costretti a riunirsi in case private e ad affrontare crescenti difficoltà" [275]. Il gruppo effettuerà una serie di operazioni e compartecipazioni, assieme agli altri gruppi della sinistra catanese, non solo a Catania. Si veda ad esempio nel maggio 1968 la partecipazione alle lotte dei segantini di Lentini [276].

## 5 Vietnam

Tra i gruppi attivi attorno al 1968 a Catania, il circolo «5 Vietnam», nato all'interno di Falcemartello, quale "settore" appositamente orientato allo sviluppo delle forme di lotta connesse con lo scontro internazionalista. La sua presenza si svolgeva attraverso l'organizzazione di manifestazioni di piazza (come quella del 24 marzo 1968 [277]), e la partecipazione a manifestazioni unitarie con gli altri gruppi politici della sinistra.

## CUC

---

marzo 1968, in Fondo Recupero, Cart. 3).

275 DS88, p. 44.

276 Cfr Fondo Recupero, Cart. 1, fasc. 5. Volantino datato 30-4-1968, firmato Falcemartello con invito allo sciopero ai lavoratori delle segherie di Lentini, prevalentemente impegnate nel confezionamento delle cassette per le arance (allora in legno, negli anni Settanta saranno prodotte in plastica): "Il primo maggio è la festa dei lavoratori / Il padrone non lavora! / lui vorrebbe tenere la segheria sempre aperta / vorrebbe farvi lavorare. / Ma voi il primo maggio non andrete a lavorare / le segherie rimarranno deserte, le segherie dove voi / lavorate undici ore al giorno e vi pagano poco. / Vediamoci e discutiamo in via Zara 40 il primo maggio alle ore 11 // Segantini / i padroni sono pochi e i lavoratori tanti / tutti i lavoratori uniti contro i padroni! / Lentini 30.4.1968 / Via Zara –40 / Falcemartello". La zona agrumaria di Lentini Carlentini Francofonte è tra le "zone calde" della lotta contadina e bracciantile della Sicilia orientale; qui il movimento bracciantile ottiene una serie di "conquiste" che saranno d'esempio per le altre province.

277 Cfr. foto in DS88, p. 139.

Il Centro Universitario Cinematografico (CUC) nasce nel 1953 grazie a Corrado Brancati. Nei primi anni '60 diventa presidente il prof Vito Librando "che ebbe un'influenza estremamente positiva nei confronti dei giovani del Centro" [278].

Il CUC era uno degli organi universitari. Gli altri erano:

- CUS, centro universitario sportivo (conservatore)
- CUT (progressista), diretto da Gaetano Marcellino

Mentre il CUS aveva l'aperto appoggio del rettore Sanfilippo e godeva di grossi finanziamenti, il CUC ebbe contributi risibili (50 mila lire l'anno), peraltro soppressi in seguito. Nel 1963 il CUC fu egemonizzato dalla sinistra. "A leggere i programmi del CUC degli anni Sessanta ci si accorge della ricchezza culturale, dello studio, della capacità di approfondimento posseduta dal gruppo dirigente del Centro" [279]. Ricorda Elio Marotta:

> "Il cinema era un terreno privilegiato del rapporto tra elaborazione intellettuale e realtà sociale in varie parti d'Italia; basti pensare ai Circoli del cinema di Cosenza, Milano e Trieste; la cinematografia italiana, che aveva avuto una stagione importante con Visconti, De Seta e altri, era legata alle posizioni di sinistra" [280].

Dopo la presidenza del prof Mario Sipala, nel 1963-64 la presidenza fu affidata a uno studente, Nino Recupero. Con ciò rompendo una tradizione all'interno del centro. Recupero "accentuò l'aspetto politico del dibattito (già presente nel CUC); a tal fine si operò una forzatura anche nei confronti del pubblico non ancora abituato alle diatribe pre-sessantottesche" [281]. Recupero era sostenuto da un gruppo di studenti che

---

278 DS88, p. 44-45.
279 DS88, p. 45.
280 DS88, p. 45.
281 DS88, p. 46.

contribuirono allo sviluppo del CUC di quegli anni: Giampiero Mughini, Francesco Mannino, Gabriele Distefano, Elio Marotta, Osiride Marcellini; qualche anno dopo: Silvana Cirrone, Tuccio Famoso, Tino Vittorio. Il 27 novembre 1961 «Democrazia universitaria», foglio della giunta esecutiva universitaria catanese, pubblicò un articolo significativo di Nino Recupero, intitolato "Il CUC strumento vitale di cultura", interessante per comprendere le coordinate teoriche e culturali nelle quali si muovevano questi giovani. Recupero scrive tra l'altro:

"Il CUC di Catania non ha una evoluzione differente da quella degli altri CUC di tutta Italia e dei Circoli del Cinema non universitari. Nati dalla Resistenza, portatori della coscienza che il Cinema è uno strumento validissimo sul piano dell'arte, della cultura, e soprattutto come potente strumento di educazione democratica, questi circoli agirono e tuttora agiscono, in mezzo ad enormi difficoltà, per far conoscere quelle opere e quei problemi che la censura, e, in misura ancora maggiore, il gretto conformismo provincialistico del regime fascista avevano tenuti lontano dai nostri schermi. Strettamente connessi alla costituzione degli organismi rappresentativi, anche i CUC affermavano la autonomia dei giovani, la loro indipendenza di giudizio – anche politico – di fronte a quegli 'anziani' che tanti compromessi avevano spesso accettato. Affermavano la capacità di svolgere un'opera culturale che spezzasse i limiti risecchiti di una 'cultura ufficiale'. Conoscenza delle grandi opere del passato e degli altri paesi, libera discussione, documentazione e giustificazione seria delle proprie posizioni culturali, difesa del nostro realismo antifascista, formazione di forze vive per il cinema, la critica e la cultura italiana, questo lo scopo ed il senso dei circoli del cinema. Arte nuova per uomini nuovi. Ed i CUC dovevano risolvere il problema della distruzione del vecchio concetto del circolo ricreativo tipo Cinegulf, di spezzare le barriere – poste da una vecchia cultura tradizionale, e rese ferree dal fascismo – tra Università e società, tra intellettuali e masse, tra intellettuali e azione politica" [282].

L'articolo si accompagnava alla pubblicità della stagione 1961-62 di proiezioni (tra gli altri, *Umberto D* di De Sica [283]).

Nel 1965 il CUC subisce una grave scissione: circa 200 soci fuoriescono per confluire nel circolo cattolico Don Bosco [284]. Nel 1966 il CUC entra in agonia, mentre la componente di sinistra del CUC passa a organizzarsi nel circolo Pintor.

L'esperienza del CUC, fondamentale per la maturazione della generazione dei sessantottini, si consumò proprio nel 1967-68. Quell'anno, nei locali del cinema Sangiorgi appena rinnovati, furono proiettati, tra gli altri film: *Tutte le ore feriscono, l'ultima uccide* (Melville), *Fino all'ultimo respiro* (Godard), *La passeggera* (Munk), *Walk over* (Skolimosky), *Femmine folli* (Stronheim).

---

282 «Democrazia universitaria», 27 novembre 1961, p. 4. Cfr. Fondo Nino Recupero, Biblioteca Ursino-Recupero (Catania), fasc. I, cart. 3.

283 Il volantino pubblicizzante l'iniziativa, di cui è conservata copia presso il Fondo Recupero (Cart. 1, fasc. 3, 1) annuncia, per l'anno sociale 1961-62 venti proiezioni, ogni giovedì con due spettacoli (17,30 e 21), al cinema Corsaro di Catania (cinema esistente tuttora): "Ogni film verrà presentato da una scheda informativa e discusso in un libero dibattito subito dopo la proiezione delle 17,30. I Soci hanno diritto a partecipare a tutte le altre manifestazioni del Centro, quali anteprime, dibattiti, conferenze, e riceveranno gratuitamente i Quaderni del CUC che verranno quest'anno, per la prima volta, realizzati organicamente". Per le quote, i soci ordinari pagavano 2500 lire, i soci universitari e medi 1800 lire. I film previsti: Il settimo sigillo (Ingmar Bergman), Umberto D (De Sica), "indipendenti americani", nouvelle vague: A doppia mandata (Chabrol), Ascensore per il patibolo (Malle), Fino all'ultimo respiro (Godard); gli "italiani": Morte di un amico (Franco Rossi), La sfida (Francesco Rosi); "personale di Robert Bresson": La conversa di Belfort, "il meridione nel cinema italiano"; La Bete humaine (Renoir), L'ultima risata (Murnau), Ottobre (Eisenstein). L'anno precedente, la stagione 1960-61, erano stati proiettati A nous la liberté (René Clair), 1860 (Blasetti), Ordet (K. Th. Dreyer, in "prima assoluta per Catania"), I racconti della luna pallida (Kenij Mizoguchi); una serie di film di Visconti (Ossessione, La terra trema, Senso); un ciclo dedicato a "gioventù e metodi pedagogici": Spasimo (Alf Sjoberg), Cani perduti senza collare (Jean Delanoy), Ragazze in uniforme (Leontine Sagan); tra gli incontri, quello con Guido Aristarco su "il risveglio del cinema italiano".

284 Vedi anche: "Catania – Cultura anno 6° dopo Giovane Critica" / di Ugo Entità, in Azione socialista, 1 maggio 1969, p. 3. E' interessante notare come di questa scissione del CUC non si parli in DS88.

## Il mondo accademico catanese

Sul mondo accademico catanese, possono fornirci un valido aiuto i ricordi di Carlo Muscetta:

> "Nel mondo accademico di Catania io ero piuttosto isolato [...]. Fui costretto ad accettare, per ovvi motivi economici, un incarico al Magistero. E questo contribuì a farmi meglio conoscere le miserie del mondo accademico catanese e a condividere i fondati motivi di avversione degli studenti, soprattutto contro i più incolti e più esosi fra i loro professori. Il Magistero era (e non so ancora fino a quando sarà) una facoltà non statale, il cui consiglio di amministrazione allora era composto da professori della facoltà di Lettere di ogni tendenza politica e (non so con quanta correttezza e legalità) dallo stesso rettore Cesare Sanfilippo. Con lui, altri personaggi di alto valore scientifico (Santo Mazzarino, Quintino Cataudella) e docenti di mezza tacca dividevano una lauta torta, sfruttando migliaia di studenti poveri e spesso fuori corso, che (oltre le tasse scolastiche) subivano ogni sorta di angherie. L'esame di latino era superabile solo se lo studente avesse esibito una copia di un testo che il professore annullava con la sua firma. Per un esame d'italiano era preliminare l'acquisto del pacco delle opere del docente, l'insigne teorico del famismo, Gino Raya" [285].

L'impatto con il mondo universitario catanese non era dei più facili, specie per chi arrivava dal 'continente', e non solo per una difficoltà di lingua. Ricorda Carlo Muscetta come "qualche professore, come Emanuele Rapisarda, sia per la spiccata pronuncia, sia per la sintassi e il lessico si era meritato un bel refuso (ma era poi un refuso?) in un Annuario dell'università, dove

---

285 Carlo Muscetta, "Mancarono collegamenti con la classe operaia", in DS88, p. 24. Il testo introduttivo al libro di DiStefano è stato poi ripreso nella "biografia" di Muscetta (Muscetta92, pp. 129-137).

appariva docente non già di letteratura, ma di 'dialettologia cristiana antica'" [286].

Scrive Salvatore Distefano, sempre riguardo al Magistero, che diverrà nei primissimi anni Settanta uno dei centri più attivi del Movimento Studentesco:

> "Al Magistero le condizioni complessive erano più pesanti e le contraddizioni più drammatiche che altrove. Funzionale agli interessi personali di un gruppo di professori, soprattutto della facoltà di Lettere, il Magistero disponeva di locali assolutamente insufficienti, aveva un limitato numero di docenti ma in compenso utilizzava tanta 'manovalanza' in regime di precarietà, soprattutto per gli esami. Avaro con tutti, il Magistero era però generoso con i professori ordinari che, titolari nelle facoltà dell'università catanese, riuscivano ad ottenervi un incarico (talvolta per una disciplina del tutto diversa da quella per la quale avevano conseguito a uso tempo libera docenza e cattedra). Basta ricordare che loro soltanto ricevevano per gli esami un compenso annuale extra - le cosiddette propine - assai considerevole: alla fine degli anni Sessanta, quando lo stipendio mensile di uno dei quattro assistenti ordinari era di poco superiore alle centomila lire, i 'baroni' si liquidavano un milione e ottocentomila lire ciascuno; nel 1972, quando l'onda del '68 aveva già smantellato i vecchi privilegi e le manifestazioni degli studenti avevano ampiamente coinvolto i docenti subalterni, c'era chi non sapeva come comunicare al suo 'barone' (e c'era chi serviva anche due 'padroni' in attesa di decidersi per quello della fazione vincente) che il gettone annuale sarebbe risultato, per deliberato assembleare assunto a maggioranza e non senza posizioni assai contrastanti, decurtato del 33 per cento: un milione e duecentomila lire, pur sempre un appannaggio considerevole dato che lo stipendio dell'assistente ordinario era diventato di centoquarantamila lire" [287].

---

286 Muscetta92, p. 140. Ma vedi anche la pagina di diario di Dante Isella, giunto anche lui a Catania, e che Muscetta riporta (Muscetta92, p. 139-140).

287 DS88, p. 81.

Il Magistero era ospitato all'ultimo piano della sede dell'Istituto Magistrale femminile Turrisi-Colonna, in via Etnea. Il salone-teatro era in condominio tra Magistero e Magistrale.

## L'occupazione: la prima occupazione della facoltà di Lettere

Per Massimo Gaglio

> "è da notare, cosa quasi incredibile, la mancanza di una predizione del potere politico: questura, prefettura, rettorato, presidi dell'università sembrano non prevedere assolutamente che a Catania potesse esserci un Sessantotto, ampiamente presente in altre città e zone del Paese. Sono stati quasi colti di sorpresa per l'occupazione del palazzo centrale, al punto che il loro intervento attivo e repressivo cominciò a manifestarsi dopo alcune settimane" [288].

L'attività politica all'interno dell'Università aveva visto fino ad allora, a sinistra, gli interventi dell'UGI. Nell'aprile 1966 gli studenti della sinistra avevano manifestato (25 aprile 1966, in via Etnea, mentre per l'1 maggio 1966 la deposizione di una corona d'alloro all'interno del Palazzo centrale dell'Università) per la morte a Roma di Paolo Rossi: ma si trattava sostanzialmente di poche centinaia di manifestanti [289]. Abbiamo visto come le posizioni all'interno dell'UGI abbiano subito una rapida evoluzione, nel corso del 1967, con l'adesione di una buona parte della dirigenza UGI alle "tesi" pisane e alle posizioni del movimento studentesco nazionale che vedeva un superamento delle associazioni tradizionali e una forte tensione verso l'assemblearismo [290]. E' all'interno della facoltà di Lettere Filosofia e Lingue che a Catania si avverte un progressivo avanzamento delle tensioni. Nel novembre 1967 l'elaborazione dei

---

288 Massimo Gaglio, "Pochi i docenti ammessi alle assemblee", in DS88, p. 29.

289 Cfr. foto in DS88, p. 134-135.

290 Cfr. Sicilia UGI, novembre 1967.

«Quaderni di dibattito» [291], e una serie di assemblee di facoltà in cui si individuano alcuni obiettivi di lotta. In uno, datato 12 dicembre 1967 si chiede l'abolizione di una serie di esami, la trasformazione di alcune prove scritte [292]: si rimaneva tuttavia in un ambito ancora generico e sindacalista.

Le elezioni all'ARU [293] mostrano segnali contraddittori: da una parte la sconfitta dell'Intesa (che perde voti, e tre seggi); l'UGC guadagna in seggi (più cinque, ma perdendo quasi 200 voti rispetto alle elezioni precedenti: la discrepanza la si deve al sistema elettorale); mentre si ha una affermazione netta del GUF che guadagna sette seggi.

Elezioni del dicembre 1967: risultati a Catania

|        | **Voti di lista** | **Seggi** |
|--------|-------------------|-----------|
| GUF    | 1326              | 24        |
| AGI    | 1080              | 19        |
| Intesa | 1037              | 17        |
| UGC    | 957               | 19        |
| CDS    | 306               | 3         |
| GUM    | 140               | -         |
| Primula| 50                | 1         |
| CDE    | 1                 | -         |

| Schede bianche | 39    |
|----------------|-------|
| Schede nulle   | 132   |
| Totale votanti | 5.068 |

---

291 Quaderni di dibattito, n. 1, novembre 1967.

292 Proposta al Consiglio di Facoltà dell'Assemblea di Lettere Filosofia e Lingue del 12-12-1967. Per il corso di laurea in Lettere si chiedeva l'abolizione dell'obbligatorietà dell'insegnamento di grammatica greca e latina, e un miglioramento delle lezioni evitando la coincidenza degli orari; per il corso di laurea in filosofia, l'abolizione dell'obbligatorietà di letteratura greca, e l'introduzione di un nuovo insegnamento facoltativo di lingue; per il corso di lingue la trasformazione dell'esame scritto di latino, con il passaggio dalla prova dall'italiano – latino al latino – italiano.

293 Cfr. *L'ARU elegge il presidente*, in: «La Sicilia», 9 dicembre 1967, p. 4.

| Percentuale di votanti | 35% |

A causa dell'aumento della popolazione scolastica si era deciso di portare il numero dei rappresentanti da 62 a 83.

La crisi dell'Intesa è parte del rinnovamento interno dei quadri dirigenti, e soprattutto della decisione della Fuci di sganciarsi dalle associazioni cattoliche che a livello politico costituivano l'associazione dell'Intesa. La maggioranza che si viene a creare all'interno dell'ARU porta all'isolamento dell'UGC e alla preminenza della destra. L'UGC si trova ricacciata non solo all'opposizione, ma soprattutto a cercare nuove forme di lotta, anche tenendo conto di quello che succedeva in contemporanea a livello nazionale. Le discussioni all'interno del gruppo che faceva capo all'UGI sui modi e sulle caratteristiche della lotta si fanno più serrate. Si valuta anche, a partire dall'assemblea del 22 febbraio 1968, la proposta di forme di lotte che prevedono l'occupazione dell'Università; una parte dei componenti il gruppo dirigente dell'UGI non è d'accordo [294]

Ecco come racconta la prima occupazione dell'Università centrale di Catania, Salvatore Distefano:

> "Alla fine di febbraio del 1968 una ventina di giovani occupò l'Università di Catania [...]. Solo per caso la polizia non fermò coloro che avrebbero di lì a poco occupato il palazzo centrale dell'ateneo catanese. Quel pomeriggio una 'giardinetta' con le masserizie fu posteggiata davanti al portone dell'agenzia Einaudi, al viale Jonio. Dal alcuni mesi, soprattutto a causa del declino del circolo 'Giaime Pintor', l'Einaudi e la libreria 'La Cultura' di Ciccio Distefano e Carmelo Volpe

---

294 Su posizioni che valutano la non opportunità dell'uso dello strumento di lotta dell'occupazione sono Gabriele Centineo (PSIUP) e Sciotto allora alla dirigenza dell'UGI. Sui motivi di questa loro posizioni prima dell'occupazione di Palazzo Centrale, contribuiva molto anche il sentire "moda" le occupazioni che avvenivano allora in tutta Italia, e l'idea che occorresse un più serio lavoro organizzativo e di impostazione politica. Subito dopo l'atto dell'occupazione però si ebbe la ricomposizione all'interno del gruppo, che aderì compatta allo sviluppo delle lotte.

funzionavano da polo di aggregazione della sinistra studentesca catanese. In quell'occasione, il gruppo dei futuri occupanti aspettava che venisse la notte, preparandosi febbrilmente allo 'storico' appuntamento. Ad un tratto arrivò la polizia: due agenti si informarono di chi fosse la macchina piena di coperte... ma i presenti [...] chiesero agli agenti di esibire un mandato [...]. Gli agenti se ne andarono e i giovani ripresero i loro preparativi" [295].

La notte tra mercoledì 28 e giovedì 29 febbraio 1968, una ventina di studenti si barricano dentro il palazzo centrale dell'Università, in piazza Università. L'1 marzo 1968 «La Sicilia» parla di "colpo di mano nel corso della notte" effettuato da una quarantina di giovani: "secondo indagini svolte dalla squadra politica della questura, tra gli attivisti che si trovano nell'interno dell'università vi sarebbero alcuni elementi venuti espressamente da Pisa e da Trieste" [296]. Ma seguiamo Salvatore Distefano nella sua ricostruzione:

"Quella sera Ciccio Giuffrida e Toni Casella si erano fatti chiudere dentro l'università: dovevano aprire agli altri nel cuore della notte. La serata era splendida: un'incipiente primavera, nonostante si fosse a febbraio, dava vita a un cielo stellato [...].

Ciccio Giuffrida (con un codino da roccia di venti metri nascosto sotto il maglione) e Toni Casella salirono velocemente e silenziosamente all'ultimo piano e giunsero sotto le finestre dalle grate di ferro che usarono come scale per scavalcare il balconcino posto sotto l'orologio. Lì si acquattarono. Il piano era questo: non appena fosse finita la riunione del consiglio di facoltà, i due [...] avrebbero avvisato, con i loro walkie-talkie, gli altri studenti che stazionavano nelle vie adiacenti. La riunione, però, si protrasse fino a tarda sera e di questo contrattempo coloro che erano rimasti fuori furono costantemente informati; quando sembrò che la riunione

---

295 DS88, p. 37.

296 «La Sicilia», 1 marzo 1968, in DS88, p. 50.

stesse per finire, Giuffrida e Casella invitarono il gruppetto esterno a tenersi pronto. Ma, improvvisamente, un contrordine bloccò il drappello che si aggirava nei pressi: nell'università era entrata... una squadra di pulizia e pertanto l'occupazione dovette essere rimandata di qualche ora.

Fino alle 2 Giuffrida e Casella non si mossero; quando furono sicuri che l'università era deserta, misero in atto il loro piano. Si calarono con il cordino nell'aula a pianterreno dove teneva le lezioni il professore Carmelo Ottaviano (la cosiddetta 'aula nord') e, con i loro gracchianti walkie-talkie, comunicarono agli esterni che la via era libera. Il commando attraversò correndo la piazza (provocando un rumore infernale per la cassetta di attrezzi che si portava dietro) e in modo concitato penetrò nel palazzo universitario da una stradina laterale, la via La Piana.

'Dovevamo inchiodare, con le assi di legno portate appositamente, la porta del custode Cocina', confessa Toni Creazzo.

Il primo a saltare dentro fu Santo Molino, poi, uno dopo l'altro, fu la volta di cesare Cavadi, Ciccio Boscarello, Ciccio Cannizzaro, Miriam e Natalia Campanella, Franco Amata, Tano Costa, Toni Creazzo, Sara Gentile, Franco De Grazia, Patrizio La Duca, Pippo Longo, Antonio Pioletti, Salvo Pappalardo, Teresa Cantaro, Silvana Cirrone, Salvo Di Fazzio, Umberto Lombardo, Elio Saitta, Sergio Giani.

Appena entrati, Salvo Pappalardo (lo stesso che la mattina dopo l'occupazione comprò venticinquemilalire di finocchi e limoni: 'perché sono energetici!', disse) gridò: 'L'università è occupata'.

Il custode, terrorizzato dal trambusto e dalle grida, uscì di corsa per rendersi conto di quanto avveniva: chiese, prima che gli venisse bloccato l'ingresso, di poter... liberare la sua macchina, una Fiat 1500 bianca, acquistata da poco; il permesso fu accordato, l'auto fu parcheggiata fuori dell'università, l'uscio del custode fu sigillato e verniciato affinché non potesse guardare.

Gli occupanti sciamarono lungo i corridoi, ognuno avendo da espletare un compito: chi sigillò le aule, chi il rettorato, chi la segreteria; furono utilizzate delle strisce di carta con su scritto: 'Sigillato dagli studenti occupanti'. Completate queste operazioni, stabiliti i turni di vigilanza (qualcuno consigliò di utilizzare degli pseudonimi), nei loro sacchi a pelo nuovi, o avvolti nelle loro coperte, i protagonisti di quell'atto totalmente innovativo nel panorama studentesco catanese si misero a dormire [...]. Dalla loggia principale del palazzo universitario pendevano due grandi striscioni; nel primo c'era scritto: 'Potere studentesco'; nel secondo: 'L'università è occupata'.

Sin dalle prime ore del mattino, il rettore Sanfilippo era stato informato dell'accaduto: forse per questo fu visto arrivare in piazza Università con un'aria meno compassata del solito.

Gianni Famoso, uno degli organizzatori dell'occupazione, così racconta ciò che accadde quella mattina: «Rimasi fuori perché avrei dovuto curare l'organizzazione dell'assemblea del primo giorno dell'occupazione. Alle sei ero là in compagnia di Benito Faro, il giornalaio di piazza Università, e assistetti a scene esilaranti. Verso le otto cominciarono ad arrivare - ignari - gli impiegati della segreteria; arrivavano leggendo il giornale fin sotto il portone e, trovandolo chiuso, [...] si guardavano attorno, facevano dei passi indietro, alzavano gli occhi e vedevano gli striscioni. Verso le dieci si radunò una notevole folla che aspettava di entrare per iniziare l'assemblea prevista per la mattina. Fu a quel punto che il rettore si rivolse a me, chiedendomi di chiamargli qualcuno degli occupanti; ci avvicinammo al portone centrale e il rettore bussò: a Pietro Barbagallo (uno degli studenti che presidiavano l'università) chiese di entrare. Barbagallo gli rispose: 'Mi dispiace signor Magnifico, ma per oggi non è possibile entrare!'».

L'assemblea fu bellissima: affollata, partecipata; molti studenti erano venuti da altre facoltà (dove si tennero, in quei giorni, assemblee che approvarono documenti di adesione all'occupazione di Lettere) perché quella di

Lettere era unanimemente considerata occupazione d'ateneo.

Mentre si svolgeva [...] sopraggiunsero i fascisti che assaltarono l'università, con asce e spranghe di ferro, dalla parte dell'aula nord; l'occupazione rischiava di concludersi prima ancora di cominciare: gli aggressori avevano già praticato un'apertura, quando dagli occupanti fu suonata la campanella che si trovava a pianterreno; tutti si radunarono e i fascisti furono respinti [...].

A conclusione dell'assemblea degli studenti fu approvato un ordine del giorno con il quale si chiedeva: «1) possibilità agli studenti di definire le materie funzionali a un certo indirizzo di studio; 2) possibilità agli studenti di scegliere contenuti di studio non rispondenti solo allo scopo dell'efficienza professionale, ma a quello di un'analisi critica della professione nel suo contesto sociale; 3) organizzazione dello studio che sviluppi la capacità di discussione e di valutazione critica dello studente».

Quella mattina i lavori dell'assemblea si conclusero poco dopo le 14; nel pomeriggio gli studenti si riunirono nuovamente dividendosi in gruppi di studio" [297].

Ricorda Carlo Muscetta:

"All'occupazione seguì un'assemblea cui parteciparono studenti di altre facoltà, poiché quella di Lettere era ubicata nel palazzo centrale, sede del rettorato, l'occupazione venne immediatamente considerata occupazione d'ateneo. Il comitato di agitazione, democraticamente eletto, fu costituito da Franco Amata, Lea D'Antoni, Franco De Grazia, Gianni Famoso, Antonio Pioletti. Io mi recai subito a solidarizzare con loro e a portare del vino di Vittoria" [298].

---

297 DS88, p. 50-53.
298 Muscetta92, p. 134.

Ciò che abbiamo davanti, attraverso il racconto di Distefano [299], è l'azione di un gruppo molto ristretto di ragazzi, cresciuto politicamente nella sinistra (non PCI né PSI), che ha svolto attività politica nell'associazionismo goliardico studentesco, e che ha presente ciò che accade contemporaneamente in altre Università italiane: di ciò che accade vuole sentirsi compartecipe, a tale scopo reinterpreta a proprio modo l'idea di 'occupazione'.

Racconta Salvo Di Fazzio [300]:

> "L'occupazione della Facoltà di lettere fu un momento di avvio e, al tempo stesso, una sorta di forzatura da parte di un'avanguardia molto politicizzata, che si raccoglieva attorno a diversi gruppi di sinistra. Ma il successo dell'occupazione dimostrò che si era trattato di una forzatura che aveva raccolto la volontà di lotta degli studenti. L'occupazione si trasformò, da subito, in un fatto di massa e non c'è dubbio che a quell'azione va dato il merito storico di avere creato il movimento studentesco a Catania" [301].

Racconta Antonio Pioletti:

> "Una parte del gruppo PSIUP fu addirittura contraria alla prima occupazione dell'università, occupazione che fu attuata sulla base di scelte maturate in una serie di affollate assemblee di facoltà, da un'area politica che comprendeva appartenenti a «Falce e Martello» e da un gruppo di senza-partito che io definivo la sinistra reale. L'occupazione non avveniva dunque dall'alto, ma era

---

299 Salvatore Di Stefano non è un sessantottino, non ha partecipato direttamente ai 'fatti' del 1968. Egli è stato tuttavia presente negli anni successivi, all'interno dei gruppi del Movimento Studentesco. Egli ricostruisce nel 1988 le vicende del 68 a Catania, sull'onda non solo del ventennale, ma anche del suo lavoro di insegnante presso le medie superiori, e del "movimento dell'85" che investì le scuole italiane in quell'anno. La sua ricostruzione va letta tenendo ben presente il punto di vista relativo.

300 Salvo Di Fazzio, alla fine degli anni Ottanta ricercatore presso l'Istituto di Patologia, e membro dell'esecutivo provinciale del PCI.

301 DS88, p. 54, nota 1.

espressione del dibattito; la tecnica fu un po' alla 'Pisacane'" [302].

Il discorso di Salvatore Distefano tiene a rintuzzare la polemica:

"L'occupazione dell'Università di Catania fu attuata dopo un lungo dibattito che vide la partecipazione di centinaia di studenti; la discussione ebbe fasi alterne: alla fine prevalse la volontà di dare una spallata al vecchio potere accademico. Tutto ciò avvenne nel pieno rispetto dei deliberati assembleari" [303].

L'occupazione si svolse secondo i modi dell'autogestione. Secondo quanto raccoglie Distefano:

"Per tutto il tempo dell'occupazione funzionarono i gruppi di studio del pomeriggio ed avevano il compito di approfondire i contenuti delle materie alternative [...]; dopo, la sera, veniva preparato il bollettino che, stampato con il ciclostile dell'università, la mattina successiva andava a ruba fra centinaia di studenti. Il bollettino, così come tutti i documenti ufficiali, recava le firme dei componenti il comitato di agitazione (democraticamente eletto): Franco Amata, Lea D'Antone, Franco De Grazia, Gianni Famoso, Antonio Pioletti" [304].

Sul numero dell'1-2 marzo del «Bollettino dell'occupazione» si fa una breve ricostruzione dei motivi che hanno portato all'occupazione ("Perché l'occupazione", pp. 2-3): "Non si tratta soltanto di riformulare e rinnovare i piani di studio, ma si deve rifiutare e respingere la figura dello studente come 'oggetto' passivo ed 'ospite' temporaneo dell'università", l'obiettivo è "impostare una lotta che possa infine portarci alla instaurazione di una situazione scolastica in cui professori e studenti lavorino in

---

302 DS88, p. 49.

303 DS88, p. 54.

304 DS88, p. 53-54.

base a rapporti tra eguali e non in base a rapporti tra signore e suddito". La coscienza è che l'occupazione "ha costituito per gli studenti un salto qualitativo rispetto ai metodi fin qui seguiti" [305]. Si dà poi il resoconto dell'assemblea del 29 febbraio e del giorno successivo, la formazione delle cinque "commissioni di lavoro" su Università e società, Università meridionale, diritto allo studio, sbocchi professionali, e metodi pedagogici e ricerca scientifica. E un breve testo su "Perché gli studenti organizzano i controcorsi":

> "L'Assemblea individua nei controcorsi un nuovo strumento e per il momento il più adeguato per spezzare l'autoritarismo accademico, quale prodotto di una politica culturale essenzialmente classista e rivolta ad assecondare i piani del grande capitale monopolistico. Gli studenti occupanti rifiutando la divisione della conoscenza per facoltà, si raccolgono in commissioni di studio, che mandano in frantumi il tecnicismo e l'astrattezza dell'insegnamento accademico. Nei controcorsi gli studenti ribadiscono la loro fondamentale funzione di soggetti del processo di formazione culturale" [306].

Tra i documenti che vengono approvati e diffusi, quella che fu chiamata la "Carta rivendicativa degli occupanti la sede centrale". In essa i responsabili dell'occupazione catanese poneva gli obiettivi dell'azione di lotta:

> "L'occupazione ha voluto realizzare: a) l'interruzione violenta delle lezioni tradizionali, elementi di una didattica fondata su un rapporto di subordinazione del discente al docente; b) la concreta sperimentazione di metodi didattici nuovi, realizzata attraverso la formazione di commissioni di studio sui temi specifici scaturiti dal dibattito svolto in assemblea, e condotti dagli studenti in modo autonomo con l'intervento dei docenti in qualità di esperti.

---

305 *Perché l'occupazione*, in Bollettino dell'occupazione, 1-2 marzo 1968.

306 *Perché gli studenti organizzano i controcorsi*, in Bollettino dell'occupazione, 1-2 marzo 1968, p. 7.

Il lavoro delle commissioni non sta solo nei documenti da esse elaborati, quanto nel metodo didattico nuovo realizzato [...]. Si afferma così il concetto di: a) unità del movimento studentesco; le tradizionali divisioni di questo corrispondevano ad una organizzazione di elite dell'università (l'università come il luogo di riproduzione della classe dirigente) e le divisioni tra gli studenti seguivano le linee di divisione, le linee politiche tipiche delle classi dirigenti; nella misura in cui muta il carattere dell'università e si accentua il momento della subordinazione dello studente, la fine di ogni sia pur mistificata autonomia degli intellettuali, muta il carattere della posizione degli studenti e diventa fondamentale la rivendicazione sul controllo della propria formazione culturale e professionale; il movimento assume carattere di massa e si pone in funzione alternativa rispetto alle strutture dell'università e della società.

b) autonomia come possibilità di contestare in modo permanente tutte le strutture didattiche una volta verificatane l'incongruenza.

La occupazione rappresenta la risposta violenta alla violenza che, consumata quotidianamente e accettata passivamente dallo studente, diventa un dato immutabile dell'istruzione universitaria [...]. Questo modello culturale ci induce ad obbedire nella università e poi ubbidire nella società. Si tratta di un modello teso alla organizzazione del consenso tra gli studenti perché diventino gli strumenti ubbidienti della formazione della forza lavoro nella scuola e nella società: forza lavoro di cui si deve assicurare la omogeneità rispetto alle scelte del sistema, privandola di ogni capacità critica contestativa, e ponendo già nella scuola i principi gerarchici ed autoritari della fabbrica [...]. Dobbiamo quindi realizzare noi stessi forme didattiche autonome, in contrapposizione a quelle attuali: i controcorsi. I controcorsi si qualificano non solo sui nuovi rapporti pedagogici, ma anche e soprattutto sui contenuti nuovi. Si pongono come momento di rottura di una struttura cristallizzata: le facoltà che costituiscono una divisione del lavoro intellettuale, strumenti della settorializzazione e della parcellizzazione della formazione culturale e intellettuale degli studenti.

Le strutture parallele che il movimento deve costruire permettono così il rapporto tra vari interessi degli studenti e varie competenze; la verifica dei metodi di ricerca e di analisi nel loro concreto dispiegarsi sull'oggetto della ricerca tendono a eliminare ogni mistificazione sulla neutralità delle scienze e delle tecniche proprio nella misura in cui le collocano nella loro situazione storica e spiegano il loro uso sociale.

[...] Oggetto del lavoro è la analisi concreta della situazione degli studenti e dei loro sbocchi professionali; la impostazione di una politica del diritto allo studio quale condizione prima di ogni ristrutturazione democratica dell'università assume un carattere prioritario all'interno di questo lavoro, analogamente all'analisi della scuola media e al collegamento con il movimento degli studenti medi [...].

Sono questi i temi su cui si deve sviluppare una contestazione dell'attuale struttura del movimento; una contestazione che deve partire dalle condizioni concrete della facoltà e dall'analisi del potere accademico e di tutti i nessi di questo potere col potere nella società" [307].

"Il movimento si pose da subito obiettivi precisi, concreti: riforma dei piani di studio, esami mensili, nuove aule e laboratori, contenuti alternativi, attacco allo strapotere baronale, lotta all'autoritarismo nelle università e nelle scuole [...]. La politicizzazione di massa, la situazione internazionale (la vittoriosa lotta di liberazione del Vietnam), la stessa storia dell'Italia nel dopoguerra, determinarono l'esplosione di comitati, gruppi, correnti, tutti tendenti a coniugare in maniera originale la battaglia per gli obiettivi concreti con quella per gli obiettivi più generali della trasformazione radicale della società italiana" [308].

---

307 *Carta rivendicativa degli occupanti la sede centrale*. Una copia ci è stata fornita dal prof De Grazia, un'altra copia dal prof Centineo nel corso delle interviste fatte per questa ricerca.

308 DS88, p. 60.

## Le reazioni all'occupazione: i gruppi

> "All'occupazione avevano aderito i seguenti gruppi dell'ARU (Assemblea rappresentativa universitaria): UGC (Unione goliardica catanese), CDS (Confederazione democratica socialista), una parte dell'Intesa; l'avevano osteggiata (con mezzi diversi): l'altro troncone dell'Intesa, il GUF (Gruppo universitario fiamma, cioè i fascisti); il GUM (Gruppo universitario monarchico); l'AGI (Associazione goliardica italiana) e Primula goliardica (i pacciardiani)" [309].

Da parte degli studenti fascisti furono attuati tentativi di attacchi diretti, contro gli occupanti e contro le assemblee [310].

## Le reazioni all'occupazione: solidarietà dal sindacato

> "Ancora oggi, alcuni protagonisti dell'occupazione ricordano cosa fecero gli operai dell'AMT (Azienda municipale trasporti). Narra Ciccio Giuffrida: 'I lavoratori dell'AMT e la sezione 1° Maggio del PCI ci portarono una gran quantità di viveri: scatolette, formaggio, frutta, bevande. Era il loro concreto incoraggiamento: ci dicevano di andare avanti, di non mollare" [311].

## Le reazioni all'occupazione: i giornali

I giornali catanesi attaccarono l'azione di occupazione. Dall'1 al 9 marzo «La Sicilia» dedicò una serie di articoli duri e sarcastici, nella

---

309 DS88, p. 57.

310 Cfr. foto in DS88, p. 136. Si vede un Benito Paolone in prima fila.

311 DS88, p. 58.

cronaca di Catania. Si leggano ad esempio il titolo dell'articolo dedicato all'occupazione, apparso domenica 3 marzo: "Sei studentesse e trentuno studenti sono la 'forza' che attualmente bivacca nella sede centrale dell'ateneo catanese". Il 4 marzo lunedì: "I trentasette bivaccano ancora all'Università". Gli scontri con i fascisti di giovedì 7 marzo sono descritti il giorno dopo come violenti tafferugli tra "non occupanti" e "occupanti":

> "Sin dalle ore 10 [...], davanti al portone, sostavano circa 500 studenti 'non occupanti' i quali volevano entrare per svolgere l'assemblea della facoltà di Lettere [...]. L'ingresso dell'ateneo era, però, presidiato da una barriera formata da un folto gruppo di 'occupanti' in mezzo ai quali elementi non universitari. E' stato uno di questi ultimi che, improvvisamente, ha fatto scatenare il putiferio: l'uomo - di corporatura robustissima e dall'apparente età di circa 40 anni - ha affibbiato un violento ceffone sulla guancia di uno degli studenti che volevano entrare nel palazzo occupato" [312].

Più pesantemente ancora interviene l' «Espresso Sera»:

> "La violenza è una forma bastarda, inutile, incivile, e selvaggia di protesta [...]. Il tentativo di politicizzare tutto quello che avviene è ignobile. Abbiamo visto in mezzo alla folla degli studenti giovanotti con barboni che si spacciavano per seguaci di Mao, altri che inneggiavano all'indirizzo di Che Guevara, altri che conosciamo come fanatici galoppini di questo o quel deputato di estrema destra che di estrema sinistra" [313].

Il 15 marzo 1968 sul foglio locale «La Gazzetta» dedica metà della prima pagina all'occupazione dell'Università di Catania. L'articolo (ripreso dal «Corriere della Sera») descrive "Le notti di Mao" degli studenti occupanti, a base di partite a poker e vino pugliese: "Usano i crocefissi come manganelli", denuncia il foglio catanese.

---

312 DS88, p. 58-59.

313 DS88, p. 59.

L'editoriale recava il titolo significativo: "Più polso, Magnifico! Con i cinesi l'amore non serve", e invocava il ricorso "ai modi spicci della polizia e dei carabinieri, tutori di quell'ordine che è il componente numero uno della civiltà, della democrazia e del progresso di un popolo operoso". Sull'altra metà della prima pagina campeggiano le foto di Nino Drago e di Salvino Fagone...

Osserva Nino Recupero:

> "mi colpisce il fatto che in quei giorni non immaginavamo nemmeno che di Drago e Fagone sarebbe stato necessario sapere, sarebbe stato necessario occuparsi. Sapevamo, certo, chi erano costoro, ma li identificavamo in blocco con 'il potere' o 'i padroni'; e non ci chiedemmo come quel loro potere si andasse articolando e come le nostre lotte potevano colpirlo" [314].

Certamente l'uso dei giornali d'epoca quali fonte documentaria per la storia contemporanea manifesta appieno tutti i limiti della "fonte" decisamente arroccata alle proprie preconcette prese di posizione ideologica e di parte [315].


## Le reazioni all'occupazione: il mondo accademico

Il secondo giorno di occupazione, il Senato Accademico si schierò dalla parte del Rettore:

> "Il Senato [... è] unanime nel deplorare l'avvenuta occupazione del palazzo universitario, che costituisce una

---

314 Nino Recupero, in DS88, p. 11.

315 Da questo punto di vista, l'appiattimento sulla fonte da parte di alcune delle ricostruzioni provenienti da storici locali può determinare paurose inclinazioni di qualsiasi verità storica. Si cita tra i tanti casi, la ricostruzione di Giovanni Merode e Vincenzo Pavone (Merode88), a carattere annalistica e volenterosa, ma troppo strettamente aderente all'unica fonte data da un quotidiano come La Sicilia.

> evidente violazione della legalità, per di più non approvata dalla maggior parte degli studenti [...]. Invita, quindi, gli studenti che si sono posti al di fuori della legalità e che hanno assunto un atteggiamento contrario ai principi della democrazia e al rispetto delle libertà civili, a desistere senza indugio dalla posizione assunta" [316].

"Con la maggioranza dei professori continuò un contrasto che era iniziato già da tempo: basti pensare agli scontri col professore Carmelo Ottaviano" [317]. Un contrasto che veniva realizzato anche attraverso la contestazione dei contenuti e delle forme dell'insegnamento, nel corso stesso della lezione accademica:

> "Tutte le mattine gli studenti contestavano, o addirittura interrompevano le lezioni (il [...] 'gatto selvaggio'), gridando, mentre il professore spiegava: 'Non siamo d'accordo!' [...]. Una mattina, durante una lezione di Carmelo Ottaviano, Gianni Famoso così lo apostrofò: 'Lei ha offeso un nostro amico [...]'; all'esterrefatto professore chiarì poco dopo che il loro amico era Hegel, offeso dal docente che in una sua dispensa gli aveva dedicato appena una pagina e mezza" [318].

Tuttavia non tutto il mondo accademico reagisce negativamente all'occupazione e al movimento studentesco dei mesi successivi. Ricorda Carlo Muscetta:

> "Furono motivi culturali e politici a farmi schierare accanto agli studenti, che occuparono la sede centrale dell'università e definirono in un documento gli obiettivi che si proponevano. Mi sono sempre considerato un 'arci-studente' e quindi non mi spaventavano le formazioni estremistiche del 'potere studentesco'. Giudicavo positivo il ricorso alla prassi assembleare, che era una decisiva svolta democratica anche nei confronti

---

316 DS88, p. 57.
317 DS88, p. 60.
318 DS88, p. 61.

della sinistra storica. Giudicavo salutare una partecipazione attiva degli studenti come soggetto rivitalizzante sia dal punto di vista didattico, sia dal punto di vista della circolazione d'idee moderne. Era una grande conquista considerare l'università come il luogo deputato per l'educazione di una classe dirigente che volesse rinnovare la società italiana. Ma intervenendo alle assemblee non mancai di osservare che era pura illusione ritenere vittorioso un movimento studentesco rivoluzionario che non riuscisse a coinvolgere le classi lavoratrici, e innanzi tutto la classe operaia. Nell'ipotesi più ottimistica (dicevo) si sarebbe ottenuta una cattiva riforma universitaria, sempre nell'ambito di un sistema rimasto intatto, quali che fossero le nuove formule politiche più funzionali alla restaurazione del capitalismo. Tuttavia, nonostante le mie riserve pessimistiche, non mancai di sostenere e incoraggiare il movimento studentesco, apertamente e con tanto maggiore impegno perché gli studenti fascisti (pupilli del rettore e dei professori più retrivi di molte facoltà), avevano scatenato la loro consueta violenza, protetta, al solito, dalle autorità e dalla polizia (ci fu perfino l'intervento intimidatorio di qualche corpo dell'esercito)" [319].

Muscetta fece parte del gruppo, ristretto, di docenti con cui gli occupanti e il formantesi movimento studentesco riusciva a trovare forme di confronto e di collaborazione, politica e culturale: a Catania, oltre Carlo Muscetta, Mario Mazza e Massimo Gaglio, e, tra gli assistenti, Nino Recupero, Gino Longhitano, Paolo Manganaro. Con Giuseppe Giarrizzo si ebbero rapporti più problematici, anche se fu tra i docenti che furono ammessi alle assemblee; egli "tentava, nelle assemblee, di entrare nel merito delle problematiche studentesche, cercando di spostare il movimento su posizioni moderate, ma risultando alla fine di ogni assemblea inesorabilmente sconfitto" [320].

Oltre ad alcuni singoli docenti, l'occupazione trova l'appoggio dell'ANPUI, associazione nazionale dei professori universitari

---
319 Carlo Muscetta, "Mancarono collegamenti con la classe operaia", in DS88, p. 24-25.
320 DS88, p. 62.

incaricati. Tale associazione emise l'1 marzo 1968 un documento in cui:

> "esprime la sua piena adesione alle ragioni che motivano la protesta e la lotta dell'intero movimento studentesco in atto in molte sedi universitarie [...]; esprime in particolare la sua solidarietà con le posizioni degli occupanti l'Università di Catania [...], denunzia anzi violentemente il tentativo delle autorità governative [...]" [321].

Il 3 marzo gli assistenti universitari dell'UNAU, riuniti in assemblea presso la facoltà di Giurisprudenza, con un comunicato si univano al 'fronte' studentesco:

> "Preso atto che gli studenti dell'Università di Catania, in lotta contro le strutture autoritarie e insufficienti dell'attuale Università italiana hanno occupato il Palazzo Centrale dell'Università, che gli studenti lottano per un radicale rinnovamento del rapporto scuola-società per una Università che sia veramente scuola di formazione umana e di ricerca scientifica e non fabbrica di diplomi universitari per una massa di sottoccupati intellettuali; che [...] hanno dimostrato concretamente la possibilità di una Università organica e formativa non fondata sull'autoritarismo e sul paternalismo organizzando e portando avanti commissioni di studio per l'elaborazione di alternative alla situazione attuale; che a queste commissioni partecipano con vivissimo impegno intellettuale, civile e democratico alcuni fra gli elementi più vivi del mondo universitario tra studenti, assistenti e professori e che in queste sedi si stanno elaborando concrete proposte di democratizzazione e di nuova vitalità dell'Università, gli Assistenti Universitari aderenti all'UNAU, plaudono al senso di responsabilità con cui si svolgono le assemblee nel palazzo occupato [...]; deplorano gli atti di teppismo con cui elementi in parte estranei all'Università hanno tentato di turbare il libero e

---

321 Il testo fu pubblicizzato tra l'altro all'interno del "Bollettino dell'occupazione" dell'1 marzo 1968.

corretto svolgimento di questi lavori, esprimono infine la loro solidarietà con gli studenti che occupano il Palazzo Centrale dell'Università" [322].

## Cosa succedeva fuori

Da una parte c'erano le reazioni agli avvenimenti dell'Università. Dall'altra, la normale vita cittadina. Agli inizi di marzo il Consiglio Comunale di Catania continua ad essere impegnato nella discussione sui beni della Casalotto: lo scontro tra PCI e DC è molto duro. Di fronte alle contestazioni dei consiglieri comunisti Giovanni Albanese, Luigi Guglielmino, Filippo Guzzardi, l'onorevole Vito Scalia presenta una mozione d'ordine per porre fine al dibattito. L'ing. Nino Drago, capogruppo della DC, si dice d'accordo con Scalia e dice intollerabile che si dileggiassero e calunniassero amministratori e funzionari che avevano operato e operavano per il bene della comunità.

In quei giorni, si proiettano al cinema Sarah "La Cina è vicina" (Marco Bellocchio), e al Metropolitan "Il giorno della civetta" (Damiano Damiani).

I giudici del Tribunale di Catania, prima sezione penale, ordinano il dissequestro del film "Trans Europ Express" (Alain Robbe-Grillet). Scrive l'«Espresso Sera»:

> "Per noi una donna esposta nuda agli occhi di migliaia di persone fa il penoso effetto non di un essere umano ma di un animale da giardino zoologico. Per noi una notte d'amore (che vissuta da due sole persone può essere stupenda) trasportata sullo schermo ci sembra una forma di moderno baccanale" [323].

---

322 Il Comunicato degli assistenti universitari UNAU, fu pubblicizzato all'interno del Bollettino dell'occupazione, 2-3 marzo 1968

323 DS88, p. 64.

## La smobilitazione della prima occupazione

Ricostruisce Salvatore DiStefano:

"Gli studenti, dopo otto giorni di occupazione, decisero di lasciare l'Università: era passata una settimana durante la quale gli obiettivi erano stati raggiunti [...], si era detto no [...] all'insegnamento vecchio e ammuffito (da un decennio si studiava Leibniz, trascurando Hegel, Marx, Marcuse), e gli slogan più diffusi erano stati: 'Il discorso è rivoluzionario', 'L'immaginazione al potere', 'Mancare di immaginazione significa non vedere ciò che manca'.

L'università, così come era avvenuto per l'occupazione, fu abbandonata in piena notte e precisamente nella notte tra giovedì 7 e venerdì 8 marzo; verso le 4 del mattino, a bordo di alcune auto, gli occupanti portarono via le loro cose; tra queste, quell'altoparlante che aveva funzionato per otto giorni come voce dell'occupazione. Alla polizia, che anche di notte presidiava l'università, i giovani dissero che sarebbero venuti altri studenti a dare il cambio; e per far apparire rispondente al vero tale affermazione, dal portone ne uscirono solamente cinque. Gli altri, [...] abbandonarono l'edificio scavalcando una finestra dell'ormai famosa aula nord. L'evacuazione dell'università si concluse verso le 7, quando i locali furono riconsegnati (perfettamente in ordine, senza alcun danno) ai bidelli, ai professori presenti e ad un commissario di polizia" [324].

Per il ventennale dell'occupazione, «La Sicilia» intervisterà (27 febbraio 1988) ex rettore Sanfilippo. In tale intervista l'ex rettore riferiva di gravi danni arrecati dagli studenti durante l'occupazione. Antonio Creazzo [325], che aveva partecipato all'occupazione, ne scrisse una lettere di precisazioni:

---

324 DS88, p. 65.

325 Antonio "Toni" Creazzo, nato a Trezzo d'Adda (Milano), nel 1944, trasferitosi presto a Catania. Frequenta l'Università di Catania, partecipa al movimento delle occupazioni. Negli anni Novanta si occupa di cronobiologia e pubblica libri di poesie e fiabe.

"Tutti sanno che il parato di damasco rosso fu 'lordato e sconciato' a causa di un nutrito lancio di uova effettuato dai fascisti contro gli occupanti [...]. Non vera, altresì, la dichiarazione di avvenuti 'furti comuni di attrezzature didattiche'. Lo affermo con cognizione di causa perché direttamente coinvolto nell'organizzazione dei gruppi di guardia alle segreterie. Guardia attenta e scrupolosa fino all'eccesso al fine di evitare manomissioni di importanti e delicati documenti. Nulla poté essere toccato, manipolato o rubato. Nemmeno una matita [...]. Il Magnifico rettore cesare Sanfilippo, ordinario di Diritto Romano, è, nella sua materia, un'indiscussa eminenza internazionale. Ma preferisco vantare la 'mia' università per la presenza di maestri diversi quali Muscetta, Manacorda, Mazzarino, La Greca ed altri [...]" [326].

## Le lotte studentesche nel 1968-1969

Ricorda ancora Carlo Muscetta:

"Agli inizi del 1969 la riforma Sullo [..] fu sottoposta alla discussione in tutte le università. Nel tardo pomeriggio del 3 febbraio 1969, dopo vari interventi, presi anch'io la parola e mi capitò di citare Mao. Ci fu un putiferio e la sospensione della seduta: alla ripresa continuarono le polemiche e Orazio Condorelli (onesto e ingenuo professore di estrema destra), dopo un vivace intervento di Giuseppe Giarrizzo, fu colpito da malore. E morì, invano soccorso dal collega Massimo Gaglio. Io non ero presente, perché invitato a cena dal maestro Giannandrea Gavazzeni. E tuttavia i fascisti inventarono la singolare leggenda, che io, con una micidiale citazione di Mao (inopinato iettatore), avevo procurato la morte del povero Condorelli. La leggenda trovò facile ascolto presso gli ambienti disposti ad accreditarla, e fu sbandierata in uno dei più vergognosi episodi della

---

326 DS88, p. 65, nota 5.

contestazione fascista (non a caso riservato a me). Dopo un tentativo di interrompere una mia lezione su Leopardi, che terminai grazie all'intervento del nuovo preside, Giarrizzo, gli studenti fascisti mi attesero nel cortile. E io, accompagnato dai miei assistenti (tra cui Marcella Tedeschi), passai tra due ali di scalmanati, che attuarono la sola contestazione di cui fossero capaci (a differenza dei giovani di sinistra che dialogavano criticamente coi professori, umiliandone la presunzione e l'ignoranza): al grido di 'assassino' (allusivo all'episodio Condorelli), mi lanciarono contro monetine, stracci, insulti, inviti ad andarmene da Catania. Alcuni di loro furono da me e da latri perfettamente individuati. E sporsi denuncia del fatto al rettore, che stavolta non avrebbe potuto minimizzare le gesta dei suoi protetti come goliardi che magari cantavano 'Giovinezza!'. Avrebbe potuto aprire un'inchiesta e menare le cose per le lunghe. Per sollecitare il Sanfilippo io chiesi successivamente a tre parlamentari (Ugo La Malfa, Pietro Ingrao, Antonio Giolitti) un intervento presso il nuovo ministro della Pubblica Istruzione. L'interpellanza di Antonio Giolitti (che esigeva risposta scritta) ebbe un effetto prontissimo: si chiedeva al ministro quali provvedimenti intendesse prendere nei confronti del rettore dell'Università di Catania per omissione di atti d'ufficio!! Un 'amico' del ministero informò il Sanfilippo, che subito convocò un senato accademico per ascoltarmi e discutere la mia denuncia, che nel frattempo era stata rafforzata da una serie di testimonianze firmate, raccolte dal preside Giarrizzo col metodo già adottato da Gaetano Salvemini contro i mazzieri pugliesi di Giovanni Giolitti. Quando fui ascoltato dal senato accademico, io spiegai perché non avevo denunciato alla magistratura il grave episodio. E mi appellai a un famoso intervento di Giulio Andreotti (allora presidente del gruppo democristiano alla Camera), che aveva deplorato la via seguita dal figlio di un magistrato milanese contestato dagli studenti: 'Ai responsabili di episodi avvenuti all'interno dell'università devono essere inflitte punizioni disciplinari dalle competenti autorità accademiche'. Come appresi da Giarrizzo, il preside della facoltà di Giurisprudenza, il democristiano Giuseppe Auletta, interviene in modo decisivo riaffermando le tesi del suo autorevole collega di partito. E il senato accademico, anche in seguito ad altre gravi provocazioni, prese provvedimenti disciplinari per i neofascisti Francesco Rapisarda, sospeso per un anno, e per Enzo Mannello, sospeso per sei mesi. Vale la pena aggiungere che io non avevo sporto querela contro tali eroi, perché soprattutto nutrivo scarsa fiducia nella magistratura catanese. La verità è che Catania era divenuta la roccaforte del MSI e che era urgente ridimensionare questo partito a vantaggio di una destra decente. Fatto unico in tutta Italia, questa punizione allontanò per sempre i fascisti dalla facoltà di Lettere" [327].

## Le altre occupazioni a Catania

Dopo la 'prima occupazione' del febbraio/marzo 1968, a Catania si ha una ripresa delle occupazioni solo nel 1969, e grazie allo sviluppo del movimento nelle facoltà scientifiche e al Magistero. E' un fatto singolare, che può essere variamente interpretato. Ma non crediamo sulla base di una interpretazione assolutamente restrittiva, che vede l'inesistenza di un movimento studentesco a Catania in quegli anni; in realtà il "movimento studentesco" non può essere visto solo quando occupa, ma deve essere visto e studiato nelle sua attività più complessive e "di profondità", movimento dentro e fuori l'università – che è poi la caratteristica crediamo più peculiare della lotta a partire dal 1964 e dal 1968 non solo a Catania. Sulla presunta inesistenza di un movimento studentesco a Catania ebbe modo di pronunciarsi Giampiero Mughini, in varie occasioni. In una intervista pubblicata il 12 aprile 1969 su «Azione socialista» [328], a chi gli chiedeva se esistesse un movimento studentesco a Catania, egli rispondeva piuttosto categorico e risoluto:

---

327 Carlo Muscetta, "Mancarono collegamenti con la classe operaia", in DS88, p. 25-27. Ripreso poi in Muscetta92, pp. 135-137.

328 *Movimento studentesco. Giampiero Mughini*, in Azione socialista, 12 aprile 1969, p. 4. In Fondo Recupero Cart. 1. L'intervista non è firmata, ma nell'introduzione l'intervistatore ci tiene a "non" ringraziare Mughini per l'intervista concessa.

"No. Ne andrebbero cercate le ragioni, e qui comincia il difficile; tanto più difficile per me che non ho vissuto le esperienze dell'anno scorso (occupazioni ecc.). In linea di massima comunque il discorso comincia assai a monte: nelle strutture stesse della società meridionale quale la caratterizza il particolare tipo di sviluppo sottosviluppo che le è stato proprio in questi ultimi anni. Dentro queste ragioni generali – ruolo e funzione della piccola borghesia, ruolo degli intellettuali meridionali, rapporto città provincia, emigrazione intellettuale ecc. – vanno cercate le ragioni specifiche: l'assenza di una tradizione di lotte politiche generalizzate, il clima ideologico infinitamente reazionario della nostra città dominata da alcune mezze tacche (di professione accademici [...]) e da un giornale apertamente fascista come La Sicilia [...] un alimento continuo che questo giornale dà alla ripresa fascista, ripresa di cui la nostra città ha avuto più di una esemplificazione. Certo, il discorso andrebbe sfumato per le diverse facoltà [...] che hanno conosciuto peraltro un movimento diverso (e, rispettivamente, tipi diversi di stasi). Altro discorso andrebbe fatto per gli 'studenti medi', che so essere stati attivissimi all'inizio dell'anno scolastico, ma di cui è difficile dire quali siano le linee montanti di sviluppo politico. In più qui a Catania si è riprodotta fedelmente, come in quasi tutte le altre città, una schematizzazione di posizioni e gruppi fieramente avversi gli uni agli altri (l'Unione dei marxisti-leninisti, l'Unione della Gioventù legata al PCD'I m-l, la Lega degli studenti e operai oggi peraltro praticamente dissolta). Queste divisioni, a modo mio di vedere, non sono state quasi mai il frutto inevitabile di una parabola di lotte ed esperienze originali; ma la pantomima, talvolta fin troppo squallida, di esperienze altrui" [329]

La memorialistica di altra parte ha teso invece a rilevare atti e persone che invece quel movimento studentesco costituirono a Catania, e di cui Mughini per generazione e soprattutto per

---

329 *Movimento studentesco. Giampiero Mughini*, in Azione socialista, 12 aprile 1969, p. 4. In Fondo Recupero Cart. 1.

posizioni politiche e intellettuali assunte non era più parte. Scrive Massimo Gaglio:

> "Sotto una guida non determinata né ufficialmente riconosciuta di Gianni Famoso, Franco Amata, Giorgio Sciotto e poi altri si formò un movimento studentesco a Catania. Culturalmente molto forte, dapprima esile nel numero e poi presente in massa nei primi anni Settanta. Questo movimento aveva carattere sostanzialmente pacifista ed era soprattutto rivolto verso il positivo: cioè non soltanto negare la validità dell'insegnamento e della condizione universitaria di allora, ma proporre un cambiamento attivo e una maggiore partecipazione degli studenti" [330].

Nota Salvatore Distefano: "Il movimento si caratterizzò immediatamente per un'attenzione costante alle condizioni materiali degli studenti" [331]. All'indomani dell'auto-sgombero dell'occupazione di Palazzo Centrale dell'Università di Catania, si avviarono immediatamente i lavori delle commissioni tra studenti e professori, nelle varie facoltà catanesi. Un ruolo di guida "politico" di riferimento mantenne il gruppo che aveva condotto l'occupazione, ma non fu mai una leadership riconosciuta né univoca; il lavoro delle commissioni, diviso facoltà per facoltà, risultò in fondo frantumante per il movimento nel suo complesso. Di questo ne avverte i sintomi il documento che invita a una riunione generale per il 23 marzo, datato 21 marzo e firmato "Il comitato politico dell'occupazione del Palazzo Centrale". Il documento chiama a un "rilancio del movimento" e alla "realizzazione in tutte le Facoltà" di quelli che venivano individuati come gli obiettivi reali della lotta, ovvero il rifiuto dell'assorbimento all'interno dei Consigli di facoltà, e la centralità invece dell'assemblea generale di studenti e docenti che "elabora metodi didattici nuovi e le loro forme di sperimentazione, decide sui fondi destinati agli istituti, decide sulla designazione degli incarichi" [332], e soprattutto ammette la nuova divisione instaurata all'interno dei gruppi politici universitari: mentre prima avveniva

---

330 Massimo Gaglio, "Pochi i docenti ammessi alle assemblee", in DS88, p. 30.

331 DS88, p. 65-66.

attorno ai raggruppamenti politici tradizionali (destra, centro, sinistra) in corrispondenza "a un certo modello di università (d'élite) e a un certo livello di lotta politica di rappresentanza (parlamentaristica-d'emendamenti)", ora lo scontro è tra contestatori e riformatori: "lo scontro politico, continuamente riverificato nelle Assemblee, [passa ora] tra la <u>contestazione a tutti i livelli</u> [³³³] delle attuali strutture universitarie e del potere accademico [...] e <u>il rivendicazionismo spicciolo e riformistico</u> [³³⁴] o l'accettazione passiva di questo sistema" [³³⁵]. Il Comitato politico si collocava ovviamente tra i contestatori. E' una divisione avvertibile anche nelle riunioni e assemblee successive.

> "Nella facoltà di Medicina gli studenti svilupparono una critica fortissima alla selezione di classe e denunciarono la mistificazione ideologica che si operava attorno alla professione medica (un testo decisivo per la crescita della coscienza democratica sarà *Medicina e profitto* di Massimo Gaglio).
>
> La lotta ebbe un carattere di massa grazie all'individuazione di alcuni obiettivi (esami mensili) che assunsero, al di là dell'aspetto rivendicativo, un valore emblematico di liberazione antiautoritaria. Da questo movimento nacquero esperienza di collegamento tra gli studenti e gli operai di alcune fabbriche (Cesame, Siace, Sincat) sulle questioni della salute nei luoghi di lavoro, dell'ambiente, della medicina preventiva; vi furono anche numerose esperienze di medicina sociale nei quartieri popolari.
>
> Tra i dirigenti più rappresentativi delle lotte di Medicina troviamo, nel lustro che va dal 1969 al 1974, Salvo Di Fazio, Alfredo Cappuccio, Alfredo Nicolosi, Anna Spadaro, Fiorentino Troiano, Giuseppe Caruso,

---

332 Lettera di convocazione dell'assemblea del 23 marzo 1968, a cura del Comitato politico dell'occupazione del Palazzo Centrale, 21 marzo 1968.

333 Sottolineato nel testo originario.

334 Sottolineato nel testo originario.

335 Lettera di convocazione dell'assemblea del 23 marzo 1968, a cura del Comitato politico dell'occupazione del Palazzo Centrale, 21 marzo 1968

Giovanni e Guido Centamore, Nuccio De Vivo, Matteo Spampinato, Pippo Caponcello.

Anche a Scienze (Biologia, Fisica, Chimica) la lotta partì nel 1969. Nella prima parte di quell'anno furono occupati tre istituti: Biologia (11 giorni di occupazione), Fisica, Chimica. Le parole d'ordine predominanti furono: No alla selezione; Esami mensili. Fu organizzato un corteo a sostegno dell'occupazione a cui parteciparono circa tremila studenti [336]; ma il corteo non bastò, si dovettero bloccare tutti gli istituti.

Per questo Pippo Pignataro e Pippo Pace la notte seguente entrarono dal comignolo del palazzo, sistemarono uno striscione con la scritta: Istituto occupato, serrarono con 15 metri di catena e 5 lucchetti gli istituti e se ne andarono.

Durante l'occupazione veniva stampato un bollettino giornaliero (curato da Gabriele Centineo, Giorgio Sciotto, Vanni Costa, Enzo Tomaselli, Pietro Alicata, Pippo Pignataro) che informava gli studenti sulle iniziative di lotta del comitato di base.

All'inizio del 1970, sulla base di una forte spinta di massa, si arrivò ad uno dei momenti più alti nella lotta delle facoltà scientifiche: l'occupazione della sede di via Androne, organizzata sul modello di quella della facoltà di Lettere (commissioni, gruppi di lavoro, bollettino). L'occupazione ebbe un respiro lungo, durò più di venti giorni, e scatenò la reazione dei fascisti, i quali [...] furono uno strumento di repressione del movimento.

L'occupazione segnò un successo sul piano politico-organizzativo, ma fece affiorare la necessità di un salto qualitativo affinché il movimento assumesse obiettivi politici generali. Questa impostazione portò alla formazione di quadri impegnati sulle grandi questioni, ma, probabilmente, il salto avvenne nell'ambito dell'avanguardia che dirigeva il movimento, senza il pieno coinvolgimento degli studenti" [337].

---

336 Cfr. foto in DS88, p. 140. Tra gli studenti alla testa del corteo erano Graziella Proto, e Salvo Di Fazzio.

337 DS88, p. 66-67.

Nell'assemblea "generale" di Lettere del 22 aprile 1968, tra gli altri punti approvati vi fu anche quello relativo alla ripresa dei contatti e del lavoro politico nei Licei, nel bisogno di rinsaldare un fronte di lotta che si sentiva giunto, dopo il momento esaltante dell'occupazione, a una svolta. In effetti,

> "tra la fine del 1968 e l'inizio del 1969 si formarono in diverse scuole medie e nelle facoltà universitarie collettivi, comitati di lotta, gruppi spontanei; il comitato di lotta del liceo Cutelli contava su numerosi militanti e si contraddistingueva per la sua rigidità teorica; allo Spedalieri, l'altro liceo classico catanese, uno sciopero cominciato per protestare contro lo sdoppiamento di una classe (sciopero per la III/H), si trasformò ben presto in una lotta contro l'autoritarismo e i contenuti nozionistici delle materie. A poco a poco la lotta si allargò a tutte le scuole della città e si potevano vedere per le strade cortei di migliaia di studenti che scandivano slogan contro l'autoritarismo, per le aule e i laboratori mancanti, contro la selezione" [338].

## Le assemblee

Alle assemblee, partecipavano gli studenti, in forma più o meno organizzata, ma anche docenti, seppur in numero limitato e selezionato sulla base di rigidi criteri di accettazione etica e politica da parte degli studenti stessi. Ricorda Massimo Gaglio:

> "In pratica, gli unici docenti ammessi alle assemblee degli studenti erano, oltre me, Carlo Muscetta, Mario Mazza e a volte Giuseppe Giarrizzo, anche per i contributi e i suggerimenti che fornivamo. Negli anni successivi gli studenti tentarono di coinvolgere tutti i professori, per singole facoltà; essi dapprima rifiutarono il colloquio, ma

---
338 DS88, p. 75-76.

successivamente rimasero quasi sorpresi degli elementi positivi offerti dagli studenti" [339].

"L'assemblea era il momento più bello e più importante dell'occupazione [...]. Ogni assemblea veniva preparata minuziosamente: si stabiliva, grosso modo, l'ordine degli interventi; si discutevano i documenti delle commissioni che sarebbero stati sottoposti alla discussione generale; si definivano le proposte specifiche per ogni questione. Assemblee di massa, assemblee molto combattute, dove si dava fondo a tutte le risorse linguistiche; assemblee che duravano ore e ore, nelle quali bisognava spiegare (più volte) le cose con pazienza per convincere quanti più studenti possibili; assemblee che si vincevano [...] sul filo del rasoio, con gli avversari che chiedevano che si rifacesse il conteggio dei voti..." [340].

## Le ragazze del Sessantotto

Numerose furono le ragazze che parteciparono all'occupazione, in un clima di parità e coralità. Esisteva nel '68 una questione femminile, ma non ancora resa cosciente né tra le femmine né tra i maschi. Di qui un maschilismo non ancora estirpato, introiettato ancora culturalmente nello stesso movimento.

Ricorda Sara Gentile [341]:

"Non eravamo molte le donne che ci impegnavamo: io, Natalia e Miriam Campanella, Silvana Cirrone, Lea D'Antone. Il protagonista, però, rimaneva l'uomo; le donne, spesso, venivano accomunate al loro compagno. Non c'era un universo femminile; solo in anni seguenti, nei gruppi della sinistra rivoluzionaria ci sarà la possibilità di svolgere un'attività più significativa. L'occupazione esaltò la spontaneità e la creatività di tutto il movimento,

---

339 Massimo Gaglio, "Pochi i docenti ammessi alle assemblee", in DS88, p. 30.

340 DS88, p. 62.

341 Alla fine degli anni Ottanta, ricercatrice alla facoltà di Scienze Politiche a Catania.

e in ciò io rivendico la specificità femminile. Il '68 fu anche una rivoluzione di costume: l'abbigliamento, il sesso, lo stare assieme, i rapporti tra i giovani, il linguaggio, il superamento delle inibizioni, gli eccessi..., tutto fu radicalmente rovesciato da quel mare in tempesta. Mi chiedi se lo rifarei: certamente! Il vento rinnovatore aveva scosso tutta la vecchia Europa; il '68 fu un movimento centrale del rinnovamento della nostra società: al di là della volontà dei protagonisti. In fondo il '68 non poteva dare molto di più: [...] non c'è dubbio che l'Italia bigotta e meschina fu spazzata" [342].

Dalle interviste raccolte nel corso di questa ricerca emergono alcuni dati che secondo noi vanno evidenziati e sono possibili di ulteriori indagini. Il quadro è, per le donne che alla fine degli anni Sessanta erano in età universitaria, quello di una società molto chiusa e arretrata dal punto di vista delle 'conquiste' borghesi. La fine degli anni Sessanta pongono a Catania il forte influsso delle idee e dei modelli provenienti dallo sviluppo della società italiana di quegli anni, soprattutto tramite i mass-media del tempo: cinema, televisione, ma soprattutto rotocalchi. Di fronte a questi influssi, avviene la divisione all'interno della fascia di sesso femminile giovanile della popolazione. Ci è sembrato esemplare da questo punto di vista il numero del quotidiano «La Sicilia», 5 maggio 1968, che pubblica l'articolo sui disordini seguiti al comizio di De Lorenzo e l'arresto di Anna Vio, mentre sulla pagina immediatamente precedente un servizio in stile rotocalco che parla della "Catania by night", con foto delle baronessine e delle giovani-bene di Catania che il sabato e la domenica giravano per i night dell'epoca, modello di una borghesia e di una aristocrazia che non era solo imitativa di quella romana o del "centro" culturale e dei modelli sociali del paese. Due fasce giovanili dunque, due borghesie; due modi di vivere la socialità da parte di maschi e femmine. L'assenza dell'altra fascia sociale, quella costituita da una maggioranza silenziosa, una piccola borghesia e ceti operai e contadini esclusi dalle luci dei giornali se non per i fatti di cronaca nera.

All'interno della fascia sociale costituita dalle giovani donne della media borghesia catanese che allora si accostava alla politica,

---

342 DS88, p. 63.

terreno privilegiato ed esclusivo fino ad allora dei maschietti, vi è un atteggiamento sostanzialmente di "remissione attiva"; una forte volontà e voglia di capire, di dare un proprio apporto; la sensazione tuttavia di trovarsi su un terreno non proprio. Crediamo che entrambi questi aspetti siano segni importantissimi dei mutamenti sociali e storici del momento.

Emma Baeri coglie alcuni di questi aspetti che furono comuni a molte donne allora. Parte parlando del suo impegno all'Università, nei primi anni Sessanta:

> "Parlavo di rivoluzione ma non la inseguivo. Quella astrattezza rassicurante garantiva le mie contraddizioni di figlia della borghesia 'in via di proletarizzazione', e si mescolava con la cultura della Resistenza, che noi – prima generazione del dopo guerra – avevamo scoperto commossi e orgogliosi, oltre la fitta barriera ideologica degli anni di Scelba e di Pacelli.
>
> Agli inizi degli anni '60 l'Unione Goliardica Catanese mi aveva accolto tra le sue file come Consigliera di Goliardia, unica donna. Parlai una volta sola, ricordo, per denunciare l'astrattezza dei discorsi; poi tacqui per sempre. Ma dentro, una vita appassionata agitava il mio sangue, e si fermava in gola rischiando di soffocarmi. Mai dimenticherò quelle riunioni, in cui le parole salivano fino al limite dell'aria [...]. I miei compagni, uguali a me in pizzeria, diventavano altri non appena la riunione aveva inizio. Avrei capito dieci anni dopo il senso di quel fatto, che in quegli anni leggevo come mia incapacità e timidezza. Nei cortei gridavo, come loro, la mia parola varcava il muro delle labbra, gridavo quello che non sapevo dire nei luoghi della politica ragionante. Ero passata dal salotto al corteo eludendo le stanze delle riunioni, il mio silenzio secolare.
>
> Erano gli anni delle lotte contro il Piano Gui, per il sindacalismo studentesco. La parola 'riforma' era eco nella valle: non c'era luogo che non ne risuonasse [...]. Inseguivo l'uguaglianza, ma il mio seno fiorente e una inguaribile attitudine al sorriso mi tenevano lontana dal suo compiuto possesso [...] mi mancava la categoria del nemico per stare saldamente sul terreno della politica. La

tendenza – materna? – a capire le ragioni degli altri oltre gli schemi, oltre le apparenze, la consapevolezza che lì, in quel momento, si giocava solo una piccola parte della mia, della nostra storia, che la vastità e complessità del mondo ridimensionava ben oltre gli scontri ideologici furibondi, il mio sorriso interiore sulla seriosità delle contrapposizioni, insidiava le certezze della politica [...]. Questo mio sguardo strabico sulla politica, che assumeva la passione nello stesso momento in cui se ne distaccava, bruciava in questa pendolarità la mia possibilità di essere militante in quegli anni" [343].

Emma Baeri parla della "speranza di una nuova 'età delle riforme', nei tardi anni '60. Il sogno giacobino di democrazia politica attraversava i muri delle aule, scendeva nelle strade, entrava nelle case, si sedeva a tavola con le famiglie, prometteva di ristabilire quel nesso tra riforma sociale ed educazione che le scuole siciliane avevano mancato nel Settecento [...].

Il '68 mi colse all'Archivio di Stato di Palermo, il naso dentro le carte del Canonico [344]. Da due anni facevo solo questo, coi tempi lunghi che la mia condizione di figlia di famiglia mi consentivano, compiacendomi dei grandi ideali che il mio passato prossimo di militante del movimento studentesco e il passato remoto che indagavo nel mio apprendistato di storica si rimandavano. Seppi lì – tra odore di muffa e arabeschi di tarme – che i miei compagni avevano occupato l'università. Mi fu detto di dibattiti appassionati e di conformi amori in sacco a pelo. Vergine matura ad alto rischio, pensai solo di avere perduto un'occasione propizia" [345].

A parte il tipo di ironica prosa fiorita della scrittura di Emma Baeri, e la pubblicazione del suo scritto che avviene nel 1992, con l'attraversamento delle fasi successive della vita politica e sociale (il femminismo, e il mutamento del femminismo ecc.), ritroviamo

---

343 Baeri92, p. 156-157.

344 De Cosmi, canonico e giacobino settecentesco, su cui Baeri svolgeva allora la ricerca.

345 Baeri92, p. 158-159.

molti elementi che ci permettono di ricostruire una parte degli atteggiamenti dei 'partecipanti femmine' a quegli anni.

## La Sinistra giovanile a Catania

> "Non è assolutamente vero che la 'giovane sinistra' catanese fosse solo internazionalista, proiettata sull'Europa, sul pianeta, sollecita del Vietnam e dell'America Latina. Lo sforzo politico esercitato fu enorme, faticosissimo: il nucleo generazionale che con una mano conduceva la lotta studentesca, per l'atro verso agitava a largo raggio tutti i temi possibili di protesta sociale" [346].

Un volantino del 2 aprile 1968, firmato "Falcemartello - Settore 5 Vietnam", ha come slogan:

> "Sfruttamento sono le tasse pagate per i servizi sociali inesistenti nei quartieri operai [...]. Ospedali e mutue non funzionanti. Servizi igienici, fogne, nettezza urbana, nel più completo abbandono. Scuole carenti in cui si insegnano solo le cose che vanno bene al potere dei padroni".

Ricorda ancora Recupero:

> "Sempre nell'aprile, dovette essere distaccato a Lentini un intero gruppo di persone per seguire la lotta dei segantini, i minorenni supersfruttati addetti alla fabbricazione delle cassette di legno per agrumi; di lì nacque la partecipazione alla lotta degli agrumai interni. Per la carica impressionante di rinnovamento morale, e perfino linguistico, questo ricordo mi emoziona più di quello dei

---

346 Nino Recupero, in DS88, p. 11.

lunghi e faticosi 'interventi' alla SINCAT di Priolo, più di quello delle due sedi aperte nel quartiere di Cibali" [347].

E ancora: "Il contatto con i quartieri popolari [...] pose problemi di una lotta non tanto di classe, quanto contro la miseria, la destituzione, l'analfabetismo, l'arretratezza. Le condizioni sociali circostanti dettavano un conflitto diretto tra ricchi e poveri, che spostandosi a quello con i fascisti evocava immagini di guerra civile immediatamente futura, di condizioni di vita ormai intollerabili, di rivoluzione dietro l'angolo. Quelle condizioni esistono ancora, e non credo che fossero solo un prodotto della nostra immaginazione: non potevamo ignorarle, adesso che eravamo andati a cercarcele nei quartieri" [348].

## I cattolici

"I nostri coetanei di formazione cattolica, con i quali avevamo spesso aspramente polemizzato, scoprivano del resto le stesse cose: o almeno quelli di loro che iniziarono il lavoro sociale nei quartieri di San Cristoforo e del Villaggio Sant'Agata" [349].

Testimonianza che è possibile leggere in un volume a cura di Maria Grazia Sapienza, Rosalba Piazza e Antonio Giacona [350]:

"Inizia qui il processo che portò diversi e distinti gruppi di cattolici a spezzare l'unità politica della DC, e almeno uno di questi gruppi ad entrare poi nel Partito comunista a livelli dirigenti" [351].

---

347 Nino Recupero, in DS88, p. 12.

348 Nino Recupero, in DS88, p. 17.

349 Nino Recupero, in DS88, p. 17.

350 *La missione dietro l'angolo : Un gruppo nel quartiere* / a cura di Maria Grazia Sapienza, Rosalba Piazza, Antonio Giacona. - Milano : 1970.

351 Nino Recupero, in DS88, p. 17.

A livello universitario, i cattolici si raggruppavano attorno all'Intesa (tra i leader e rappresentanti era, nei primi anni Sessanta, Cecilia Stella [352]). E comunque anche a Catania l'influsso della *Lettera a una professoressa* di don Milani è decisivo, specie in area cattolica.

### Le reazioni all'occupazione: il mondo cattolico

> "Con l'occupazione esplose il profondo malessere che serpeggiava anche nel mondo cattolico fin dai primi anni Sessanta; non è un caso che dall'occupazione in poi l'Intesa (gli studenti cattolici) si spaccherà in due tronconi, che sempre più si divaricheranno col passare degli anni" [353].

L'Intesa in pratica si divide in due aree o poli: una parte minoritaria tende ad avvicinarsi e appoggiare (anche se in maniera defilata) l'occupazione, mentre un'altra parte tende a essere contraria.

Racconta Paolo Berretta [354]:

> "Facevo parte dell'Intesa, anzi più precisamente della FUCI di cui ero stato consigliere nazionale. Benché fossi già laureato continuavo ad avere rapporti con il mondo cattolico e lavoravo all'università, in quanto proprio nel febbraio del 1968 avevo vinto una borsa di studio. Insieme ad altri cattolici ho partecipato all'occupazione della facoltà di Lettere e qualche notte ho fatto parte del

---

352 Cfr foto in DS88, p. 130, per la sua partecipazione al Congresso nazionale dell'Intesa tenutosi a Messina nel 1963.

353 DS88, p. 56.

354 Paolo Berretta, professore associato all'Università di Catania, negli anni Ottanta consigliere del PCI, è poi nel PDS dove mantiene funzioni di primo piano, anche nell'ambito del progetto Bianco.

> gruppo che curava la vigilanza esterna. L'adesione all'occupazione fu oggetto di discussione nella FUCI e nel gruppo di laureati della FUCI, ma prevalse la posizione di padre Ventorino: dissociarsi dall'occupazione. Alcuni di noi, però, non condivisero tale posizione (io, Clelia Papale, Adriana Laudani, Andrea Scuderi, Pietro Alicata) e questo fatto segnò una rottura all'interno di questa realtà" [355]

Il gruppo di cattolici dissidenti all'interno della FUCI, qualche mese dopo si ritrova a costituire insieme ad altri (Tommaso Auletta, Giacomo Leone, Franco Spampinato, Maria Indelicato) un gruppo intitolato a "Don Milani", con sede in un garage di via Sant'Euplio. Alcuni di questo aderiranno poi al gruppo nazionale de Il Manifesto.

### Caratteristiche sociologiche

> Quella del Sessantotto era "la prima generazione della scolarizzazione di massa in Italia [...]: che in Sicilia e nel Mezzogiorno rompeva un monopolio secolare dell'alfabetismo". "Per la quasi totalità si trattava dei figli della piccola borghesia commerciale, e professionale [...]. Su un nucleo di circa 400 persone, direi che erano comunque maggioritari gli elementi provenienti dalle fasce basse di reddito; o da famiglie la cui ascesa, o permanenza sui gradini alti, non era garantita. Moltissimi i figli di professori e di insegnanti [...]. Ricorderei una decina, e forse meno, di nomi appartenenti a famiglie di alto reddito, figli di avvocati, di medici o di grossi commercianti. In alcuni casi, il radicalismo delle idee era chiaramente un prodotto del conflitto tra la condizione economica non brillante e l'educazione ricevuta nei migliori licei della città. All'estremo opposto, non erano numerosi, ma nemmeno mancavano, i figli di famiglie proletarie; molto più frequenti invece i giovani

---
355 DS88, p. 57, nota 2.

provenienti dagli strati dell'artigianato, del piccolo commercio, ma di condizione poverissima: quelli per i quali i genitori avevano 'fatto i sacrifici'. Anche in questo caso la molla della rivolta stava nella contraddizione tra le aspettative e le previsioni reali" [356].

## Le discussioni

"Negli ambienti del Circolo Pintor si discuteva di tutto: ma ricordo con pena che un dibattito sulla rivoluzione sessuale, che una giovane compagna entusiasta di Wilhelm Reich ci aveva letteralmente forzato a fare, si svolse in mezzo alle risate generali e in un'atmosfera di sufficienza" [357].

"Su qualunque argomento, ci sforzavamo in primo luogo di scoprire quale fosse la posizione 'di classe' - non la più avanzata, o la più umana, o anche la più eversiva: ma quella 'di classe' " [358].

"Proletarizzazione: crocevia teorico e pratico del movimento degli studenti, su cui ci si divise. Gli studenti sono la 'classe operaia futura'? Allora occorreva criticare e aggiornare la cultura e la scuola bigotte, conservatrici, vertiginosamente distanti dai bisogni della società moderna, industriale, planetaria. L'uomo del futuro, fondamentalmente concepito come un progettatore, chiedeva una società a misura del proprio colletto bianco. Oppure, al contrario, gli studenti sono 'forza-lavoro in via di formazione' nel quadro di una società di classe? O ancora la condizione studentesca è essa stessa una condizione di sfruttamento, tanto più che gli studenti sono 'i figli dei lavoratori'? Bisognava insomma gridare 'Potere studentesco', 'Potere operaio' o 'Studenti e operai

---

356 Nino Recupero, in DS88, p. 13.
357 Nino Recupero, in DS88, p. 14.
358 Nino Recupero, in DS88, p. 14.

uniti nella lotta?'. E dov'erano, poi, e sotto quale forma, gli 'operai' a Catania e in Sicilia?. Credo che il nodo problematico del Sessantotto a Catania sia la scelta che facemmo rispetto ai problemi della proletarizzazione" [359].

## Limiti: il muro della città

"I fermenti 'modernizzatori' rimasero, irrisolti ancora per alcuni anni, nella cultura [...]. Il collegamento tra la discussione critica nei campi del sapere e l'organizzazione di lotte di massa durò, in altre parole, solo per i mesi dell'entusiasmo. Poi si spense, e la critica e la ricerca continuarono su base individuale - con l'eccezione forse dei gruppi di Scienze politiche - ed in ogni caso in condizioni di 'separatezza' dalle lotte di massa. Fu questa la prima delle debolezze del nostro Sessantotto, aggravata naturalmente dal fenomeno dell'emigrazione, in qualche misura scontato. Un'emigrazione in primo luogo mentale: importavano i grandi movimenti mondiali, non la situazione degli ospedali a Catania [...]. L'emigrazione fisica era poi fatale, data la condizione periferica di Catania" [360].

E ancora: "Almeno in una prima fase, i collegamenti con la classe operaia non furono frequenti. Essi e anche un coinvolgimento con le popolazioni dei quartieri meno abbienti sono stati tentati ed attuati negli anni successivi" [361].

I caratteri del Sessantotto a Catania furono "predeterminati innanzitutto dalla durezza, dal misoneismo, dalla totale chiusura dell'ambiente cittadino.

---

359 Nino Recupero, in DS88, p. 13-14.

360 Nino Recupero, in DS88, p. 14-15. Lo stesso Nino Recupero lasciò la Sicilia per più di un anno, alla fine dell'estate 1968 "senza vedere alcuna contraddizione con tutto quello che stavo facendo sia in politica che nello studio". Si citano anche i casi di Turi Toscano, e di Pippo Longo emigrato poi in Cina.

361 Massimo Gaglio, "Pochi i docenti ammessi alle assemblee", in DS88, p. 31.

> La presenza dei fascisti, ineludibile a Catania, preannunciava la strategia della tensione e la teoria degli opposti estremismi che i gruppi dirigenti avrebbero adottato sul piano nazionale. In pratica, la necessità di difendersi, di contrattaccare, impediva al movimento catanese di crescere su temi più avanzati, ci costringeva a una lotta che sapevamo di retroguardia e che non si poteva non fare. Al di là del dato politico propriamente fascista - Catania fornirà valida base ai quadri del terrorismo nero nazionale - si trattava della cultura cittadina, che [...] eguagliava democrazia a repressione poliziesca; una borghesia industriale e professionale abituata ad apprezzare le spianate di cemento in metri quadrati edificabili, egualmente intollerante nei confronti di quel che considerava disordine: si trattasse di alberi e giardini oppure di forme di lotta, di protesta, di diritti rivendicati più che concessi. Un mai dimenticato fascismo dell'animo, mai risoltosi a togliere dalla parete la foto del padre in divisa fascista, un'etica borghese del 'Mangia e taci' e del 'partito d'ordine'. A questo genere di commercianti e professionisti farà appello, ascoltato, il Movimento Sociale ottenendone nel 1971 un premio elettorale impressionante" [362].

A Catania è in atto, in quegli anni, una lotta politica tra MSI e DC soprattutto, su chi dovesse occupare e gestire il potere meglio tutelando gli interessi delle classi borghesi e tradizionali, difendendole dal 'pericolo comunista'. In questo senso l'esperienza nazionale del centro-sinistra, osteggiato dai circoli filo-statunitensi, rafforza la possibilità di sventolare lo spauracchio 'comunista'. In questo modo è possibile leggersi la mobilitazione che non fu solo di polizia e di squadracce fasciste, contro il movimento degli studenti. Movimento che fu subito catalogato dalle classi borghesi misoneiste come parte integrante di quel 'pericolo comunista' contro cui occorreva mobilitarsi politicamente. Il vero campo della lotta politica rimaneva quello di quale forza politica riuscisse a conquistare 'il centro' costituito dagli interessi del ceto dei commercianti.

---

362 Nino Recupero, in DS88, p. 15-16.

Di come potesse funzionare il complesso sistema della lotta politica del tempo, possono essere indicatori alcuni episodi minori ma significativi:

- "Una bisca è stata scoperta durante la notte dalla Squadra mobile nel viale XX Settembre 18 dove ha sede il centro ricreativo Enti Locali della CISNAL" (da «La Sicilia», 16 febbraio 1971)

- "I commercianti hanno ragione! Il Msi è solidale con le categorie del commercio [...] sostenendo a tutti i livelli [...] la possibilità di attingere effettivamente al credito agevolato [...], la riduzione dell'aliquota dell'Iva dal 12 al 6 per cento [...] contro la fallimentare politica economica del governo di centro-sinistra che determina la contrazione dei consumi" (da un volantino della Federazione Provinciale del MSI, dei primi mesi del 1971)

La violenza fascista, invece di essere sentita dal ceto dominante come pericolo, veniva vista come giusta forma di difesa e repressione del pericolo maggiore costituito dal 'disordine' dato dal movimento studentesco e (indirettamente) sindacale:

> "Le violenze fasciste del 1968-69 si ripeterono nel 1970, culminando nella bomba notturna contro la sezione «Grimau» del PCI e nelle aggressioni all'università (11-15 novembre 1970), che «La Sicilia» descrisse come 'Tafferugli tra estremisti'. Questo è il quadro generale degli avvenimenti, e non facemmo male, dunque, il 4 maggio 1968, a spendere parecchie energie per organizzare un'accoglienza a colpi di uova marce al comizio del generale De Lorenzo. Furono denunciati l'on. Rindone, comunista, e molti studenti; [...] Pippo Longo [...] si ritrovò in questura con le uova spiaccicate dentro la tasca. Quel comizio, tuttavia, si tenne egualmente; e le stesse aggressioni pur gravi non raggiunsero i livelli sanguinosi di Milano, di Genova, di Roma. Segno della disparità di forze, in ultima analisi, tra il movimento democratico e le forze della conservazione" [363]

---

363 Nino Recupero, in DS88, p. 16-17.

## Dopo le occupazioni: i mutamenti di struttura dei gruppi giovanili

All'interno dei gruppi facenti parte il movimento, si ha nel corso del 1969 un compattamento verso strutture di organizzazione più rigide. E' un "ritorno a Stalin, il modello cinese, la critica e l'autocritica come strumento di epurazione politica dei gruppi" [364].

Una ricerca di organizzazione che sente come non soddisfacente le forme di intervento e presenza puramente culturali (Giovane critica, anche ma non solo per l'egemonizzazione mughiniana), e che ritroviamo in quello che può essere considerata una delle prime "ricostruzioni" storiche, ma ancora in "corso d'opera": quella di Ugo Entità nel 1969 [365]:

> "Cosa c'è nel 1960? Vive di una pigra vita oziosa e tradizionale un centro cinematografico universitario, le cui presidenze non universitarie provengono dai ranghi cittadini del riposo intellettuale della comunicazione [...]. Qualcosa si scioglie con Vito Librando. Viene poi l'aggressione dei giovani [...]. Recupero, Mughini, Mannino, Campione ed altri entrano nel CUC e iniziano un nuovo tipo di lavoro, una ipotesi di mutamento [...]. Le prime battaglie con la vecchia generazione furono sui criteri di scelta dei films per cui da una parte c'era l'accademia, la retorica, la ricerca di cose magari rare, di perle del cinema, talora signorili, per le signore del cinema, e dall'altra parte un criterio di scelta sui contenuti. Verso il 1962 il CUC comincia la pubblicazione dei "Quaderni". "Quaderni" che furono il primo respiro, le prime parole di un dibattito che si poneva all'interno e all'esterno. Così prese forma un discorso più moderno, più attuale e più seguito anche su Fellini, visconti, Antonioni, Zurlini, De Set, fratelli

---

364 Nino Recupero, in DS88, p. 18.

365 Catania : cultura anno 6° dopo 'Giovane Critica' / di Ugo Entità, in Azione socialista, 1 maggio 1969, p. 3. Cfr. Fondo Recupero, Cart. 1.

Taviani ecc. da una parte; sul cinema sovietico, il disgelo e rapporti con la destalinizzazione dall'altro. Sulla critica cinematografica in Italia ed altro ancora. Si iniziò uno scambio di fiati con due riviste di sinistra "Cinema nuovo" e "Cinema 60" che trovò completezza e chiarificazione in un pubblico dibattito allora tenutosi. Il '63 vede il CUC già irrobustito ed adulto, proiettarsi fuori la Sicilia, per rapporti, contatti, fervidi scambi con il meglio della cultura cinematografica nazionale. Iniziano così gli anni d'oro del CUC, i cui quadri erano affiancati e si integravano con quelli della Unione Goliardica [...] Il cinema agli operai, il cinema per gli operai, dove e quando e con quali strutture, con quali mezzi, con quali quadri. Il cinema ai diseredati, la politica culturale d'impronta marxista a chi più abbisognava della linfa marxista [...]. Sbocco necessario e complementare del CUC, la rivista "Giovane critica" che per il suo slancio, la sua infiltrazione, il suo assortimento nazionale, preparava e coordinava una serie di quadri indispensabili per portare a fondo con più irruenza e nei modi che sarebbero spuntati fuori e ritenuti più idonei dalle circostanze, il discorso politico-culturale di massa alle masse, nelle masse, possibilmente con le masse stesse [...].

All'esterno con le forze 'nemiche' per la loro stessa natura; cattolici (Scuderi, don Nicolosi), onesti (Navarria, don Corsaro) fascisti, liberali ed ottusi a destra a sinistra, che mai aiutò o incoraggiò una iniziativa che vedeva troppo aperta, troppo autosufficiente, troppo indipendente; se qualcosa venne fu una povera offerta di candidatura elettorale. Lo sbocco necessario al dibattito interno fu la creazione del circolo culturale politico Pintor, strumento degli intenti più idonei a portare una infiltrazione efficace alle masse, nella realtà certamente padre di iniziative lodabili e perfino necessarie (talora avversate dal PCI). Il Pintor, sotto altre forme, con altre denominazioni, con idee diverse e più chiare, con quadri più ricchi e vivai sicuramente validi e necessari vive oggi ancora la sua battaglia di massa certamente nobile e da incoraggiare. Dall'esterno vennero inoltre offese di tipo diverso, da quelle personali che un quotidiano di Catania fece allora presidente Mughini e clamorosamente, sebbene aspettatamente, riuscì vittorioso in tribunale, con indennità pagata al CUC e scuse ufficiali, sul quotidiano medesimo, alla creazione di un organismo cattolico sostitutivo: il circolo Don Bosco. Nasce quest'ultimo in una culla privilegiata della famiglia scelbiana, protetto e nutrito [...]. Duecento forse trecento visitatori [...] lasciano il CUC e passano al suo seguito [...]. Nel '65/'66 il CUC va in agonia [...]. Il Pintor [...] si è trasformato, resta "Giovane critica" che proprio nel 1966 pubblica un editoriale quanto mai esplicativo [...]".

Entità riporta l'editoriale del '66 : ' *Questo che inizia sarà un anno duro per Giovane critica. Non alludiamo alle difficoltà organizzative ed editoriali, gravi certo ma non mortali; ci riferiamo invece ai contenuti della rivista, alle ragioni della sua presenza nel quadro della pubblicistica di sinistra. (Diamo per scontate due cose: che Giovane critica non si vuole più rivista cinematografica, o almeno in cui il discorso relativo alla materia cinematografica – per quanto esso continuerà ad avere un suo ruolo e un suo peso, anche maggiori che in questo numero – abbia una funzione guida, quasi una cellula madre; né si vuole la rivista legata al Meridione di cui abbiamo smesso di amare un'immagine "altra", proprio perché, [...] mentre l'Italia tutta va facendosi Sicilia ormai divenuta inconcepibile ). Secoli sono passati dall'anno di nascita di Giovane critica, dalle baruffe che ne caratterizzarono il primo anno di vita, da quanto allora scrivevamo .Non è più il tempo delle riviste come modi eletti di libertà intellettuale dalle insidie del "dogmatismo", da abbracci troppo stretti di politica e cultura; non sono più tempi di ripensamenti, di sfoghi, di lettere fervorose tra amici inquieti. Tutto è ormai divenuto paurosamente chiaro. Il lavoro intellettuale che non interroghi se stesso, che non scelga i suoi destinatari e i suoi fini, che non faccia i conti con le forze presenti (sono gli obliatissimi principi elementari del marxismo),è defunto. Mentre la sinistra tocca il punto più basso, lo ha scritto Libertini, quanto a vitalità e capacità antagonistica di questo dopoguerra. Il diluvio è avvenuto. Ma la storia non si ferma; e il terrorismo pubblicistico, mai così inane, mai è stato così attuale – almeno per chi non voglia amministrare la sconfitta continuando a pascersi in quel ristretto numero di frasi con cui inizia e si conclude gran parte di quanto viene oggi scritto in Italia – purché sappia precipitare nell'organizzazione. Perché è il tempo dell'organizzazione. A partire da un censimento – cui si appresta "Nuovo impegno" e i cui risultati appariranno nel prossimo numero della rivista pisana – delle riviste e dei gruppi di "sinistra". Giovane critica intende accelerare questo processo; intende cioè, con un sforzo estremo di caratterizzazione e di concentrazione intellettuale, collaborare a creare le condizione della sua morte. Non si usa di fatti assalire le roccaforti armati di spille avvelenate".*

Conclude Entità: "Non basta la classe rivoluzionaria se poi ci si iscrive a diversi corsi di specializzazione: teatro, cinema, sindacalismo ed altro, per un lavoro isolato. Urgono punti di incontro e collaborazioni più strette perché si possa spianare la via che conduca al marxismo-leninismo".

Osserverà Nino Recupero un ventennio dopo:

"Avvennero molte cose sgradevoli, contro le quali scrisse Mughini su «Giovane Critica»" [366], un tipo di clima politico che "vigeva anche là dove i ritratti di Stalin erano banditi" [367].

Vi era "la necessità di organizzarsi nella forma-partito, necessità imposta dalle circostanze, e che non trovava sbocco nei partiti e nei sindacati esistenti. Esistevano, certo, divisioni ideologiche; ma non dovremmo insistere nell'errore di scambiare l'ideologia con la realtà" [368]. "Le condizioni storico-sociali determinate costrinsero i nostri gruppi generazionali a rinserrare sempre più le file di piccoli partiti, innescando un processo irreversibile di chiusura reciproca. Come se lo specchio del partito leninista, andato in frantumi, riflettesse lo stesso disegno, sempre più piccolo, in ogni frammento. Anche questo è un processo nazionale, del resto; e chi operava a Catania ma guardava a Milano, trovava autorevoli suggestioni nella stessa direzione" [369].

---

366 Nino Recupero, in DS88, p. 18.
367 Nino Recupero, in DS88, p. 18.
368 Nino Recupero, in DS88, p. 18.
369 Nino Recupero, in DS88, p. 20.

Documento "significativo di una fase di passaggio" [370] è quello intitolato "Bilancio delle lotte nella zona di Catania". Si tratta di tre cartelle, datate 5 novembre 1967, scritte per il gruppo nazionale Falcemartello di Milano. Vi si parla delle attività fino ad allora svolte dal gruppo Falcemartello di Catania: manifestazioni "antiamericane", una cinquantina di denunce collezionate dai militanti, i metodi di propaganda (musica, comizi nei quartieri cittadini e nei paesi della provincia), la fondazione del CAPA (Comitato di agitazione permanente antimperialista), che raccoglieva circa 70 militanti, ma con area di influenza su 350 persone: "Negli ultimi otto anni mai la FGCI è riuscita a raggiungere nemmeno la metà di un tale numero" [371]. Interessante quanto vi si auto-analizza, riguardo alla situazione politica complessiva interna alla sinistra catanese:

> "La situazione qui è caratterizzata dallo stato di avanzata decomposizione burocratica delle organizzazioni ufficiali della sinistra. L'assenza di un forte nucleo operaio, il predominio del settore terziario, i gravi errori di impostazione delle lotte agrarie fanno sì che le lotte siano in genere arretrate, come arretrata è la classe imprenditoriale. Alcune conseguenze sul movimento giovanile sono che non vi è stata alcuna linea di continuità tra le antiche opposizioni e l'odierna sinistra giovanile; e che questa tende a svilupparsi [...] guardando al Vietnam più che al problema bracciantile, alla FIAT [di Torino] più che al complesso industriale di Priolo. Tali esperienza hanno dei lati negativi (pericolo di astrattezza), ed un lato fortemente positivo: quello di spingere ad un lavoro direttamente 'esterno', che cioè nell'assenza di una serie organizzazione di partito o di sindacato in cui lavorare, si rivolga al movimento reale [...]. L'obiettivo principale è di scendere sul terreno concreto delle lotte sindacali e di altra natura, dove vi è, tra l'altro, un certo

---

370 Nino Recupero, in DS88, p. 18.

371 "Bilancio delle lotte nella zona di Catania", a cura del gruppo "Falcemartello" di Catania, 5 novembre 1967.

> margine di compiti lasciati irrisolti dalla debolezza dei partiti" [372].

Il 4 giugno 1968, a firma "Falcemartello, settore Cinque Vietnam" viene stilato un volantino ciclostilato. Vi si parla del "tradimento" del Partito comunista francese e della CGT, ma con chiara allusione al Partito comunista italiano e alle organizzazioni sindacali italiane [373]. Altrettanto importante ci sembra l'analisi contenuta sui rapporti tra movimento degli studenti e movimento operaio:

> "Noi siamo convinti che gli studenti non potevano essere e non saranno l'avanguardia e la guida per la Rivoluzione. Siamo convinti che l'unione tra gli studenti, gli operai e le masse degli sfruttati non si crea spontaneamente, ma la si costruisce giorno per giorno nella lotta contro il potere borghese [...]. E' solo l'avanguardia politica cosciente che riconosce nel proletariato la guida della Rivoluzione, che può assolvere al compito della unità tra tutte le forze rivoluzionarie. Compagni, perché gli sfruttati siano in grado di portare fino in fondo la lotta rivoluzionaria [...] è necessario che le lotte parziali degli studenti, degli operai, dei contadini e degli sfruttati, escano dal loro settorialismo rivendicativo e si uniscano nella lotta politica contro l'intera società borghese. Compagni, la mancanza di organismi di base, leghe degli sfruttati, comitati operai, comitati di quartiere, ci impedisce di creare all'interno della società una nuova democrazia rivoluzionaria, che si oppone alla dittatura dei padroni, creando le premesse per la dittatura del proletariato. Il lavoro costante all'interno delle masse degli sfruttati per la comprensione delle esigenze delle masse stesse; la creazione di strumenti di democrazia di base, questo è il compito della avanguardia rivoluzionaria. Questa è la corretta pratica della Rivoluzione. Per la mancanza di

---

372 "Bilancio delle lotte nella zona di Catania", a cura del gruppo "Falcemartello" di Catania, 5 novembre 1967.

373 "Il partito comunista francese e la CGT hanno di fatto spezzato l'unità tra studenti e lavoratori [...] hanno impedito che la lotta diventasse lotta rivoluzionaria [...]. Il partito comunista francese e la CGT hanno tradito la causa della rivoluzione, hanno tradito il proletariato, gli studenti e le masse dei lavoratori francesi". Il volantino è in Fondo Recupero, Cart. 3.

queste premesse la Rivoluzione in Francia non poteva essere. E non sarà nemmeno in Italia, se ci affidiamo semplicemente alla via parlamentare che passa attraverso le elezioni senza pensare alla creazione di quegli organismi che esprimono le reali esigenze delle masse" [374].

L'analisi sulla parzialità della lotta studentesca avviene nel pieno delle "lotte studentesche" italiane, da parte di una delle componenti di punta della sinistra dissidente catanese. E all'indomani della prima occupazione dell'Università di Catania. Crediamo che l'incidenza di questa analisi abbia influito sul gap che abbiamo riscontrato tra la prima occupazione e le successive occupazioni catanesi. E' un gruppo che trova in Nino Recupero un referente, attorno cui si muove una risonanza di amici e compagni impegnati nella formazione di momenti di lotta e di organizzazione di eventi sentiti come "rivoluzionari" o comunque preparatori della "rivoluzione".

Il volantino programmatico di Falcemartello si pone come obiettivo, da parte di chi sente di appartenere alla "avanguardia rivoluzionaria", la creazione di strutture e organismi "di base" con cui rinsaldarsi ai ceti e alle classi di riferimento (proletariato, operai, sfruttati ecc.).

In effetti in quei mesi Falcemartello/Cinque Vietnam, si muove lungo un duplice binario: da una parte la partecipazione e l'organizzazione di manifestazioni "antimperialiste", dall'altro, la creazione di centri in cui far opera di militanza e di attività politica e culturale. E' un tipo di lotta politica che è ormai proiettata decisamente anche in rotta con il Pci catanese e nazionale: durante la diffusione del volantino del 4 giugno, si viene allo scontro fisico tra alcuni componenti di Falcemartello e componenti del servizio d'ordine del Pci [375].

---

374 Volantino Falcemartello, settore Cinque Vietnam, 4 giugno 1968, in Fondo Recupero, Cart. 3.

375 Del fatto ne dà comunicazione Nino Recupero nella lettera a Giangiacomo Feltrinelli del 6 giugno 1968, in cui baldanzosamente scrive: "A livello cittadino ieri abbiamo bastonato la squadra d'ordine del PCI che trovava da ridire su un nostro volantino che parlava del tradimento del PCF e della CGT" (copia della lettera dattiloscritta, in Fondo Recupero, Cart. 3).

I risultati di questo impegno sono anch'essi duplici. Da una parte vengono fondate la sede di Catania e quella di Lentini di Falcemartello, mentre una a Francofonte non andrà oltre le intenzioni; si cerca anche di organizzare una "scuola popolare" di quartiere a Catania. Ci si impegna alla redazione e diffusione di Falcemartello-Sud, organo dell'impegno del gruppo, in connessione con i gruppi di Falcemartello del Meridione, anche nella convinzione che "nel Mezzogiorno un organo di stampa rivoluzionario è importante: troppo forte la pressione dei giornali borghesi, carente il collegamento tra i gruppi e le situazioni di lotta. Il nostro giornale si dispone appunto su di un asse che va, per ora, da Catania a Napoli e passa per la Calabria" [376].

Dall'altra i componenti del gruppo collezionano le denunce e le attenzioni giudiziarie delle forze dell'ordine catanesi. Seguendo queste vicende sugli opposti giornali dell'epoca, si avverte nettamente la diversità di interpretazione tra le due "parti" ideologicamente in causa.

Il 4 maggio 1968, viene organizzata da parte dei gruppi della sinistra dissidente ma senza l'assunzione di una responsabilità di gruppo unico, la contestazione al comizio elettorale di Giovanni De Lorenzo che si presentava allora per il PDIUM alle elezioni. Titola «La Sicilia» del 5 maggio 1968: "Tre oratori monarchici. Il comizio di De Lorenzo disturbato dalle sinistre"; sommario: "Attraverso la mia persona – ha detto l'oratore – le sinistre hanno tentato di clpire il prestigio delle forze armate". L'articolo dà conto delle cose dette da De Lorenzo, dal barone Benedetto Majorana e da Enzo Trantino in piazza Università. Nella parte finale dell'articolo:

> "Durante il comizio la polizia è intervenuta per sedare l'intemperanza di alcuni gruppi di giovani scalmanati che tentavano di disturbare la manifestazione specie durante il discorso del gen. De Lorenzo. Quattordici giovani sono stati fermati e condotti in questura" [377].

---

376 Nino Recupero, lettera del 6 giugno 1968 a Giangiacomo Feltrinelli. In Fondo Recupero, Cart. 3. Nella lettera si chiede tra l'altro un aiuto economico a Feltrinelli: "Dice Mao: 'contiamo sulle nostre forze' – e tra compagni ci s'intende".

377 *Il comizio di De Lorenzo disturbato dalle sinistre*, in La Sicilia, 5 maggio 1968.

Come di costume da parte del quotidiano catanese, dei fermati si dà nome cognome, età e via di residenza in modo da permetterne l'inconfondibile riconoscibilità, compresi i minorenni [378].

«L'Unità» dà immediatamente notizia nell' "ultimora" del 5 maggio 1968: ma il tono è decisamente altro:

> "Nuove violenze della polizia, ieri sera a Catania, contro i giovani democratici che protestavano per un comizio di De Lorenzo in piazza Università. La folla è stata selvaggiamente caricata dai questurini, spalleggiati dai fascisti. Quattordici cittadini sono stati pestati, fermati e ammanettati. Tra questi il dirigente della gioventù del PSU, Filippo Impallomeni; il segretario della FGCI, Elio Bosco; e la studentessa Anna Vio. I fermati sono stati trasportati in cellulare negli uffici della polizia e rilasciati (una denunzia per turbativa di manifestazione elettorale) solo dopo un energico passo dei parlamentari comunisti ed una nuova vivacissima manifestazione di protesta dei giovani sotto la questura" [379]

Il giorno successivo, il quotidiano del Pci pubblica un articolo più particolareggiato e sostanzioso:

> "Un ennesimo episodio di violenza premeditata è stato compiuto dalla polizia del centro-sinistra ai danni di un gruppo di cittadini democratici, per la maggior parte studenti e ragazzi, colpevoli soltanto di aver espresso la propria indignazione ed il proprio dissenso per la presenza provocatoria e la antidemocraticità del discorso del generale De Lorenzo. L'uomo del SIFAR [...] non ha potuto pronunciare che qualche frase [...]: un subisso di fischi e un nutritissimo lancio di uova marce lo hanno interrotto quasi subito [...]. In compenso, rabbiosa e premeditata, si è scatenata la violenza dei celerini che si

---

378 Filippo Impallomeni, Francesco Boscarello, Giuseppe Longo, Luciano Messina, Anna Vio, Francesco Tirandi, Elio Bosco (l'articolista de La Sicilia tiene a sottolineare che si tratta del "figlio del dep. Reg. Camillo Bosco del PSIUP"), Vincenzo Di Giacomo, Salvatore La Rosa, Salvatore Palidda, Domenico Rapisarda, Sergio Giani, Salvatore Sigurelli, Placido Giulino. Il più anziano è Giulino di 38 anni, gli altri sono in gran parte ventenni (con un consistente gruppo di coetanei 26enni: Impallomeni, Boscarello, Messina, Vio), tranne i minorenni Tirandi, Bosco, Di Giacomo, Sigurelli.

379 *Catania: cariche e denunzie per chi fischia De Lorenzo*, in L'Unità, 5 maggio 1968, p. 2.

sono scagliati brutalmente contro una folla inerme e pacifica di giovani, picchiando indiscriminatamente chiunque capitasse loro a tiro, e fermando quattordici persone, tra cui una ragazza, il segretario provinciale della FGCI Bosco, e un dirigente della federazione giovanile del PSU [...]. Hanno coadiuvato le 'forze dell'ordine' nella loro spietata caccia all'uomo numerosi esponenti di organizzazioni di estrema destra [...] che si sono prodigati alacremente, evidentemente con l'assenso della polizia, nel picchiare i giovani e nel consegnarli agli agenti. Gli episodi di brutalità, manganellate, pugni e calci, si sono rinnovati anche a bordo dei cellulari: la venticinquenne Anna Vio, dopo essere stata più volte colpita coi manganelli, è stata ripetutamente e selvaggiamente schiaffeggiata" [380]

Il giorno prima del comizio di De Lorenzo, il gruppo era stato colpito da una denuncia per un'altra manifestazione, tenutasi il 27 aprile in via Etnea, dopo un comizio tenuto da Pajetta in piazza Università, e per un'altra manifestazione a piazza Verga contro la presenza americana in Sicilia. Ne dà pronta notizia «La Sicilia», il 3 maggio:

"Undici studenti 'filocinesi' sono stati denunciati all'A.G. [autorità giudiziaria] perché ritenuti responsabili dei disordini verificatesi in via Etnea, la sera del 27 aprile scorso, dopo un comizio tenuto in piazza Università dall'on.le Pajetta del Pci [...]. I reati per i quali i giovani sono stati denunciati sono: vilipendio alle Forze Armate, offesa a capo di Stato estero, effettuazione di corteo non autorizzato e non ottemperanza all'ordine di scioglimento del corteo medesimo" [381]

---

380 *Protestavano contro un comizio di de Lorenzo. La polizia carica i cittadini a Catania*, in L'Unità, 6 maggio 1968, p. 2.

381 *Undici studenti 'filocinesi' denunziati per offese a Johnson e alle FF.AA. (polizia e carabinieri)*, in La Sicilia, 3 maggio 1968, p. 4. Come di costume, il quotidiano dà tutte le generalità dei denunciati: Antonino Recupero, Francesco Giuffrida, Luigi Alberti, Martino Beltrami, Natalia Campanelli, Salvatore Di Fazio, Giovanni Famoso e la sorella Antonia, Patrizio La Duca, Giuseppe Consoli, Enrico Seria. Sono tutti ventenni tranne i 28enni Recupero e Beltrami.

E «L'Espresso Sera»:

> "Sette studenti (di un gruppo di circa 70) 'cinesi', i quali giovedì scorso, verso le ore 22, in piazza Giovanni Verga, quasi davanti alla caserma dei carabinieri, inscenarono una fiacca gazzarra, pronunciando frasi offensive nei confronti di Johnson, sono stati denunciati all'A.G. [autorità giudiziaria] a piede libero, per oltraggio a capo di Stato estero e contravvenzione alla legge di p.s. [pubblica sicurezza] che vieta i cortei non autorizzati" [382]

«L'Unità» riporta la notizia con ampio articolo, a firma Sante Di Paola, il 5 maggio 1968, unificando le due denunce ai catanesi (oltre alla denuncia a Salvatore Rindone [383]):

> "Larga solidarietà viene espressa [...] a due gruppi di studenti democratici colpiti da denunce assurde, perché noti alla polizia per le loro idee e per aver partecipato alle agitazioni e alle lotte svoltesi nel nostro Ateneo. A distanza di 24 ore, nei confronti di questi giovani sono state elevate delle accuse gravissime: parecchi di loro sono stati denunciati per due volte consecutive. La prima denuncia è per oltraggio a capo di stato estero (avrebbero lanciato grida ostili a Johnson) e contravvenzione alla legge di PS che vieta i cortei non autorizzati. Sono stati colpiti: Antonino Recupero di 28 anni, Giampiero Vittorio Mughini di 27, Silvana Rita Cirrone di 24, Francesco Cannizzaro di 22, Martino Beltrani di 27, Gloria Beltrani di 22, Patrizio La Duca di 24, che avrebbero, secondo i questurini, organizzato una manifestazione antiamericana davanti alla caserma dei carabinieri a piazza Giovanni Verga dove ha sede la polizia militare della base NATO di

---

382 *Denunciati all'A.G. il dep. reg. Rindone (Pci) e sette studenti 'cinesi'*, in L'Espresso Sera, 30 aprile 1968. I nomi, con relativi dati personali: Antonino Recupero, Giampiero Vittorio Mughini, Silvana Rita Cirrone, Francesco Cannizzaro, Martino Beltrami e la sorella Gloria, Patrizio De Luca.

383 Salvatore Rindone, vicepresidente del gruppo parlamentare del PCI all'Assemblea Regionale Siciliana, fu denunciato per vilipendio alle forze armate, per aver "deplorato" gli incidenti verificatesi nel corso delle manifestazioni degli studenti romani, durante un comizio ad Acireale.

Sigonella. Si tratta di una montatura quanto mai grossolana, tanto è vero che è stato possibile appurare [...] che molti dei denunciati, la sera in cui avvennero i fatti, si trovavano in tutt'altro luogo: il Mughini che da qualche tempo risiede in Francia, si trovava addirittura in quel momento a Parigi!

Insistendo nella sua azione intimidatoria, la polizia ha successivamente inoltrato all'autorità giudiziaria altre 11 denunce (contro Antonino Recupero, Francesco Giuffrida, Luigi Alberti, Martino Beltrani, Natalia Campanella, Salvatore Di Fazio, Giovanni e Nuccia Famoso, Patrizio Vadduca, Giuseppe Consoli ed Enrico Seria) per vilipendio alle forze armate, offesa a capo di stato estero, effettuazione di corteo non autorizzato e non ottemperanza all'ordine di scioglimento del corteo medesimo. In effetti, le denunce si riferiscono ad un gravissimo episodio di provocazione e di violenza poliziesca, ad un attacco scatenato a freddo, volutamente e premeditatamente contro la folla di ragazzi e ragazze giovanissimi, caricati con brutalità inaudita mentre, dopo un comizio elettorale, percorrevano in gruppo, ordinatamente, la Via Etnea.

Evidentemente, gli eccessi compiuti dalla forza pubblica, l'opera di intimidazione e di spionaggio, le denunce, la intolleranza e la brutalità dimostrati in varie occasioni, non soltanto non sono episodi isolati e marginali, compiacentemente tollerati e addirittura incoraggiati dall'alto, ma rientrano in un preciso disegno politico delle forze governative" [384]


"Prima del 1968, la generazione più giovane [...] aveva cercato spazio politico e sociale nei partiti; si era scontrata però con le forme di legittimazione dei dirigenti che all'interno di quei partiti vigevano. Le porte erano chiuse. La polemica era proseguita, dal 1965, con la fondazione dei circoli e con attività prevalentemente

---

384 *Catania: violenze e intimidazioni della polizia contro i giovani. Denunciato l'on. Rindone e un gruppo di studenti* / di Sante Di Paolo, in L'Unità, 5 maggio 1968.

ideologica; la stagione di lotta dava ora a quei gruppi una dimensione, e un'influenza, di massa. Era, ovviamente, un processo nazionale; ma le forme peculiarmente asfittiche della vita sociale a Catania spiegano la violenta chiusura che i dirigenti politici della sinistra a Catania manifestarono di fronte ai nuovi sviluppi del Sessantotto. E ciò è particolarmente vero a proposito della sfera sindacale, dove l'intero processo degli anni 1966-1973 è caratterizzato da una battaglia per l'assunzione della leadership delle lotte in corso [...]. A noi sembrava che il problema fosse principalmente di farle, quelle lotte, perché tutte le componenti della sinistra potessero crescere insieme; ci vollero gli scontri, talora fisici, con certi dirigenti sindacali, per insegnarci che l'altra parte interpretava questo come un assalto al suo controllo dell'istituzione sindacale" [385].

"Di fronte ai successivi atti di repressione, le sinistre si ritrovarono divise: come nel 1974, quando 'Servire il popolo' ebbe alcuni militanti in galera per parecchi mesi, per aver organizzato una protesta contro l'aumento del prezzo dei trasporti urbani" [386].

## Il sindacato del personale amministrativo dell'Università

Ricorda Carlo Muscetta:

"Un altro episodio è da ricordare tra le vittorie della sinistra a Catania in quegli anni. E fu la nascita del sindacato del personale amministrativo dell'università. Ricordo che l'assemblea di fondazione fu tenuta nell'aula prima, e io portai un saluto a nome dei professori democratici, che non poterono non considerare quell'evento come un significativo episodio della crescita culturale di Catania. Anche quello fu un grave colpo

---

385 Nino Recupero, in DS88, p. 19-20.

386 Nino Recupero, in DS88, p. 20.

inflitto alla gestione paternalistica e borbonica di Cesare Sanfilippo" [387].

### Referenti e contatti nazionali

Ricorda Nino Recupero:

"All'ingrosso, i nostri corrispondenti si chiamavano Turi Toscano, Luca Meldolesi, Federico Stame, Edoarda Masi, Vittorio Foa" [388].

### Dopo il Sessantotto

"Dopo il Sessantotto, ciò che caratterizzò l'ambiente catanese fu [...] il rafforzarsi delle organizzazioni come circoli incomunicanti, dai cattolici al movimento studentesco, a 'Servire il popolo', allo stesso PCI e così via; lo spegnersi, o meglio il circoscriversi, delle situazioni di lotta studentesca; il mancato collegamento con le istituzioni della sinistra, partiti e sindacati. E tutto ciò purtroppo andava nella direzione dello sviluppo impresso alla città dalla DC di Drago, con la polverizzazione prima individualistica e poi corporativa nelle lotte, col predominio della ricomposizione clientelare, dell'emigrazione, della rassegnazione. A Catania risultano assenti un movimento del '77 e fenomeni come l'autonomia organizzata. Assenti perché impossibili per definizione: gli strati marginalizzati nella crescita [... della] megalopoli imperfetta, risultano a Catania omogeneamente incorporati in una rete che dal clientelare si spinge fino al mafioso, dai posteggiatori abusivi fino ai lavoratori ospedalieri subalterni, e per nulla interessata ad una lotta per una buona gestione del 'pubblico'. Di fronte alla distribuzione clientelare dei benefici, la sinistra perde anche un elemento della sua

---

387 Carlo Muscetta, "Mancarono collegamenti con la classe operaia", in DS88, p. 27.
388 Nino Recupero, in DS88, p. 20.

forza storica: il controllo del territorio, suddiviso in individui e famiglie, passa integralmente nelle mani della criminalità organizzata, mentre si spengono - prima quelle dei gruppi, poi anche quelle dei partiti - le sezioni di quartiere. La lotta e la protesta scompaiono non tanto dalla pratica quanto soprattutto dalla cultura della sinistra catanese" [389].

## Gli effetti sulla didattica

Ricorda Carlo Muscetta:

"Com'era inevitabile, non fui risparmiato dalla contestazione didattica. Fra le richieste ci fu innanzi tutto l'abolizione dei test preliminari agli esami. Era uno strumento selettivo, indubbiamente imperfetto e da perfezionare. C'erano troppi studenti, e perché l'insegnamento potesse essere più efficace, sarebbe stato necessario (tra l'altro) un maggior numero di docenti. Io mi sono sempre arrovellato per ottenere un miglioramento dei risultati, senza sacrificare il rigore e la serietà. Ma con centinaia di studenti? Purtroppo i contestatori conquistarono anche l'abolizione dell'esame scritto di Letteratura Italiana. Quella era certamente una prova da riformare e da rapportare a un certo numero di argomenti e di problemi, ma non da abolire. Tutt'altro che abolire le prove scritte, nella nostra università esse dovrebbero diventare prassi didattica normale per tutte le discipline, in tutte le facoltà, scientifiche e umanistiche [...]. Peccato che io non abbia tempo per iscrivermi all'università e promuovere un movimento '88!" [390].

E Massimo Gaglio:

---

389 Nino Recupero, in DS88, p. 20-21.

390 Carlo Muscetta, "Mancarono collegamenti con la classe operaia", in DS88, p. 27-28.

"Il movimento studentesco a Catania ebbe sotto il profilo direzionale un decadimento abbastanza rapido. Però è proseguito a livello delle diverse facoltà universitarie per circa un decennio: incidendo abbastanza profondamente sulla condizione di vita quotidiana degli studenti; tuttavia, come del resto aveva previsto Marx, le cose sono fatte dagli uomini, ma non come essi le vorrebbero" [391].

### Effetti sulla ricerca

Un altro tipo di effetti, non facilmente quantificabile né qualificabile, riguarda gli effetti della temperie culturale del movimento sulla ricerca stessa. A Catania si intravedono due linee di sviluppo particolarmente interessanti:

- da un lato l'impegno scientifico e di rinnovamento metodologico portato avanti da Carlo Muscetta, che proprio nel 1968 avvia il progetto della LIL (Letteratura Italiana Laterza) che comincerà a essere edita a partire dal 1970 e che impegnerà circa 40 giovani studiosi per un decennio;
- dall'altro il rinnovamento degli studi di ricerca scientifica, l'attenzione per il contesto sociale, evidenziabile in un testo come "Medicina e profitto" (Milano, 1971) di Massimo Gaglio, e con le ricerche che ne derivarono, riprese da Giulio Maccacaro.

A essere posta in discussione è non solo la didattica e la ricerca, ma lo stesso mestiere (di storico, ricercatore, ecc.). Nello stesso tempo, una parte del fronte accademico utilizza (o cerca di utilizzare) il movimento di modernizzazione che è proprio del movimento studentesco, per ottenere una modernizzazione di strutture e di dotazioni scientifiche. Così gli studenti del biennio di Ingegneria, si trovano coinvolti nella lotta che vede professori e assistenti premere per la costituzione a Catania di una vera e completa Facoltà di Ingegneria. Salvatore Boscarino, professore incaricato dell'Istituto può scrivere, con sottile gusto del

---

391 Massimo Gaglio, "Pochi i docenti ammessi alle assemblee", in DS88, p. 31.

paradosso: "L'anno 1969 è stato per gli studenti che frequentavano il 1° ed il 2° anno di Ingegneria presso l'Università di Catania un anno di lotta mirante ad ottenere nella città la istituzione del cpmpletamento degli studi intrapresi sino al conseguimento della laurea" [392]. Istanze di modernizzazione, nuovo modo di intendere lo studio e la formazione universitaria, bisogno di edifici e laboratori moderni sull'esempio dei più avanzati colleges inglesi, convergono in questa lotta che vede assieme studenti [393] e professori nel comune interesse dell'istituzione di una Facoltà capace di addestrare i nuovi tecnici ingegneri.

In che direzione vada questo "accordo strategico" può essere evidente dall'analisi della composizione della Commissione Nazionale "istituita dalle Autorità Accademiche per studiare la soluzione migliore da adottare" [394] in vista della costituzione della Facoltà di Ingegneria, in cui accanto a membri del CNR e dell'Università, trovano posto dirigenti industriali e l'amministratore delegato della Pirelli Spa [395]. E' tuttavia un clima che vede l'apertura di possibilità altre, alcuni dei professori del futuro istituto di Ingegneria tentano di proporre soluzioni e idee di modernizzazione: così, accanto alla Commissione viene istituito un Gruppo di studio presso l'Istituto di Disegno [396] che pubblica nel 1971 i risultati articolati della ricerca del gruppo. Si tratta di idee e proposte che non saranno accolte, e tuttavia mostrano il fervore di modernizzazione e le potenzialità del clima intellettuale all'interno dell'Università.

---

392 Quaderno71, p. 5.

393 Nell'anno accademico 1968-1969 sono iscritti al biennio di Ingegneria di Catania 692 studenti, contro i 678 di Messina, mentre a Palermo dove esiste la Facoltà, sono un totale di 2577 iscritti (di cui 1368 al biennio). Fonte: Quaderno71, p. 27. Per raffornti con gli anni precedenti, cfr. Quaderno71 p. 19 in cui si riportano i dati degli anni accademici precedenti: erano 611 nell'anno accademico 1966-67 e 608 in quello successivo a Catania; a Messina si passa da 543 (1966-67) a 635 (1967-68); a Palermo gli iscritti al biennio passano da 832 studenti nell'anno accademico 1966-67 ai 1136 dell'anno accademico successivo.

394 Quaderno71, p. 5.

395 Cfr. Quaderno71, nota 1, p. 5.

396 Composto dai proff.: S. Boscarino, L. Andreozzi, S. Barbera, G. D'Urso, L. Margani, E.D. Sanfilippo.

## A partire dall'invasione della Cecoslovacchia

Se la reazione al tentativo della destra con il governo Tambroni (luglio 1960) ebbe a Catania il significato di reimpostare la mobilitazione politica all'interno della sinistra - avvicinamento di nuovi giovani, e di fasce sociali non più appartenenti ai ceti tradizionali di riferimento della sinistra ecc. -, un altro punto di svolta proviene ancora una volta dall'esterno, con la repressione sovietica del tentativo democratico in Cecoslovacchia (agosto 1968). Questo e la successiva strage della Banca dell'agricoltura di Milano (dicembre 1969) con l'inizio della "strategia della tensione", determinano una nuova fase, una diversa stagione delle lotte, con una radicalizzazione delle posizioni anche a Catania.

Scrive Salvatore Distefano:

> "La Cecoslovacchia rappresentò per molti uno shock positivo perché aveva fatto avviare una riflessione teorica sui problemi della costruzione del socialismo. All'Università di Catania si tenne quell'anno un controcorso che ebbe un notevole successo tra gli studenti; ne fu animatore Fausto Giani che era riuscito a procurarsi dei documenti provenienti dalla Cecoslovacchia" [397].

A Catania si riflettono le difficoltà del 'movimento' e dei gruppi della sinistra nella scuola, cui si tenta di dare una risposta con il tentativo di andare oltre l'attività strettamente studentesca o dentro università e/o scuola media superiore facendo diventare il movimento politico-sindacale e rivendicatorio un movimento politico vero e proprio.

> "Nell'estate del '68, alcuni di quei giovani che avevano occupato l'Università iniziarono un lavoro di proselitismo in provincia di Catania e in tutta la Sicilia: diffusero volantini davanti alla SINCAT di Priolo, fra i braccianti di Lentini e i segantini di Misterbianco; lavorarono politicamente nei quartieri più poveri di Catania; organizzarono riunioni a Siracusa, Ragusa, Enna. Al

---

397 DS88, p. 71.

tempo stesso diedero molta importanza all'attività fra gli studenti fuori sede, i quali avrebbero dovuto essere il tramite tra il centro (Catania) e la periferia" [398].

Si formano a partire dall'agosto 1968 i gruppi: Servire il popolo e UCI, Pcd'I (marxisti-leninisti), i maoisti. Essi avranno una certa eco fino al 1971, anno in cui appare il Movimento Studentesco.

## I gruppi post-sessantottini: Servire il popolo

Alla fine del 1968 si svolge a Roma la riunione nazionale con cui viene fondato «Servire il popolo». Vi partecipano alcuni leader nazionali (Aldo Brandirali, Enzo Todeschini, Sergio Buonriposi ecc.), e per Catania: Tuccio e Gianni Famoso. «Servire il popolo» voleva partire dalle masse per arrivare alle masse. Soprattutto nei primi anni di vita raccolse una vasta adesione.

«Servire il popolo» ebbe espressione politica nell'UCI.

L'Unione dei comunisti italiani, aveva carattere marxista-leninista. La più grossa manifestazione che riuscì ad organizzare a Catania fu quella per il 1° maggio 1969. "Quell'anno i sindacati avevano deciso di non festeggiare il 1° Maggio e pertanto il corteo organizzato dall'Unione risultò l'unico" [399]. Il corteo era aperto con i ritratti di Mao, Stalin, Lenin, Marx e Engels, bandiere rosse; i militanti diffondevano «Servire il popolo», e i volantini che l'UCI aveva ciclostilato per l'occasione.

Il 19 novembre 1969, durante lo sciopero generale per la casa - a Milano si ha la morte dell'agente Annarumma - all'altezza della Prefettura scoppiano violenti tafferugli tra esponenti del Pci/Cgil e aderenti a «Servire il popolo». Gli incidenti si estesero a tutta la zona adiacente piazza Manganelli e a piazza Università, causando parecchi feriti tra le due parti.

Scrive Salvatore Distefano:

---

398 DS88, p. 72.

399 DS88, p. 77.

> "Il 1970 fu l'anno in cui «Servire il popolo» raggiunse la punta più alta di adesioni, ma evidenziò, al tempo stesso, quegli errori politici che nella primavera del 1971 costringeranno buona parte dei militanti ad allontanarsi dall'organizzazione" [400].

L'UCI interpretava come tradimento la posizione moderata del PCI. Per ricreare le condizioni della rivoluzione in Italia la piccola borghesia (da cui provenivano in massima parte gli studenti che aderivano a «Servire il popolo» ) doveva essere rieducata. Diventare quadri dell'UCI significava dover abbandonare il lavoro tra gli studenti. Racconta Tuccio Famoso:

> "Nell'Uci si viveva un'esperienza di schizofrenia e ambiguità: bisognava essere quadri, ma negare questo ruolo nel rapporto con gli studenti. Si arrivò a teorizzare una centralizzazione che svuotava la democrazia dei collettivi studenteschi; si preferì, alle lotte concrete nelle scuole e nell'università, l'astrattismo e il teoiricismo. Ad un certo momento, all'inizio del 1971, decisi di uscire dall'Uci: un documento mi definì 'cuore nero'" [401].

## I gruppi post-sessantottini: Pcd'I

Anche il Partito Comunista d'Italia, di carattere marxista-leninista, ebbe una buona presenza e aderenti a Catania, costituendo il secondo polo di attrazione dei nuovi gruppi nati dopo l'occupazione universitaria. Rispetto a «Servire il popolo» si dava una maggiore importanza ai quadri e ai militanti, e alla formazione politica teorica, la lettura dei testi del marxismo-leninismo ("Che fare?" e Lenin ecc.).

Scrive Salvatore Distefano:

> "Ancora oggi molti si ricordano di discussioni interminabili riguardanti il secondo capitolo del 'Che fare'?: 'La spontaneità delle masse e la coscienza della

---
400 DS88, p. 77-78.

401 DS88, p. 78.

socialdemocrazia', dibattito che si tramutava puntualmente in feroci dispute ideologiche" [402].

Come «Servire il popolo», anche il Pcd'I svolgeva attività di proselitismo, e la sede, in via Postumia, era frequentata da operai, studenti, donne: "un garage stretto e lungo che aveva alle pareti manifesti cinesi, poster di Marx, Lenin, Stalin, Engels e Mao. Era Mao il più 'esposto' e il più citato; il libretto rosso e altre pubblicazioni provenienti dalla Cina riempivano gli scaffali" [403].

Alla fine del 1969 il Pcd'I si spacca in due: il gruppo maggioritario (linea nera) ruota attorno al giornale «Nuova unità». La minoranza (linea rossa) ha come punto di riferimento il settimanale «Il Partito». Tra la fine del 1969 e l'estate del 1970 fanno parte della linea rossa: Rodrigo Merlo, Nino Minutolo (Bic), Marisa Caudullo, Giuseppe Teri, Salvatore Distefano.

Alla linea nera aderiranno: Peppone D'Arrigo, Gigi Savoca, Toti Denaro, Luciano Granozzi, Gisella Dato, Iani Dato. Essi continueranno a esistere fino all'inizio del 1973, quando confluiscono nel MS.

## I gruppi post-sessantottini: maoisti

Anche il maoismo ha la sua influenza e rappresentanza a Catania. Nei primi anni Sessanta pochi sono i simpatizzanti per la Cina. Scrive Salvatore Distefano: "L'associazione Italia-Cina, rappresentava ben poca cosa: arrivavano documenti in inglese (che venivano regolarmente tradotti da Nino Recupero) e venivano discussi in riunioni di conventicole" [404]. Nel 1967 la situazione comincia a cambiare, si comincia a dibattere sulla rivoluzione culturale:

---

402 DS88, p. 72.

403 DS88, p. 75.

404 DS88, p. 73.

"Già nel 1967, il libretto di Mao e tutto ciò che si veniva a sapere della Cina diventarono di grande attualità: cominciava a crearsi quel retroterra teorico e politico che per diversi anni farà mettere al centro dell'interesse dei militanti l'esperienza maoista. La Cina sostituiva nella coscienza internazionalista il legame che prima si era instaurato con l'Algeria, col Congo e soprattutto con Cuba" [405].

## I gruppi post-sessantottini: FGCI

La FGCI versa in profonda crisi. Invano cerca di risollevarsi, aderendo ai movimenti della sinistra politica e giovanile. La FGCI cura l'affissione del manifesto raffigurante il saluto di Smith & Carlos alle Olimpiadi di Città del Messico, manifesto che "colpì profondamente i democratici della città e a tutt'oggi viene ricordato quasi con commozione" [406]. Ma nonostante le iniziative, non riesce a avere *appeal* tra i giovani della sinistra.

## I gruppi post-sessantottini: il Nucleo Studenti del PSIUP

Un altro gruppo che nel corso di quegli anni si dimostra molto attivo, è il Nucleo Studenti del PSIUP, costituitosi alla metà del 1968. Tra i vari documenti, due ci sembrano particolarmente significativi e fotografano due momenti della vita politica "pubblica" del gruppo, che fu tra i più impegnati nell'analisi delle strutture economiche del territorio anche se rimase sempre numericamente piuttosto ristretto.

Il primo documento è una "lettera" dal titolo *Cosa è la nocività*, stampata nel settembre 1969. Il documento nasce dalla discussioni e riunioni tenutesi tra il Nucleo e gli operai che occupavano la SIACE, e prende lo spunto dalla morte di un operaio, Alfio Di Mauro, una delle ennesime vittime per "incidente sul lavoro". Il documento ricorda la lotta degli studenti ("contro questo uso della

---

405 DS88, p. 73.

406 DS88, p. 74.

scienza e della tecnica, si sono ribellati gli studenti contro la scuola dei padroni che vuole dei tecnici e del laureati complici dello sfruttamento degli operai" [407]), ma soprattutto vuole essere non un documento 'dalla parte' degli operai, ma un documento 'degli' operai, la voce degli operai che hanno sostenuto la lotta alla SIACE e che hanno scoperto la validità dello strumento-assemblea:

> "l'occupazione ci ha fatto scoprire un mezzo formidabile di organizzazione: l'Assemblea operaia. Nell'assemblea si ritrovano tutti gli operai, ognuno vale per sé e può esprimere le sue opinioni; le decisioni che si prendono nella assemblea rappresentano tutti gli operai. Il rapporto con il padrone non è più un rapporto tra singolo operaio e datore di lavoro. Così si può resistere più facilmente ai ricatti e alle minacce. Così ci si ritrova uniti, così ogni nostra rivendicazione avrà più forza, perché dietro di essa c'è la forza di tutta l'assemblea operaia [...]. Per questo l'Assemblea operaia deve restare un punto fermo: c'è adesso e dovrà restare anche dopo la regionalizzazione, proprio perché siamo convinti che dopo la regionalizzazione le nostre condizioni non muteranno se non le facciamo cambiare" [408].

Il secondo documento è lo Schema di discussione, presentato per l'assemblea del nucleo dell'ottobre 1969. Vi si fa una analisi sulla scuola, e sul ruolo del nucleo. Per quanto riguarda la scuola, la posizione è quella che vede la lotta studentesca inquadrata all'interno delle lotte operaie e anticapitalistiche, su una ipotesi non riformista:

> "I problemi che si pongono a questo punto, sono assai diversi da quelli di una politica di riforma della scuola, richiedono lo sviluppo di una rete di organismi di lotta che, centrati intorno agli organismi di potere nelle fabbriche e nelle campagne, sviluppino una permanente attività di attacco contro le istituzioni scolastiche. La lotta

---

407 *Cosa è la nocività* / Nucleo studenti PSIUP, settembre 1969.

408 *Cosa è la nocività* / Nucleo studenti PSIUP, settembre 1969.

> che si è sviluppata nella scuola è una lotta coscientemente anticapitalistica. Gli studenti rivendicano quindi la loro collocazione all'interno della classe operaia, operano per una ricomposizione di classe, subordinano i loro obiettivi di lotta e le pericolose tendenze corporative ed ideologizzanti, agli obiettivi generali della classe operaia, al rafforzamento degli organismi di potere operaio, al loro collegamento e rafforzamento per la distruzione del potere del capitale" [409].

Lo stesso documento tuttavia deve riconoscere che "il nucleo ha conosciuto a poco più di un anno dalla sua costituzione una enorme espansione politica cui non ha corrisposto un pari incremento quantitativo" [410], di qui la necessità di un rilancio.

Il Nucleo Studenti fu lo sviluppo della Sinistra Giovanile del PSIUP attiva prima del Sessantotto. Di essa conserva alcune caratteristiche peculiari, tra cui una certa 'resistenza' a scegliere la via delle divisioni dei vari gruppi della sinistra catanese sulla base di identificazioni movimentiste (maoisti, marxisti-leninisti, MS ecc.), e una grande attenzione per l'analisi economica e per le strutture proprie del capitalismo, una forte attenzione per quanto si muoveva all'interno delle aree 'industriali' catanesi e del siracusano. Il PSIUP a Catania negli anni successivi si travaserà in DP e poi, dopo la scissione interna del PCI, in una componente di Rifondazione Comunista [411].


## I gruppi post-sessantottini: MS

Dall'estate del 1971 anche a Catania appare il Movimento Studentesco, su influsso del MS della Statale di Milano. Racconta Tuccio Famoso, ex militante dell'UCI:

> "Il mio distacco dall'Uci precedette di qualche mese quello di un folto gruppo di compagni che avevano

---

409 *Schema di discussione* / Nucleo studenti PSIUP, ottobre 1969.

410 *Schema di discussione* / Nucleo studenti PSIUP, ottobre 1969.

411 La vicenda politica di Gabriele Centineo da questo punto di vista è esemplare.

diretto la sezione Centro. Sfidando le critiche di chi ci accusava di essere corporativi, prendemmo contatti (noi del Magistero) col Movimento Studentesco milanese: in tal modo riaggregammo il gruppo che era uscito dall'Uci (e che si stava sfilacciando) e gettammo le basi per la nascita del Movimento anche a Catania" [412].

La nascita del MS servì a ricompattare una serie di militanti e gruppi che si trovavano in crisi all'interno dei gruppi della sinistra.

I temi in discussione erano la scuola, il sindacato, il PCI, l'internazionalismo, la lotta antifascista. Si formarono gruppi di discussione. A Catania la discussione aveva un carattere ancora più stringente anche considerando il clima politico, che vedeva l'avanzata fascista alle elezioni del 1971-1972. Scrive Salvatore Distefano: "C'era chi lo considerava [il fascismo] un problema secondario e non gli dedicava nessuna riflessione; c'era chi distingueva tra un 'capitale avanzato' (disponibile alle riforme) e un 'capitale arretrato' (che invece ostacolava le riforme e difendeva la rendita e il parassitismo)" [413]. Per il MS invece dietro le manifestazioni del fascismo era sempre il grande capitale finanziario.

Ruolo di riferimento per i militanti di Catania ha Turi Toscano, il catanese che assume un ruolo di primo piano alla Statale di Milano. Toscano pone fin dall'inizio la questione della direzione (rivoluzionaria). Scrive nel 1970 che occorreva:

> "accentuare il problema della direzione politica, non del partito. Il problema è: esiste una direzione politica rivoluzionaria senza partito politico rivoluzionario? Cioè senza un suo strumento storicamente determinato? No se riferito a tutta un'epoca; sì se riferito a una fase" [414].

Al di là delle dispute ideologiche, il MS per un paio di anni riuscì a coagulare alcune delle persone e dei gruppi che avevano fatto attività nei 2-3 anni precedenti in maniera piuttosto frammentata, e

---

412 DS88, p. 78.
413 DS88, p. 79.
414 DS88, p. 105.

soprattutto tornando a occuparsi in maniera più coinvolgente della scuola e della fascia di studenti.

> "I primi anni Settanta richiesero un grande impegno per riconquistare, e poi per estenderla, l'agibilità politica in città; in questo lavoro di 'bonifica' di impegnò buona parte della sinistra catanese, ma il Movimento Studentesco fu sempre in prima linea e i suoi militanti pagarono un prezzo alto: decine di denunce e altrettanti processi imbastiti dalle 'forze dell'ordine' contro gli esponenti più in vista; addirittura nell'ottobre 1972, dopo una provocazione fascista davanti al liceo Cutelli, furono arrestati Giuseppe Teri e Fiorentino Troiano, dirigenti del Movimento Studentesco" [415].

Il MS aveva le sue basi più attive al Liceo classico Cutelli, e al Magistero.

Al liceo classico erano attivi, nei primi anni Settanta: Massimo Mauro, Vincenzo Bonaccorsi, Donatella Della Porta, Guglielmo Mastroianni, Nino De Cristofaro, Renzo Mattina, Adolfo Vitale, Ambra Monterosso [416].

L'Istituto universitario di magistero fu per un paio di anni il centro nevralgico del MS. Si tenevano qui le riunioni pomeridiane, le assemblee, i "collettivi quadri", i seminari. Il collettivo di facoltà aveva tra i suoi dirigenti Tuccio Famoso, Dino Lorefice, Renato Coronati, Carmelo Poratti. Si procedette a usare le varie forme di occupazione dell'epoca, compresa la formula dell' "occupazione aperta" [417], ma anche a organizzare vari tipi di manifestazioni di altro genere, compreso l'organizzazione di piccoli spettacoli musicali [418].

Nell'aprile 1972 il Magistero occupato fu sgomberato dalla polizia, e gli studenti trovati furono denunciati. Quel giorno avrebbe

---

415 DS88, p. 80.

416 Cfr. DS88, p. 80, nota 2.

417 Cfr. foto in DS88, p. 143.

418 Cfr. foto in DS88, p. 147. Lo spettacolo musicale cui si riferisce la foto fu organizzato dal MS. Nella foto sono: Ada Mollica, Cesare Cavadi, Gianni Famoso.

dovuto svolgersi una assemblea con l'avvocato Francesco Fenghi, che faceva parte del collegio di difesa di Pietro Valpreda [419].

Al Magistero, l'organismo studentesco era, alla fine degli anni Sessanta, il CUMC, egemonizzato dal centro-destra (e diretto, negli ultimi anni, da Salvatore Truglio e Calogero Virzì [420]). Di contro era il gruppo democristiano di Domenico Sudano, e quello comunista di Salvatore Fragalà.

All'inizio degli anni settanta, la liberalizzazione delle iscrizioni e dei piani di studio portò gli iscritti a toccare i 10 mila studenti. La situazione si fece strutturalmente insostenibile. Un gruppo "alquanto eterogeneo di studenti [...] fu] impegnato a promuovere, organizzare ed animare manifestazioni con la partecipazione anche di docenti e del personale non docente" [421].

"Le occupazioni si succedevano frequentemente e duravano anche a lungo: addirittura settimane e decine di giorni" [422]. Si arriva al gesto sterile e puramente dimostrativo, privo di qualsiasi finalità reale. In una delle 'occupazioni' ad occupare erano due soli studenti: Alfio Correnti e Salvatore Contarella, per 43 giorni. Le assemblee si svolgevano nel salone centrale del Magistero-Magistrale.

Ricorda Sebastiano Maggio:

"Dal Magistero [...] vennero le iniziative più clamorose: il primo corteo di macchine con bandiere e striscioni, le lezioni in piazza: mie e di Tino Vittorio di fronte al

---

419 Furono scattate delle foto. Cfr. in DS88, p. 144-145. Si riconoscono gli studenti: Tuccio Famoso, Maria Pia Puglisi, Salvo Distefano, Raffaele Buccheri, Dino Lorefice, Massimo Mauro, Fiorentino Troiano, Mimmo Destasio, Roberto D'Agata; Nino Emmi.

420 Cfr. DS88, p. 82.

421 DS88, p. 82. Tra gli studenti impegnati si citano i nomi di: Simon Villani, Nino Emmi, Tuccio Famoso, Renato Coronati, Dino Lorefice, Alfonsina Costanzo, Michele Sineri, Carmelo Poratti, Paolo Fisco, Marinella Calì, Ketty Nicolosi, Maria Pia Puglisi, Nino ed Enzo Campisi, Paolo Sessa, Giuseppe Sparatore, Mario Di Bella, Lino Maugeri, Gloria Beltrami, Pia Caruso, Gloria Privitera, Amalia Calcagno, Nino Gradini, Alfio Fichera, Giuseppe Cinardo, Giuseppe Cappello, Salvo Manoli, Marisa Caudullo, Alfio Correnti. Tra gli assistenti/borsisti e incaricati: Antonio Pioletti, Domenico Tanteri, Sebastiano Maggio, Tino Vittorio, Enzo Sciacca, Mimmo Ligresti, Salvatore Petrullo, Giuseppe Toscano, Ermanno Scuderi: "anche se la presenza di questi ultimi era discontinua e talvolta anche occasionale" (DS88, p. 83).

422 DS88, p. 83.

> Palazzo Municipale, seduti per terra assieme con parecchie decine di studenti, proprio ai piedi della Fontana dell'Elefante; di Ermanno Scuderi e di Carmelo Librizzi a piazza Montessori. Poi, dopo il 1975, quando al vertice dell'università catanese e nelle sue facoltà i socialisti avevano già consolidato la loro presenza (e l'allora deputato regionale socialista Salvino Fagone fu visto al primo piano del palazzo centrale dell'ateneo durante la prima elezione del professore Gaspare Rodolico alla carica di rettore), ma con presenza democristiana alla direzione del Magistero (giacché soltanto nel 1982 passerà ai socialisti), la spinta di quel movimento studentesco andò via via affievolendosi" [423]

Una delle punte più alte del lavoro politico e organizzativo del MS fu lo sciopero generale del 29 novembre 1972:

> "Migliaia di giovani sfilarono per via Etnea, dopo essere partiti da piazza Roma, scandendo slogan, inalberando striscioni e cartelli. La manifestazione, che si concluse con un comizio di Antonio Pioletti e di Liborio Mattina, si svolse in maniera pacifica [...]. Con lo sciopero del 29 novembre iniziò per il Movimento Studentesco un periodo entusiasmante. Si rafforzarono i collettivi già esistenti, mentre ne sorgevano degli altri in diverse scuole e facoltà [...]. Alle assemblee cittadine del Movimento Studentesco partecipavano spesso esponenti della sinistra storica; di quell'anno si ricorda un'assemblea con Occhetto [424], in prossimità delle elezioni politiche, e un'altra con Luigi Di Mauro, segretario della Camera del lavoro, contro la repressione, per la democrazia" [425].

Sono ormai gli anni in cui anche a Catania la polizia attua metodi di repressione più evoluti rispetto alla fine degli anni Sessanta. Due gli episodi più significativi, riguardanti la repressione delle proteste

---

423 DS88, p. 83-84.

424 DS88, p. 86. Il riferimento a Occhetto lo si deve in quanto politico attivo nel 1988, anno di stesura dello scritto di Distefano.

425 DS88, p. 86.

contro il golpe di Pinochet in Cile, e lo sgombero della facoltà di Lettere occupata nel dicembre 1973.

Sul primo episodio racconta Salvatore Distefano:

> "Una notte, dopo il colpo di stato in Cile del fascista Pinochet, la città venne riempita di scritte che inneggiavano ad Allende e al suo governo d'Unidad Popular: la polizia portò in questura (dopo averli fermati in piazza Università) tre militanti del Movimento Studentesco e poi travisò le scritte rendendole illeggibili" [426].

Nonostante l'apparente piccolezza dell'episodio - che tuttavia allora scatenò reazioni profonde tra i giovani del Movimento Studentesco contro lo 'stato di polizia', crediamo che tale episodio possa inscriversi all'interno di un quadro di reazione diverso rispetto alla fase precedente (fine anni Sessanta).

L'8 dicembre 1973 la polizia intervenne per sgomberare la facoltà di Lettere occupata. Racconta ancora Salvatore Distefano:

> "Verso le 5, quando la luce del giorno cominciava a fare capolino, io e Salvo Famoso, che eravamo di 'guardia' all'ingresso principale, sentimmo bussare; fissammo la catenella al battente ed aprimmo: i poliziotti con estrema vigoria spinsero il battente, infilarono un tubo di ferro e con la cesoia tagliarono la catenella. Riavutici dalla sorpresa, fuggimmo verso l'ultimo piano dove dormivano gli altri occupanti. Salvo Famoso, trafelato, gridò: 'La polizia! La polizia!', ma nessuno di quelli che dormivano (Armando Caruso, Silvio Pellegrino, Salvo Scibilia, Turi Seminara, Francesco Iannello, Rodrigo Merlo, Vittorio Malonni) volle credergli. Anzi, Salvo Scibilia a tutta prima si infastidì perché avevamo disturbato il suo 'meritato riposo' e pertanto, dopo averci apostrofato in malo modo, se ne tornò a dormire. Fu in quell'istante che la polizia (i soliti Mignosa e Miccichè più altri dell'ufficio politico) irruppe nella stanza e ci bloccò. Con dei pulmini

---

426 DS88, p. 86.

fummo accompagnati nella vicinissima sede della questura, dove fummo trattenuti fino a mezzogiorno. Negli uffici della questura ci trattarono come pericolosi criminali: presero le nostre impronte digitali, ci scattarono delle foto con pose diverse e poi vi si svolse il rituale balletto: gli agenti 'buoni' e quelli 'cattivi'; le minacce e le blandizie. Com'era ovvio, fummo anche denunciati e subimmo un lungo procedimento penale" [427].

## Lo scontro con i neofascisti e il Movimento Studentesco

All'inizio del 1974 l'offensiva fascista a Catania si fa più forte, ma anche il movimento giovanile della sinistra oppone forme più organizzate di contrasto, grazie anche al Movimento Studentesco.

Il 19 gennaio 1974 il Fronte della Gioventù e il FUAN indissero uno 'sciopero generale degli studenti'. Affluirono a Catania fascisti dalla provincia e dalle città vicine. Doveva chiudere la giornata il comizio del segretario nazionale del FG Massimo Anderson, del senatore Mario Tedeschi e del deputato regionale Turi Grillo. "Quella mattina davanti alle scuole e all'università si registrarono numerosi episodi di violenza fascista; gli studenti reagirono in modo democratico, ma fermo" [428]. Nel corso della giornata avvenne l'episodio più grave, l'assalto alla sede della federazione del PCI. Scrisse «La Sicilia» [429]:

"Una ventina di studenti appartenenti alla destra, così afferma la polizia, dopo il comizio in piazza Roma, si è staccata dal corteo, che aveva imboccato la via Etnea, e di corsa ha raggiunto la via Carbone, in prossimità del largo dei Vespri, il cui cancello era chiuso. Dalla strada sono

---

427 DS88, p. 87.

428 DS88, p. 88.

429 «La Sicilia», 20 gennaio 1974.

state tirate nel cortile due bottiglie molotov, una delle quali soltanto è esplosa con gran fragore. E' successo un finimondo mentre arrivavano polizia e carabinieri. Sono stati uditi sei colpi di pistola" [430].

La questura vietò il comizio del MSI, fissato per le 19 in piazza Università. Sindacati e partiti emisero comunicati durissimi. CGIL-scuola e CISL-università scrissero nel comunicato unitario:

> "[CGIL-scuola e CISL-università] esprimono la loro ferma protesta per le provocazioni e i gravissimi atti di violenza compiuti da alcune decine di teppisti [...] guidati dai famigerati esponenti locali del Msi Paolone e Grillo, si sono asserragliati nel palazzo centrale dell'Università, minacciando i docenti presenti, e infine hanno dato vita a un proditorio assalto alla federazione del Pci [...]" [431].

Il PCI, nel suo comunicato scrive:

> "Sorprende e indigna l'atteggiamento della polizia che, dopo avere scortato questi figuri per tutta la giornata, ha lasciato che essi svolgessero il loro attacco con sassi, bottiglie incendiarie ed armi, intervenendo solo quando l'azione dei militanti comunisti che presidiavano la federazione provinciale e quella dei cittadini democratici lì presenti aveva già respinto la teppaglia" [432].

E il MS:

> "Denunciamo dinanzi a tutta la cittadinanza l'operato del questore Guarino che non solo ha permesso lo

---

430 «La Sicilia», 20 gennaio 1974.
431 DS88, p. 88.
432 DS88, p. 88-89.

svolgimento di tali azioni delinquenziali, ma ha, in pratica, protetto gli squadristi del Msi" [433].

Nel 1974 si accentua il processo di fascistizzazione dello Stato, come viene interpretato all'interno della sinistra e dello stesso MS. Scrisse Turi Toscano, dirigente nazionale del MS:

> "La fascistizzazione dello Stato è in sostanza la tendenza a calpestare gli stessi istituti e le stesse regole della democrazia parlamentare borghese, nel nostro caso a calpestare le norme della Costituzione che, per quanto sia stata conquistata con la lotta delle masse, per quanto contenga al suo interno formulazioni che accolgono importanti rivendicazioni delle masse, è pur sempre nel suo complesso e nella sua sostanza una costituzione borghese [...]. Quando invece la violazione della Costituzione, pur non essendo totale, è tale però da configurare una scelta, da parte delle classi dominanti, di travalicare il terreno della democrazia borghese e di sostenere il proprio dominio di classe ricorrendo a metodi apertamente reazionari, possiamo legittimamente parlare di *fascistizzazione*, di *tendenza* al fascismo" [434].

Il giorno dopo la strage di Brescia, si svolse a Catania una manifestazione antifascista, anche in questa occasione si verificarono incidenti. Racconta Salvatore Distefano:

> "Dopo il comizio di chiusura, nei pressi di piazza Stesicoro, una squadraccia fascista aggredì alcuni militanti di sinistra. ma era tanta l'indignazione popolare verso i fascisti che una gran folla si radunò e mise in fuga gli aggressori. Fu a quel punto che intervenne la polizia: fermò due giovani del Movimento Studentesco (Renzo Mattina e Carmelo Petrosino) e li portò in questura. Lì si raccolsero alcune centinaia di compagni che reclamarono l'immediata liberazione dei fermati. Fu il questore

---

433 DS88, p. 89.

434 DS88, p. 89.

> Emanuele De Francesco a doversi occupare personalmente della questione: prima, ricevette una delegazione di studenti e sindacalisti (vi faceva parte, tra gli altri, il segretario della Camera del Lavoro, Luigi Colombo); poi, diede l'ordine di rilasciare i due studenti" [435].
>
> Sempre secondo Distefano "era [...] il segnale che gli spazi democratici cominciavano a restringersi e divenne sempre più arduo dare vita alle iniziative di massa" [436].

Nel settembre 1974 si hanno gli scontri contro l'aumento del costo dei biglietti dell'autobus. Lunedì 23 settembre 1974 si riunisce il Consiglio Comunale di Catania per decidere sull'aumento dei biglietti e degli abbonamenti dell'Amt [437]. La federazione sindacale unitaria Cgil-Cisl-Uil aveva definito l'aumento "inopportuno, data la particolare drammatica situazione economica".

> "In questo quadro si svolse una manifestazione di protesta contro gli aumenti: fu organizzata dal Pc(m.l.)I e vi prese parte il Movimento Studentesco. Mentre i militanti delle due organizzazioni tenevano la loro propaganda, scattò una provocazione che ebbe come esecutori materiali i vigili urbani. Cinque compagni (quattro del PC(m.l.)I e uno del Ms) furono arrestati: Gaetano Calderaro, Domenico Impellizzeri, Eustorgio Amico, Alfio Di Mauro e Walter Nicotra. Il giorno dopo, di fronte alla grave montatura, il Pci definì la manifestazione 'una indegna gazzarra di teppisti', avallando in tal modo l'operato dei vigili urbani e spianando la strada alla repressione giudiziaria" [438].

Per il MS invece:

---

435 DS88, p. 90.

436 DS88, p. 90.

437 Azienda Municipale Trasporti, l'azienda municipalizzata che a Catania gestisce i trasporti urbani su gomma.

438 DS88, p. 90-91.

> "Mentre alcuni lavoratori, studenti e giovani democratici svolgevano in piazza Duomo un'intensa e civile protesta contro il ventilato aumento del prezzo del biglietto dell'AMT, è scattata una gravissima provocazione. La Giunta democristiana, con un atteggiamento di tipo fascista, impediva ai giovani, con motivazioni chiaramente pretestuose, di continuare la sacrosanta protesta, violando la stessa Costituzione [...]. Queste gravi provocazioni dimostrano come il Governo, la Dc, la Giunta comunale, intendono impedire qualsiasi iniziativa popolare contro l'aumento dei prezzi e delle tariffe pubbliche" [439].

Anche il comitato di agitazione contro il carovita emise il suo comunicato anti-Giunta:

> "La Giunta comunale democristiana, in combutta col MSI, è da sempre asservita agli intrallazzi e alle ruberie di grandi speculatori edili, degli imboscatori mafiosi che vogliono l'aumento dei prezzi. A Torino e a Milano i consigli di fabbrica rispondono agli aumenti organizzando l'autoriduzione del prezzo dei biglietti" [440].

> "Il processo ai cinque compagni fu celebrato dopo sei mesi di carcere: il Tribunale di Catania, giovedì 20 marzo 1975, confermò la dura linea repressiva che aveva ispirato tutta la vicenda. Calderaro e Amico furono condannati a 3 anni e 6 mesi di reclusione per resistenza, oltraggio e radunata sediziosa; Nicotra a 3 anni e 8 mesi per tentativo di invasione del municipio [...], resistenza e radunata sediziosa, Impellizzeri a 4 anni per istigazione a delinquere, resistenza, oltraggio e radunata sediziosa; Di Mauro a 1 anno e 2 mesi (pena sospesa) per resistenza semplice. Furono condanne durissime, e per trovare una

---

439 DS88, p. 91.

440 DS88, p. 91.

simile durezza occorre risalire addirittura agli anni Cinquanta" [441].


## La fine del MS

Nel 1974 ci fu anche la vittoria sul divorzio, e il rafforzamento del MS in senso politico. A Catania nasce Lotta Continua, che invia due funzionari per potenziare l'organizzazione (Andrea Marcenaro e Franca Fossati).

Nel 1975 si avvia una riflessione critica, che porta al tentativo di diventare organizzazione politica. Il 22-29 febbraio 1976 si tiene a Milano il congresso di fondazione del Movimento Lavoratori per il Socialismo (MLS), di cui Turi Toscano diventa segretario nazionale: un mese dopo, il 24 marzo, muore in un incidente automobilistico mentre è in vacanza in Jugoslavia, e con lui termina questa ulteriore fase del movimento [442].


## Dopo il 1968: Catania megalopoli: economia e sviluppo urbano

"Catania, metropoli involontaria, era diventata nei primi anni Settanta una megalopoli" [443].

Soprattutto impressionanti i dati demografici non solo della provincia, ma della "cintura di conurbazione" [444].

|  | 1951 | 1961 | 1971 | 1981 |
|---|---|---|---|---|

---

441 DS88, p. 91.

442 L'MLS si avvicinerà poi al PDUP di Lucio Magri, nel maggio 1981 si unificano. Alla fine del 1984 il PDUP confluisce nel PCI.

443 Giar86, p. 321

444 Giar86, p. 322

| | | | | |
|---|---|---|---|---|
| Catania | (100) | (121) | (133) | (127) |
| Gravina | 2557 | 2972 | 8537 | 23930 |
| | (100) | (116) | (334) | (936) |
| Mascalucia | 3176 | 3580 | 4446 | 10547 |
| | (100) | (113) | (140) | (332) |
| Misterbianco | 12703 | 15554 | 18836 | 29858 |
| | (100) | (122) | (148) | (235) |
| s. Giovanni La Punta | 3626 | 4884 | 7446 | 13762 |
| | (100) | (134) | (265) | (380) |
| s. Gregorio | 2281 | 2883 | 3680 | 8643 |
| | (100) | (126) | (161) | (352) |
| s. Agata Li Battiati | 933 | 1031 | 4329 | 9319 |
| | (100) | (110) | (420) | (999) |
| Tremestieri | 2020 | 2550 | 6872 | 13538 |
| | (100) | (126) | (340) | (670) |

Fonte: Giar86, p. 322. crescita demografica, anno 1951 base 100. Con leggere modifiche.

Le eccedenze borghesi di Catania sono riversate lungo il versante sud dell'Etna.

> "Ma il rapido sviluppo eterodiretto di questi centri, che il debole ceto politico locale ha subìto, lasciandosi coinvolgere senza resistenza in operazioni di sacco urbanistico spregiudicate, li ha degradati a città-dormitorio nell'indifferenza del più forte ceto politico e imprenditoriale catanese che si è limitato a scaricare sulla cintura una crescente domanda insediativa: ma già gli anni Settanta conoscevano i guasti dell'onda di ritorno, gravi in materia di servizi (trasporti, sanità, scuole) e gravissimi per lo stesso centro storico di Catania sottoposto periodicamente a disastrose 'alluvioni' " [445].

---

445 Giar86, p. 323

"Sui ritardi con cui la cultura catanese e soprattutto la sua classe politica prende coscienza del 'cambiamento' della città, si scandisce il distacco che è già forte negli anni Settanta tra la società catanese e il suo ceto dominante; e si afferma, nella mentalità comune, l'immagine di un potere (politico-affaristico) che ne opprime e soffoca la vitalità sociale, e di una armatura che negli anni Cinquanta ha sostenuto la crescita di Catania: e ora la serra imponendole sviluppi deformi che impediscono una crescita 'fisiologica' della città. Costituita per collage di frammenti conoscitivi e di reazioni polemiche disgregate, quella immagine coglie solo parzialmente i caratteri del cambiamento e della crescita" [446].

All'inizio degli anni settanta l'area catanese conta 789.542 persone (densità 305 ab. per Kmq)(nel 1973 si hanno 810.525 ab.). Superiore alla media siciliana è la fascia di età tra i 6 e 20 anni (27,3%). Nel 1961-71 si ha un saldo naturale di 109.178 persone, dimezzato dal saldo migratorio (53.654).

Popolazione attiva (area catanese): 218.338 persone. Il 75% è impegnato in attività extra-agricole. Di questi il 42% (165.339) lavora in unità locali di piccole dimensioni (media degli addetti 3,30). Ci sono 25.324 operai, distribuiti in 7.205 unità locali (media 3,51). Catania ha il 69,1% degli addetti alle manifatture dell'area, mentre solo il 9% degli addetti alla attività agricola.

Altrettanto parcellizzata la struttura del commercio: 12.819 licenze di commercio al dettaglio, 836 all'ingrosso. Nell'area sono 10 dei 30 supermercati della Sicilia, e 11 dei 44 grandi magazzini della Sicilia. Delle licenze al dettaglio, il 48,1% sono di alimentari. Catania ha il 43,7% delle licenze commerciali al dettaglio dell'area, e il 58,4% delle licenze all'ingrosso.

---

446 Giar86, p. 323

Gli sportelli bancari sono il 17,6 per 100 mila abitanti (media siciliana: 18,7). In tutto 143 sportelli "con frequenti sovrapposizioni e attraversamenti" [447].

Elevato il rapporto auto-abitante: 21% (pari a quello di Messina e Palermo) contro una media regionale del 17,9%. Sono 170 mila auto (il 60% a Catania), con un sistema di trasporto pubblico inefficiente.

Istruzione (area catanese): 10,12% di analfabeti, 32,85% alfabeti privi di titolo di studio, meno del 17% forniti di diploma e/o laurea. La popolazione in età scolare è il 9,7% (risulta del 10% nelle aree di Siracusa e Palermo). Catania ha il 50% della popolazione, ma il 68% dei laureati e diplomati, il 77% degli alunni delle medie superiori, il 71,6% delle aule.

L'area catanese ha 27.661 studenti nelle secondarie superiori, con 1622 aule, divisi in: 11.133 istituti tecnici, 9.775 licei, meno di 4.000 alle magistrali.

"Disarticolata, ma con un'accentuata gravitazione sulla 'capitale', la struttura del servizio sanitario" [448].

Industria dello spettacolo: Catania ha il 76% dell'incasso per spettacoli cinematografici dell'area. La spesa per spettacoli nell'area si aggira sui 5 mld.

Modesta la percentuale di abbonati alla tv nell'area: 15,7 (media regionale 14,5). Catania ha il 54% degli abbonati dell'area. Al 1973 sono nell'area più di 127 mila abbonamenti.

L'indice generico di consumo (Italia=100) raggiunge 90,8, il più alto nell'isola dopo l'area di Siracusa (93,4), mentre quello siciliano è 76,3.

---

447 Giar86, p. 324

448 Giar86, p. 324-325

Alla fine degli anni Sessanta si afferma il modello della seconda casa:

> "prima come effetto di trascinamento dell'acquisito status borghese, quindi come strumento di controllo familiare del tempo libero" [449].
>
> Si continua la tradizione del turismo etneo, tra Zafferana e Trecastagni, "ma si frantuma la continuità alto-borghese tra i bagni di mare a luglio-agosto e la 'campagna' a settembre, in coincidenza con la raccolta e la lavorazione dell'uva" [450].

Questa occupazione catanese della zona etnea porta all'erosione dell'area vignata:

> "l'area vignata, soprattutto quella dei piccolo proprietari, è stata rapidamente erosa dal mercato fondiario vivacizzato da una domanda crescente; i nuovi arrivati, piccola borghesia di impiegati e 'mediatori', non sono proprietari né *rentiers*. La crescente facilità di trasporto concorre alla dissoluzione irreversibile della peculiare 'vita in villa' dei catanesi che aveva tra l'Otto e il Novecento costruito nella zona un suggestivo paesaggio. La 'seconda casa' sulle pendici dell'Etna aveva determinato un cospicuo trasferimento e congelamento di risparmio piccolo-borghese e medio-borghese, quando agli inizi degli anni Settanta esplose incontrollabile il boom della seconda casa a mare: la grande viabilità lungo la costa rese conveniente insediamenti 'catanesi' nei confinanti territori di Siracusa e di Messina, mentre cresceva l'interesse della maggiore imprenditoria [...]. Attorno al turismo costiero si aggregò rapidamente una domanda convulsa di servizi, precaria e stagionale ma di notevole volume, che incise sulle reti di distribuzione raggiungendo livelli ineguali" [451].

---

449 Giar86, p. 325

450 Giar86, p. 325

451 Giar86, p. 325-326

> "Il processo, non certo unilineare e caratterizzato da sprechi, speculazioni e alti costi sociali, non si è ancora esaurito negli anni Settanta. Esso ha contribuito in misura sostanziale a fare di Catania metropoli quella 'metropoli imperfetta', capitale inconsapevole e forse anche involontaria di una provincia assai vasta [...]. La metropoli era cresciuta [...], economicamente e socialmente, per decisioni e iniziative attuate in aree esterne, di cui aveva pagato il costo economico e che ora ingigantivano - su una scala senza precedenti - la domanda di servizi. L'inerzia, la vischiosità culturale con cui si continuava a leggere la grande trasformazione del ventennio 1955-75 avrebbe lasciato che i conflitti di interessi tra i gruppi di potere formatisi in questo periodo si tenessero ad un livello rozzo di lotta e di compromesso, e imponessero un contestuale abbassamento della lotta politica e del ceto politico cittadino" [452].

Giarrizzo si dice sconcertato per lo "scarto, che è assai grande e crescente, tra il volume e la qualità della cultura consumata e la qualità e il volume della cultura prodotta" [453]. Egli dà una lettura in chiaro-scuro della situazione esistente nella seconda metà degli anni Settanta.

> "La 'modernizzazione' ha trasformato i costumi, ha depenalizzato molti comportamenti, ha aggredito con strappi le istituzioni. Ha prodotto [...] contraddizioni e paure che hanno contribuito a canalizzare verso sbocchi misoneisti la protesta collettiva contro i ritardi. Catania ha vissuto questi venti anni come un succedersi rapido di congiunture; e la sua cultura frastornata e impotente chiedeva ogni volta di cominciare daccapo, senza volersi confrontare con quanto di nuovo (positivo o negativo che fosse) la congiuntura esaurita avesse residuato, e senza chiedersi in che modo, e con quali capacità e

---

452 Giar86, p. 326

453 Giar86, p. 327

bisogni, le nuove generazioni si disponevano di fronte ai cambiamenti intervenuti" [454].

## Il Sessantotto di Catania: conclusioni

"Il paragone che si impone a proposito del 1968 è con un altro grande movimento di rottura e di rivolta: il 1848. Con "l'anno dei miracoli" condivide il carattere internazionale, la rapida circolazione dell'effervescenza sociale e politica aldilà delle frontiere degli stati nazionali; con l'anno delle barricate condivide, anche, la radicalità delle forme di lotta e la forte ideologizzazione del conflitto, il suo muoversi all'interno della sfera dei principi, dei valori, dell'opinione. Accomuna i due periodi storici, lo stesso spirito d' "entusiasmo giovanile", il carattere di spontaneità dei movimenti di rivolta, la loro capacità di fondare (o rivelare) nuovi costumi, nuovi linguaggi, nuovi comportamenti [...]. Ma li accomuna, anche il carattere effimero delle loro conquiste, il rapido declino e la sconfitta" [455].

"Non si può parlare del '68 come di un movimento con un unico segno distintivo; anzi, si intrecciarono nel '68 questioni teoriche e problematiche politiche diversissime. Erano ugualmente presenti, e godevano di pari legittimazione politica, posizioni che solo per eufemismo definiamo 'divergenti': leninismo e luxemburghismo, troskismo e stalinismo, studentismo e operaismo, anarchismo, terzomondismo, spontaneismo, ecc." [456]. "Credo che la responsabilità maggiore del '68 come rivoluzione interrotta l'abbiano i gruppi dirigenti usciti dalle lotte, ma incapaci di operare fino in fondo un salto di qualità, dal punto di vista teorico ed organizzativo. Attraverso il dogmatismo e l'ideologismo si spense la

---

454 Giar86, p. 327

455 Storia dell'età contemporanea / Ortoleva, Revelli. - Milano : Edizioni scolastiche Bruno Mondadori.

456 DS88, p. 104.

ricerca critica e si ostacolò il tentativo di superare il ritardo sull'analisi strutturale del capitalismo italiano, sul ruolo delle classi. Solo nella scuola, e grazie soprattutto ad alcune componenti, si riuscì ad entrare nel merito dei problemi, scendere nel concreto; in altri ambiti della società, invece, dopo un inizio molto promettente lo studio si arenò, il dibattito si isterilì" [457].

"Un aspetto importante della cultura del '68, che si manifesta nelle occupazioni delle università, è l'idea che il movimento non debba chiedere qualcosa alle autorità ma che debba agire direttamente per modificare la situazione esistente: non quindi un movimento rivendicativo, ma un movimento di contestazione, di critica, di azione diretta. Far parte del movimento significa agire in prima persona, impegnarsi direttamente per cambiare le cose: non viene riconosciuto nessun diritto di parola a chi non è presente, agli apatici, ai disimpegnati. Ciò comporta una critica a fondo della democrazia rappresentativa su cui si basano le società contemporanee. Alla democrazia basata sulla delega viene contrapposta una democrazia basata sulla partecipazione. Democrazia non significa delegare a propri rappresentanti il potere di decidere, ma discutere insieme e agire insieme, collettivamente. Il luogo in cui si realizza tale forma di democrazia è, all'interno del movimento, quello dell'assemblea generale" [458].

"A Catania, il movimento [...] ebbe caratteristiche specifiche: anche se nacque negli stessi giorni di quello nazionale (l'occupazione dell'università è coeva agli scontri di Valle Giulia) assunse indirizzo segnatamente marxista-leninista. Ciò non fu del tutto negativo [...] perché si espressero comunque, attraverso l'Uci (m-l) e il Pcd'I (m-l), le istanze egalitarie e democratiche. Basti pensare a cosa riuscirono a realizzare i vari comitati di lotta o collettivi nelle realtà studentesche dal punto di vista della partecipazione di massa. Ma non vi ha dubbio che il movimento assunse caratterizzazione di massa,

---

457 DS88, p. 105.

458 Cinque lezioni sul '68 / Luigi Bobbio. Torino : Dossier RS.

come politicizzazione diffusa e struttura organizzativa, con la nascita del Movimento Studentesco catanese" [459].

"Il '68 lasciò anche a Catania un patrimonio di lotte (sviluppatesi per tutti gli anni Settanta) e un patrimonio di quadri che, seppur sfilacciato, non è andato dispero" [460].

---

459 DS88, p. 106.
460 DS88, p. 106.

# Il *caso* Palermo

## Introduzione

La specificità di Palermo nel contesto sociale e economico dell'isola è determinato da fattori storici - l'essere Palermo da sempre "capitale" e centro dell'amministrazione politica dell'isola ha fatto sì che qui si concentrino strutturalmente i maggiori nodi amministrativi, con la più alta concentrazione di ceti politici (prima aristocratici e borbonici, dopo l'unità d'Italia anche liberali e legati ai partiti e agli interessi "nazionali") - e culturali: Palermo è diversa rispetto Catania, una diversità che è anche parte della "lontananza" fisica esistente tra le due parti dell'isola.

Palermo diviene sede della Regione Sicilia, nodo nevralgico del potere sull'isola. I condizionamenti sulla città da parte delle strutture esistenti (Comune, Provincia, Regione) si manifestano qui in maniera più forte e con caratteristiche proprie anche grazie alla formazione di un forte notabilato locale che media con le esigenze provenienti dal governo centrale. La vita politica procede lungo due binari, paralleli e poco comunicanti: da una parte i problemi della città (la Palermo degli slums, i quartieri degradati, le macerie della guerra e poi quelli del terremoto che coesistono e evidenziano l'immagine più immediata della città per quanti vengono da fuori, e poi la Palermo della speculazione edilizia), dall'altra i problemi interni al ceto politico e mafioso della città.

La mafia è il punto che differenzia ancora negli anni Sessanta la parte occidentale da quella orientale dell'isola, che condiziona e caratterizza lo sviluppo e le manifestazioni culturali e sociali della città.

> "La pubblica amministrazione non ha mai avuto rapporti con la mafia, né ne potrà mai avere: noi siamo galantuomini e come tali agiamo amministrando correttamente la città di Palermo. Questi rapporti in questo senso non ci sono mai stati e non ci saranno mai" [461]

---
461 Relazione73, p. 1971.

ebbe a dichiarare alla Commissione Parlamentare d'inchiesta sul fenomeno mafioso, nella seduta del 25 marzo 1969, il dottor Francesco Spagnolo allora sindaco di Palermo. "Erano gli anni a ridosso di sanguinosissime stragi mafiose, della sparizione di giornalisti, di varianti ai piani regolatori finalizzate alla speculazione privata, gli anni in cui, nonostante le leggi sull'edilizia scolastica, non si costruivano scuole, né asili, né alcun servizio di interesse pubblico, mentre nello spazio di una notte si abbattevano alberi di giardini secolari ottenendo il giorno dopo la licenza di costruzione" [462].

Alla strage di Ciaculli (30 giugno 1963) [463] segue un'azione di repressione da parte dello Stato che porta a un periodo di pace forzata tra le cosche: la guerra riprende con la strage di via Lazio (10 dicembre 1969) [464].

Mafia da una parte, degrado urbano dall'altro, una vita culturale che mostra segni di ambiguità tra forme di estrema arretratezza, degrado delle forme tradizionali e popolari dell'espressione culturale e folklorica, tentativi e proiezioni in avanti da parte di alcune élites culturali: così la Scuola di Palermo legata al Gruppo 63, le attività teatrali (Teatro dei 172, Teatro Officina, Teatro dei cantieri navali), e le attività legate agli immigrati culturali - come Armando Plebe [465].

Il contesto particolare della città di Palermo non è senza conseguenze dirette sulla vita dell'ateneo palermitano. L'Università di Palermo conta oggi 60 mila studenti, 5 mila dipendenti. Gli studenti vengono dalla provincia di Palermo, e dalle limitrofe province di Trapani e Agrigento; una certa percentuale proviene anche dalle altre province siciliane. Si tratta di una struttura che

---

462 Attanasio83, p, 10

463 Uno degli episodi cruciali della "guerra" interna alle cosche palermitane nel 1962-1963: alle porte di Palermo un'auto imbottita di tritolo esplode, uccidendo 7 uomini appartenenti alle forze di polizia.

464 Negli uffici del costruttore mafioso Girolamo Moncada (in via Lazio appunto), muoiono 4 persone, tra cui Michele Cavatajo, rimesso in libertà un anno prima al "processone" di Catanzaro.

465 Cfr. *Un filosofo in svendita : Dialoghetto su Armando Plebe* / C. Cases, in: Quaderni Piacentini, n. 47, 1972.

soffre da sempre di un profondo malessere strutturale e gestionale [466].

## La situazione sociale ed economica

Negli anni Sessanta Palermo città è interessata soprattutto dal fenomeno del boom edilizio (mentre il resto della provincia vede un sostanziale declino dell'attività edilizia [467]), dalle risorse finanziarie che provengono dalla presenza dell'ente Regione Siciliana e dalla distribuzione di fondi da parte del governo. Sono le tre fonti economiche su cui si basa a Palermo il dominio clientelare esercitato dalla DC. Scrive lo storico Paul Ginsborg:

> "La crescita mostruosa e caotica di città come Napoli e Palermo fu l'effetto della stretta collaborazione tra speculatori edili, proprietari e amministratori locali. In ognuna di queste città il posto-chiave era l'assessorato ai Lavori Pubblici, responsabile anche della pianificazione urbanistica; nella Palermo dominata dalla corrente Fanfani, ad esempio, due personaggi molto chiacchierati ricoprirono questo incarico nel periodo cruciale 1956-64: Salvo Lima dal 1956 al 1958, prima di diventare sindaco, e Vito Ciancimino dal 1959 al luglio 1964. Quando nel 1959 fu approvato dal consiglio comunale il piano regolatore, circa 600 erano le "varianti" che lo

---

466 Solo per quanto riguarda l'oggi, si consideri che dal 1995 al 1998 l'Università non riesce ad approvare il proprio bilancio consultivo. Su un budget di 560 miliardi, solo l'8% è destinato alla didattica, il resto viene assorbito dalle "spese correnti". Una situazione di crisi, che negli anni Sessanta era di profondo sfascio.

467 Cfr. *Notizie sulla congiuntura economica siciliana. Consuntivo 1966* / a cura dell'Ufficio Studi della Cassa di Risparmio V.E. per le Province Siciliane. - Palermo : 1967. - A p. 85 si scrive: "L'industria edile non ha mostrato segni di miglioramento rispetto al 1965 e le flessioni, di una certa consistenza, sia per le abitazioni costruite che per quelle progettate, possono giudicarsi di proporzioni poco dissimili di quelli dell'anno precedente. Ulteriore conferma della precarietà della situazione in tale settore è data dalle statistiche riguardanti i cantieri aperti nell'anno, il cui numero nel 1966 è diminuito di circa il 36% rispetto al 1965". Per quanto riguarda gli altri settori, la fonte rileva l'aumento dei depositi bancari, con una notevole attività di impieghi bancari che per l'86% sono indirizzati a favore di privati e imprese, "vale a dire da investimenti a diretto sostegno dell'economia, laddove la media delle altre province ha registrato il 74%, con punte minime, per qualcuna, di appena il 56%" (p. 86).

accompagnavano, ognuna di esse mirante ad aumentare la densità di edificabilità o ad appropriarsi di terreno destinato ad uso pubblico.

Si trattava di illegalità molto comuni in tutta Italia, e nel Mezzogiorno in particolare. Palermo costituiva tuttavia un caso estremo, reso peggiore dalla collusione tra amministratori cittadini e mafia. Man mano che l'agricoltura perdeva importanza, le principali famiglie mafiose rivolsero la loro attenzione alle città, specialmente a Palermo. L'industria delle costruzioni e i mercati generali municipali divennero le loro roccaforti, mentre Salvo Lima e Vito Ciancimino furono i loro interlocutori privilegiati nella giunta comunale.

La studiosa americana Judith Chubb [468] ci ha lasciato un ritratto convincente di come i democristiani, attraverso il controllo amministrativo del boom edilizio, riuscirono a conservare l'appoggio dei più importanti settori della popolazione di Palermo. Al più alto livello di reddito i proprietari terrieri, gli agenti immobiliari e gli appaltatori edili lavoravano gomito a gomito con gli amministratori e gli amministratori cittadini; lo stesso facevano anche le aziende che producevano arredamenti per le case e che ammassavano fortune vendendo cucine componibili e articoli idrosanitari. Il boom dell'edilizia favorì inoltre parecchi settori delle classi medie tecniche e professionali – ingegneri, architetti, geometri e disegnatori -, nonché gli artigiani e le piccole aziende manifatturiere, soprattutto quelle che producevano e trasportavano materiali per l'edilizia; migliaia di lavoratori comuni e qualificati vi trovarono infine l'opportunità di un lavoro continuativo. Per la prima volta gli esponenti del ceto medio ebbero la possibilità concreta di diventare proprietari di un moderno appartamento, mentre le classi meno abbienti poterono cullarsi nell'illusione di vedersi assegnato un alloggio popolare del comune" [469].

Conclude Paul Ginsborg:

---

468 Paul Ginsoborg cita: *Patronage, Power and Poverty in Southern Italy* / J. Chubb. – Cambridge : 1982.

469 Ginsborg96, p. 225.

"Non ci si può quindi sorprendere se la riforma urbanistica elaborata da Sullo nel 1962-63 non vide mai la luce. Né Fanfani né Moro né Andreotti avrebbero facilmente sconfessato un modello di sviluppo urbanistico simile a quello palermitano, anche se esso implicava corruzione, collusione con la mafia e sfrenata speculazione edilizia. Un tale modello rappresentava infatti un potente meccanismo per conquistare consensi in tutti gli strati della popolazione: la sua utilità politica era troppo grande" [470].

Pilastri del potere mafioso sono i costruttori Francesco Vassallo, e Arturo Cassina. Per essi si rimanda la letteratura anti-mafia, a cominciare dagli "Atti parlamentari della Commissione anti-mafia" [471].

Il quadro generale della città vede una crescita demografica consistente: il trend dei residenti va dai 587.985 del 1961 ai 642.814 abitanti residenti del 1971. Ma occorre subito dire che si tratta di una crescita derivata soprattutto dall'elevata natalità: il saldo migratorio continua a essere costantemente passivo. La fascia d'età degli anziani degli ultra-sessantacinquenni ha l'incremento maggiore nel 1961-1971 (+28,74%). L'indice di dipendenza - il rapporto tra popolazione in età non lavorativa (0-14 e 65-$\Omega$) e popolazione in età lavorativa (15-64 anni) è 57,62 nel 1961 e 61,50 nel 1971. Altri dati possono essere desunti dalle tabelle.

Forniti di titolo di studio a Palermo nel 1971 [472]:

| Licenza elementare | 36,36% |
|---|---|
| Licenza media inferiore | 14,94% |

470 Ginsborg96, p. 225-226.

471 Giar87, p. 651-652: "l'interesse per il caso di Francesco Vassallo, e l'esemplarità della biografia del costruttore palermitano, cresciuto in pochi anni da carrettiere a miliardario e per il quale taluni ambienti chiedevano un posto accanto a Ignazio Florio [...]. Sono queste figure a dominare nella Sicilia urbana il rapido passaggio dal disordine edilizio degli anni '50 al sacco urbanistico degli anni '60-70".

472 Fonte: nostra tabella su dati presenti in Santino92, p. 63.

|  |  |
|---|---|
| Diploma | 9,07% |
| Laurea | 3,63% |
| Totale di forniti di titolo di studio tra i residenti: | 64,01% |

Popolazione non attiva nel 1971 a Palermo e Provincia [473]:

|  | Palermo | Provincia di Palermo |
|---|---|---|
| Popolazione non attiva | 70,60% | 70,10% |
| Maschi non attivi | 50,67% | 50,01% |
| Femmine non attive | 89,32% | 89,32% |

Distribuzione della popolazione attiva nel 1971 [474]:

| Agricoltura | 5,80% | |
|---|---|---|
| Industria | 35,04% | Industria manifatturiera: 22,21%<br>Costruzioni: 11,16% |
| Commercio, trasporti, credito | 27,46% | |
| Pubblica amministrazione e servizi pubblici | 31,71% | |

Ripartizione delle posizioni professionali nel 1971 [475]:

| Dipendenti | 84,32% | Lavoratori subalterni: 53,89% |
|---|---|---|

---

473 Fonte: nostra tabella su dati presenti in Santino92, p. 63.

474 Fonte: nostra tabella su dati presenti in Santino92, p. 63.

475 Fonte: nostra tabella su dati presenti in Santino92, p. 63.

| | | |
|---|---|---|
| Dirigenti e impiegati | 30,44% | |
| Indipendenti | 15,68% | Imprenditori e liberi professionisti: 2,47%<br>Lavoratori in proprio: 11,77%<br>Coadiuvanti: 1,44% |

Nel 1971 a Palermo gli addetti al settore industriale erano 34.790: di questi occorre però considerare 5.808 addetti nelle costruzioni. Le unità locali erano 5.134, con una dimensione media di 6,78. Di queste, 4.886 erano unità industriali in senso stretto (dimensione media 5,93), 248 nel settore edilizio (dimensione media 23,42). L'84,18% delle unità locali erano imprese artigianali (dimensione media 2,14).

Nel 1968 il reddito della città era l'1,73% del reddito nazionale con una popolazione equivalente al 2,17 di quella nazionale. Il reddito pro-capite dei palermitani era il 79,1% della media nazionale, il 50% del reddito di Milano [476].

Scrive Umberto Santino tirando le somme sull'analisi di Palermo del periodo che ci interessa, Palermo è:

- una città sovrappopolata;
- con un basso reddito, in gran parte derivante dal flusso di denaro pubblico convogliato in particolare dalle attività terziarie, in larga misura di tipo parassitario;
- con una grossa quota di popolazione non attiva e marginale;
- con una classe operaia scarsa quantitativamente e frammentata in microaziende;
- con una popolazione scolastica che mira soprattutto all'arruolamento nel pubblico impiego" [477].

---

476 Santino92, p. 63.

477 Santino92, p. 64.

# La città politica

Palermo crocevia degli interessi veicolati dalla presenza delle maggiori istituzioni amministrative dell'isola, rendeva la situazione politica in città particolarmente complicata. Ciò che a livello politico accadeva a Palermo aveva ripercussioni anche a livello nazionale, proprio per l'importanza che l'isola aveva (ed ha) nella situazione geo-politica italiana.

Nella seconda metà degli anni Cinquanta, segretario provinciale della DC è Giovanni Gioia, che dominerà la scena politica democristiana dell'isola per un ventennio [478], successore a Restivo: con lui si attua il salto di qualità, all'interno del sistema di dominio democristiano, da un clientelismo personale e che era proprio di un partito di notabili con forti legami socio-economici con il mondo dell'agricoltura, a un clientelismo che fa leva sul controllo del denaro pubblico e sulla città, il modo con cui si pratica in loco la svolta fanfaniana del partito [479]. Sulla situazione politica interna alla DC può essere d'aiuto il "libro bianco" che le minoranze della DC inviarono il 17 novembre 1970 alla direzione del partito (alla persona di Oscar Luigi Scalfaro allora dirigente organizzativo centrale della Democrazia cristiana), che descrive una situazione di grave imbarazzo interno, frutto di una lotta politica interna e di una composizione pluriennale degli equilibri di potere all'interno del partito. Certamente una denuncia "di parte", ma anche la denuncia di una minoranza che non trova poi modo di avere il consenso del "nazionale", tanto che la situazione interna alla DC rimarrà comatosa e irriformata. Vi si afferma tra l'altro:

> "Vi è nella provincia di Palermo una meccanica di formazione di potere che parte dal controllo puramente formale delle strutture di partito fondato sull'arbitrio e le

---

478 Diverrà ministro della marina mercantile, travolto dallo scandalo dei "traghetti d'oro".

479 Santino92, p. 66.

> irregolarità della gestione organizzativa e sulla ricerca di deteriore solidarietà nella società con un obiettivo abbassamento sempre più rapido di qualità delle classi dirigenti a tutti i livelli [...] Il congresso [Provinciale] venne celebrato con un tesseramento mai approvato dagli organi statutari. La commissione del tesseramento non si riunì mai. Alla commissione di vigilanza venne presentato un verbale di una seduta mai convocata e mai tenuta con le sole firme dei commissari di maggioranza [...]. La maggior parte delle sezioni non hanno rinnovato gli organi da anni e sono fondate su tesseramento falso [...]. Nella DC palermitana non si fa politica. Da tre anni nessun organo di partito dice una sola parola su temi politici, economici, sociali, sindacali, amministrativi [...]. Il decadimento di qualità della classe dirigente dc rappresenta una scandalosa realtà ormai acquisita all'opinione pubblica palermitana. La gestione del potere è sostanzialmente trasferita nelle mani dell'on. Giovanni Gioia, il quale non consente ai suoi stessi amici di esercitare le funzioni collegate con le loro cariche, sicché lo stesso gruppo dirigente attuale si presenta come la componente più povera di energie e qualità umane non soltanto incapace di ideazione, ma altresì di esercitare ogni ruolo direzionale" [480]

Scrive nella sua testimonianza storica Umberto Santino:

> "Il controllo sul denaro pubblico, lo sviluppo della forma città: queste sono le nuove frontiere su cui si ristruttura il potere democristiano.
>
> Il modo in cui tale potere viene gestito ed esteso presenta caratteri di vera e propria criminosità, sia per i legami con le organizzazioni mafiose, sia per il regime di illegalità, o di alegalità, che contrassegna attività di valore decisivo ai fini della formazione del blocco di potere, come per esempio l'attività edilizia (si veda la vicenda del Piano regolatore), la prassi degli appalti di opere e servizi

---

480 La lettera, firmata dai democristiani Rosario Nicoletti, Giuseppe Avellone, Michele Bonanno, Michele Reina, Ferdinando Brandaleone, Franco Bruno, Sebastiano Purpura, fu poi pubblicato dal quotidiano L'Ora di Palermo (vicino al PCI), e dalla "Relazione di minoranza" alla Commissione Antimafia (Mafia76, pp. 56-62)

> pubblici e la gestione dei mercati [...]. Agli inizi degli anni '60 il sistema di potere viene messo sotto accusa (rapporto Bevivino, istituzione della Commissione antimafia) ma esso sostanzialmente regge all'urto, anche se si registrano fratture come la rottura tra Gioia e Lima che però non ebbe conseguenze sulla tenuta complessiva" [481].

La situazione sociale e i vari "problemi" che via via salgono alla superficie in maniera esplosiva, e che fanno vivere la "città politica" in perenne stato di emergenza in cui nessuno dei problemi viene affrontato né risolto, sembrano non intaccare il blocco di potere esistente.

> "Sistema clientelare democristiano e potere della «borghesia mafiosa» condiviso con altri soggetti (imprenditori pubblici, burocrati) non vengono messi in forse da fenomeni di conflittualità sociale ricorrenti, legati a bisogni di larghe masse popolari, come il bisogno di casa e di acqua, e dalla stessa combattività operaia, e neppure dalle forze politiche di opposizione. L'8 luglio 1960 ha messo sulla scena strati popolari e di proletariato marginale e precario, come gli edili, ma ha mostrato altresì il totale scollamento tra protesta popolare e opposizione politica. Così anche i blocchi stradali per l'acqua sono pure forme di ribellismo ben presto rientrate ma pronte a riesplodere alla prima occasione. Le occupazioni di case, dopo il terremoto del gennaio '68, vedono invece la partecipazione delle organizzazioni politiche, che si replicherà, in forme nuove, in altre occasioni" [482].

L'opposizione di sinistra (PCI), in questo contesto, non riesce a convogliare questo ribellismo in forme più mature, è costretta, nel migliore dei casi, a un ruolo di denuncia e di testimonianza. Scrive ancora Umberto Santino:

---

481 Santino92, p. 66-67.

482 Santino92, p. 68.

"Da quando la sconfitta delle lotte contadine e l'emigrazione hanno piegato e dissanguato le organizzazioni sindacali e politiche di sinistra, esse non hanno potuto avere altro ruolo che quello di una minoranza sempre più sfiduciata, confinata sostanzialmente in una routine di sopravvivenza. Un ulteriore colpo alla loro credibilità è venuto dall'esperienza milaziana. Eppure, se si guarda alla scena comunale, le sinistre qualcosa fanno: denunciano le collusioni con la mafia, mettono in scacco Ciancimino, ma non vanno al di là di questo" [483].

A sinistra della sinistra, a Palermo non sembra ci sia fino al 1965-66 molto spazio. Personaggio importante è Mario Mineo con il Circolo Labriola [484] in cui convergono militanti del PSIUP e della Quarta Internazionale, e viene pubblicato un Bollettino («Bollettino politico-culturale del circolo Labriola»). Mentre in area cattolica, la rivista «Dialogo» fondata nel 1963 da Benedetto Romano, Franco Armetta, Mario Silvestri, Umberto Santino, che fa le prime prove di un rapporto con gli intellettuali marxisti [485].

---

483 Santino92, p. 68-69.

484 Mario Mineo, prima socialista, divenne deputato all'ARS per il Blocco del Popolo alle prime elezioni regionali. Fu autore di un progetto di statuto di autonomia regionale in cui prevedeva l'abolizione delle provincie e delle prefetture, e l'uso della pianificazione. Mineo passò poi al PCI, ma già nel 1962 era su posizioni di dissenso rispetto al partito: cfr. "Verso il X congresso del PCI" dattiloscritto conservato al Centro di Documentazione Impastato di Palermo e scritto nel 1962 da Mineo. Nel 1963 pubblica il foglio «La sinistra comunista», su posizioni di leninismo critico e con interesse per il maoismo. Nel 1965 dà vita al Circolo Labriola che nel 1970 aderisce al Manifesto. Nel 1975 dà vita alla rivista «Praxis».

Sulla figura di Mario Mineo cfr. Santino92, p. 69, e: *Mario Mineo, comunista rivoluzionario* / di E. Guarneri, in: Segno, n.91-92.

Scrive Umberto Santino: "l'attività di Mario Mineo e del suo gruppo fu un esempio, o almeno un tentativo, di *razionalità politica* in un periodo in cui ebbe un ruolo rilevante, se non determinante, la mitologia della rivoluzione, con i suoi dogmi, i suoi slogans, i suoi libretti rossi e i suoi cerimoniali. Un tentativo ancor più significativo se si considera cos'era e cos'è Palermo: una città in cui c'è pochissimi spazio per la razionalità, soprattutto nell'attività politica (parlo, ovviamente, della razionalità che sarebbe necessaria per una politica di cambiamento, perché la politica della conservazione, o della 'trasformazione nella continuità', ha una sua razionalità, che è quella dei clan e dei kalashnikov)" (Santino 92, p. 82).

485 Santino92, p. 69.

# I problemi della scuola e le connessioni con la mafia

Sulla situazione sociale e in particolare su quella scolastica, a Palermo e nella parte occidentale dell'isola, un aiuto prezioso ci viene dalla documentazione raccolta dalla Commissione Antimafia (V Legislatura, Camera dei Deputati), che svolse le sue indagini sull'edilizia scolastica [486]. I dati e le conclusioni riportate da questa Commissione danno un quadro che oggi possiamo definire incredibile della situazione a Palermo e nella Sicilia occidentale.

"La Commissione ha cercato di accertare prevalentemente:

a) il grado di coordinamento degli interventi statali e regionali nel campo scolastico;

b) l'utilità e la proficuità degli interventi regionali;

---

486 Nella storia della Repubblica Italiana, si sono succedute più Commissioni che si sono occupate del "fenomeno mafioso". La Prima Commissione risale al 20 dicembre 1962, presieduta dal socialdemocratico Paolo Rossi (sarà presendete della Corte Costituzionale), ma le Camere furono sciolte anticipatamente e la Commissione sciolta. Una Seconda Commissione è presieduta dal senatore democristiano Donato Pafundi: vicepresidenti sono Girolamo Li Causi, capo mitico dei comunisti siciliani, e Oscar Luigi Scalfaro allora neodeputato di Novara (nel 1992 presidente della Repubblica). Una Commissione che chiude gli occhi sul sacco che sta avvenendo a Palermo - l'asse Vassallo Ciancimino Gioia - e chiude "senza pervenire a conclusioni" riguardo all'esistenza di rapporti tra politica e mafia. Nel maggio 1968 subentra alla presidenza il democristiano Francesco Cattanei: viene prodotta una relazione di 2000 pagine in cui si esaminano i rapporti mafia-politica ma senza rivelare alcun legame con personaggi influenti. Il 28 luglio 1972 diventa presidente della Commissione il senatore democristiano Luigi Carraro: viene elaborata una Relazione unitaria (contrario è solo il MSI) da parte del presidente, in 65 cartelle, ma i commissari comunisti - guidati da Pio La Torre - e della sinistra indipendente - guidati da Cesare Terranova - allegano agli atti una Relazione di minoranza integrativa: è qui che si fanno finalmente i nomi di Lima, Ciancimino, Giovanni Gioia, Cassina, Vassallo: i potenti di Palermo e della Sicilia. La Commissione Carraro produrrà poi un *corpus* di schede che per anni appassionò la vita politica italiana, anche perché vi fu posto il segreto e né Magistratura né lo stesso Parlamento poterono accedervi. Quando divennero ufficiali, le redazioni dei giornali furono annegate da 2750 schede in cui c'era di tutto su tutti, contribuendo al polverone politico di quegli anni. Finirono poi per essere ignorate, nelle inchieste giudiziarie e nelle lotte politiche. Nel 1973 a cura di Alfonso Madeo viene pubblicata in tre grossi volumi la versione integrale della Relazione della Commissione Parlamentare d'inchiesta (edita dalla Cooperativa Scrittori, di Roma).

c) l'influsso del costume mafioso nella scuola siciliana e comunque le eventuali interferenze di ambienti estranei nella vita della scuola;

d) il grado di reattività dell'ambiente scolastico agli interventi di forze ad esso estranee;

e) la capacità delle diverse componenti di indicare ai poteri pubblici le linee di condotta per un'azione rivolta a sradicare definitivamente tale fenomeno" [487]

Si denuncia tuttavia

"il permanere di una mentalità paternalistica che non di rado lascia perplesso l'osservatore esterno inducendolo a valutazioni estremamente severe nei confronti di un sistema che, ad onta dei progressi realizzati, specie negli ultimi anni, continua a rimanere ancorato ad una concezione veramente feudale della società [...]. La Commissione non può esimersi dal rilevare come, in occasione degli incontri con gli amministratori locali, questi, in generale, si siano sforzati di rappresentare una situazione scolastica dell'isola ben lontana da quella che, poi, la Commissione ha potuto constatare" [488].

"I ritardi nella realizzazione delle opere di edilizia scolastica; il largo ricorso alle 'affittanze' orientate in alcuni centri verso persone implicate direttamente o indirettamente in attività mafiose; il cattivo uso fatto dalle autorità regionali dei poteri, entro certi limiti discrezionali, nell'attribuire incarichi, nell'istituire scuole, nel distribuire sussidi e contributi, testimoniano, al di là di ogni equivoco, una concezione del potere e del suo esercizio, che contrasta profondamente con i rigorosi principi di una corretta ed oculata amministrazione. Vero è che certi fenomeni rilevati non sono peculiari della Sicilia, ma qui assumono particolare rilievo se collocati nel quadro più generale delle manifestazioni di un

---

487 Relazione73, p. 1869.

488 Relazione73, p. 1869-70.

costume che resiste, fino ad oggi, ad ogni intervento modificatore" [489].

Nella scuola elementare il rapporto docente-discente varia [490]:

| 1948-49 | 1:30 |
|---|---|
| 1961-62 | 1:24,9 |
| 1968-69 | 1:24,9 |

"Tutti i dati riportati documentano chiaramente l'evolversi della situazione scolastica. Ma si vedrà nel corso della relazione che i dati stessi, statisticamente positivi, nascondono gravi storture e una realtà ben diversa" [491].

Alunni per tipo di istruzione secondo la posizione giuridica delle scuole (dati assoluti e, tra parentesi, base indice = 100 al 1948-49):

| Tipo di istruzione | Statale | | | Non statale | | | Totale | | |
|---|---|---|---|---|---|---|---|---|---|
| | 1948-49 | 1961-62 | 1968-69 | 1948-49 | 1961-62 | 1968-69 | 1948-49 | 1961-62 | 1968-69 |
| Grado preparatorio | - | - | - | 53.621 | 94.990 | 87.990 | 53.621 (100) | 94.446 (176) | 87.990 (164) |
| Istruzione elementare | 417.534 (100) | 417.296 (99,9) | 438.001 (105) | 28.295 | 40.639 | 48.430 | 445.829 (100) | 457.935 (102) | 486.431 (109) |
| Istruzi | 37.5 | 125. | 169. | 8.31 | 11.16 | 7.41 | 45.8 | 136. | 176.9 |

---

489 Relazione73, p. 1869-70.

490 Fonte dei dati: Relazione73, p. 1870.

491 Relazione73, p. 1870.

| | | | | | | | | | |
|---|---|---|---|---|---|---|---|---|---|
| one media | 00 (100) | 688 (335) | 516 (452) | 8 | 5 | 6 | 18 (100) | 853 (298) | 32 (386) |
| Istruzione classica, scientifica, magistrale | 22.554 (100) | 31.580 (144) | 58.070 (257) | 6.397 | 9.009 | 11.238 | 28.951 (100) | 40.589 (140) | 69.308 (239) |
| Ginnasi- licei | 16.532 (100) | 17.224 (104) | 22.717 (137) | 4.601 | 4.193 | 3.586 | 21.133 (100) | 21.417 (101) | 26.304 (124) |
| Licei scientifici | 2.215 (100) | 4.778 (215) | 18.100 (817) | 635 | 290 | 736 | 2.850 (100) | 5.068 (178) | 18.836 (661) |
| Istituti magistrali | 3.807 (100) | 9.578 (251) | 17.252 (453) | 1.161 | 4.526 | 6.916 | 4.968 (100) | 14.104 (284) | 24.168 (486) |
| Istruzione tecnica | 6.710 (100) | 28.491 (439) | 49.170 (733) | 210 | 2.651 | 2.638 | 6.920 (100) | 32.142 (464) | 51.808 (744) |
| Istituti agrari | - | 1.780 | 1.462 | - | - | - | - | 1.780 | 1.462 |
| Istituti industriali | - | 6.948 | 14.801 | - | - | 191 | - | 6.948 | 14.992 |
| Istituti nautici | - | 1.793 | 2.150 | - | - | - | - | 1.793 | 2.150 |

| Istituti commerciali | - | 17.704 | 18.633 | - | 1.274 | 1.000 | - | 18.978 | 19.633 |
|---|---|---|---|---|---|---|---|---|---|
| Istituti per geometri | - | | 10.767 | - | | 493 | - | | 11.260 |
| Istituti per il turismo | - | - | 309 | - | - | - | - | - | 309 |
| Istituti per corrispondenti | - | - | 155 | - | - | 99 | - | - | 254 |
| Istituti femminili | - | 1.266 | 893 | - | 1.377 | 855 | - | 2.643 | 1.748 |
| **Istruzione professionale** | **1.241** (100) | **7.346** (592) | **14.577** (1174) | **277** | **447** | **111** | **1.514** (100) | **7.793** (514) | **14.688** (970) |

Fonte: Relazione73, p. 1871, modificato.

Unità scolastiche per tipo di istruzione secondo la posizione giuridica delle scuole (in dati assoluti: tra parentesi le variazioni con base d'indice =100 al 1948-49):

| Tipo di istruzione | Statale | | | Non statale | | | Totale | | |
|---|---|---|---|---|---|---|---|---|---|
| | 1948-49 | 1961-62 | 1968-69 | 1948-49 | 1961-62 | 1968-69 | 1948-49 | 1961-62 | 1968-69 |
| **Grado preparatorio** | - | - | - | 440 | 1.497 | 1.481 | 440 (100) | 1.497 (340) | 1.481 (336) |

| | | | | | | | | ) | |
|---|---|---|---|---|---|---|---|---|---|
| Istruzione elementare | 1.779 (100) | 1.758 (99) | 1.894 (106) | 282 | 394 | 444 | 2.061 (100) | 2.152 (104) | 2.338 (113) |
| Istruzione media | 188 (100) | 630 (335) | 623 (331) | 137 | 111 | 90 | 325 (100) | 741 (228) | 713 (219) |
| Istruzione classica, scientifica, magistrale | 73 (100) | 101 (138) | 134 (183) | 111 | 99 | 96 | 184 (100) | 200 (108) | 230 (125) |
| Ginnasi- licei | 50 | 56 | 62 | 84 | 49 | 35 | 134 (100) | 105 (78) | 97 (72) |
| Licei scientifici | 6 | 22 | 41 | 8 | 5 | 6 | 14 (100) | 27 (192) | 47 (335) |
| Istituti magistrali | 17 | 23 | 31 | 19 | 45 | 55 | 36 (100) | 68 (189) | 86 (239) |
| Istruzione tecnica | 30 (100) | 78 (260) | 125 (416) | 6 | 24 | 27 | 36 (100) | 102 (283) | 152 (422) |
| Istituti agrari | - | 6 | 6 | - | - | - | - | 6 | 6 |
| Istituti industriali | - | 10 | 25 | - | - | - | - | 10 | 27 |
| Istituti nautici | - | 7 | 8 | - | - | - | - | 7 | 8 |

| | | | | | | | | | |
|---|---|---|---|---|---|---|---|---|---|
| Istituti commerciali | - | 49 | 43 | - | 6 | 8 | - | 58 | 51 |
|  |  | | 33 | - |  | 4 | - |  | 37 |
| Istituti per geometri | - | | | | | | | | |
| Istituti per il turismo | - | - | 1 | - | - | - | - | - | 1 |
| Istituti per corrispondenti | - | - | 4 | - | - | 2 | - | - | 6 |
| Istituti femminili | - | 6 | 5 | - | 15 | 11 | - | 21 | 16 |
| **Istruzione professionale** | 27 (100) | 68 (251) | 139 (515) | 8 | 5 | 3 | 35 (100) | 73 (208) | 142 (405) |

Fonte: Relazione73, p. 1873, modificato.

"Particolare cura la Commissione ha dedicato all'analisi della situazione dell'edilizia scolastica nell'isola, in considerazione della forte presenza del potere mafioso nelle attività di speculazione sulle aree fabbricabili e sull'edilizia e, inoltre, tanto in considerazione dei condizionamenti che la mancanza di adeguate infrastrutture pone al proficuo sviluppo delle istituzioni scolastiche, quanto per accertare eventuali colpe od omissioni degli organi locali nella costruzione delle opere, quanto, fine, per formarsi un'opinione sulla validità o meno degli strumenti normativi attuali, ai fini di una rapida realizzazione delle opere necessarie" [492].

---

492 Relazione73, p. 1906.

"Indubbiamente la situazione dell'edilizia scolastica nell'isola presenta lacune veramente considerevoli. Se si guarda all'ultimo censimento effettuato dall'ISTAT [...], la Sicilia si pone tra le regioni che per il passato meno hanno realizzato in questo campo e che presentano, in relazione allo sviluppo scolastico di questi ultimi anni, il maggior numero di carenze: Secondo dati ISTAT (annuario 1970) antecedenti al terremoto, la Sicilia registra le maggiori carenze di aule (35 alunni in media per aula, contro una media nazionale di 25). L'insufficienza è marcatamente più accentuata nelle province occidentali dell'isola, fino al caso della provincia di Agrigento, che dispone di un'aula per ogni 59 allievi. Nella città di Palermo mancano 822 aule solo per le scuole elementari, per cui oltre 20 mila alunni sono costretti a frequentare il doppio o il triplo turno in locali che, per gran parte, sono inidonei e antigenici, e con una media di 29 alunni per classe. Sempre nelle province della Sicilia occidentale, si segnalano i più elevati indici di diserzione ed evasione dalla scuola primaria e dalla scuola dell'obbligo. Solo nella provincia di Palermo vi sono oltre 10 mila ragazzi che disertano la scuola elementare. Secondo i dati a suo tempo raccolti dalla Commissione parlamentare d0indagine sullo stato e sullo sviluppo della scuola in Italia, si contavano 63.094 casi di evasori e inadempienti, che costituivano il 30 per cento della massa degli evasori ed inadempienti di tutte le regioni d'Italia. Senza eccessivo pessimismo, si può affermare che tale fenomeno si mantiene in gravissime proporzioni ancora oggi [...]. Pure, l'intervento dei poteri centrali non è stato certo inferiore a quello posto in essere in altre regioni. Nel periodo che va dall'immediato dopoguerra all'inizio del piano quinquennale, il Ministero della pubblica istruzione ha concesso mutui per un ammontare di lire 44.954.000.000 per l'intera isola, di cui solo 6.554.000.000 sono stai utilizzati per opere completate. Esistono oggi, infatti, contributi per un ammontare di lire 38.400.000.000 che attendono ancora di essere impiegati e precisamente 15.666.000.000 per opere in corso di attuazione e 22.734.000.000 (oltre il 50 per cento) completamente inutilizzati (tanti quanti non sono stati utilizzati da tutte le regioni dell'Italia settentrionale). La causa di questo ristagno potrebbe certamente individuarsi nella complessità delle procedure, nella difficoltà di ottenere i necessari finanziamenti della Cassa depositi e prestiti, nella mancanza di adeguate strutture tecniche, specie nei piccoli comuni, nell'accavallarsi di norme particolari riguardanti le vaste zone sismiche dell'isola, ma è opinione della Commissione che tutto ciò giustifichi solo in parte la mancata costruzione di opere [...].

Le cause più sopra individuate non sono infatti specifiche della Sicilia, ma investono un po' tutte le regioni italiane. Pure, in nessuna di esse è dato riscontrare quanto la Commissione ha riscontrato in Sicilia ed, in particolare, nelle provincie occidentali della stessa. L'amministrazione provinciale di Trapani, prima della emanazione della legge n. 641 del 28 luglio 1967, non ha mai chiesto al Ministero della pubblica istruzione promesse di contributo per la costruzione di edifici scolastici. Ha totalmente ignorato la legge n. 589 del 3 agosto 1949 e la n. 645 del 9 agosto 1954. Solo nel 1967 ha chiesto i finanziamenti previsti dalla legge n. 641, ma dava prova ulteriore di incuria non osservando i termini previsti per la progettazione e rinunciando a 1.577 milioni di finanziamenti.

E' lecito a questo punto, chiedersi se, in qualche caso, non abbia influito sulla mancata realizzazione delle opere un qualche interesse privato dei locatori [...]. Ebbe a riferire il provveditore agli studi di Trapani il 23 maggio 1969: 'Qui a Trapani tutti gli istituti di secondo grado sono in locali privati. Paga l'amministrazione provinciale e noi non sappiamo nemmeno quello che paga: sia alla curia, sia ad altri enti, sia ai salesiani... Lo stesso avviene a Marsala [...]'. Specifici accertamenti compiuti in questa direzione hanno dato risultati che, specie in alcune zone, non possono non lasciare perplesso un attento osservatore [...].

Si riporta quanto dichiarò alla Commissione il 9 luglio 1969 il prefetto di Palermo, dottor Ravalli: 'C'è una curva parallela tra il fenomeno mafia e il fenomeno dell'inerzia dei progetti. Dimostrare questo legame non è facile; però è un fatto che il ritardo fondamentale si verifica dal momento in cui gli enti costruttori ricevono la lettera della Cassa depositi e prestiti che ammette il contributo e fissa un termine per la presentazione del progetto. Da questo momento comincia l'inerzia di questi comuni [...]. Perché i comuni non fanno fare tempestivamente i progetti? Perché se li vediamo presentati dopo tre anni, è chiaro che i finanziamenti non sono più sufficienti'.

Esempi scandalosi non mancano e sono esempi di inerzia che si accompagnano a casi di irregolarità e di abusi compiuti sulle aree scelte per la costruzione di scuole, destinate poi, non a finalità pubbliche ma a speculazioni private" [493].

Si cita [494] quanto riferisce l'ingegner Catalano del genio civile di Palermo, sulla scuola elementare di Borgetto (Palermo) - nel 1960 sono assegnati 30 milioni, il progetto giunge al genio civile nel settembre 1961, viene restituito al Comune per essere rielaborato un mese dopo, non se ne ha notizia per 4 anni, nel 1965 il comune chiede giudizio di idoneità per una nuova area, la Commissione provinciale edilizia scolastica dà parere favorevole e il Provveditorato alle opere pubbliche emette il decreto di vincolo (novembre 1965), il genio civile richiede i progetti (per legge il Comune deve darglieli entro 2 mesi), ma niente -; e sulla scuola elementare di Belmonte Mezzagno (Palermo) - il progetto era approvato dalla commissione provinciale edilizia scolastica nel novembre 1963, ma nel novembre 1965 il Comune diceva che l'area non era più disponibile perché erano sorte delle costruzioni, nonostante il vincolo posto nel 1963, la commissione provinciale approva la nuova area segnalata dal Comune nel 1966, ma il Comune dissente da tale scelta (luglio 1967).

E ancora:

---

493 Relazione73, p. 1906-1907.

494 Relazione73, p. 1907.

"Al Comune di Villabate (Palermo) fu concesso fin dal 1957 un contributo di 50 milioni per la costruzione della scuola elementare. Si aggiunsero, poi, contributi integrativi per altri 25 milioni. Ma la scuola non si è ancora potuta costruire per l'opposizione del noto mafioso locale Vitale, proprietario dell'area. Da notare che gran parte dei contributi furono concessi per far fronte a maggiori spese per l'acquisizione dell'area che il proprietario, nonostante impegni presi, non ha voluto cedere, impedendone anche l'esproprio" [495].

"Un caso di obiettiva coincidenza tra l'operato dell'amministrazione comunale di Palermo e interessi particolari ai danni della scuola, è quello della variante al piano regolatore e della osservazione n. 1340 relativa allo spostamento di una scuola e all'aumento della densità edilizia sulla circonvallazione, accolta dal Comune, in favore dei noti mafiosi Citarda Matteo e Di Trapani Nicolò, sottoposti a misure restrittive della libertà per associazione a delinquere. Sempre a Palermo, il progetto per la costruzione della scuola media XXVII maggio, già approvato e finanziato, è stato ritirato dal Comune a seguito di cambiamento dell'area. Casi analoghi si sono verificati anche in provincia di Agrigento, dove i contributi statali concessi e non utilizzati anteriormente alla legge 28 luglio 1967, n. 641, ammontano a lire 3.664.400.000" [496].

Sulle speculazioni riguardanti le aree, assegnate alle scuole ma poi abusivamente occupate e non più restituite, sono citati i casi del rione Esseneto, dei comuni di Favara, Mussomeli, Partanna (Trapani), Marsala (scuola elementare di via dello Sbarco) [497].

"Per quanto riguarda poi gli edifici scolastici costruiti dalla Regione, come risulta dalla relazione del provveditore agli studi di Palermo dottor Rivarola, sono

---

495 Relazione73, p. 1908.

496 Relazione73, p. 1908.

497 Relazione73, p. 1909.

da rilevare casi come quelli di Mezzoiuso, Bisacquino e Ciminna, in provincia di Palermo, dove, dopo 3 o 4 anni dall'inizio della costruzione, gli edifici scolastici sono stati abbandonati perché pericolanti" [498].

Con la legge 23 luglio 1967, n. 641 si dava il via a un piano biennale per l'edilizia scolastica. Ebbene,

> "per la mancata presentazione dei progetti entro i termini stabiliti in base all'articolo 16 della legge, si è perduta la possibilità di accedere a finanziamenti per un totale di lire 4.743.500.000 già stanziati per l'isola. Di questi, 3 miliardi e 776 milioni riguardano le tre province di: Palermo per 525 milioni, Trapani per 1.577 milioni, Agrigento per 1.674 milioni. E' una riprova dell'andamento parallelo della mafia e della inerzia dei progetti nell'edilizia scolastica. In provincia di Catania, la più importante dell'isola dopo Palermo, sono rimasti esclusi due soli edifici per complessive 17.400.000 lire. Tale cifra è stata superata, in provincia di Palermo, dal solo comune di Caccamo, centro di mafia, che doveva presentare i progetti di due edifici scolastici per un importo complessivo di 25 milioni" [499].

Situazione dei progetti finanziati secondo la legge 641 (28 luglio 1967, programma biennale 1967-68) al 30 marzo 1971:

| Regioni | rapporti percentuale: opere programmate con | | |
| --- | --- | --- | --- |
| | Opere ultimate, appaltate, in corso di appalto | Progetti presentati | Progetti approvati |
| Piemonte | 37 | 89,24 | 80,87 |

---

498 Relazione73, p. 1910.

499 Relazione73, p. 1910.

| | | | |
|---|---|---|---|
| Liguria | 36,14 | 93,97 | 65 |
| Lombardia | 60,9 | 89,5 | 77,90 |
| Trentino-Alto Adige | 46,15 | 92,3 | 73,84 |
| Veneto | 68,1 | 83,78 | 71,28 |
| Friuli-Venezia Giulia | 68 | 94,84 | 89,69 |
| Emilia Romagna | 50 | 97,25 | 81,86 |
| Marche | 64,88 | 98,47 | 93,13 |
| Toscana | 34,8 | 95,09 | 73 |
| Umbria | 44,8 | 95,4 | 72,41 |
| Lazio | 17,7 | 99,8 | 47,41 |
| Campania | 43,5 | 95,64 | 61,49 |
| Abruzzo | 67,8 | 90,8 | 85,05 |
| Molise | 96,3 | 98,14 | 96,29 |
| Puglie | 63,6 | 97,52 | 85,39 |
| Basilicata | 64,2 | 90,47 | 67,85 |
| Calabria | 31,1 | 95,69 | 56,22 |
| **Sicilia** | **16,8** | **97,31** | **38,50** |
| Sardegna | 21,5 | 96,12 | 68,10 |

Fonte: Relazione73, p. 1911.

"La Sicilia ha impegnato, per opere scolastiche ultimate, appaltate o in corso di appalto, soltanto il 16,8 per cento delle somme concesse con il programma per il biennio 1967-68. Si riscontra la percentuale più bassa tra tutte le regioni, assai inferiore alla media nazionale che è pari al 46,06 per cento. La Sicilia è la regione che registra anche il peggior rapporto tra progetti approvati e finanziamenti concessi, pari al 38,5 per cento, mentre alta è la percentuale dei progetti presentati: 97,31 per cento. la spiegazione di questo dato la troviamo in un articolo della legge n. 641 che consente il ricorso a prestazioni di liberi professionisti. Ad esempio, nel comune di Palermo, secondo dati non ufficiali, il 90 per cento dei progetti sarebbe stato eseguito da liberi professionisti, mentre una aliquota assai modesta sarebbe stata opera degli uffici tecnici dell'amministrazione comunale. Va però aggiunto che la Sicilia registra il primato dei progetti respinti: 106 contro i 259 di tutte le altre regioni messe assieme, per un importo di 14.876 milioni contro 21.887 milioni di tutta la restante parte d'Italia. I progetti respinti per la Sicilia sono di importo tre volte superiore a tutti i progetti respinti per tutte le regioni dell'Italia settentrionale, dove la gran parte della progettazione è stata eseguita dagli uffici tecnici degli enti locali. I dati delle singole province siciliane mettono in rilievo il grave ritardo di Palermo che ha solo il 22 per cento dei progetti approvati, contro una media del 38 per cento" [500].

Stato di attuazione delle opere di edilizia scolastica (situazione al 30 settembre 1970), sulla base della legge 28 luglio 1967, n. 641, programmate per il biennio 1967-68:

| Provincia | Finanziamenti concessi in programma | | Situazione progetti | | | |
|---|---|---|---|---|---|---|
| | | | Presentati | | Approvati | |
| | N. opere | Somma | N. opere | Somma | N. opere | Somma |
| Agrigento | 72 | 5.685,4 | 68 | 5.427,9 | 36 | 2.107,9 |
| Caltanissetta | 44 | 3.880 | 44 | 3.880 | 36 | 2.662,5 |
| Catania | 69 | 7.770 | 68 | 7.761 | 37 | 3.015,5 |
| Enna | 52 | 2.887 | 52 | 2.887 | 41 | 1.852,5 |
| Messina | 76 | 7.295,5 | 74 | 7.201,5 | 59 | 4.972 |
| Palermo | 91 | 12.866,1 | 86 | 12.373,3 | 31 | 2.817 |
| Ragusa | 27 | 2.394 | 27 | 2.394 | 8 | 229 |

500 Relazione73, p. 1910.

| | | | | | | | |
|---|---|---|---|---|---|---|---|
| Siracusa | 45 | 4.894,7 | 42 | 4.564,7 | 29 | 2.747,2 | |
| Trapani | 48 | 4.200,5 | 33 | 3.017,1 | 26 | 186 | |
| **Regione** | **524** | **51.874,3** | **494** | **49,506,6** | **283** | **20.590** | |

Fonte: Relazione73, p. 1912. Somme espresse in mln

| Provincia | Situazione delle opere e dei lavori | | | | | | | |
|---|---|---|---|---|---|---|---|---|
| | In corso di appalto | | Gare deserte | | Attuati | | Ultimati | |
| | N. opere | Somma | N. opere | Somma | N. opere | Somma | N. opere | Somma |
| Agrigento | 4 | 102 | - | - | 7 | 254,5 | 2 | 23 |
| Caltanissetta | 9 | 869 | 3 | 36,5 | 16 | 1.264 | - | - |
| Catania | 16 | 1.372,7 | - | - | 12 | 772,8 | - | - |
| Enna | 10 | 442 | - | - | 14 | 687,5 | 2 | 6 |
| Messina | 8 | 1.173 | 7 | 337,5 | 23 | 1.657,9 | - | - |
| Palermo | 6 | 566 | 3 | 41 | 7 | 512 | - | - |
| Ragusa | - | - | - | - | 5 | 174 | - | - |
| Siracusa | 3 | 126,5 | 2 | 138 | 7 | 319,8 | - | - |
| Trapani | 2 | 75,5 | 1 | 14 | 1 | 6 | - | - |
| **Regione** | **58** | **4.726,7** | **16** | **567** | **92** | **5.648,6** | **4** | **29** |

Fonte: Relazione73, p. 1913. Somme espresse in mln

Stato di attuazione delle opere di edilizia scolastica (situazione al 30 settembre 1970), sulla base della legge 28 luglio 1967, n. 641, programmate per il triennio 1969-71:

| Provincia | Finanziamenti concessi in programma | | Situazione progetti presentati | |
|---|---|---|---|---|
| | N. opere | Somma | N. progetti | Somma |
| Agrigento | 46 | 4.333 | 16 | 1.933 |
| Caltanissetta | 36 | 6.053,6 | 27 | 2.818,5 |
| Catania | 71 | 13.774,4 | 34 | 6.550 |
| Enna | 18 | 2.197,5 | 7 | 1.179 |
| Messina | 79 | 6.872,7 | 44 | 2.453,3 |
| Palermo | 80 | 8.119,8 | 18 | 1.083,1 |
| Ragusa | 24 | 1.413,7 | 19 | 1.099,7 |
| Siracusa | 31 | 3.689,3 | 20 | 2.116,7 |
| Trapani | 34 | 4.038,5 | 19 | 2.037 |
| **Regione** | **419** | **50.492,7** | **204** | **21.270,4** |

Fonte: Relazione73, p. 1914. Somme espresse in mln

| Provincia | Situazione dei progetti: non presentati | | | | | | | |
|---|---|---|---|---|---|---|---|---|
| | Per proroga richiesta | | In attesa scelta area | | Per motivi non specificati | | Totale non presentati | |
| | N. progetti | Somma | N. progetti | Somma | N. progetti | Somma | N. progetti | Somma |
| Agrigento | 4 | 400 | 4 | 927 | 22 | 1.073 | 30 | 2.400 |
| Caltanissetta | 5 | 2.060,1 | 4 | 1.175 | - | - | 9 | 3.235,1 |
| Catania | 1 | 15 | 10 | 3.791 | 26 | 3.418,3 | 37 | 7.224,3 |
| Enna | 3 | 21 | - | - | 8 | 997,5 | 11 | 1.018,5 |
| Messina | 6 | 500 | 1 | 200,7 | 28 | 3.718,6 | 35 | 4.419,4 |
| Palermo | 41 | 4.451 | 6 | 1.022 | 15 | 1.563,7 | 62 | 7.036,7 |
| Ragusa | - | - | - | - | 5 | 314 | 5 | 314 |
| Siracusa | - | - | 3 | 960 | 8 | 612,5 | 11 | 1.572,5 |
| Trapani | 2 | 174 | - | - | 13 | 1.827,5 | 15 | 2.001,5 |
| **Regione** | 62 | 7.621,1 | 28 | 8.075,7 | 125 | 13.525,4 | 215 | 29.222,2 |

Fonte: Relazione73, p. 1915. Somme espresse in mln

"Per quanto riguarda il programma per il triennio 1969-1971, nella provincia di Palermo sono stati presentati al 30 settembre 1970 progetti corrispondenti solo al 13 per cento dei finanziamenti del programma, contro una media regionale del 42 per cento" [501].

---

501 Attanasio83, p. 66

Affermò il prefetto di Caltanissetta, dottor Monarca, il 16 ottobre 1969 alla Commissione Antimafia:

> "Si verificano cose che, per me che sono qui da un anno e mezzo, appaiono incomprensibili, come fabbricati scolastici a metà finiti e poi abbandonati. A Villalba, per esempio, c'è un edificio scolastico in funzione e poi, accanto, l'edificio scolastico già finanziato e poi costruito e troncato a metà. Immaginatevi anche l'effetto psicologico sugli scolari che vedono la scuola nuova con tutto il nuovo arredamento nell'altra ala, che va in malora. E questo accade a Villalba, dove c'è qualcosa di più dell'apatia [...]. Insomma, favorire l'amico e il parente vale più che dare un nuovo edificio scolastico ai bambini. La cosa è semplice, e non è facile provare l'esistenza di un interesse privato, perché ci son sempre gli intralci burocratici a far da paravento [...]. Io posso dichiarare che tutte le scuole della provincia di Caltanissetta sono non adatte, igienicamente, al precetto scolastico, tutte non adatte per la salute dei bambini; e l'ufficiale sanitario può accertarlo" [502].

Per la Commissione Antimafia, "nelle province della Sicilia occidentale si registrano [...] i primati delle aule scolastiche prese in affitto dai privati. Nella città di Palermo su 2.703 aule disponibili per tutti gli studenti delle elementari e delle scuole medie di primo e secondo grado 1.335 aule, pari al 49,6 per cento, sono prese in affitto. Nella provincia di Agrigento su 1.170 aule ben 740, pari al 63 per cento di tutti i locali adibiti a scuole, sono affittati da privati. Tale fenomeno si è aggravato con il terremoto, ma era assai pronunciato anche prima" [503].

Secondo il prefetto di Palermo, dottor Ravalli (dichiarazione del luglio 1969 alla Commissione Antimafia):

---

502 Relazione73, p. 1916.

503 Relazione73, p. 1916.

"Soprattutto nel periodo in cui si verificò il terremoto, sopravvenne una drastica esigenza nel settore scolastico, perché un forte numero di edifici scolastici, che erano insufficienti o fatiscenti, furono in gran parte messi fuori uso, e, quindi, dovemmo ricorrere a provvedimenti straordinari di requisizione, provvedimenti che io adottai nei riguardi dei fabbricati che erano disponibili in quel momento. Può anche darsi che tra questi edifici disponibili in quel momento ce ne siano stati molti appartenenti a figure discusse, come il costruttore Vassallo [...]. Posso citare anche il caso specifico di un presidente di amministrazione provinciale che, allorché ero alla ricerca di una nuova sede per la prefettura, mi propose di trasferire la prefettura in un palazzo nuovo. Io obiettai che il palazzo sarebbe costato 50 milioni contro i 12 milioni che, allora, spendevamo. Il ministero avrebbe potuto ammettere un aumento della spesa, ma non così ingente. 'Non si preoccupi - mi rispose il presidente - la differenza la pagherebbe la provincia'. Veramente è noto che la Provincia è un ente deficitario, e, quindi, questa dichiarazione mi fece capire che quello che stava a cuore non era la sistemazione della prefettura, ma la sistemazione del palazzo. Ovviamente cestinai questa generosa offerta" [504].

A Palermo, scrive la Commissione Antimafia, "su 110 edifici privati, presi in affitto da enti locali (Comune e Provincia), ben 18 sono risultati di proprietà di un noto costruttore locale o di società dallo stesso controllate" [505]. Si trattava di Francesco Vassallo, allora messo sotto mira dalla Commissione. Riguardo ai locali, "la quasi totalità degli stessi è costituita da ambienti concepiti per diverso uso, e quando il costruttore, in vista evidentemente di una loro vantaggiosa collocazione, li ha, nel corso dei lavori, adattati al presumibile futuro uso scolastico, lo ha fatto con criteri di assoluta economia, prescindendo utilitaristicamente da qualsiasi considerazione di igiene scolastica" [506].

---

504 Relazione73, p. 1916-1917.

505 Relazione73, p. 1917.

506 Relazione73, p. 1917.

"E' il caso dell'istituto magistrale De Cosmi, del secondo istituto tecnico industriale e dell'istituto professionale di Stato Ascione, tutti e tre di Palermo, visitati dai membri di questa Commissione; tutti e tre sono sistemati in immobili di proprietà della impresa Vassallo o di società dallo stesso controllate. I primi due fanno parte di un complesso di immobili costruiti per uso di civile abitazione [...]; il terzo è stato costruito, sempre con criteri di una certa economia, su progetto del preside dell'istituto, su un'area destinata a campi di gioco per bambini [...]. Va aggiunto che parte delle classi dell'istituto magistrale e dell'istituto tecnico, nonché gli impianti sportivi e alcuni laboratori, sono allogati in due piani interrati, scarsamente illuminati e molto poco aerati. Non si può non rilevare come questa ultima opera sia stata realizzata contro le previsioni del piano regolatore. In una delle varie ricognizioni in Palermo, la Commissione ha visitato [...] il liceo scientifico Galileo Galilei in via del Fante, allogato in locali che la società per azioni SINCES ha concesso in locazione alla provincia di Palermo per lire 41.500.000 l'anno. E' opportuno porre in evidenza che amministratore della società è il geometra Profeta Girolamo, genero del costruttore Vassallo, insieme al quale ha costituito altre società di costruzione edilizie. Contrariamente a quanto rilevato per altre scuole visitate [...], questa è inserita in un plesso avente tutti i requisiti richiesti [...]. La Commissione è pervenuta al convincimento che tale complesso non sia stato edificato per ospitare alloggi civili [...]. I locali in questione furono requisiti il 13 ottobre 1969, e, poiché l'immobile è stato completato poco prima di tale data, se ne deduce che il lungimirante costruttore aveva prevista una requisizione a breve termine" [507].

"Una ulteriore dimostrazione della lentezza esasperante con cui il Comune di Palermo ha operato nel campo delle

---

507 Relazione73, p. 1917.

costruzioni di edifici scolastici, è fornita dalla mancata attuazione del programma che prevedeva l'installazione di cinque scuole prefabbricate: il programma di edilizia scolastica prefabbricata, nonostante il suo carattere di urgenza e benché finanziato fin dal 1965, non ha ancora visto sorgere nemmeno una scuola" [508].

"Il sisma del 1967 può giustificare solo in parte il gravissimo ritardo esistente nelle costruzioni di edifici scolastici in Palermo" [509].

"Notevoli perplessità ha suscitato il fatto che all'indomani del sisma, mentre non si è spesa neanche una lira dei 500 milioni stanziati dallo Stato per le riparazioni dei plessi scolastici di Palermo, vi sia stato un forte incremento della «industria degli affitti». Non provvedendo con tempestività a rimettere in condizioni di agibilità gli edifici scolastici riparabili, diventava stato di necessità ricorrere all'affitto, anche per le pressanti esigenze e le inevitabili proteste degli allievi, delle loro famiglie e dei professori. L'incalzare delle esigenze immediate, che si presentano particolarmente acute all'inizio di ogni anno scolastico, e le stesse proteste degli studenti, dei genitori e dei professori vengono sfruttate dai sostenitori dell'industria dell'affitto. La Commissione ha ascoltato diversi presidi di scuola che considerano Vassallo come un benefattore, perché si è presentato loro offrendo una soluzione per i locali della scuola che il Comune non è in grado di fornire. Il Vassallo ha potuto attuare un suo vero e proprio piano regolatore di edilizia scolastica, valendosi di un potere extra legale, esercitato addirittura tramite la provincia e il Comune di Palermo" [510].

---

508 Relazione73, p. 1917-1918.

509 Relazione73, p. 1918.

510 Relazione73, p. 1918.

La Commissione cita il caso dell'istituto tecnico Francesco Crispi, per cui la giunta propone al Consiglio provinciale dei locali di Vassallo (in via Lazio), descrivendo un primo piano che

> "in realtà, era un seminterrato, assolutamente inidoneo per una scuola, e non poteva divenire adatto per uso scolastico neppure con una serie di lavori di trasformazione [...]. Inoltre il prezzo pattuito di 24 milioni appariva eccessivo in base ai prezzi correnti sul mercato di Palermo. Con il canone di 24 milioni proposto, sarebbe stato possibile pagare il rateo di ammortamento di un mutuo per la costruzione di un edificio apposito per la scuola" [511].

Il 5 febbraio 1963 il Consiglio provinciale votava a maggioranza la deliberazione proposta; invalidata dalla commissione provinciale di controllo, la giunta provinciale la adottò lo stesso (seduta del 21 marzo): "con esecutività immediata, con il proposito di tagliar corto con i controlli e le obiezioni" [512]. Nel contratto si stabiliva una penale se i locali non fossero stati consegnati entro il 15 marzo 1963:

> "i locali vennero consegnati il 14 ottobre, con sette mesi di ritardo rispetto a quanto stabilito. Il Vassallo avrebbe, quindi dovuto pagare oltre un milione di penale: e invece, non solo i membri della giunta non chiesero il pagamento della penale da parte del Vassallo, ma fecero di tutto perché egli potesse ricevere 13.545.776 lire come canoni di affitto per il periodo 15 marzo-14 ottobre [...]. Dopo la consegna dei locali i professori e gli allievi scesero, comunque, in sciopero protestando per le aule buie ed umide, per l'inidoneità dei locali, ed il Vassallo dovette effettuare altri lavori di trasformazione. Appare chiaro che, nel caso degli affitti per la scuola Francesco Crispi di viale Lazio, i responsabili dell'amministrazione

---

511 Relazione73, p. 1918.

512 Relazione73, p. 1919.

provinciale abbiano servito più gli interessi di Vassallo che quelli della scuola" [513].

"Non un solo edificio scolastico è stato costruito dalla provincia per i licei scientifici e gli istituti tecnici di Palermo, sebbene la legge stabilisca precisi obblighi a carico dell'amministrazione provinciale" [514].

"Durante l'incontro con rappresentanti della Commissione il sindaco dottor Spagnolo, l'assessore all'urbanistica avvocato Matta e l'assessore al patrimonio Di Fresco hanno fatto l'esaltazione di Vassallo, come costruttore e anche come benefattore, per aver messo a disposizione della città numerosi locali per scuole ad affitti equi e per avere fornito assistenza e prestazioni continue per rifacimenti, riparazioni e manutenzioni di locali, successive ai contratti di affitto. Il sindaco ha addirittura criticato la Commissione antimafia per aver 'gonfiato' il fenomeno mafioso e per avere 'creato confusione attribuendo atti di malcostume e delinquenza comune alla mafia, la quale, invece, è praticamente ormai inesistente" [515].

"A seguito delle carenze della pubblica amministrazione nel fare fronte ai suoi compiti per la costruzione di edifici scolastici si è sviluppata a Palermo quella che si può definire 'l'industria dell'affitto'. La spesa globale annua che il Comune di Palermo sosteneva prima dei recenti aggiornamenti dei canoni per affitti di locali scolastici era di lire 605.154.000. Lire 308.514.000 spendeva, invece, allo stesso titolo l'amministrazione provinciale" [516].

---

513 Relazione73, p. 1919.

514 Relazione73, p. 1919.

515 Relazione73, p. 1920-1921.

516 Relazione73, p. 1921.

Immobili di proprietà di Francesco Vassallo locati al Comune come scuole, situazione al 5 agosto 1969:

| Ubicazione | Destinazione | Proprietario | Canone annuo |
|---|---|---|---|
| via G. Arcoleo 20 | media Cavour | F. Vassallo | 3.410.000 |
| via Raffaele Mondini 19 | media Alighieri | F. Vassallo | 6.770.000 |
| via Quarto dei Mille 4 | media Mazzini | F. Vassallo | 11.900.000 |
| via Libertà 88 | media Piazzi | F. Vassallo | 10.900.000 |
| via De Spuches 2 | media Pirandello | F. Vassallo | 10.600.000 |
| via Aquileia 34 | media Vittorio Veneto | F. Vassallo | 12.414.000 (canone in corso di rivalutazione) |
| via Leonardo da Vinci | ist. professionale di Stato Industriale Art. | spa Edilsud | 53.380.000 |
| piazza Gen. Turba 71 | Ist. statale d'arte con annessa Scuola media | F. Vassallo | 27.330.000 |
| via Leonardo da Vinci | Ist. magistrale De Cosmi | spa Edilsud | 40.000.000 |
| via D. della Verdura 17 | Ispettorato scolastico 1°, 2° circoscrizione | F. Vassallo | 2.165.000 |
| **Totale** | | | **180.869.000** |

Fonte: Relazione73, p. 1921.

Immobili di proprietà di Francesco Vassallo locati alla Provincia come scuole, dati riferiti all'anno scolastico 1969-70 e localizzati tutti a Palermo. Tranne che per il Liceo Galilei, i canoni risultano "in corso di rivalutazione":

| Ubicazione | Destinazione | Proprietario | Canone annuo |
|---|---|---|---|
| via Aquileia | Ist. tecnico commerciale Crispi | F. Vassallo | 35.970.000 |
| via Magg. Toselli | Ist. tecnico commerciale Ferrara (succursale) | F. Vassallo | 11.300.000 |
| via La Marmora | 2° Ist. tecnico industriale | F. Vassallo | 54.786.000 |
| via Malaspina | 3° Liceo scientifico | F. Vassallo | 67.500.000 |
| via Del Fante | Liceo scientifico Galilei | SINCES spa, Profeta Girolamo | 41.145.000 |
| **Totale** | | | **210.701.000** |

Fonte: Relazione73, p. 1922.

Totale canoni:

| Comune | 180.869.000 |
|---|---|
| Provincia | 210.701.000 |
| **Totale** | **391.570.000** |

Fonte: Relazione73, p. 1922.

Comune e Provincia "spendevano complessivamente lire 913.668.000 delle quali ben 391.570.000 (42 per cento circa) erano pagate a Vassallo ed a società dallo stesso controllate" [517].

> "L'industria degli affitti si è soprattutto sviluppata là dove ben precisi interessi privati hanno determinato l'espansione 'a macchia d'olio' dei quartieri di edilizia privata" [518].
>
> "Va rilevato che gli organi di controllo hanno continuato ad approvare le ingenti spese per gli affitti di edifici da destinare a scuole, quando vi erano notevoli stanziamenti che non venivano impiegati per la costruzione di nuovi edifici [...]. Né si può dire che gli uffici locali del genio civile siano stati sempre molto solleciti ad intervenire presso le amministrazioni del Comune e della Provincia per rimuovere ritardi ed inadempienze" [519].

Secondo la Commissione Antimafia, l'edilizia scolastica a Palermo

> "è stata sempre diretta con criteri contrastanti con le esigenze della programmazione scolastica. Nel 1965, quando il partito socialista italiano entrò a far parte della giunta comunale, ebbe assegnato l'assessorato all'urbanistica e quello della pubblica istruzione, ma nessuno dei due assessori (Guarraci, e Guadagna) nel breve periodo di operatività della nuova giunta, riuscì a modificare la situazione nel campo dell'edilizia scolastica, materia che peraltro venne poi sottratta al loro diretto controllo. Nella giunta precedente, l'assessorato diretto da Ciancimino sovraintendeva a tutta la materia dei lavori pubblici (urbanistica in senso ampio, piano regolatore, edilizia privata, edilizia scolastica). Tale assessorato, con la nuova giunta, venne sdoppiato in due branche: urbanistica e lavori pubblici; l'edilizia scolastica venne aggregata ai lavori pubblici, sotto la direzione dell'avvocato Giovanni Matta. Successivamente, quando

---

517 Relazione73, p. 1922.
518 Relazione73, p. 1922.
519 Relazione73, p. 1922.

questi lasciò l'assessorato ai lavori pubblici per passare a quello dell'urbanistica, portò con sé la responsabilità del settore dell'edilizia scolastica, ma la situazione di questa, sia prima sia dopo, continuò sulla scia dell'opera tracciata da Ciancimino: crebbe il ritardo nella progettazione delle scuole, aumentò il numero delle aule prese in affitto da privati, specie da Vassallo" [520].

"Allo stato attuale delle cose, la città di Palermo è in gran parte priva di edilizia pubblica scolastica. Ciò trova una spiegazione nelle carenze e distorsioni verificatesi nella politica urbanistica del Comune, ivi comprese le interferenze mafiose. Fin dal 1950 con il piano di ricostruzione non si previdero opere di urbanizzazione primaria e secondaria in proporzione alla popolazione e alla sua crescita. Della stessa insufficienza soffre il piano regolatore generale approvato nel 1962. Le aree per le strutture scolastiche e la cultura (in particolare: scuole, palestre, campi sportivi, verde pubblico) già sacrificate e modeste nel piano regolatore generale, vennero ulteriormente ridotte da una valanga di varianti e modifiche che si susseguirono in aperta violazione della legge urbanistica, sotto l'incalzare dell'azione di gruppi mafiosi" [521].

"La esasperante lentezza degli uffici del Comune di Palermo a predisporre quanto necessario per addivenire alla costruzione di edifici scolastici, si è accompagnata a manifestazioni della fulminea rapidità con cui gli stessi uffici hanno rilasciato progetti e licenze di costruzione a privati, in difformità al piano regolatore e, non poche volte, sacrificando proprio le aree prescelte per l'edilizia scolastica e il verde pubblico. Una tale irresponsabilità non si concilia con l'ipotesi della buona fede! Né possono essere trascurate le responsabilità del consiglio di giustizia

---

520 Relazione73, p. 1922-1923.

521 Relazione73, p. 1923.

amministrativa per avere assunto in varie circostanze decisioni contrarie al pubblico interesse" [522].

"L'amministrazione comunale di Palermo ha perso un'importante occasione per affrontare, almeno in parte, le gravi carenze dell'edilizia scolastica, allorché rinunciò ad utilizzare tutte le possibilità offerte dalla legge n. 641 inerente al piano quinquennale dell'edilizia scolastica e decise di non applicare l'articolo 14 della legge che dava la possibilità, in mancanza di aree sufficienti previste dal piano regolatore, di indicare altre aree da destinare per l'edilizia scolastica la cui semplice indicazione costituiva già variante del piano regolatore; la legge dava facoltà di vincolo immediato e diritto di esproprio ad un prezzo conveniente per l'ente pubblico. Destinare ad edilizia scolastica nuove aree significava sottrarle alla speculazione privata, colpire interessi preesistenti costituitisi attraverso favoritismi, collusioni e anche, talvolta, al prezzo di feroci delitti di sangue. In nome degli interessi che non si potevano colpire e di un conflitto che si doveva evitare, ancora una volta la scuola è stata sacrificata, condannandola ad usufruire di scantinati umidi, senza aria e senza luce!" [523].

"La scuola è il servizio sociale primario di una civiltà moderna e tale dovrebbe essere considerata anche nella politica urbanistica dello Stato e degli enti locali. Per la città di Palermo non si può certamente parlare di razionale dislocazione urbanistica delle scuole, fortemente condizionata dai costruttori privati, specie da Vassallo, che ne hanno tratto vantaggio per l'affluenza e la conseguente valorizzazione degli edifici e delle aree circostanti. Molti genitori, con figli in età scolastica, preferiscono abitare in appartamenti situati vicino alla scuola. La dislocazione delle scuole a Palermo, specie delle scuole medie, che su 871 aule disponibili ne contano 776 (il 90 per cento) in affitto, presenta notevoli squilibri.

---

522 Relazione73, p. 1925-1926.

523 Relazione73, p. 1926.

> Avviene infatti, che interi quartieri ad edilizia popolare come il CEP [Centro edilizia popolare], fondo Raffo, fondo Patti, Bonaglia, Villa Turrisi, al 1969 erano ancora privi di scuole elementari e medie e che Borgo Nuovo ed altri quartieri delle borgate periferiche hanno i più elevati indici di sovraffollamento nelle scuole. Ed è proprio in questi quartieri popolari che si registrano alte percentuali di evasione scolastica" [524].

La Commissione cita i risultati del rapporto del Centro Studi Sociali ISAS di Palermo nel quartiere CEP: "su 3.155 abitanti, di cui 980 in età scolare, si possono rilevare i seguenti risultati: il 42 per cento di evasione dell'obbligo scolastico; oltre il 37 per cento di analfabeti tra la popolazione che non va più a scuola" [525].

Si citano le parole di don Pasquale Russo, parroco della chiesa del CEP: "Attualmente se lei viene al quartiere, pieno di ragazzi, e domanda: La scuola? La scuola non c'è. Al massimo sono alla terza elementare. Ho appena celebrato un matrimonio tra due ragazzi: lei ha firmato con una croce. E mi capita spesso così: ci sono grandi croci sui miei registri di matrimonio! Ed è gente che viene dall'ombra della cattedrale o da altri quartieri dove avrebbero potuto frequentare la scuola" [526].

> "I dati di Palermo, i più elevati di tutte le città d'Italia, sul deprecabile fenomeno dell'evasione dell'obbligo scolastico si accompagnano a quelli registrati dal tribunale per i minorenni sull'aumento, assai allarmante, della delinquenza minorile. Si verifica così l'assurdo di spendere i mezzi per il mantenimento di minori in carcere o nelle cosiddette case di rieducazione, ma non si ha la capacità di spendere le cifre destinate per costruire scuole moderne e istruire i ragazzi, aiutarli nello stato di bisogno, preservarli dai pericoli della corruzione" [527].

---

524 Relazione73, p. 1926-1927.

525 Relazione73, p. 1927.

526 Relazione73, p. 1927.

527 Relazione73, p. 1927.

"Le scuole materne, salvo pochi casi, sono alloggiate in locali angusti e poco igienici, comunque mai rispondenti ai criteri moderni delle scuole per l'infanzia [...]. In certi casi, data la penuria dei locali, le autorità comunali hanno deciso di organizzare le scuole materne negli stessi edifici delle elementari, con uso promiscuo di arredi e servizi igienici [...]. Assieme alla depressione economica e culturale è da notare che, a Palermo, vi sono oltre 100 mila bambini; una gran parte di questi, durante l'intera giornata, razzolano sui marciapiedi dei quartieri popolari, lasciati esposti ad ogni sorta di pericoli" [528].

"La Commissione giudica di portata gravissima le responsabilità di quanti hanno distorto o frenato lo sviluppo delle istituzioni scolastiche a Palermo e in Sicilia, hanno ritardato o impedito la costruzione delle scuole pubbliche" [529].

Vengono citati i casi frequenti di devastazioni e teppistaggio all'interno delle scuole, denunciate e rimasti impuniti: "ma la scuola a Palermo ha sofferto dell'azione di altri guastatori: i trafficanti che hanno sottratto, per altri usi, le aree destinate ad edilizia scolastica, gli amministratori e gli imprenditori dall' 'affitto facile' gli assessori che hanno anteposto agli interessi della scuola quelli della clientela" [530].

## Lo stato dell'Università

### Università e mafia

In una città profondamente dominata dall'intreccio affari-mafia, anche la vita dell'Università non poteva non esserne

---

528 Relazione73, p. 1927.

529 Relazione73, p. 1927.

530 Relazione73, p. 1928.

profondamente e intimamente condizionata. Diviene emblematico in quegli anni il caso della compra-vendita dei terreni del parco d'Orleans e del fondo Papau. E' solo uno dei tanti 'scandali' di Palermo.

> "Notevoli perplessità hanno suscitato nella Commissione le vicende relative alla compra-vendita dei terreni del parco d'Orleans e del fondo Papau su cui si dovevano costruire vari edifici dell'università di Palermo.
>
> Il 23 maggio 1950 il consiglio della facoltà di agraria riscontrò la convenienza di acquistare per conto dell'università i terreni del parco d'Orleans e del fondo Papau e votò unanimemente a favore dell'acquisto.
>
> Il 28 maggio il professor ingegner Margiotta, firmatario di un compromesso con i proprietari, offriva all'università l'acquisto della intera proprietà di 64 ettari al prezzo di 128 milioni.
>
> Il 3 giugno il preside della facoltà, professor Bruno, scrisse una lettera al magnifico rettore, onorevole Baviera, con la quale egli esponeva le esigenze di trovare una grande estensione di terra, sessanta ettari circa, possibilmente dentro la città, per farvi sorgere tutti gli istituti della facoltà e relativi campi sperimentali. Si presentava l'occasione di potere acquistare 64 ettari di terreno dei fondi Orleans e Papau con annessi fabbricati, attrezzature e impianti idrici al prezzo di soli 128 milioni di lire. Superfluo insistere sull'opportunità e convenienza dell'acquisto. L'area era ubicata all'interno della città, nella zona più salubre. Non vi era, in Palermo, altra area che offrisse le medesime caratteristiche e la sua ampiezza si prestava a risolvere altri pressanti problemi dell'edilizia universitaria.
>
> Sorprende che l'università acquisti poi soltanto 39 ettari di area vincolata a verde pubblico, affrontando la spesa di 100 milioni, mentre la restante parte, la migliore dal punto di vista edificabile, venne acquistata lo stesso giorno dai mafiosi Mancino Rosario e Sorci Antonino.

Non è da escludere che interferenze abbiano indotto il professor Margiotta a modificare l'offerta iniziale.

I verbali di seduta del consiglio di amministrazione dell'università, allegati all'atto di compravendita, testimoniano i contrasti e le perplessità al momento delle decisioni.

Titubante lo stesso magnifico rettore che, nella seduta del 14 giugno, si astenne dalla votazione; assunse un atteggiamento decisamente favorevole all'acquisto parziale solo dopo aver avuto conferma scritta dell'onorevole Restivo, con lettera 31 luglio 1950, dell'affidamento già datogli oralmente «che la Regione sarebbe intervenuta nell'aiutare l'Università nell'acquisto del fondo Orleans e Papau, dato l'enorme peso finanziario che avrebbe portato all'Università e l'inesistenza del formale impegno, da parte del professor Margiotta e dei locatari del fondo Orleans e Papau, di consegnarlo alla fine del contratto, assolutamente libero, all'Università». I venditori avevano un contratto di locazione con i mafiosi Castro, De bella, Sorci, Di Carlo.

La decisione definitiva di acquistare solo i 39 ettari venne presa il 24 luglio 1950; il commendator Russo Perez, intendente di finanza, dichiarò di essere contrario. Altri ribadirono di essere favorevoli all'acquisto dell'intera area e solo in via subordinata di accettare l'acquisto parziale.

Per il pagamento l'Università fece ricorso a due sovvenzioni ipotecarie: una di 60 milioni del Banco di Sicilia e l'altra di 40 milioni della Cassa di risparmio di Palermo.

Altra fatto sorprendente è che, un anno dopo la stipula del suddetto contratto, il Comune di Palermo si immise nel possesso di dieci ettari del terreno del fondo Papau che l'Università aveva promesso di vendergli, ed a sua volta consegnò una parte di tale terreno all'ESCAL, la quale vi edificò il villaggio di santa Rosalia, ed una parte all'INA casa. Ne nacque una controversia, derivante dal mancato pagamento di quanto dovuto dal Comune, che dura tutt'ora con enorme danno per l'Università.

Intanto, il terreno acquistato da Mancino e Sorci divenne oggetto di grandi operazioni speculative che videro impegnati altri noti mafiosi come Moncada, Aversa e Geraci, Genovese.

Nel 1960 l'Università dovette ricorrere all'acquisto di circa 3 ettari di terreno del parco d'Orleans che acquistò dal boss Mancino, in società con altri mafiosi, al prezzo di 103 milioni, 16 volte superiore cioè a quello da essi pagato. Non sono sembrate sufficientemente chiare le ragioni per le quali il rettore dell'Università non ha scelto di procedere all'esproprio di quell'area.

Fatto emblematico del potere mafioso ai danni della scuola è proprio quel contratto che vede da una parte la firma del professor Aiello, magnifico rettore dell'Università, e dall'altra le firme di:

Mancino Rosario, elemento di primo piano nel traffico della droga, oggi al soggiorno obbligato a Linosa, già condannato dal tribunale di Catanzaro a quattro anni di reclusione per associazione a delinquere;

Sorci Antonino, implicato assieme a mancino nel traffico di stupefacenti, luogotenente di Lucky Luciano. In un rapporto della guardia di finanza è scritto: «presso il Credito italiano di Napoli... erano detenute varie scritture e documenti. Tra questi ultimi era una scrittura privata di alcuni anni or sono, a firma di Antonino Sorci con la quale veniva dato atto che Lucania Salvatore (Lucky Luciano) era titolare di quote di proprietà di un terreno acquistato dallo stesso Sorci unitamente a Mancino Rosario»;

Di Carlo Angelo, da Corleone, già condannato dal tribunale di Palermo ad anni quattro e mesi undici di reclusione per associazione a delinquere, già appartenente alla cosca di Navarra e successivamente in rapporti di amicizia con Luciano Leggio. Implicato nel contrabbando internazionale di stupefacenti. Soggiornò negli USA dove fece parte della malavita;

Garofalo Gaetano, membro del consiglio di amministrazione dell'ISEP (Istituto sovvenzioni e prestiti), di cui erano soci una nutrita congrega di speculatori ed usurai tra i quali vi erano i già menzionati Sorci Antonino e Di Carlo Angelo;

Di Bella Susanna azionista e consigliere dell'ISEP, moglie di Sorci Antonino;

Di Carlo Luisa, da Corleone, sorella di Di Carlo Angelo" [531].

A parte questo caso, la Commissione Parlamentare d'inchiesta sul fenomeno della mafia, con la sua commissione d'indagine sulle strutture scolastiche in Sicilia, non potè andare oltre: nella scarna pagina dedicata all'Università - ben più approfondite risultano le pagine dedicate agli altri ordini e gradi scolastici - si dichiara che la commissione non ha "potuto condurre una indagine approfondita in direzione delle istituzioni universitarie, per obiettive difficoltà derivanti dalla loro autonomia" [532]. E tuttavia i relatori non si lasciano sfuggire alcuni rilievi, interessanti per ricostruire clima e metodi dell'epoca:

> "L'erogazione di contributi finanziari per l'istituzione di nuove facoltà e cattedre, è quasi sempre avvenuta senza concordare preventivamente con lo Stato modalità e tempi del suo intervento. La mancanza di un piano organico [...] è una delle cause dell'irrazionalità e episodicità di tanti interventi che sembrerebbero rispondere più a ben simulati interessi particolari che a quello generale degli istituti universitari dell'isola [...]. Numerosi [...] sono stati i provvedimenti di legge intesi a creare cattedre e posti di assistente di ruolo non tanto per le effettive esigenze dell'insegnamento, quanto per favorire singoli docenti" [533].

E inoltre:

---

531 Relazione73, p. 1928-1929.

532 Relazione73, p. 1903.

533 Relazione73, p. 1903.

> "Le università assai scarsamente sono state impegnate dall'assessore alla pubblica istruzione a collaborare per la elaborazione della politica culturale e scolastica della regione. Ad esempio, l'università non è mai stata consultata sui problemi didattici e organizzativi inerenti all'istruzione professionale in Sicilia" [534]

## Il degrado quotidiano dell'Università di Palermo

Oggi ci possono colpire anche con stupore queste connessioni tra mondo accademico e della cultura e mondo delle attività criminali. Meno se si pensa che il sistema di potere politico (democristiano) e sistema economico erano intrinsecamente intrecciati. Formavano un tutt'uno.

E' un clima di degrado che la città di Palermo e l'università subiscono, e che si riflette poi nella quotidianità dei rapporti tra i professori, tra gli assistenti, tra questi e gli studenti, e tra gli studenti stessi. Può essere interessante leggere un articolo pubblicato nella rivista «L'Unione siciliana», a firma Pasquale Piazza, il 20 ottobre 1960 [535]. La rivista faceva riferimento a Ludovico Corrao e ai suoi "cristiano sociali", era stampata a Palermo grazie alla collaborazione del gruppo de «L'Ora». L'occasione dell'articolo è l'aumento delle tasse universitarie, deciso dal rettore Aiello e dal direttore amministrativo avv. Caparella senza consultare l'ORUP (l'organismo rappresentativo degli studenti).

> "Non esiste proporzione tra tali milioni che l'Università introita annualmente e ciò che essa dà agli studenti come istruzione e preparazione professionale. Dove vanno a finire questi milioni? Non certo alla manutenzione di un complesso universitario che è tra i più rudimentali, tra i più sforniti e tra i più inadeguati d'Italia. Non certo a

---

534 Relazione73, p. 1903.

535 Tutto da rifare / Pasquale Piazza, in L'Unione siciliana, 20 ottobre 1960, a. II, n. 24, pp. 8-9 e 15. Cfr. Fondo Nino Recupero, Cart. 1, fasc. 2, 15.

pagare strumenti di insegnamento e servizi che non esistono, che l'università di Palermo non possiede" [536].

Vi è "un problema di deficienze, di carenze, di disorganizzazione, di inadeguatezza, coperto dall'andazzo che da anni ormai distingue la vita dell'Università, piena di apparenze e di forme più che di sostanza e di concretezza" [537].

Piazza denuncia "la speculazione dei libri di testo. Vi sono i testi ufficiali, ma questi contano poco, ché lo studente è obbligato a 'completare' la sua preparazione su 'parti speciali': queste parti speciali sono per lo più delle monografie di poche decine di pagine, che costano somme iperboliche e che il professore ha scritto al solo scopo di cavarne lucri non indifferenti. Non solo, ma per evitare che questi si esauriscano, taluni professori cambiano ogni anno la monografia, sicché lo studente è obbligato a comprarla nuova in libreria. Gli studenti hanno cercato di escogitare tutti i mezzi suggeriti dalla loro furbizia per sottrarsi a questa costosa tirannia. Ma i professori sono più furbi di loro. Le parti speciali che il prof. Mirabella ha imposto quest'anno [1960] agli studenti di legge, e che messe insieme non raggiungono le 400 pagine, costano complessivamente 6.000 lire. Moltiplicando per quanti sono i professori che impongono questo sistema, si può avere la idea di quello che viene spillato dalle tasche degli studenti. [...]Quanti studenti dispongono del denaro necessario da aggiungere all'onere pesantissimo delle tasse per acquistare questi libri di poche pagine e dal contenuto [...]privo di finalità didattiche?[...]Davanti a questo classico esempio di malcostume, come è possibile evitare che tutto il resto della vita universitaria non si adatti e non si modelli a un sistema di speculazioni, di traffici più o meno leciti e di arrangiamenti più o meno onesti?

---

536 Tutto da rifare / Pasquale Piazza, in L'Unione siciliana, 20 ottobre 1960, a. II, n. 24, pp. 8-9 e 15. Cfr. Fondo Nino Recupero, Cart. 1, fasc. 2, 15.

537 Tutto da rifare / Pasquale Piazza, in L'Unione siciliana, 20 ottobre 1960, a. II, n. 24, pp. 8-9 e 15. Cfr. Fondo Nino Recupero, Cart. 1, fasc. 2, 15.

C'è poi l'insaziabile *voracità* dei bidelli, veri padroni delle università , alcuni dei quali di una venalità disgustosa" [538].

Piazza riporta le parole di una studentessa di lettere, R.V.: "Chi viene dal liceo, nell'Università vede una cosa seria anche nel suo apparato. Questa sensazione dura fino ai primi esami. Infatti la domanda di iscrizione al primo anno veniamo a farla noi, rischiamo il pedaggio, ecc. ; ma il giorno in cui bisogna sostenere gli esami allora è indispensabile la onnipotente opera del bidello: se sei impegnata a sgobbare sui libri perché ci sono gli esami e non vuoi perdere una giornata o più tra Economato e Segreteria, tra Bolli, statini, e more [...] allora devi ricorrere al bidello il quale con i poteri soprannaturali di cui dispone, riesce a far tutto in vece tua. Questo costa dalle 500 alle 1.000 lire. Dove le trova l'universitario?" [539].

Continua Piazza: "Si direbbe infatti che tutta l'organizzazione dell'Università sia stata congegnata in modo da dare ai bidelli la possibilità di cavare soldi da tutto. I professori, anche quelli che fanno rarissime apparizioni all'Università, esigono, perché gli studenti possano sostenere gli esami, che essi siano muniti della firma di presenza a lezioni che magari non sono state mai tenute. Ma come si fa ad avere la firma? Abbordare direttamente il professore stesso andando a trovarlo fino a casa? E' un'impresa difficilissima, specie per coloro che sono sotto esami. Allora si ricorre al bidello, che ottiene le firme per miracolo, con estrema facilità. E i pezzi da 500 e da 1.000 lire piovono. Così è per avere un posto privilegiato nel turno degli esami, per evitare le spaventose code davanti ai pochi e disorganizzati sportelli dell'Economato e delle segreterie, così è per tutto. Il bidello domina questa situazione, incontrollato, incontrastato, tranquillo.

---

538 Tutto da rifare / Pasquale Piazza, in L'Unione siciliana, 20 ottobre 1960, a. II, n. 24, pp. 8-9 e 15. Cfr. Fondo Nino Recupero, Cart. 1, fasc. 2, 15.

539 Tutto da rifare / Pasquale Piazza, in L'Unione siciliana, 20 ottobre 1960, a. II, n. 24, pp. 8-9 e 15. Cfr. Fondo Nino Recupero, Cart. 1, fasc. 2, 15.

Un'altra speculazione [...] è quella del quindicinale universitario "Ateneo Palermitano". Ogni studente versa *obbligatoriamente* (perché compreso nelle tasse) lire 1.002 ogni anno per abbonamento a questo periodico che non si sa se è bollettino, se è portavoce oche diavolo altro. Un periodico che esce si e no sei volte in un anno, che non serve assolutamente a niente, che non è né ufficiale né ufficioso dell'Università, che pubblica i diari degli esami quando gli studenti li conoscono già a memoria, ebbene, gli studenti sono *obbligati* ad abbonarsi; anzi, per evitare lavoro alla fantomatica redazione di questo quindicinale che esce ogni mese debbono essi stessi compilare le targhette di indirizzo a loro nome. Questo giornale [...] costa si e no un paio di milioni all'anno. Ne cava agli studenti *almeno dieci*; dove vanno a finire gli altri *milioni*? [...]

C'è, alla Università di Palermo una sconcia e grottesca usanza: quella dei *papelli*. E' un vero grassaggio organizzato, che sotto il pretesto di mantenere viva una vecchia tradizione goliardica da modo di guadagnare somme non indifferenti a una specie di organizzazione mafiosa che imperversa nell'Atrio della Centrale. Chi va in questi giorni all'Università trova la solita 'cosca' che bracca coloro i quali hanno la 'sventura' di intraprendere gli studi universitari. Il pedaggio in media è di lire 3.000 a testa [...]. Talvolta si tratta di teppaglia, di vitelloni che non sono neanche iscritti alla Università. Le risse e i pestaggi sono all'ordine del giorno [...]. Questa faccenda dei *papelli* viene continuamente denunciata dagli studenti come un intollerabile abuso e una manifestazione di inciviltà ammantata di malinteso spirito goliardico. *Noi crediamo invece che essa sia pienamente giustificata.* I 'papellisti' non fanno che interpretare lo spirito di abusi e di sopraffazioni che regna all'Università; Prendono esempio da tutto il resto, vi si adattano e ne traggono la loro parte di profitto. Una società da i frutti della sua stessa pianta [...]. Le assenti, quelle di cui si sente la totale mancanza sono le Autorità accademiche. In questo marasma di clientele, di abusi, di prepotenze, di ingiustizie e di omertà, la massa studentesca universitaria 'tira avanti' oppressa da un solo pensiero: quello di uscirsene da questa babele il più presto possibile, dopo avere ottenuto il 'pezzo di carta'. E quando se ne sono usciti, questi giovani non si voltano neppure a guardare quella che per anni è stata per loro scuola di soperchierie e di ipocrisie. Se ne vanno con disgusto" [540]

L'articolo è del 1960, dicevamo. E' tuttavia un clima di degrado che continua e si rafforza durante tutti gli anni Sessanta e che non è solo dell'Università di Palermo. Il problema del Sessantotto a Palermo è allora vedere come e cosa determina il passaggio da una fase in cui la "massa studentesca" vive con rassegnata sopportazione la vita universitaria, a una fase in cui prende corpo la protesta nelle forme delle occupazioni e degli scontri, di quella che venne definita all'epoca "lotta studentesca".

| Anno | Iscritti all'Università di Palermo | Presenza delle donne | Laureati | Rapporto laureati/iscritti |
|---|---|---|---|---|
| 1961-62 | 14.254 | 3.910 (27,6%) | 1.387 | 8% |
| 1971-72 | 34.483 | 11.549 (37,5%) | 1.961 | 8% |
| 1978-79 | 43.818 | 18.407 (42%) | 3.448 | 7,6% |

Fonte: nostra tabella su dati presenti in Santino92, p. 64.

| | 1967-68 | | 1977-78 | |
|---|---|---|---|---|
| | v.a. | % | v.a. | % |
| Agraria | 96 | 1,89 | 498 | 4,92 |
| Architettura | 91 | 1,79 | 666 | 6,58 |
| Economia e commercio | 1.015 | 19,9 | 854 | 8,44 |

---

540 Tutto da rifare / Pasquale Piazza, in L'Unione siciliana, 20 ottobre 1960, a. II, n. 24, pp. 8-9 e 15. Cfr. Fondo Nino Recupero, Cart. 1, fasc. 2, 15.

| | | | | |
|---|---|---|---|---|
| Scienze statistiche ed economiche | - | - | 100 | 0,9 |
| Diploma di statistica | 37 | 0,73 | 43 | 0,42 |
| Farmacia | 45 | 0,73 | 206 | 2,04 |
| Giurisprudenza | 488 | 9,61 | 2.257 | 22,30 |
| Scienze politiche | 46 | 0,91 | 531 | 5,25 |
| Ingegneria | 534 | 10,52 | 796 | 7,88 |
| Filosofia | 171 | 3,37 | 193 | 1,91 |
| Lettere | 557 | 10,97 | 169 | 1,67 |
| Lingue e letterature straniere moderne | 82 | 1,62 | 456 | 4,51 |
| Vigilanza scuole elementari | 56 | 1,10 | 67 | 0,66 |
| Lingue e letterature straniere | 127 | 2,50 | 247 | 2,44 |
| Materie letterarie | 180 | 3,55 | 146 | 1,44 |
| Pedagogia | 183 | 3,61 | 495 | 4,89 |
| Medicina | 443 | 8,73 | 1.219 | 12,05 |
| Chimica | 67 | 1,32 | 27 | 0,27 |
| Fisica | 63 | 1,24 | 49 | 0,48 |
| Matematica | 382 | 7,53 | 200 | 1,97 |
| Scienze biologiche | 291 | 5,73 | 596 | 5,89 |
| Scienze geologiche | 59 | 1,16 | 249 | 2,46 |
| Scienze naturali | 64 | 1,26 | 55 | 0,54 |

Fonte: Santino92, p. 65.

## Dalle lotte sindacali alle lotte politiche

Nel corso degli anni Sessanta a Palermo, si assiste a un progressivo rafforzarsi delle lotte studentesche all'interno dell'università. Alla fine del 1960 si crea un forte movimento, a partire dalla Facoltà di Ingegneria e estesosi rapidamente a tutte le facoltà:

> "quel movimento traeva origine da sacrosante rivendicazioni sindacali, e il carattere sindacale gli assicurò il consenso unanime degli studenti, ed infine il successo. La Rappresentanza e l'UGI diressero il movimento che si era creato ma, quando poco dopo si effettuarono le elezioni per il rinnovo del Congresso, l'UGI non andò avanti, mantenne solo le posizioni precedenti. Probabilmente non era stata sufficientemente chiarita l'esistenza del rapporto tra il movimento e le forze che lo avevano diretto, né messe in luce le forze 'politiche' che quel momento sindacale potevano esaltare e sviluppare" [541]

Il rappresentante dell'UGI di Palermo, Carlo Cecere, deve ammettere nel 1963 la sconfitta di quel movimento, e il dominio all'interno dell'Università, negli organi di rappresentanza studentesca, le "maggioranze qualunquistiche: Intesa Cattolica, Liberali e Fascisti": "le Giunte espresse da queste maggioranze si sono caratterizzate per il più completo immobilismo".

L'ordine dei problemi strutturali e il clima nelle facoltà dell'Università di Palermo è tuttavia tale che scoppiano periodicamente scioperi e tentativi di organizzazione di una protesta collettiva degli studenti. Così, nel febbraio 1963 la lotta degli studenti di architettura contro la proposta di legge Longari, che chiede la costituzione a Palermo di un comitato inter-universitario per la riforma dei piani di studio di tutte le facoltà, e per il riconoscimento dell'autonomia all'Università, con l'inserimento dei rappresentanti nel consiglio di amministrazione e nei consigli di facoltà dei professori [542].

---

541 *Gli interventi al dibattito dalle associazioni goliardiche. Da Palermo* / Carlo Cecere, in Sicilia UGI, anno I, n. 5, dicembre 1963, p. 15.

542 *Palermo : Lo sciopero degli studenti di architettura* / Gino Lo Re, in Sicilia UGI, marzo-aprile 1963, p. 28.

A Palermo, come altrove, si assiste a un progressivo mutamento delle lotte, da semplici lotte sindacali, sistematicamente disattese dagli organi e dalle amministrazioni dell'Università, a lotte più politicizzate e politiche, che investono la lotta all'interno di una prospettiva di rinnovamento globale dell'Università prima, e poi all'interno di un quadro politico più complessivo di adesione con istanze di rinnovamento politico e culturale dell'intera società.

Architettura è la facoltà che sembra porsi alla testa delle agitazioni e dell'organizzazione delle lotte, soprattutto a causa della maggiori carenze di struttura e legislative. Tuttavia si tratta di lotte settoriali, di cui sono avvertibili i limiti.

Quando nel 1964 scoppiano le lotte nazionali contro il progetto di riforma Gui [543], l'Università di Palermo dopo le assemblee del 24-28 novembre, viene occupata il 30. E' un salto di qualità di cui si avverte immediatamente l'importanza non solo riguardo all'Università di Palermo ma rispetto a tutto il movimento studentesco italiano [544]. Le due maggiori organizzazioni studentesche, Intesa e UGP, organizzano e dirigono insieme le agitazioni contro il piano Gui. L'Intesa partecipa anche alle manifestazioni contro l'intervento americano nel Vietnam.

All'indomani dell'uccisione di Paolo Rossi (aprile 1966), anche a Palermo viene organizzata una manifestazione antifascista all'Università. Seguì una manifestazione fascista nella sede centrale, con scontri tra studenti. Il rettore chiamò la polizia che sgomberò i locali. Furono denunciati tre esponenti fascisti e una decina di studenti democratici. Su tale vicenda scrisse a caldo Franco Mistretta, sul Bollettino del circolo Labriola in cui militava, un resoconto che contiene anche interessanti valutazioni politiche che

---

543 Il 12 novembre 1964 la polizia disperde studenti e professori che manifestano a Roma per "la marcia della scuola" indetta da ADESSPI contro il Piano Gui, l'indomani 5 mila studenti medi scendono in sciopero a Roma, dispersi dalla polizia. Dal 24 novembre le assemblee in tutti gli atenei. Cfr. numero speciale di Sicilia UGI, dicembre 1964, anno II, n. 3.

544 "Lotte rivendicative e politiche di grande importanza si sono avute in tutti questi anni (Movimenti di archietttura, occupazioni etc.), ma il carattere generale delle esperienze più avanzate è stato uno scarso legame con tutti gli studenti ed una proiezione all'esterno estremamente insufficiente. Anche nelle esperienze delle assemblee generali di facoltà, che sono state una caratteristica di Architettura, si è trattato di esperienze più o meno vaste, più o meno politicamente definite, ma che trovavano il loro limite nella loro irripetibilità in altre facoltà ed in altri Atenei. Ora per la prima volta, dalle lotte unitarie contro il piano Fanfani, ma in un contesto politico assai diverso (la politica del centro sinistra e la sua crisi), l'azione ha toccato tutti gli strati studenteschi e l'opinione pubblica" (da *Le agitazioni contro il Piano GUI*, in Sicilia UGI, gennaio-febbraio 1965, p. 6).

danno un quadro di come la vicenda era vista all'interno di una parte della sinistra cittadina:

> "L'atteggiamento irresoluto del Rettore che, in omaggio ad un criterio di falsa obiettività, rifiutava in un primo momento financo una formale dichiarazione di antifascismo e delegava alle autorità di polizia il compito di accertare la responsabilità degli atti di violenza [...] irritava gli studenti antifascisti, i quali procedevano all'occupazione dell'Istituto di Matematica e, costituendosi in assemblea permanente antifascista, iniziavano un appassionato dibattito, cui partecipava anche qualche professore e un gruppetto di assistenti" [545].

Anche a Fisica professori e studenti organizzano uno sciopero non violento di 24 ore.

> "A questo punto, però, come in sostanza è accaduto a Roma e nelle altre università, le preoccupazioni unitarie e le meschine velleità strumentalizzatrici delle organizzazioni studentesche democratiche e delle federazioni giovanili dei partiti, intervenivano a strozzare il dibattito. L'occupazione frettolosamente abbandonata, dopo un meschino compromesso con le autorità accademiche; il dibattito veniva 'portato all'esterno', cioè, solito more, si concludeva con un inutile comizio unitario e antifascista in un cinema cittadino, nel quale naturalmente i soliti organizzatori riuscivano ad impedire che gli elementi più a sinistra prendessero la parola [...].

> Una esperienza affatto negativa, dunque? Possiamo rispondere senz'altro di no. Una serie di episodi recenti (tra i quali vanno inclusi quelli milanesi, del liceo Berchet e del liceo Parini) dimostra che nel corpo della gioventù studentesca italiana si va formando una minoranza d'avanguardia, estremamente seria ed impegnata, che ha il coraggio di manifestare con decisione la propria insofferenza per la struttura reazionaria dell'Università (ed in genere della scuola) italiana [...]. Venti anni di

---

545 *A proposito delle recenti manifestazioni universitarie* / Franco Mistretta, in: Bollettino politico-culturale del Circolo Labriola, n. 2.

regime 'democratico' non sono valsi a scalfire le strutture arretrate, paternalistiche, addirittura borboniche, dell'Università italiana, né a smuovere l'assurda indifferenza della gran massa degli studenti e dei docenti - cioè le premesse fondamentali di una presenza costante del fascismo, di una malattia cronica che periodicamente si acutizza. Purtroppo, le istanze di questa gioventù d'avanguardia (e di una piccola minoranza dei docenti) non trovano adeguato riscontro nei partiti di sinistra. Al di là di qualche buona analisi e di alcune battaglie parlamentari su aspetti particolari, i partiti di sinistra non hanno saputo, né voluto, condurre una lotta organica per la riforma dell'Università e della scuola italiana, mobilitare realmente le loro forze (pur non esigue) impegnate nella scuola in questa lotta. Si è giunti al punto non solo di lasciare all'Espresso l'onore e l'onere di una compiuta denuncia del feudalesimo universitario, ma di non dare alcun seguito a questa denuncia, nemmeno in sede parlamentare. E ciò mentre incombe sulla scuola italiana quel piano Gui, che rappresenta un tentativo insidioso di 'razionalizzare' (per quel tanto che serve alle esigenze del neocapitalismo) l'istruzione, salvando nello stesso tempo le strutture del privilegio e delle 'baronie', ed accentuando addirittura l'impostazione classista dell'istruzione media e superiore.

Non vogliamo qui analizzare le ragioni profonde di questo disinteresse per le questioni della scuola (che d'altronde sembra tipico dei partiti 'riformisti'). Ciò che importa, oggi, è che le forze d'avanguardia della scuola italiana comprendano, alla luce delle recenti esperienze, che la battaglia per il rinnovamento democratico non può essere delegata a forze e organizzazioni esterne, ma deve essere impostata in primo luogo all'interno della scuola stessa. Se, come sembra, a Palermo, un certo numero di studenti, di assistenti e di professori ha compreso che la battaglia dell'Università, debbono portarla avanti loro stessi, in prima persona, con nuove ed autonome forme di organizzazione, possiamo dire di aver tratto il giusto insegnamento dagli episodi deludenti del mese scorso" [546].

Nei due anni che precedono il 1968, si assiste a un certo fermento tra gli studenti medi palermitani. Il punto di scontro è l'autoritarismo dei presidi, momento spesso focale è dato dalla presenza di giornalini d'istituto e di gruppetti di studenti che attorno all'esperienza del "foglio" acquisiscono le prime nozioni di attivismo e militanza. Tra il 1967 e il 1972, gli studenti medi palermitani agiscono in piena sintonia con i modi e le forme della contestazione che provengono dalle altre realtà scolastiche italiane, medie e universitarie. Così, se a Milano c'è il caso de «La Zanzara», a Palermo è il caso del «Ciuco 70», giornalino del liceo Cannizzaro sulle cui pagine viene pubblicato un articolo sulle pulsioni sessuali giovanili e sul ruolo autoritario della famiglia. Le autorità scolastiche, ricorda Simona Mafai, "istruirono un vero processo per la pubblicazione di questo articolo, con la sospensione dalle lezioni degli studenti componenti il comitato di base, che si rifiutarono di fare il nome dell'articolista" [547].

# L'anno 1968 a Palermo

## Il movimento studentesco all'Università: la fase delle occupazioni

Nel febbraio 1968 la facoltà di Lettere è occupata. A marzo seguono le occupazioni di Scienze e di Architettura. Nello stesso marzo 1968 si forma l'Interstudentesco tra le scuole medie e vengono occupati tre istituti. Sempre a marzo, viene indetto lo sciopero generale, in cui i sindacati "vengono scavalcati a sinistra" [548].

---

546 *A proposito delle recenti manifestazioni universitarie* / Franco Mistretta, in: Bollettino politico-culturale del Circolo Labriola, n. 2.

547 L'episodio è citato nell'articolo *Presenza femminile* / Simona Mafai, in: L'ingranaggio inceppato : il '68 della periferia / a cura di Franco Riccio e Salvo Vaccaro. - Palermo : Ila Palma, 1992.

548 Così titola il «Giornale di Sicilia». Cfr. Santino92, p. 73.

E' la prima ondata del movimento studentesco a Palermo.

Nella mozione approvata all'assemblea generale della facoltà di Lettere e filosofia, scrivevano gli studenti palermitani:

> "Gli studenti [...] individuano il nuovo tipo di lotta universitaria: 1) nel rifiuto delle tradizionali forme di rappresentanza verticistica e burocratizzata e nell'instaurazione di una forma diretta di democrazia attraverso le assemblee di tutti gli studenti; 2) nella contestazione di tipo globale delle attuali strutture accademiche universitarie e delle strutture economiche e politiche che ne stanno a fondamento. Si vuole pertanto una ristrutturazione di fondo dell'Università attraverso una effettiva gestione del potere da parte degli studenti. Potere studentesco significa: a) gestione degli strumenti di formazione culturale, b) gestione amministrativa della facoltà". L'Università viene definita "una struttura di classe che riproduce e trasmette [...] l'ideologia della classe dominante spacciandola per conoscenza obiettiva e scientifica".

Obiettivi del movimento studentesco in questa prima fase sono: abolizione delle tasse, salario a tutti gli studenti, salario integrativo alle famiglie cui l'Università sottrae forza lavoro, organizzazione diretta degli studenti attraverso le assemblee generali di facoltà, potere deliberativo alle assemblee. Come nota Umberto Santino, "la mozione non fa nessun riferimento alla realtà specifica di Palermo" [549].

A Scienze si contesta l'autoritarismo dei docenti [550], ad Architettura si avvia una "contro-facoltà cogestita" [551].

Nel complesso, nei primi mesi del 1968, il movimento studentesco universitario palermitano sviluppa forme di esperienza di azione politica collettiva che hanno nell'imitazione di ciò che avviene nelle università del centro e del nord Italia un forte riferimento. Ma già nel maggio 1968 si cominciano a porre problemi di più

---

549 Santino92, p. 73.

550 Tra i protagonisti del Sessantotto alla Facoltà di Scienze a Palermo, è Amalia Giovenco. Cfr. Santino92, p. 73.

551 Tra i protagonisti del Sessantotto alla Facoltà di Architettura a Palermo, si fa il nome di Santalucia. Cfr. Santino92, p. 73.

vasto respiro: l'autonomia del movimento studentesco, la sua politicizzazione, il superamento della frammentazione con la proposta dell'Assemblea generale di ateneo.

Il documento più interessante di questa seconda fase è la *Lettera del movimento studentesco*, successiva al maggio francese. Qui gli studenti palermitani propongono al movimento nazionale, la loro idea di massima autonomia e decentramento, sia nei piani di studio [552] che sul piano amministrativo [553] e su quello politico e culturale [554]. Una notevole attenzione è dedicata alle faccende francesi: si parte dalla considerazione che l'università francese è più moderna di quella italiana eppure proprio in Francia il movimento studentesco è scoppiato con maggiore forza. Il successo francese è

> "[...] frutto di una reale capacità di mobilitazione all'interno dell'Università e delle scuole medie superiori [...]. Le avanguardie del movimento studentesco farebbero bene a riflettere profondamente. Prima di proporsi di uscire nelle piazze, di cercare il contatto con la classe operaia e lo scontro con la polizia, di pretendere [...] di assumere il ruolo di avanguardie rivoluzionarie nei confronti di tutta la società italiana, non bisognava e non bisogna rafforzare, ideologicamente e organizzativamente, la presa all'interno dell'Università e delle scuole medie superiori?" [555].

Si sente il bisogno, espresso nella Lettera, di rafforzare il movimento ponendo al centro la funzione unificatrice

---

552 Occorre "stabilire un gruppo di materie-base per un corso di laurea, valide su un piano nazionale, e lasciare agli studenti la possibilità di scegliere tutte le altre materie" (*Lettera del movimento studentesco* / a cura del movimento studentesco dell'Università di Palermo).

553 Occorre "decentrare al massimo le usuali funzioni amministrative [...] consentire il minimo necessario di informazione al potere centrale e lasciare per tutto il resto che le Università periferiche si stabiliscano i loro organi di decisione e i loro ordinamenti interni" (*Lettera del movimento studentesco* / a cura del movimento studentesco dell'Università di Palermo).

554 Occorre "aumentare lo spazio politico e culturale degli studenti, riducendo quello della controparte accademica" (*Lettera del movimento studentesco* / a cura del movimento studentesco dell'Università di Palermo).

555 *Lettera del movimento studentesco* / a cura del movimento studentesco dell'Università di Palermo. - 1968.

dell'assemblea di ateneo. Occorre superare lo spontaneismo, creare una organizzazione e una linea politica, ma senza "creare una nuova burocrazia studentesca, tipo ORUP o interfacoltà", piuttosto un "momento d'incontro dei vari gruppi di studenti attivi nelle facoltà" [556]. Nello stesso tempo, linea politica significa "individuare una strategia e una tattica capaci di fare avanzare il movimento e di far pronunciare su tutti i problemi posti dal M.S. [Movimento studentesco] il corpo accademico" [557].

## Gli studenti medi

Nel corso del 1968 intanto, anche gli studenti medi si muovono. Si ha a Palermo l'organizzazione di una struttura unitaria di raccordo, l'Interstudentesco. Diversi gli istituti occupati nel mese di marzo.

Già il 23 aprile 1967, in occasione di un incontro-congresso degli studenti medi al cinema Smeraldo si era posto il problema e l'obiettivo di dotarsi di un organismo unitario. Nel corso del 1967, anche per il progressivo irrigidimento dei presidi dei vari istituti anche nei confronti delle attività studentesche più innocue e tradizionali (giornalini ecc.), si moltiplicano gli incontri e si costituiscono delle associazioni d'istituto. Su questo, funzione di stimolo svolge il quotidiano palermitano «L'Ora» che offre uno spazio di discussione e confronto dedicando una pagina sulla scuola. E' sempre «L'Ora» che nel numero dell'1-2 marzo 1968 pubblica il documento di statuto del Comitato interstudentesco palermitano, che raccoglie rappresentanti di 13 istituti. L'interstudentesco "si ispira ai principi di libertà e di democrazia della Costituzione italiana", si propone di "allargare gli interessi spirituali degli studenti e sviluppare le doti idonee a favorire l'inserimento in una società sempre più moderna e progredita [... ,] favorire lo sviluppo di una vita associativa [...] per mezzo di comuni manifestazioni culturali, ricreative e sportive [...,] sensibilizzare gli studenti e l'opinione pubblica sui problemi e sulle

---

556 *Lettera del movimento studentesco* / a cura del movimento studentesco dell'Università di Palermo. - 1968.

557 *Lettera del movimento studentesco* / a cura del movimento studentesco dell'Università di Palermo. - 1968.

carenze della scuola italiana [...,] ottenere la legalizzazione delle Associazioni d'istituto" [558].

Nota Santino come l'Iterstudentesco raccolga solo alcuni degli studenti più attivi nei vari istituti, su una piattaforma "democratica" e lontana dai toni della "contestazione globale" che sono propri del movimento studentesco del Sessantotto [559].

Il movimento degli studenti medi comincia ad avere una dimensione di massa con l'occupazione di tre istituti: l'Artistico, il Cannizzaro e il Nautico. Con tali occupazioni gli studenti medi iniziano, anche a livello di slogan e forme di lotta, a imitare slogan e forme di lotta del Sessantotto universitario e nazionale, pur avendo contenuti specifici connessi con i problemi relativi alle scuole occupate. All'Artistico, anche per le caratteristiche di tale scuola, viene messo in discussione il ruolo stesso di tale tipo di istituto [560].

> "La partecipazione degli studenti universitari e medi allo sciopero generale indetto dai sindacati nel marzo può considerarsi il primo incontro studenti-operai del '68 palermitano. La crisi del cantiere navale è ormai arrivata alla stretta finale e nel 1970 la fabbrica sarà rilevata dalle Partecipazioni statali [...]. La partecipazione degli studenti alle manifestazioni operaie da allora diventa un fatto ricorrente e, tenendo conto delle difficoltà dei sindacati e della sinistra tradizionale a gestire una situazione di malcontento operaio che si aggrava sempre di più, la presenza, alquanto 'rumorosa' e combattiva, degli studenti non è molto gradita, tanto che nel luglio qualche esponente del Pci pensa si passare a 'vie di fatto' per 'ammorbidire' la 'vivacità' studentesca" [561].

## La nascita dei gruppi politici studenteschi

---

558 Statuto del Comitato interstudentesco palermitano, in: L'Ora, 1-2 marzo 1968.

559 Santino92, p. 74.

560 Tra i protagonisti di questa fase, all'Istituto Artistico di Palermo, è Toti Garraffa. Cfr. Santino92, p. 74.

561 Cfr. Chi ha paura del rosso?, volantino della sezione di Palermo della IV Internazionale, 1968. Santino92, p. 74-75.

Nell'autunno del 1968 nasce a Palermo la Lega degli Studenti Rivoluzionari. La Lega nasce dall'esigenza di far nascere un movimento studentesco unitario e di massa, radicato nella specificità del mondo della scuola ma anche aperto ai problemi sociali e politici [562]. Essa nasce e si sviluppa a Palermo accanto alla componente marxista-leninista rappresentata da Falce e Martello, e poi da l'Unione. Nella Lega trovano organizzazione di massa gli studenti che fanno parte del circolo Labriola (e del circolo Lenin a partire dal 1969). Scopo della Lega era quello di stimolare il movimento studentesco verso una dimensione di massa e una maggiore coscienza politica [563].

La Lega ebbe anche un organo di stampa, «Controscuola» [564]. All'atto della costituzione del gruppo, furono elaborate e diffuse delle *Tesi costitutive*. Tra i punti centrali delle *Tesi*, la necessità della costruzione di un movimento di massa nelle scuole, l'opposizione ai "gruppi spontaneisti" e alle "mistiche comunioni con il popolo". Il movimento degli studenti deve essere politico, di massa, autonomo. Gli studenti non sono "classe", "forza lavoro in formazione" né "categoria professionale":

> "Si tratta di una condizione affatto specifica che ai nostri giorni interessa masse assai consistenti di giovani, di provenienza eterogenea, determinando il manifestarsi di interessi (in senso lato, non immediatamente economici e professionali) e di aspirazioni comuni. Non un partito o un sindacato, ma solo una specifica forma di organizzazione può consentire a questi interessi e a queste aspirazioni di assumere una precisa espressione politica" [565].

Proprio l'attenzione della Lega (e del circolo Lenin) per la dimensione di massa, fa avvertire del pericolo delle "fughe in avanti" che coinvolgano solo una piccola élite, la necessità di unire

---

562 Santino92, p. 76.

563 *Un'esperienza del movimento studentesco palermitano : la Lega degli Studenti Rivoluzionari* / E. Sciarrino, in: Bollettino politico-culturale del circolo Labriola, n.7, 1969.

564 "Una delle 'fonti' più significative per l'analisi delle esperienze di quegli anni" (Santino92, p. 76).

565 *La Lega studetni rivoluzionari* / a cura del Circolo Lenin. - Palermo, 1970. - dattiloscritto.

insieme componenti "rivoluzionarie" e "riformiste". Su questo punto la Lega si pose su posizioni diverse rispetto ad altri gruppi nazionali quando, al convegno nazionale organizzato da Il Manifesto a Roma sul tema "Scuola, sviluppo capitalistico, alternativa operaia e studentesca", in particolar modo proprio rispetto al gruppo nazionale del Manifesto che era allora su posizioni più "selettive" [566].

A fronte delle dichiarazioni programmatiche della necessità di costituirsi come "movimento di massa", ci sembra tuttavia che il movimento dopo la fase iniziale delle occupazioni e il tentativo di venire a forme più politicizzate e organizzate, non sia riuscito a Palermo a costruire una alternativa reale e di medio periodo, salvo qualche successo nel breve periodo, rimanendo nella frammentarietà e nella minorità rispetto alla realtà complessa e fortemente egemonizzata in città dalla presenza del blocco di potere democristiano a mafioso. Tuttavia la mobilitazione e il tentativo di organizzare strutture di coordinamento avviene, e in una realtà che dire "difficile" è sempre un eufemismo riferita a Palermo, in quegli anni, ci sembra davvero una "rivoluzione".

In questo senso possiamo accettare la risposta positiva che Umberto Santino dà alla domanda sull'esistenza o meno di un movimento di massa degli studenti palermitani subito dopo il '68:

> "C'è stato a Palermo subito dopo il '68 un «movimento di massa degli studenti»? Anche se le varie organizzazioni lo hanno usato come vivaio di militanti, come del resto è avvenuto dapertutto a livello nazionale, possiamo dire senz'altro sì. Il salto di qualità organizzativo e politico c'è stato. Sul piano politico, oltre ai contenuti specifici legati al mondo della scuola, il movimento pose con forza un tema di carattere generale, quello della mafia. Sul piano organizzativo si diede vita a organismi di base (i collettivi) e a un organo di coordinamento (l'interstudentesco universitario) che per alcuni anni ebbe una funzione effettiva di discussione e di elaborazione e di gestione di iniziative di massa che coinvolsero migliaia di studenti.

---

566 Si veda l'intervento di M. Massimi in: *Scuola, sviluppo capitalistico, alternativa operaia e studentesca : atti del convegno del Manifesto.* - Roma : Il Manifesto, 1970. - Quaderno n.1.

Gli studenti medi ebbero un ruolo significativo mobilitandosi contro la mafia, a partire dal problema dell'edilizia scolastica (molte scuole erano, e sono ancora oggi, in edifici del costruttore Vassallo, indiziato mafioso e parente di mafiosi).

Quindi, se per «movimento di massa» s'intende: un movimento capace di coinvolgere un'ampia area di soggetti, con una struttura organizzativa autonoma, una linea programmatica, una continuità d'azione in un certo periodo di tempo, si può dire che il '68 palermitano, almeno per quanto riguarda il mondo studentesco, è riuscito a creare un movimento con tali caratteristiche" [567].

## I gruppi della Sinistra dopo il 1968 a Palermo

Prima durante e subito dopo il 1968, anche a Palermo si ha un proliferare di gruppi, piccole organizzazioni, partiti che fanno riferimento alla sinistra (nuova sinistra o sinistra extra-parlamentare). Anche a Palermo, coma a Catania e a Messina, si ha un proliferare di gruppi che fanno riferimento alla realtà nazionale, del centro e del nord-Italia. E si tratta anche per Palermo di una evoluzione che ha riferimenti in parte in gruppi precedenti l'anno di svolta 1968-1969.

A Palermo una parte della sinistra trova la sua evoluzione nel "precedente" dato dal circolo Labriola e dalla centralità di una personalità come quella di Mario Mineo.

In più, ed è questo un fattore da non sottovalutare, vi è "la discesa di gruppi del Nord che mirano a darsi una dimensione nazionale e costituiscono in loco organizzazioni che in tutto il loro periodo di vita ebbero una direzione in gran parte esterna" [568].

---

567 Santino92, p. 77-78.

568 Santino92, p. 78.

Nel complesso è un quadro frammentato e che vede il proliferare di una miriade di gruppi di piccole o medie dimensioni, che non riescono a coagularsi né a incidere in maniera durevole sulla realtà cittadina a parte alcuni "esperimenti" sociali (nel quartieri abbandonati dello ZEN e del CEP ecc.) dal valore umano altissimo ma dall'efficacia ristretta.

> "Si tratta dell'unica volta, dalla fine del movimento contadino ad oggi, in cui si è affacciato sulla scena un soggetto politico, frammentato quanto si vuole, ma dai connotati ben chiari, che ha sviluppato analisi e lotte dando corpo a un'ipotesi di possibile alternativa. Soprattutto per molti giovani in quel periodo fu possibile 'fare politica' in modo diverso, senza deleghe e senza compromessi. La sconfitta di tale ipotesi si spiega in buona parte con la refrattarietà al cambiamento dell'ambiente, tutto sommato saldamente in mano al clientelismo democristiano e avvilito dalla pratica compromissoria delle sinistre tradizionali. La debolezza interna del 'partito della rivoluzione' a Palermo e in Sicilia sta sia nella precarietà ed ambiguità della condizione studentesca sia nella difficoltà di allargare le sue radici nel contesto sociale, ma questo non fu solo specifico della realtà locale" [569].

Ma passiamo ad analizzare questi gruppi, sulla base del materiale informativo che siamo finora riusciti a raccogliere.

## Circolo Lenin

Il circolo Lenin nacque nel marzo 1969. Si tratta dell'evoluzione del precedente circolo Labriola, e infatti sono proprio i soci di quest'ultimo che decidono il mutamento del nome e la precisazione degli obiettivi politici.

Si trattava, per coloro che provenivano dal circolo Labriola, di dare "un più preciso contenuto politico" alla loro attività. All'art.2 dello Statuto, scrissero:

---

569 Santino92, p. 81.

> "Il circolo Lenin si considera un'organizzazione transitoria, la quale intende raccogliere tutti i compagni che, partendo dall'accettazione critica dei principi fondamentali del marxismo-leninismo e dall'analisi trotzkista della burocrazia sovietica, ritengono necessario ed urgente il compito della formazione del partito rivoluzionario in Italia" [570].

Il nucleo portante del circolo Labriola aderiva alla IV Internazionale: nel nuovo circolo Lenin, i quarto-internazionalisti portano le loro differenziazioni rispetto alle posizioni tradizionali proprie del movimento trotzkista. Il punto fondamentale di differenziazione riguardava l'analisi che veniva fatta sulla "crisi di regime" in corso e sulla necessità dopo il 1968 di creare un partito rivoluzionario.

> "La nostra ipotesi fondamentale è che siamo in Italia in una crisi di regime, che si svolge in termini e modalità tali che escludono una soluzione - quale che sia - a scadenza ravvicinata. Questo significa che, a certe condizioni, esiste la possibilità concreta di uno sviluppo del movimento rivoluzionario nel corso dei prossimi anni. Crisi si regime non significa 'crisi del sistema' - anche se, probabilmente, nei paesi capitalistici 'maturi' la crisi del sistema deve assumere la forma della crisi di regime. In sostanza, ciò che è posto in causa non è il sistema capitalistico come tale, nella sua struttura fondamentale, bensì le istituzioni su cui poggia la democrazia borghese - le sovrastrutture, o se si preferisce, le strutture del potere politico e sociale" [571].

In tale crisi di regime, il fallimento del centro-sinistra e lo sfaldamento del blocco borghese nato dall'alleanza tra borghesia capitalistica e ceti medi con una sempre maggiore insofferenza di questi ultimi per gli attuali rapporti di potere. Di qui la contestazione studentesca e i sintomi di una ripresa operaia. Secondo l'elaborazione del circolo Lenin, ai primi mesi del 1969, la

---

570 Statuto del circolo Lenin, in Santino92, p. 78.

571 Il circolo Lenin di Palermo / circolo Lenin. - Palermo, 1969. - dattiloscritto, a p. 30

borghesia italiana ha due alternative: guadagnar tempo e prepararsi a uno scontro di forza, o neutralizzare la classe operaia con l'integrazione del Pci nell'area governativa.

Nel 1970 il circolo Lenin (e la Lega degli Studenti Rivoluzionari), aderisce al Manifesto. Viene prodotto un documento, "Noi e il Manifesto" in cui il gruppo ribadisce le proprie posizioni: opzione leninista, crisi di regime e non di sistema, partito rivoluzionario di quadri.

Nota Umberto Santino: "il documento di adesione, nonostante sia l'unica adesione di un gruppo organizzato all'ipotesi politica del Manifesto, o forse proprio per questo, non viene pubblicato dalla rivista malgrado l'impegno in tal senso" [572].


## Il Manifesto tra Palermo e Roma

Nel 1970 anche a Palermo si organizza un gruppo aderente al Manifesto. Vi confluisce, con differenziazioni, il circolo Lenin. Il gruppo palermitano ebbe una vita interna contrastata, avrà termine nel 1975.

Nel corso di questi anni, il gruppo tenta alcune significative esperienze sociali. Oltre alla presenza nelle lotte studentesche che in quegli anni continuano all'Università di Palermo e nelle scuole medie, il Manifesto palermitano tenta un intervento allo ZEN con la formazione di un comitato di quartiere e l'apertura per tre anni di un "ambulatorio popolare". Al CEP viene creata una "scuola popolare". Si tenta anche una connessione con le realtà operaie della città, ma senza risultati.

Il gruppo ha una sua presenza - tramite la partecipazione diretta a convegni e la produzione di scritti e pubblicazioni - rispetto a alcuni temi locali d'interesse nazionale, come la questione del Mezzogiorno, la mafia, i consigli di zona nell'esperienza palermitana, le campagne, la discussione sul partito, sull'operaismo, sulla crisi ecc.

---

572 Santino92, p. 80.

Rispetto all'esperienza palermitana del Manifesto, riportiamo quanto scrive Umberto Santino che fece parte di quella esperienza (provenendo dal circolo Lenin):

> "Il gruppo fondatore non vede di buon occhio eventuali 'concorrenti'; su vari temi (a cominciare dal mezzogiorno) si registrano problemi se non divergenze. In sintesi il Manifesto palermitano rimase un corpo estraneo e al sostanziale frazionismo del gruppo dirigente nazionale si rispose, prima informalmente, più tardi formalmente, con il frazionismo locale" [573].

E ancora, sulle "debolezze intrinseche":

> "Penso in particolare a un limite teorico e a un limite pratico. Sul primo: anche se si cercò di capire la realtà rifuggendo da schematismi, l'orizzonte teorico rimase sostanzialmente quello 'classico', in particolare riguardo a due temi: i 'nuovi soggetti' e le 'nuove forme' della politica. Se si accolsero le riflessioni sulla proletarizzazione dei tecnici, l'analisi delle classi, anche per reagire a una 'moda' troppo 'ottimistica' che vedeva quasi dapertutto 'processi di proletarizzazione', fu quella 'canonica'. la polemica con l'operaismo, che rimonta al periodo in cui il gruppo centrale del Manifesto ribadiva la 'centralità operaia', in pratica abbandonando l'intervento nel Mezzogiorno, mirava anche a ricomprendere nel processo rivoluzionario proletari e 'popolo' meridionali, ma non si andò al di là di indicazioni generali mentre occorreva una più puntuale attività di 'inchiesta'; ma non avevamo né i mezzi né il tempo e attorno a noi, da un punto di vista scientifico, c'era il vuoto [...].
>
> Sulle 'nuove forme' organizzative ci fu una chiusura abbastanza netta: le 'forme' non potevano che essere quelle 'classiche': il partito e le organizzazioni di massa [...].

---

573 Santino92, p. 80.

> Ci fu anche un limite 'pratico': il gruppo dirigente reale rimase chiuso ed era formato da compagni che avevano un rapporto un po' troppo 'rpivato' con il leader. Tale caratteristica si spiega sia come 'autodifesa' sia con peculiarità generazionali e personali, ma forse anche con una certa 'panormicità', intesa come insularità a cui fa da contrappeso un certo grado di autosopravvalutazione [...]. Non credo che si possa insistere troppo su tali elementi 'etnico-geografici', se si pensa che anche altrove i gruppi dirigenti funzionavano su per giù allo stesso modo" [574].

"Dovendo dare un giudizio a tanti anni di distanza, posso dire che il gruppo dirigente nazionale mostrò di non avere né capacità politiche né elasticità culturale per dare vita a un'organizzazione unitaria ma articolata, e noi 'ex Lenin' dopo una serie di atti di 'buona volontà' dovemmo prendere atto di essere 'un'altra cosa'" [575].

Nel 1975, lo smembramento del gruppo del Manifesto, porta il gruppo di Mineo a fondare la rivista «Praxis», organo di una corrente diffusa a livello nazionale [576]. Altri componenti tentano altre esperienze, sempre all'interno della nuova sinistra [577].

## Lotta Continua

Forse il gruppo più consistente della nuova sinistra a Palermo fu negli anni successivi al 1968-69, quello di Lotta Continua. Leader del gruppo è a Palermo Mauro Rostagno. Rostagno, tra i fondatori del giornale e del gruppo di LC nazionale, arriva a Palermo e per tre anni ha un incarico all'Università come assistente alla cattedra di sociologia. E', contemporaneamente, segretario regionale di LC.

---

574 Santino92, p. 81-82.

575 Santino92, p. 80.

576 Cfr. *Il caso Praxis* / Mario Mineo. - Palermo-Roma, Praxis, 1976.

577 Così ad esempio Umberto Santino milita per un anno in Avanguardia Operaia. Nel 1977 decide di fondare il Centro siciliano di documentazione, dedicato alla memoria di Giuseppe Impastato.

Il gruppo di LC palermitano lavorò soprattutto nei quartieri e tra i soldati. Si sviluppò una notevole attività di controinformazione e di analisi: il rapporto sui fascisti a Palermo, sulle piccole fabbriche palermitane, sulla realtà siciliana.

Ricorderà Rostagno del suo periodo palermitano:

> "Mi trovo nell'entusiasmante lotta dei senza casa a Palermo, con cui occupiamo il comune, la cattedrale, le case dei ricchi mafiosi. Mi piace l'odore della zagare e del gelsomino, i tramonti, le albe, la 'comune' di Terrasini [...]. E la rivolta dell'Ucciardone" [578].

## Pcd'I

Il Partito comunista d'Italia, a Palermo, cercò di svolgere un ruolo di propaganda e di coagulo nelle scuole e al cantiere navale.

## OCML

L'Organizzazione comunista marxista-leninista si mosse con il suo gruppo abbastanza ristretto di militanti all'interno dell'orizzonte operaista. L'Ocml produsse anche un periodico, «Lavoratori in lotta».

## Avanguardia comunista

---

[578] Citato da: *Rostagno : un delitto tra amici* / Attilio Bolzoni, Giuseppe D'Avanzo. - Milano : Arnoldo Mondadori, 1997. Rostagno verrà poi ucciso nel 1988 in una contrada di Trapani, dove aveva messo sù una comunità per il recupero dei tossicodipendenti e svolgeva attività giornalistica di denuncia in una televisione privata.

Fu attiva nei quartieri, anche questa organizzazione con un gruppo piuttosto ristretto di militanti.

### Avanguardia operaia

Avanguardia Operaia fu molto attiva nella lotta per la casa del 1975, e nella lotta per l'autoriduzione. Furono organizzati anche mercatini popolari.

## Problemi sociali a Palermo dopo il 1968 e l'attività dei gruppi della Sinistra

### La lotta per la casa

"La lotta per la casa che si sviluppò a Palermo dopo il terremoto del '68 e fino al 1975 rappresenta l'unico esempio di tentativo di dare dimensione unitaria di massa e carattere politico a un'esigenza largamente avvertita da molti strati popolari cittadini e che fino ad allora e dopo di allora si è manifestata in forme spontanee, disordinate e con forti connotati di 'guerra tra poveri' [579].

Il terremoto del gennaio 1968 ha effetti anche su Palermo. Se il Belice viene devastato e paga anche in termini di vittime un alto prezzo, Palermo viene raggiunta nel suo centro storico [580]. Migliaia le case lesionate e rese inabitabili. L'emergenza terremoto coglie impreparata la struttura urbana della città, per non parlare delle strutture di "protezione civile" allora come oggi inesistenti.

Una prima ondata di occupazioni di case viene organizzata grazie al Pci. Gli abitanti dei quattro mandamenti del centro storico occupano le case dello ZEN destinate alla piccola borghesia: lo

---

579 Santino92, p. 83.

580 Il terremoto "se avesse avuto epicentro a Palermo avrebbe prodotto lo sterminio degli abitanti del centro storico" (Santino92, p. 83).

ZEN sarà per anni il quartiere-laboratorio delle nuove esperienze di lotta popolare.

Subito dopo la fase delle prime occupazioni, i gruppi della Sinistra scoprono le potenzialità di un contatto diretto che queste realtà sociali. Sono soprattutto Lotta Continua e Manifesto a muoversi. Ricorda Umberto Santino (allora la Manifesto) di essere stato proprio lui a "'spostare l'attenzione' del gruppo fino ad allora puntata esclusivamente sulle scuole, sul Cantiere navale e su qualche fabbrichetta, in nome di una concezione 'aristocratica' della lotta di classe che taccia di 'populismo' l'intervento nei quartieri" [581].

> "Attraverso assemblee di scala, contattando una per una le famiglie installatesi nei casermoni, si costruiscono assemblee di quartiere in cui si riesce a discutere con una certa maturità dei molti problemi degli 'abusivi' ma anche degli altri abitanti (creazione dei servizi, regolazione del rapporto con lo Iacp ecc. ecc.) e a formare un comitato di quartiere coinvolgendo le persone più impegnate. Si elaborano piattaforme e si sperimentano vecchie e nuove forme di lotta: manifestazioni davanti allo Iacp e occupazione di esso, blocchi stradali, autoriduzione, cassa comune in cui si versano i canoni che saranno pagati allo Iacp solo dopo la creazione dei servizi. Si fanno giornalini di quartiere, si cerca di costruire rapporti con altri quartieri popolari e di legare lotta per la casa e lotta degli edili per il lavoro" [582].

Nel 1974-1975 avviene una seconda fase di occupazioni. Vengono occupate le case popolari dello Sperone, diverse case sfitte, la Cattedrale. Si creano due strutture: il Coordinamento case pericolanti (organizzato da Avanguardia Operaia e dal PDUP), e i Comitati di lotta per la casa (organizzati da Lotta Continua).

Si aprono sedi nei quartieri.

Si pensa a costituire anche a Palermo una Unione degli inquilini, organizzazione di tipo sindacale sperimentata a Milano e in altre città, soprattutto per iniziativa di Avanguardia Operaia.

---

581 Santino92, p. 83.

582 Santino92, p. 83.

E' una stagione di lotte che vede scendere in piazza 4-5 mila persone, con un ruolo molto attivo delle donne. Ciò non toglie che tale movimento di lotte sia frammentato dall'incapacità dei vari gruppi di svolgere una attività comune [583], mentre il Pci, che rimane la più forte organizzazione della sinistra, preme sul freno o comunque vede nell'attivismo dei gruppi un concorrente [584].

Nel 1975, con la crisi della nuova Sinistra, anche la lotta per la casa e nei quartieri viene abbandonata [585].

### La lotta alla mafia

Nel 1971, parallelamente allo scioglimento del circolo Lenin e all'entrata nel gruppo del Manifesto, viene elaborato un documento intitolato *Per la costituzione del Centro d'iniziativa comunista della Sicilia*, ad opera essenzialmente di Mario Mineo. Si tratta di un documento interessante, nota Umberto Santino, perché in esso vi si fa l'analisi della mafia come "borghesia mafiosa" [586].

Vi si afferma nel documento:

---

583 Il frazionismo del movimento della lotta per la casa viene imputato da Umberto santino soprattutto al settarismo di Lotta Continua: "ricordo alcuni incontri tra i rappresentanti dei due raggruppamenti, in cui i militanti di LC hanno dovuto riconoscere che non c'era sostanziali differenze di impostazione, ma la divisione rimase" (Santino92, p. 84). E' una divisione che riappare un po' su tutte le questioni, compresa quella dei rapporti con il Pci: "i compagni di LC ebbero un comportamento molto «prudente» (allora si diceva «opportunista»): alle comunali del '75 avevano votato per il Pci e credevano che standogli dietro potevano spingerlo in avanti..." (Santino92, p. 84).

584 "Va detto a chiare lettere che l'unica preoccupazione che ebbero i dirigenti e i quadri intermedi del Pci fu si piegare quel movimento. Ricordo come si muovevano alcuni attivisti del Pci: «se restate con "quelli" non avrete la casa», diceva una funzionaria di partito alle donne più attive. «Quelli» eravamo noi, gli estremisti. Ricordo pure che a Piazza Pretoria, nel corso di una manifestazione, Nino Mannino, allora segretario provinciale del partito, mi chiese di incontrarci in federazione. Credevo che si dovesse discutere dei problemi del movimento, invece l'incontro, a cui parteciparono tutti i rappresentanti sia del coordinamento che dei comitati, servì per comunicarci che, testualmente, «il Pci è un elefante, se decide di calpestarvi non ha che da alzare la zampa» " (Santino92, p. 84).

585 "Nei quartieri tornò la rassegnazione e l'assistenzialismo della «Missione Palermo» prese il posto della volontà di lotta: una riconferma del clientelismo, non solo democristiano, che riprenderà [...] a dominare" (Santino92, p. 84).

586 Santino92, p. 85.

"La mafia è sempre stata, prima di tutto, un fenomeno sociale, e non soltanto né tanto per la forma particolare di organizzazione criminale (quest'ultima è stata sempre, rispetto al fenomeno sociale complessivo, niente di più della parte emergente di un iceberg) [...]. Essa rappresenta la forma specifica in cui si è generata e strutturata la borghesia siciliana come classe economicamente parassitaria e intermediaria, ieri tra la classe agraria feudale e le masse contadine, oggi tra il capitale del nord e le grandi masse popolari sfruttate. (Beninteso non si vuole qui affermare che *tutta* la borghesia siciliana è di origine mafiosa, e funzionalmente parassitaria ecc. Come tutti sanno almeno nella Sicilia orientale così non è. Ma il punto è che lo strato fondamentale e la funzione dominante in seno al blocco privilegiato sono quelli della borghesia mafiosa) [...]. Oggi una *nuova* borghesia capitalistico-mafiosa si è saldamente impadronita del potere locale, a tutti i livelli, è fin troppo evidente (anche senza le prudenti anticipazioni della commissione antimafia) come l'esercizio di questo potere sia in Sicilia normalmente mafioso - e cioè inteso a perseguire con tutti i mezzi (quindi con una inevitabile preferenza per quelli illegali) l'arricchimento ed il predominio delle consorterie e 'cosche' dominanti nelle varie zone e nei vari settori di attività [...]. L'ascesa della nuova borghesia capitalistico-mafiosa, più moderna, più aggressiva, più pronta a cogliere le nuove occasioni e ad invadere nuovi campi, è andata determinandosi nel corso degli anni '50, parallelamente alla crisi delle strutture agrarie, ed ha avuto il suo momento decisivo nell'assalto all'istituto regionale. Qui sta, tra l'altro, la chiave dell'interpretazione del 'milazzismo', anche se gli uomini e i partiti che ne furono protagonisti apparenti, non se ne sono accorti, o fanno finta di non essersene accorti. Nel corso degli anni '60, impadronitosi dell'istituto regionale, e trasformatolo in una 'industria' il cancro mafioso si è esteso a tutta l'isola, Sicilia orientale inclusa. Questo processo di diffusione ha per un verso determinato una certa crisi del potere mafioso, sia per l'inevitabile lotta interna che ne è derivata (non solo tra vecchia e nuova mafia, ma anche tra le più ambiziose ed avide nuove 'cosche') sia per il fatto che dall'esercizio dei due sistemi paralleli - quello del potere pubblico e quello delle cosche mafiose - e ciò ha finito col condurre ad una generale anarchia" [587].

E' all'interno del gruppo del Manifesto di Palermo che viene elaborata in quegli anni l'idea di una campagna di massa per l'espropriazione della proprietà mafiosa. L'obiettivo era un disegno di legge di iniziativa popolare. La proposta ebbe allora scarsa udienza, sia nella sinistra tradizionale che nel gruppo del manifesto nazionale. Non riuscì a divenire neppure proposta comune per i gruppi della Sinistra extra-parlamentare o nuova sinistra siciliani [588].

Fa parte dell'impegno di lotta anti-mafia della Sinistra di quegli anni la vicenda di Giuseppe Impastato [589] che finì ucciso durante le elezioni comunali del 1978. Come pure sarà l'impegno di denuncia e di contro-informazione di Mauro Rostagno, anni dopo.

## La questione meridionale

La questione della mafia si inserisce all'interno dell'analisi della più generale questione della Sicilia e del Mezzogiorno. Sul problema meridionale, la Sinistra nazionale si muove in quegli anni in maniera piuttosto superficiale e generica. Movimento urbano, tutto dentro ai ceti intellettuali e agli schemi di una interpretazione sostanzialmente marxista, che individua ceti operai ma non riesce a risolvere in un'analisi né coerente né nuova la situazione specifica del Meridione, è il "terzomondismo" l'unico mito con cui gli

---

587 *Per la costituzione del Centro di iniziativa comunista della Sicilia*. - Palermo : 1971. - Cfr. Santino92, p. 85-86.

588 "A cominciare da quelli di Catania che per accorgersi della mafia nella loro città dovettero attendere l'assassinio di Giuseppe Fava", nota Umberto Santino (Santino92, p. 86).

589 Giuseppe "Peppino" Impastato fu militante del PSIUP, poi del Pcd'I, poi di Lotta Continua. Fu poi in Autonomia, con Radio Aut. Candidato nella lista di DP alle elezioni comunali del 1978. Proveniente da una famiglia mafiosa, se ne distacca e denuncia ("caso unico nella storia politica siciliana" Santino92, p. 86) padre e parentela.

intellettuali e i teorici della Sinistra nazionale riescono a accostarsi allo specifico meridionale.

Le *Tesi* del Manifesto parlano del Mezzogiorno in modo abbastanza generico. Nello stesso tempo si registra una "calata" di intellettuali e attivisti del Nord in Sicilia, nella necessità e ambizione di dare caratteristica "nazionale" ai propri movimenti, e nella convinzione di trovare nella miseria e nell'arretratezza del Sud una realtà pre-rivoluzionaria favorevole. Al di là della stima personale, si registra, nei documenti privati e d'archivio consultati finora, la constatazione di una profonda diversità di analisi e di percezione della realtà del Sud, tra i compagni provenienti dal Nord e coloro che in Sicilia svolgevano la loro attività di militanza e attivismo politico. Così le diversità di approccio tra Nino Recupero e Giangiacomo Feltrinelli [590]. E quanto ricorda Umberto Santino al riguardo:

> "Ricordo un incontro con Sofri, reduce da Reggio, che si faceva molte illusioni, e ricordo ancora con fastidio un incontro con Piperno, che cercava di 'spiegarci' la sua 'teoria' sul Sud come patria dei 'millemestieri' sicuramente votati alla rivoluzione" [591].

Nel 1973 fu organizzato un convegno nazionale in cui la questione del Mezzogiorno fu affrontata con maggiore puntualizzazione.

> "[In esso si] mirava a cogliere i termini della nuova disgregazione meridionale, senza annegarli nella generica visione terzomondista e non limitandosi all'applicazione degli schemi latino-americani di lettura del sottosviluppo (rifiutammo, per esempio, l'interpretazione «colonialistica» che fu acriticamente accolta da vari gruppi meridionali), ad individuare i pericoli di un uso antioperaio del Mezzogiorno e i soggetti con cui costruire una possibile alternativa nel quadro della definizione di una «retroguardia strategica» al processo rivoluzionario nazionale. Insieme il massimo di realismo e il massimo di propositività concreta (fondo per i disoccupati, piattaforma per i braccianti e contadini poveri e medi,

---

590 Cfr. lettere dell'Archivio Nino recupero presso la Biblioteca Ursino-Recupero di Catania.

591 Santino92, p. 87.

consigli di zona ecc.) che dava anche spazio a iniziative «esemplari» come, per esempio, la «comune agricola» di Campobello a cui il Manifesto nazionale, che pure coltivava il gusto dell'«utopia», non dedicò la minima attenzione" [592].

### Antiautoritarismo e parità dei sessi

Una delle linee di tendenza del movimento studentesco e politico del Sessantotto fu quella della critica all'autoritarismo. Essa prese le forme della contestazione "di piazza" dando visibilità e metodo di lotta diversi che nel passato a uno dei "fili rossi" del libertarismo della Sinistra. Se gli studenti criticavano le forme dell'autoritarismo accademico, venne a rafforzarsi a partire dal Sessantotto, l'antiautoritarismo che vedeva forme di dominio e di sclerosi nella famiglia tradizionale e nei rapporti tradizionali tra i sessi.

Il Sessantotto (inteso come arco di anni tra il 1967 e il 1971) segna una linea di demarcazione nella storia del femminismo anche a Palermo. Se la partecipazione diretta delle studentesse alla contestazione e alle occupazioni è ancora non di primo piano, si verifica una sempre maggiore presenza delle militanti all'interno dei gruppi della Sinistra libertaria e leninista, mentre parallelamente è l'evoluzione dei gruppi tradizionali del femminismo verso forme di "visibilità" e metodologia di lotta e "parole d'ordine" sempre più radicali. Anche qui agisce, come per il movimento studentesco, la trasformazione sociologica e culturale che investe tutti i gruppi e le realtà sociali operanti nel territorio.

## Lo scontro con la Destra

Anche a Palermo ci fu una attività di scontro tra Destra e Sinistra. Scrive Umberto Santino:

---

592 Santino92, p. 87.

"A Palermo la violenza fascista non raggiunse i livelli di altre città, ma ci fu e la città funse da vivaio: qui «maturò» Concutelli e non solo lui. Fu [...] una violenza protetta dalle istituzioni, e nella pratica quotidiana dovemmo fare i conti non solo con i teppisti davanti alle scuole, che aggredivano i compagni e assaltavano le sedi, ma anche con le denunzie che colpivano più noi che loro" [593].

Sull'attività della Destra fascista Lotta Continua raccolse nel 1972 un Rapporto, interessante per quanto riguarda proprio Palermo [594].

---

593 Santino92, p. 89.

594 *Rapporto sui fascisti a Palermo* / Lotta Continua. - 1972.

# Il *caso* Messina

## Introduzione

Il caso Messina è quello di una università e di una città che vivono in maniera conflittuale la propria posizione geografica e la propria storia. La città viene considerata e si considera da secoli terza città siciliana per importanza, contende a Catania e Palermo predominio sull'isola e volontà di indipendenza e autonomia. L'università fin dall'inizio serve non solo il territorio della provincia, ma anche quello calabrese (la regione Calabria solo in tempi recenti ha potuto dotarsi di proprie strutture universitarie). Con ciò incidendo in maniera particolare sulla composizione della popolazione universitaria e sulle caratteristiche del rapporto tra studenti e città.

A differenza di Palermo e Catania, la percentuale di studenti pendolari è a Messina, nella nostra ipotesi, più alta. Ciò ha ripercussioni sul modo in cui l'università e il territorio sono vissuti dagli studenti. Nella nostra ipotesi iniziale, i comportamenti della popolazione studentesca possono essere ripartibili in questo modo:

- pendolari: hanno scarso rapporto con il territorio-città, sono fortemente influenzati dalle idee e dai modi di vita della città, che tendono a riportare nei luoghi d'origine funzionando da tramiti culturali tra città e periferia;
- indigeni residenti: sono gli studenti che hanno il massimo rapporto con il territorio, da questi dovrebbe provenire in gran parte l'interesse a forme di lotta per una "riorma" o un miglioramento delle condizioni locali;
- esterni residenti: vivono la condizione dei "rifugiati" non riuscendo a inserirsi se non sporadicamente all'interno dei movimenti territoriali. Il loro rapporto con il territorio e con il "lavoro" universitario è condizionato dalle

aspettative e dalla decisione se tornare dopo la laurea nel paese d'origine o stanziarsi in città.

Si tratta di considerazioni valevoli anche per le altre due situazioni universitarie siciliane, ma qui accentuate per la diversa composizione sociale e d'origine territoriale degli studenti. Lo stretto ha una valenza simbolica e geografica che non può essere trascurabile o data in secondo piano, come pure la presenza di un porto che qui ha un impatto e una onnipresenza più elevata che non a Catania o a Palermo.

## Situazione economica a Messina negli anni Sessanta

Messina vive grazie al suo porto e alla posizione di necessario punto di transito e di collegamento tra la Sicilia e il "continente". Negli anni Sessanta la provincia conosce un processo di passaggio dall'influenza agricola alla nascita di "isole" industriali che rafforzano la cantieristica navale (aliscafi) e creano stabilimenti metalmeccanici, e di trasformazione della gomma, della plastica, raffinazione di petroli. Ma è indicativo che il settore edile non riesca a superare uno stato di persistente "pesantezza" [595]. Lo sviluppo interessa solo alcuni centri: Milazzo, Messina, mentre Taormina continua la sua attività principale puntata sul turismo. Il resto della provincia continua a essere lasciata in una situazione di sostanziale sottosviluppo agricolo (con ampie superfici boschive: esse rappresentano il 35% di tutto il territorio boschivo siciliano alla metà degli anni Sessanta) ciò che permette ancora un saldo negativo per quanto riguarda l'emigrazione verso l'estero. L'impegno statale per le opere pubbliche risulta in costante aumento [596], senza però che tale impegno riesca a risolvere i bisogni di infrastrutture che rimangono carenti.

---

595 Cfr. *Notizie sulla congiuntura economica siciliana. Consuntivo 1966* / a cura dell'Ufficio Studi della Cassa di Risparmio V.E. per le Province Siciliane. - Palermo : 1967.

596 Nel 1965 erano stati eseguiti lavori pubblici per 6,6 mld (di cui 6,3 con finanziamento dello Stato), mentre nel 1966 si apssa a 11,1 mld (di cui solo 0,2 mld senza finanziamenti statali). Fonte: *Notizie sulla congiuntura economica siciliana. Consuntivo 1966* / a cura dell'Ufficio Studi della Cassa di Risparmio V.E. per le Province Siciliane. - Palermo : 1967. - p. 80.

Nel 1966 l'amministrazione provinciale pubblica e le forze di partito compiono un grosso sforzo, nel quadro dell'elaborazione del piano regionale siciliano e del dibattito nazionale sulla programmazione economica, per tentare di comprendere lo stato dell'economia della provincia e indicare alcune possibili linee di sviluppo. Furono pubblicati gli atti di quegli incontri pubblici [597]. Si tratta di un documento importante sul tipo di visione che della realtà economica aveva la classe dirigente dell'epoca, e sulle idee che si proponevano per cercare una svolta ritenuta da tutti necessaria. Condiviso da tutti è il giudizio negativo sul bilancio degli ultimi quindici anni "caratterizzati non solo da un ristagno, ma da una degradazione e da un arretramento dell'economia messinese, che ne ha aggravato il ritardo anche rispetto alla 'pur limitata e disarmonica evoluzione economica siciliana'" [598]. Le "ricette" delle forze politiche divergevano nella sostanza: da una parte le forze governative favorevoli a vedere nell'intervento infrastrutturale statale, e negli investimenti nei "poli" industriali un modo per innescare processi di crescita economica; il Msi con una forte attenzione all'idea di sviluppo turistico; le forze della sinistra (Pci e Psiup) con l'attenzione da una parte al settore agricolo (attuazione della riforma agraria), dall'altra con l'idea della necessità di una diversificazione, tenendo presente ciò che esiste sul territorio, e tenendo presente che "è da escludere che la capacità di autoaccumulazione della iniziativa privata possa offrire quanto occorre [...]. Considerato il fallimento della tradizionale politica degli incentivi è necessario *l'intervento dell'accumulazione pubblica*" [599].

---

597 *La Provincia di Messina e la programmazione economica* / a cura dell'Amministrazione provinciale di Messina. - Messina : Tipografia Samperi, 1966. Un secondo grosso volume raccogliente i documenti prodotti dai partiti e gli interventi dei partecipanti politici al dibattito pubblico furono pubblicati l'anno successivo: *La Provincia di Messina e la programmazione economica : atti del convegno degli amministratori degli Enti Locali : Messina 17-18 dicembre 1966* / a cura dell'Amministrazione Provinciale di Messina. - Messina : Tipografia Samperi, 1967.

598 Documento presentato dalla Federazione Comunista Messinese, in: *La Provincia di Messina e la programmazione economica : atti del convegno degli amministratori degli Enti Locali : Messina 17-18 dicembre 1966* / a cura dell'Amministrazione Provinciale di Messina, cit., p. 543.

599 Progetto di mozione presentato dai conbsiglieri comunali e provinciali del PSIUP, in: *La Provincia di Messina e la programmazione economica : atti del convegno degli amministratori degli Enti Locali : Messina 17-18 dicembre 1966* / a cura dell'Amministrazione Provinciale di Messina, cit., p. 524. Tra i documenti presenti, quello del Psiup è il più analitico e informativo sulla situazione economica. Tra i tanti punti, si pone ancora una volta la questione del ponte sullo Stretto: per il Psiup si tratta di puntare allo sviluppo delle infrastrutture provinciali, della rete ferroviaria e stradale carente, le infrastrutture civili, i "servizi".

Il dibattito del dicembre 1966 tuttavia si configura come l'unica occasione che si è avuta in quegli anni a Messina per dibattere, in maniera seria e documentata, sullo sviluppo della provincia. Le indicazioni provenienti in quella sede furono sostanzialmente disattese, l'idea di programmazione economica fu abbandonata, le forze politiche al potere (Dc e Msi) hanno continuato la strada degli investimenti pubblici selezionati non sulla base dell'idea di uno sviluppo, ma della promozione di alcuni settori - e il Policlinico dell'Università di Messina è stato uno di questo -, in cui quei partiti avevano il controllo politico e personale diretto.

## L'Università di Messina alla fine degli anni Sessanta

Centro nevralgico del potere accademico e economico all'Università di Messina è il Policlinico. Si tratta del "maggiore distributore di reddito dell'intera provincia di Messina" [600] negli anni Ottanta e Novanta. Ma già all'atto della sua costruzione si configura come una delle maggiori opere d'intervento finanziario dello Stato nella provincia. A riuscire nell'opera di ottenere i finanziamenti per la realizzazione, alla fine degli anni Sessanta, per i primi padiglioni del Policlinico (l'opera risulta una di quelle "work in progress" con continue espansioni e finanziamenti) è Salvatore Navarra [601]. Già nel 1972 a ottenere l'appalto per i nuovi

---

600 CMPDU98 p. 82.

601 Salvatore Navarra è nato a Corleone. Dopo la laurea compie un tour di specializzazione in alcune università straniere e fa un breve tirocinio a Catania presso la cattedra dell'illustre chirurgo Basile. Docente di Medicina e chirurgia alla fine degli anni Cinquanta. Grazia all'appoggio politico dell'ex rettore dell'Università di Messina Gaetano Martino, ottiene i finanziamenti per il Policlinico; quando tramonta l'astro del ministro liberale, nuovi appoggi (e finanziamenti) ottiene grazie all'appoggio del democristiano Nino Gullotti. Diventa direttore della prima Clinica chirurgica, e direttore sanitario del Policlinico (fino all'età di 68 anni, 3 anni in più di quanto preveda la legge). Ha lasciato la direzione del nosocomio nel 1994. Nel 1994 è dovuto comparire davanti al pretore insieme ai coordinatori dei maggiori ospedali pubblici e privati messinesi per presunte violazioni nel campo dello smaltimento dei rifiuti speciali ospedalieri (ha usufruito della prescrizione del reato). Pur non avendo cariche dirette, ha condizionato la politica e le scelte della Dc per un paio di decenni; negli anni Novanta è passato a Forza Italia, su invito di Antonio Martino (figlio dell'ex rettore).

Salvatore Navarra è fratello del boss mafioso Michele Navarra (medico, indicato come mandante di centinaia di assassini tra cui quello del sindacalista di Corleone Placido Rizzotto) ucciso da Luciano Liggio il 10 agosto 1958.

padiglioni D-E-F-G-H (gli Istituti di anatomia patologica, patologia chirurgica, chirurgia generale, radiologia, pronto soccorso e uffici amministrativi)[602] è l'impresa «Immobiliare siciliana» legata a Mario Rendo, uno dei cavalieri del lavoro di Catania. Navarra viene indicato come "l'uomo che ha determinato le nomine a rettore dalla fine degli anni sessanta fino all'era Cuzzocrea" [603].

In un contesto che fa dell'Università di Messina "l'ente appaltante più grosso che esista da Bari in giù" [604] il potere economico vive in un forte arroccamento che accentua il distacco tra città, esigenze e vita degli studenti, e ceti d'élite al potere. In tale percorso, proprio a partire dal 1968 si ha un duplice processo: mentre da una parte il ceto baronale si impegna in una interna lotta per il potere, con il predominio delle facoltà di medicina, dall'altra la gestione ordinaria e quotidiana dell'Università viene demandata a un sottoproletariato che garantisca la fedeltà al potere e la non intromissione negli affari interni finanziari. Messina ha il privilegio di conoscere, più che nelle altre università siciliane, il dominio "militare" dei gruppi neofascisti.

## Dopo il Sessantotto a Messina

### L'intreccio tra neofascismo e delinquenza mafiosa

Scrive Francesco Forgione [605]: "da sempre Messina è insieme una città di frontiera e il punto d'incontro tra le due mafie più pericolose e pervasive del Mezzogiorno", ovvero la mafia siciliana e la 'ndrangheta calabrese. Nel 1998 viene pubblicato a cura del Comitato Messinese per la Pace e il Disarmo Unilaterale, un breve

---

602 Il costo dell'appalto lievitò, tra l'altro, da 6,9 mld a 9,9 mld. Cui furono aggiunti altri 500 milioni per il padiglione di Neuropsichiatria infantile. Rettore all'epoca era Salvatore Pugliatti, amministratore del sorgente nosocomio Salvatore Leonardi. A concedere il nuovo finanziamento, il ministro dei lavori pubblici Gullotti.

603 CMPDU98 p. 83.

604 Dichiarazione del procuratore generale Carlo Bellitto alla Commissione antimafia, nel 1997. Cit. da: CMPDU98 p. 169.

605 *Messina città 'babba' o Messina verminaio?* / Francesco Forgione, in CMPDU98 p. 5.

saggio [606] che è un vero e proprio atto d'accusa contro la classe politica e cattedratica messinese negli ultimi trent'anni. Particolarmente interessante per noi, il capitolo dedicato agli anni a partire dal 1969 fino ai primi anni Settanta (*Dal 'boia chi molla' al dominio nell'università*, p. 42 e segg.) e la cronologia (dedicata a *Gli anni dell'eversione neofascista*, p. 56 e segg.). E' un pamphlet di parte, un atto d'accusa contro gli intrecci tra eversione e gruppi politici di destra, massoneria, appalti e mafia; una sequenza impressionante di atti di violenza, intimidazioni, attentati.

La testimonianza, anche e soprattutto, di una sconfitta: di come il movimento della contestazione e per la riforma universitaria una volta bloccato, non trovando spazio d'espressione neppure nella "società civile", lasci margine a forme estreme di dominio e sopraffazione. D'altra parte, quelle forme di dominio e sopraffazione sono l'antidoto e la copertura ideale per ceti e classi sociali che vogliono in questo modo bloccare pericolosi processi di riforma e di messa in discussione di metodologie e forme di insegnamento e comportamento all'interno delle istituzioni scolastiche.

## Cronologia dei più importanti avvenimenti di criminalità politica avvenuti a Messina e dintorni dal 1969 al 1973

| gennaio 1969 | Due ordigni vengono collocati all'ingresso del Palazzo di Giustizia e presso il portone principale della cattedrale |
|---|---|
| | Una rudimentale bomba esplode contro una galleria d'arte in via dei Mille, che ospita una mostra sul Black Power. |
| 5 marzo 1969 | Esponenti del FUAN, al termine di una occupazione del Rettorato durata 5 giorni si scontrano con i giovani democratici: dieci feriti. Viene schiaffeggiato il prof Franco Natale dallo studente calabrese Umberto Benito Pirilli (poi consigliere comunale del Msi a Messina, oggi presidente della provincia di Reggio Calabria). |
| 11 aprile 1969 | A Barcellona, squadristi aderenti a Ordine Nuovo e alla Giova Italia aggrediscono i partecipanti ad |

---

606 CMPDU98

| | |
|---|---|
| | una conferenza sulla riforma della scuola. |
| 20 aprile 1969 | Una bomba viene lanciata da un'auto ed esplode davanti all'ingresso della Gazzetta del Sud. |
| 23 settembre 1969 | Interrotta con la forza la proiezione del film "Giovinezza, giovinezza". Vengono denunciati gli estremisti di destra Sandro Farina, espulso dall'università di Roma per i fatti in cui trovò la morte Paolo Rossi, e Oscar Marino, reggente provinciale di Ordine Nuovo. |
| 3 ottobre 1969 | Numerosi militanti di Ordine Nuovo assaltano la sezione dell'Unione Marxisti-leninisti. |
| 29 ottobre 1969 | Assalto alla sezione del Pci di Barcellona da parte di aderenti ad Ordine Nuovo e alla Giovane Italia. |
| 30 novembre 1969 | Tre bombe a Reggio Calabria dopo il comizio di Giorgio Almirante. Vengono arrestati Aldo Pardo e Giuseppe Schirinzi, studenti della facoltà di Giurisprudenza dell'università di Messina. |
| 30 novembre 1969 | Alcune bombe vengono collocate sulla scalinata della chiesa di Santa Venera a Barcellona. |
| 1 dicembre 1969 | Due bombe a mano avvolte in un giornale vengono rinvenute fra le immondizie del torrente Giostra. |
| 13 dicembre 1969 | Tre giovani di Ordine Nuovo vengono denunciati per porto abusivo di coltelli e propagazione di notizie false e tendenziose: a bordo di un'auto munita di altoparlanti, in relazione ai fatti di Roma e Milano, affermano che "si era formato un governo provvisorio di generali e tecnici". |
| 16 dicembre 1969 | Viene arrestato il 'reggente' Oscar Marino per detenzione di arma da guerra. Durante le perquisizioni in abitazioni di ordinovisti a Messina e Barcellona vengono rinvenute altre armi. |
| marzo 1970 | Un giornalista di Paese sera denuncia una riunione a Roma tra i rappresentanti di diverse organizzazioni neofasciste provenienti da Torino, Pavia, Bari, Napoli, Messina. Si sarebbe discusso di |

| | |
|---|---|
| | un piano per una serie di attentati da compiere prima delle elezioni amministrative. |
| 23 aprile 1970 | Messina si sveglia coperta di scritte inneggianti al colpo di stato dei colonnelli greci. Una lezione del prof Romano, docente di diritto penale, è interrotta da un'invasione di 30 uomini mascherati, con svastiche sugli elmetti. |
| 28 aprile 1970 | 200 neofascisti danno vita nell'aula magna dell'università a un rito commemorativo della morte di Mussolini. |
| 4 maggio 1970 | Giunge in porto la nave tedesca "Heors" con a bordo 2000 moschetti Mauser, che spariranno poi nel tragitto tra Messina e Venezia. L'armatore della nave è il tedesco Gunther Leinhauser indicato come "uno dei più grossi trafficanti d'armi privati in Europa". Secondo alcuni pentiti calabresi le armi furono prelevate dal gruppo neofascista di Genoese Zerbi. |
| settembre 1970 | Tentativo di costituire un Comitato di azione per la difesa dei diritti dei messinesi, sul modello dei comitati reggini. Sponsor la Gazzetta del Sud. Tra i promotori, Umberto Pirilli. |
| 12 settembre 1970 | Viene avvertita dagli abitanti di Gazzi una misteriosa deflagrazione nei pressi del ponte ferroviario. Viene notata una fiammata, ma gli inquirenti negano lo scoppio di una bomba. |
| 27 settembre 1970 | Comizio a Messina del duca Giuseppe Avarna, amico di Valerio Borghese, per "ringraziare" i messinesi per l'aiuto ai Boia chi molla. Amedeo Matacena offre il biglietto gratis per traghettare da Reggio un migliaio di persone. |
| 29 settembre 1970 | Alle 00,24 esplode sul ponte della ferrovia di via Santa Cecilia una carica di 200 grammi di gelignite. Qualche istante prima era passato un locomotore di manovra. |
| 12 ottobre 1970 | Un pericoloso ordigno confezionato con polvere da sparo esplode nel cinema Lux, dove si proietta "La confessione" di Costa Gavras. |

| | |
|---|---|
| 12 gennaio 1971 | un ordigno esplode davanti alla Questura |
| 3 febbraio 1971 | aggressioni fasciste all'università, ferimento di studenti e agenti di pubblica sicurezza |
| 5 febbraio 1971 | durante una assemblea del Movimento Studentesco, irruzione di studenti del Fuan in aula e scontri |
| 7 aprile 1971 | perquisita l'abitazione nella Casa dello studente di Antonio Ragusa, nell'ambito dell'inchiesta su Ordine Nuovo. Si scoprono le lettere di Clemente Graziani, ex segretario nazionale dell'organizzazione, in carcere per il tentativo di colpo di stato di Borghese. |
| 29 aprile 1971 | dopo una assemblea alla Casa dello studente, un gruppo di neofascisti devasta gli uffici dell'Opera universitaria e la mensa |
| 14 maggio 1971 | aggressione di 7 persone che distribuivano un volantino davanti a un liceo. Tra esse, Giorgina Arian Levi, deputato comunista. Arrestati tra gli altri Giuseppe Siracusano (commissario dell'Msi di Bordonaro) e Pasquale Cristiano |
| | Nell'autunno-inverno 1971 una serie di minacce telefoniche o per posta raggiungono i docenti universitari Giuseppe Mantica, Federico Martino, e il giornalista Antonio Padalino |
| 16 ottobre 1971 | aggressione contro studenti di sinistra che volantinavano davanti al liceo La Farina. Tre feriti |
| 27 ottobre 1971 | inaugurazione a Messina della sede della Lega nazionale degli studenti greci. Presidente è Nicolas Spanos |
| 29 ottobre 1971 | Giuseppe Siracusano è beccato dalla polizia mentre sta disegnando il simbolo di Avanguardia Nazionale davanti al portone centrale dell'Università |
| 12 novembre 1971 | occupazione dell'Ateneo a cura di un gruppo di studenti fascisti guidati da Francesco Prota e Pier Luigi Pezzano. Minacce ai decenti Federico |

|  | Martino e Gaetano Silvestri. Assedio nel pomeriggio della sede dell'Ecap-Cgil da parte di circa 200 militanti del Msi. Tra essi Pietro Rampulla. |
|---|---|
| 13 novembre 1971 | aggressione fascista con bastone catene e spranghe di ferro a studenti di sinistra che volantinavano davanti al liceo La Farina |
| 3 dicembre 1971 | sfregiata da un rasoio la moglie di Vincenzo Pagano, capogruppo del Psiup al Consiglio comunale di Barcellona. Le vengono fatti segni di svastica. |
| 4 dicembre 1971 | aggredito a Milazzo il figlio del dirigente comunista La Rosa |
| 5 dicembre 1971 | aggredito a Milazzo l'ingegnere Nino Nastasi, della federazione giovanile socialista |
| 6 dicembre 1971 | aggrediti a Milazzo alcuni studenti che volantinano davanti al liceo Impallomeni, sul ferimento della moglie di Pagano |
| 7 dicembre 1971 | due studenti socialisti aggrediti di fronte la facoltà di Lettere. Il preside Gianvito Resta denuncia all'autorità giudiziaria Pasquale Cristiano, Rosario Cattafi, Pietro Rampulla, Francesco Prota. |
| 9 dicembre 1971 | i neofascisti impongono la chiusura per 4 giorni delle facoltà di Lettere Giurisprudenza e Scienze politiche. I docenti del Magistero votano un ordine del giorno in cui denunciano il comportamento di "ben individuati elementi" di estrema destra con la "tolleranza di certe autorità accademiche" |
| 21 gennaio 1972 | Il missino Michele La Torre interrompe una lezione alla facoltà di Lettere, entra con manganello e catene e poi scrive sulla lavagna "Viva il fascismo". Viene denunciato dal prof Mantica insieme ad altri 4 neofascisti, ma viene assolto dal reato di apologia per insufficienza di prove. |
| 29 gennaio 1972 | su richiesta del pm Occorsio vengono rinviati 42 esponenti di Ordine Nuovo con l'accusa di ricostruzione del partito fascista. Tra essi, una |

| | |
|---|---|
| | decina di messinesi. |
| 9 febbraio 1972 | un gruppo di fascisti rifiuta di pagare il pranzo alla Casa dello studente. Un inserviente viene aggredito. La mensa è chiusa a tempo indeterminato. |
| 21 febbraio 1972 | aggressione grave a uno studente. Sono denunciati Rosario Cattafi e Aldo Borgosano |
| 24 febbraio 1972 | aggressione fascista contro uno sciopero di lavoratori in sciopero. Gli aggressori partono dalla Casa dello studente |
| 9 aprile 1972 | comizio a Messina di Giorgio Almirante a piazza Università. 15 mila persone. A introdurre il segretario-reggente Oscar Marino e Saverio d'Aquino |
| 24 aprile 1972 | L'auto del sindacalista Uil Gaetano Zingales viene fatta saltare in aria vicino a piazza Duomo |
| 30 aprile 1972 | la Casa dello studente è occupata dai neofascisti |
| 7 maggio 1972 | bomba molotov contro il bancone della segreteria elettorale di Giovanni Davoli candidato Msi alle politiche |
| 20 maggio 1972 | Festeggiamenti della matricola: è ucciso a Reggio lo studente Benvenuto Dominici (22 anni, di destra). Come autore dell'assassino è indicato (da Felice Genoese Zerbi), Vincenzo Romeo (22 anni, fratello di Paolo Romeo "ex imperatore della goliardia reggina", Vincenzo, anche lui di destra, è vicario generale "del sovrano ordine goliardico Giovanni dalla Bande Nere") |
| 8 giugno 1972 | attentato incendiario contro la sezione Buozzi del Psi in via C. Colombo |
| 13 giugno 1972 | incendiata l'auto del sindacalista Gaetano Zingales, parcheggiata in via Università |
| 17 giugno 1972 | devastata la mensa della Casa dello studente da studenti che volevano consumare senza pagare |
| 21 giugno | bomba nel cortile del carcere di Gazzi |

| 1972 | |
|---|---|
| 4 ottobre 1972 | due auto sono distrutte da un incendio doloso di fronte al Magistero |
| 16 ottobre 1972 | bomba alla libreria Editori Riuniti (via Ghibellina). Scritte sui muri inneggianti a Ordine Nuovo e buco profondo 20 cm. La polizia conclude che si è trattato di un tubo al neon |
| 21 ottobre 1972 | Aggrediti 3 dirigenti sindacali nell'atrio della stazione centrale. Erano nel servizio d'ordine della manifestazione nazionale di Reggio Calabria sul Mezzogiorno. A capo degli aggressori è Francesco Santoro (di Ionadi, Cosenza, studente di Lettere a Messina). 5 esplosioni a Reggio. Vicino a Latina una boma sul treno che trasporta i manifestanti sindacali |
| 11 novembre 1972 | scontri tra studenti di destra e sinistra davanti al Select. Viene ferito Michele Bisignano (originario di Furnari, iscritto alla loggia Camea) |
| 12 novembre 1972 | assalto di fascisti armati alla Camera del lavoro. Aggrediti gli studenti medi che partecipavano a una assemblea |
| 24 gennaio 1973 | aggrediti studenti del Collettivo Maurolico, all'uscita di scuola |
| 2 febbraio 1973 | un gruppo di fascisti impone la chiusura di diverse facoltà per protestare contro lo sciopero bianco di alcuni docenti che rifiutavano di effettuare esami |
| 3 febbraio 1973 | incendio all'auto di Giovanni Criseo, per contrasti interni ai settori di destra |
| 3 marzo 1973 | lettere minatorie con proiettili sono recapitate alle federazioni provinciali del Pci e del Psi, e alle redazione de «L'Ora» e del «Giornale di Sicilia» |
| 9 marzo 1973 | un centinaio di colpi di pistola davanti e dentro la Casa dello studente. 7 auto danneggiate tra cui quella di Carlo Mazzù |
| 10 marzo 1973 | incendiata l'auto di Salvatore Recupero, segretario della sezione Pci di Furnari |

| | | |
|---|---|---|
| 17 marzo 1973 | bomba alla sezione Pci Spartaco Lavagnini, e danni alle case adiacenti |
| 18 marzo 1973 | 800 grammi di gelignite davanti all'agenzia degli Editori Riuniti, l'ordigno viene trovato prima che esploda |
| 21 marzo 1973 | Giovanni Criseo, Annunziato Stillitano e Antonino Pangallo sono arrestati per detenzione di armi e munizioni, a seguito di una perquisizione alla Casa dello studente |
| 22 marzo 1973 | 31 studenti fascisti di varie facoltà occupano il Magistero, in solidarietà con Giovanni Criseo. Tra essi: Rosario Cattafi, Pietro Rampulla, Thanos Papadimitriu, Basilio Pateras |
| 18 aprile 1973 | aggressione davanti al bar Select (frequentato da ordinovisti) dello studente Gianfranco Picciotto |
| 25 aprile 1973 | bomba esplode davanti alla saracinesca del Select (via C. Battisti). Il giorno prima erano comparse scritte inneggianti alle SS |
| 27 aprile 1973 | sparatoria con mitra negli alloggi della Casa dello studente. Responsabili (condannati): Carmelo Laurendi, Rosario Cattafi, Francesco Prota. |
| 3 maggio 1973 | A casa di Rosario Cattafi (coabita con Santi Pino e Gianfranco Barbera), perquisizione della polizia e sequestro di una pistola di fabbricazione spagnola |
| 22 maggio 1973 | bomba carta davanti all'ingresso dell'abitazione dello studente greco Giovanni Papanastasso e di altri 7 studenti greci |
| 22 ottobre 1973 | devastata e incendiata la sede della federazione comunista di via Castellammare |
| 6 dicembre 1973 | aggressione di un gruppo di ordinovisti contro i partecipanti a un corteo studentesco |

Cronologia degli scontri politici a Messina, fonte: CMPDU98, p. 56-67

Nell'aprile 1969, il capitano dei carabinieri Santi Abramo sequestrò gli atti relativi ai concorsi, all'assegnazione delle borse di studio e alle assunzioni al policlinico [607]. Durante l'inaugurazione dell'anno giudiziario 1969 il procuratore generale Aldo Cavallari denunciò casi di "nepotismo" e di "interessi privati" nelle attività dell'ateneo. Rettore era l'illustre giurista Salvatore Pugliatti, preside della Facoltà di Scienze il principe Guglielmo Stagno d'Alcontres [608].

## Gli anni di fuoco di Messina: gli anni Settanta

A partire dai primi anni Settanta a Messina si ha un

> "salto di qualità dal punto di vista delle strutture criminali operanti sul territorio messinese. Epicentro l'ateneo, dove si registra la compresenza e l'alleanza del neofascismo proveniente da quattro diverse aree (Messina, Barcellona Pozzo di Gotto, Reggio Calabria, Grecia) e della criminalità organizzata ('ndrangheta, mafia barcellonese). Un mix di forze eversive che esaltarono con attentati ed aggressioni le proprie capacità militari, dando inizio a una rete di relazioni politiche ed economiche che le legittimano come elementi del blocco sociale dominante" [609].

"In quegli anni il numero di militanti nelle formazioni neofasciste iscritti all'università di Messina era enorme" [610]. A Messina fa una delle sue prime apparizioni in Italia il movimento clandestino Ordine Nero. Vi opera una delle cellule più agguerrite di Ordine Nuovo, su cui il pm Vittorio Occorsio, poi assassinato, svolse una lunga serie di indagini [611].

---

607 Cfr. CMPDU98, p. 42.

608 Tra i suoi 'titoli' extra-scientifici, quello di cavaliere dell'Ordine equestre del Santo Sepolcro, e Console onorario di Spagna (allora sotto la dittatura di Francisco Franco). Cfr. CMPDU98, p. 42.

609 CMPDU98, p. 42.

610 CMPDU98, p. 42.

611 Tra le persone indagate da Occorsio, c'erano una ventina di attivisti di Messina e di Bracellona. Tra essi: Antonio Ragusa (ccordinatore regionale del Msi-Fiamma di Pino

Nei primi anni Settanta, si verificano scontri continui tra Movimento studentesco e neofascisti, fin dentro le aule dell'Università (5 febbraio 1971, irruzione di esponenti del FUAN a una assemblea del MS indetta a seguito di una aggressione davanti all'università, subita due giorni prima). La Casa dello Studente diventa uno dei punti di ritrovo e d'insediamento degli studenti vicini alle posizioni di Ordine Nuovo. E' inaugurata a Messina il 27 ottobre 1971 la sede della Lega Nazionale degli Studenti greci (preseduta da Nicolas Spanos, che nell'autunno 1969 aveva guidato una spedizione punitiva contro gli studenti democratici greci a Pisa). In provincia casi di violenza politica si verificano a Milazzo [612], e a Barcellona [613]. All'Università il 12 novembre 1971 un gruppo neofascista guidato da Francesco Prota e Pier Luigi Pezzano occupano l'ateneo, il 7 dicembre 1971 un gruppo di studenti di sinistra che distribuivano volantini a Lettere sono sprangati da un gruppo di neofascisti, mentre il 9 dicembre i neofascisti impongono la chiusura per 4 giorni delle facoltà di Lettere, Giurisprudenza, Scienze politiche. Nel 1973 gruppi di fascisti occupano Magistero, e irrompono poi nella Casa dello Studente [614].

A caratterizzare gli anni Settanta è questa presenza neofascista, che costituisce solo in parte l'aspetto più superficiale e coreografico della realtà universitaria messinese. In una realtà che subisce gli effetti della mancanza di sviluppo e di alternative alla disoccupazione permanente, l'Università diventa "industria", fonte

---

Rauti), Oscar Marino (commissario della federazione del Msi fino al 1973, e uomo di fiducia dell'on. Saverio d'Aquino), Orazio Costa (oggi giornalista della RTP emittente televisiva di proprietà della Gazzetta del Sud), Gualtiero Cannavò (allora dirigente nazionale del FUAN, avvocato civilista e massone della loggia Stretta Fratellanza, appartenente al Grande Oriente d'Italia), Giuseppe Alfano (giornalista de La Sicilia, assassinato dalla mafia nel 1992), Felice Carmelo La Rosa (oggi consigliere provinciale di Forza Italia, massone 'in sonno' della loggia Fratelli Bandiera, del Grande Oriente d'Italia), Silvestro Arbuse (attuale vicepresidente di AN al Consiglio comunale di Messina). Cfr. CMPDU98, p. 43.

612 Il 4 dicembre 1971 a Milazzo viene aggredito il figlio del dirigente comunista La Rosa. Il 5 dicembre l'ingegnere Nino Nastasi, della federazione giovanile socialista. Il 6 dicembre alcuni studenti sono aggrediti davanti al Liceo Impallomeni di Milazzo mentre distribuiscono volantini sul ferimento della moglie del capogruppo Psiup Pagano.

613 Il 3 dicembre 1971 viene sfregiata con un rasoio la moglie di Vincenzo Pagano, capogruppo Psiup al Consiglio comunale di Barcellona. Secondo CMPDU98, p. 61, lo sfregio aveva "segni di svastica".

614 "con i mitra", precisa CMPDU98, p. 43.

di lavoro e di guadagni. Soggetta alle attenzioni delle speculazioni finanziarie e dei desideri di facili arricchimenti di famiglie notabili locali e di imprese e "imprenditori" provenienti dalla province limitrofe (i "cavalieri del lavoro" di Catania). Scrive ancora Forgione:

> "L'università, da anni, è anche un grande, miliardario cantiere e gli affari attraversano lo Stretto. Le imprese nazionali che vi lavorano sono le stesse della grande tangentopoli: la Grassetto di Ligresti e, ovviamente, i cavalieri di Catania. La ragnatela dei subappalti serve invece a redistribuire le quote e ad assicurare la 'tenuta' dell'economia locale. Anche [del]l'economia mafiosa [...]. Messina da sempre ha una forte presenza massonica: imprenditori, magistrati, accademici, militari, mafiosi, tutti senza distinzione, fratelli. E tutti fraternamente impegnati a garantire stabilità all'ordine costituito" [615].

Messina e il suo ateneo vivono delle infiltrazioni mafiose provenienti dalla provincia e dalla Calabria. Negli anni Settanta "con i calabresi De Stefano e Don Stilo e con i mafiosi provenienti dal barcellonese e dai Nebrodi" [616].

E' una presenza mafiosa che vede gli stessi insegnanti e presidi di facoltà e di ateneo avere un ruolo di primo piano. Così l'ex preside di facoltà di Economia e Commercio Vincenzo Panuccio, presidente di corso di laurea e direttore dell'Istituto di diritto commerciale dal 1963, è stato indicato dal pentito calabrese Giacomo Lauro come appartenente a una delle logge massoniche coperte che riunivano 'ndrangheta e borghesia reggina [617].

> "Che gli anni '70 abbiano rappresentato per l'università di Messina il luogo della socializzazione criminale per gli estremisti di destra e di socializzazione eversiva per i

---

615 CMPDU98, p. 6-7.

616 CMPDU98, p. 13.

617 Nel 1996 il docente è stato rinviato a giudizio nell'ambito dell'inchiesta sui concorsi truccati che ha "colpito" l'Università di Messina. Cfr. CMPDU98, p. 38.

giovani della 'ndrangheta è ormai un fatto storico-giudiziario" [618]

A Messina il Msi è partito di potere. Alle elezioni del 1972 raccoglie il 23,5% dei consensi al Senato (23,9% alla Camera), secondo partito dietro la Dc (guidata allora dal pluriministro Antonio Gullotti). Al Senato viene eletto Uberto Bonino [619], mentre alla Camera è Saverio d'Aquino, titolare della cattedra di Oncologia dell'università, divenuto uno degli uomini più potenti dell'ateneo [620]. Al Msi appartenevano altri notabili di primo piano, che occupavano tutti posti chiave nell'amministrazione e nella giustizia oltre che all'università [621].

Tra i protagonisti degli attacchi neofascisti all'università sono il vicesegretario del FUAN Rosario Cattafi [622] e Pietro Rampulla [623].

Messina e la sua università diventano protagoniste indirette nei moti fascisti per Reggio capoluogo. Messina diventa base

---

618 CMPDU98, p. 45.

619 Amministratore della SES, la società editrice che pubblica la Gazzetta del Sud, e della Molini Gazzi, già presidente per 20 anni della Banca di Messina.

620 Un comunicato congiunto di Pci e Psi del tempo denuncia come ciò poteva venire grazie "alle raccomandazioni e alle assunzioni clientelari al Policlinico universitario, all'Ospedale S. Angelo dei Rossi o nei Consorzi autostradali" (cit. da CMPDU98, p. 44. Fratello di Saverio d'Aquino era all'epoca Luigi d'Aquino, sostituto procuratore della Repubblica a Messina.

621 Candidato fu Gaetano Catalano, incaricato di Diritto ecclesiastico. Al collegio senatoriale di Barcellona concorse il presidente della Corte d'appello di messina, Orazio Aliquò Mazzei.

622 Originario di Furnari ma residente a Barcellona, Cattafi ebbe un ruolo di primo piano anche nell'intreccio neo-fascismo e mafia: secondo il boss Angelo Epaminonda, negli anni Ottanta Rosario Cattafi gestì per conto del clan Santapaola la scalata al casinò di Saint-Vincet. Condannato a 11 anni per la vicenda dell'autoparco della mafia di via Salomone a Milano, Cattafi è stato graziato da una sentenza della Cassazione che ha annullato il processo per incompetenza territoriale. Cattafi fu poi coinvolto e prosciolto nell'inchiesta sul traffico d'armi "Arzente isola" aperta dalla procura di Messina. Gli altri protagonisti di quest'ultima vicenda erano Abdullatif Kweder, impiegato di origini siriane della facoltà messinese di giurisprudenza, e il messinese Filippo Battaglia in collegamento con il saudita miliardario Adnan Khashoggi e le cosche mafiose catanesi. E' a giurisprudenza che Cattafi, Kweder e battaglia si conoscono. Cfr. CMPDU98, p. 45.

623 Originario di Mistretta, Pietro Rampulla è stato uno dei principali esponenti della criminalità in provincia di Messina, rappresentante di Nitto Santapaola nel mandamento di Caltagirone. Condannato dal tribunale di Caltanissetta quale artificiere della strage di Capaci. Cfr. CMPDU98, p. 45.

d'appoggio per gli attentati in Calabria e l'ambiente universitario studentesco dell'estrema destra vivaio per tali operazioni. Studiavano e operavano nella facoltà di Giurisprudenza di Messina i neofascisti reggini Aldo Pardo e Giuseppe Schirinzi, militanti di Avanguardia Nazionale condannati per l'esplosione di una bomba alla questura di Reggio il 7 dicembre 1969. I due erano sospettati anche di essere tra gli esecutori di tre attentati dinamitardi attuati contemporaneamente nel reggino, la notte del 30 novembre 1969. Pardo e Schirinzi avevano partecipato nella primavera 1968 a un viaggio in Grecia insieme a Guido Giannettini, Mario Merlini e Stefano Delle Chiaie: "occasione per saldare i legami tra l'eversione di destra italiana ed il regime dei colonnelli greci ed elaborare la 'strategia della tensione' da attuare in Italia contro il 'pericolo rosso'" [624].

In quegli anni giunsero in Italia gli studenti dell'Esesi (Lega degli studenti greci fascisti in Italia), strumento di sostegno al neofascismo italiano e di repressione degli esuli democratici greci. Messina fu scelta dai servizi segreti greci come base operativa per il Sud Italia.

> "La cellula neonazista 4 agosto (la data dell'ascesa al potere dei generali fascisti nel 1936), agiva all'interno dell'università, semicoperta dalla Lega nazionale degli studenti greci, presieduta da Nicolas Spanos, l'uomo che aveva guidato la spedizione punitiva a Pisa nell'autunno 1969 contro i democratici greci conclusasi con la morte dell'universitario Cesare Pardini. Tra gli studenti greci più attivi nelle scorribande all'università e alla Casa dello studente, Giorgio Sanidas, Basilio Pateras e Thanos Papadimitriu. Gli ultimi due, agenti del gruppo 4 agosto, saranno poi espulsi dall'Italia nel 1973, perché trovati in possesso di armi e munizioni. In questo scenario non è casuale che i soldi Usa per il golpe greco del 1967 transitassero per l'Illinois Bank, istituto in mano al finanziaere di Patti Michele Sindona, il massone-mafioso proprietario della Banca di Messina" [625].

---

624 CMPDU98, p. 46.

625 CMPDU98, p. 46-47.

La connessione tra mafia e neofascismo ha effetti anche nella vita amministrativa dell'Università di Messina. Scrissero i magistrati della Direzione distrettuale antimafia di Reggio Calabria (inchiesta cautelare a carico di "Condello Pasquale + altri", denominata "Operazione Olimpia"; dichiarazione del collaborante Filippo Barreca):

> "particolari collegamenti esistono [...] tra don Stilo e alcuni ambienti amministrativi come l'ospedaledi Locri e l'università di Messina. In particolare, presso l'ospedale di Locri operava un medico considerato la *longa manus* di don Stilo; trattasi di Pasquale Cristiano il quale vanta notevoli appoggi presso l'università di Messina, dove si verificava che praticamente regalassero la laurea alle persone sostenute e raccomandate da don Stilo e dal medico Cristiano" [626].

Pasquale Cristiano era stato tra l'altro presidente del Fuan di Messina [627], e tra i neofascisti che guidano il raid alla Facoltà di Lettere il 7 dicembre 1971, insieme a Rosario cattafi, Pietro Rampulla, Francesco Porta (calabrese originario di Caulonia), Francesco Allitto (messinese).

Don Giovanni Stilo, sacerdote a Africo Nuovo, diventa negli anni Settanta punto di riferimento importante per una serie di intrecci che lo fecero protagonista di una serie di procedimenti giudiziari come imputato: tra i suoi numerosi contatti, con 'ndrangheta e Cosa Nostra, DC, massoneria, servizi segreti, e con persone come Totò Riina, Angelo La Barbera, Peppino Piromalli, Antonio Nirta da San Luca, Enzo Cafari, Saverio Mammoliti.

---

626 Cit. in: CMPDU98, p. 47.

627 Pasquale Cristiano, già vicesindaco missino di Ferruzzano (Rc), partecipò al viaggio in Grecia con Aldo Pardo e Giuseppe Schirinzi. Militò in Avanguardia Nazionale. Secondo uno dei teste al processo "Olimpia", Carmine Dominici (un ex aderente a Avanguardia Nazionale), Cristiano avrebbe fatto da tramite nella zona ionica della Calabria tra neofascisti, criminalità organizzata e "un ufficiale dei carabinieri, a cognome Delfino": cfr. *Massomafia : 'ndrangheta, politica e massoneria dal 1970 ai giorni nostri* / Enzo Fantò. - Roma : Kojne, 1997. - p. 115. Ripreso in: CMPDU98, p. 47.

Don Stilo appare a Messina quando si pone all'Università il problema della gestione delle mense universitarie. I gruppi della 'ndrangheta calabrese sono interessati all'appalto. Si verificano una lunga serie di assalti, occupazioni e attentati ai locali della Casa dello Studente tra il 1971 e il 1973. L'episodio più grave avviene il 12 novembre 1971, quando un gruppo di fascisti messinesi e calabresi guidati da Francesco Prota, Pier Luigi Pezzano, Giuseppe Siracusano, Antonio Ragusa, Aldo Borgosano e Pietro Rampulla, occupano l'ateneo, devastano l'Aula Magna, l'Istituto giuridico e il Rettorato, minacciano alcuni docenti, e assaltano la sede dell'Ecap-Cgil. L'assalto avviene dopo le dimissioni del prof Antonio Barresi e per la nomina del nuovo commissario dell'Opera universitaria. Ai nomi ventilati dalle autorità governative universitarie, gli studenti neofascisti oppongono la candidatura di don Stilo. Pochissime, tra le autorità politiche e tra quelle preposte all'ordine pubblico, le voci di protesta. Nel corso di un convegno universitario nel 1972, l'allora responsabile giovanile della Dc, Giuseppe Naro (sarà poi presidente della Provincia di Messina) denunciò "l'evolversi del fascismo sempre più da posizioni tradizionalmente goliardiche a vere e proprie degenerazioni mafiose. I gruppi di squadristi e mafiosi che l'altr'anno avevano cercato di imporre all'Opera universitaria un loro candidato, sono quest'anno ritornati alla carica, ottenendo l'appalto alla mensa" [628]. La gara era stata vinta da Francesco Pantaleo, originario di Africo Nuovo e parente di don Stilo.

Nel gennaio 1972 è commissario dell'Opera Nicola Bonanno, prof di Economia e commercio (ed ex sindaco di Villafranca Tirrena); vicecommissario, con delega a sovrintendente al funzionamento della mensa, l'assistente di Giurisprudenza Carlo Mazzù, socialista [629]. Contrario all'affidamento della ristorazione ai privati, Mazzù si dimette nel 1973. Il 9 marzo 1973 un centinaio di colpi di pistola sono esplosi davanti alla Casa dello Studente; sono danneggiate 7 auto in sosta, tra cui quella di Mazzù.

Dodici giorni dopo la polizia deve perquisire il pensionato universitario, al cui interno si sono verificate sparatorie con mitra e pistola. Viene arrestato per detenzione abusiva di armi e munizioni

---

628 Cit. in: CMPDU98, p. 48.

629 Carlo Mazzù sarà poi presidente dell'Opera Universitaria per buona parte degli anni Ottanta e Novanta.

il vicepresidente del Fuan, Giovanni Criseo [630]. Criseo alloggiava alla Casa dello Studente ma senza avere i titoli per accedervi: con questa motivazione sono allontanati anche i calabresi Carmelo Iaurendi, Francesco Prota, e l'ordinovista Rosario Cattafi.

La vicenda dell'assegnazione ai privati della mensa universitaria finì in Parlamento, con una interrogazione di deputati Pci e Psi. Fu segnalata anche la concessione, nell'anno accademico 1971-72 da parte dell'Opera di "contributi, per svariati milioni, a studenti, senza che sia stato pubblicato regolare bando di concorso", e "l'assegnazione di cospicui contributi a organizzazioni di estrema destra, senza che esse abbiano svolto una qualsiasi attività culturale o sportiva".

Per irregolarità nella gestione della mensa furono rinviati a giudizio per tentata violenza privata i gestori Natale Russo, Francesco Pantaleo e Antonino Pangallo. A Nicola Bonanno e a Luigi Cataldo (segretario della mensa) fu contestato il reato di omissione. Secondo il giudice, la gestione della mensa, affidata a un "gruppo calabrese che operava anche nel campo della delinquenza comune" era assicurata "attraverso intimidazioni ad eventuali concorrenti nell'appalto" [631]. Nel corso dell'inchiesta fu accertato che il numero dei pasti servito giornalmente veniva gonfiato in modo da risultare doppio di quello reale.

Che la situazione nell'università non fosse limpida era una consapevolezza anche per i gruppi cattolici che nel messinese tentavano una conciliazione tra ideali post-conciliari e realtà di una chiesa cattolica intrecciata non solo con la gestione politica del potere ma anche con la collusione con la delinquenza e le organizzazioni mafiose. Tra i documenti trovati possiamo citare l'articolo pubblicato sul quindicinale nazionale della Fuci, «Ricerca», nel quale un gruppo di fucini di Messina risponde all'appello lanciato nel 1973 dall'allora ministro della Pubblica Istruzione Oscar Luigi Scalfaro, in occasione della Settimana Teologica Dicesana, con un documento che oggi a noi può sembrare generico ma che, visto il contesto, ci appare duro pur nel suo linguaggio necessariamente diplomatico [632].

---

630 Originario di Melito Porto Salvo, Giovanni Criseo era finito in carcere il 12 settembre 1970 durante i moti di Reggio.

631 Cit. in: CMPDU98, p. 50.

Nella richiesta d'appello del procuratore generale Aldo Cavallari per alcuni fatti avvenuti nella Casa dello Studente nel 1973 (la richiesta è del 1976), è possibile trovare una certificazione storica in un atto giudiziario di quello che era il clima esistente all'interno dell'Università di Messina in quegli anni. I fatti cui si fa riferimento nella richiesta d'appello riguardano due "casi": la sera del 27 aprile 1973 sono sorpresi in una delle camere alcuni studenti a sparare su bottiglie e armadi [633], mentre nell'aprile 1973 durante una perquisizione in alcune case private furono trovati suppellettili provenienti dalla Casa dello Studente [634]. Per Cavallari:

> "L'imputazione relativa al furto consumato nella Casa dello studente s'inquadra in maniera sorprendente nell'ambito mafioso di quel benemerito istituto e trova rispondenza specifica nel saccheggio sistematico

---

632 *Non possiamo tacere* / Gruppo Fuci di Messina, in: «Ricerca», anno XXIX, n. 14-15, 31-7 / 15-8 1973, p. 13. L'articolo non viene solo firmato come Gruppo Fuci Messina - di solito all'interno del quindicinale fucino l'uso era quello di firmare gli articoli o con i nomi o con il nome collettivo del gruppo. Questa eccezione ci sembra indicativa. Segno che non tutti del Gruppo Fuci di Messina erano d'accordo con questo contro-appello a Scalfaro? In ogni caso, riportiamo i nomi segnati in calce all'articolo: p. Marcello L. Maierù, p. Remigio G. Targia, Mariuccia Leotta, Anna Gerace, Pippo Lipari, Maria Simone, Beniamino Laponte, Rita Messina, Maria De Leo, Nicola Gozzano, Nino De Leo, Pippo Martino, Francesca Sindoni, Patrizia Romano, Matilde Giacomelli, Carmelo Scibilia, Aldo Falco, Isa De Sarro, Franco Marano.

633 Si trattava di Carmelo Laurendi, Francesco Prota, Rosario Cattafi. Cattafi era già stato condannato una volta a pena pecuniaria per porto abusivo di pistola. Nel febbraio 1976 il Tribunale di Messina assolse Cattafi Laurendi e Prota dal reato di danneggiamento; Laurendi fu assolto dal reato di porto abusivo di mitra; Cattafi e Prota furono condannati a 1 anno e 8 mesi per il mitra, mentre Laurendi fu condannato a 1 anno.

634 A casa si Francesco D'Andrea (di Briatico), Amedeo Barbalace (di San Ferdinando di Rosarno), e Massimo Vitale (di Rosarno) i carabinieri trovarono arazzi, coperte, statue di marmo, suppellettili rubate tempo prima alla Casa dello Studente e nelle ville di due docenti universitari. In un'altra perquisizione, a casa di Santi Pino (di Barcellona) fu trovata una libreria trafugata alla Casa dello Studente. A casa di Gustavo De Luca e Rosario Cattafi fu trovata una carabina e una pistola. Secondo le indagini successive, l'appartamento di Barbalace e dei suoi amici era stato preso in locazione dallo studente Francesco Prota; questi era stato estromesso con la forza da Barbalace, ma lo stesso costretto a pagare il canone mensile. Amedeo Barbalace era all'epoca presidente del comitato studentesco della facoltà di Economia e commercio, attivista del Msi calabrese. Francesco Prota aveva cercato di riottenere l'appartamento, rivolgendosi al marchese reggino Felice Genoese Zerbi (rappresentante in Calabria di Avanguardia Nazionale e del Fronte Nazionale di Junio Valerio Borghese) che però non aveva potuto fare niente. Cfr. CMPDU98, p. 52.

> perpetrato sia nei magazzini che nelle camere degli studenti a esclusiva opera degli universitari i quali, sicuri dell'omertà di tutto il personale dell'Opera universitaria, atterrito dalle violenza, dalle minacce, dalle bombe, dalle abituali sparatorie, avevano la certezza dell'impunità".

Il magistrato rileva il clima di terrore esistente nell'ambiente universitario, nel quale nell'ultimo biennio erano stati denunciati ben 61 delitti:

> "un'allucinante serie di furti, danneggiamenti e devastazioni, più le rapine agli inservienti e ai cuochi delle mense, gli incendi ai locali, le sparatorie notturne [...]. Si desume che sono stati denunziati solo quelli che hanno arrecato notevoli danni ai beni patrimoniali dell'Opera universitaria e che, per esigenze contabili, dovevano essere denunziati. mancano le risse, le lesioni, le prevaricazioni, i pestaggi, le minacce a mano armata commesse nell'Università anche contro professori che non si uniformano alle pretese della teppaglia criminale che domina incontrastata nella Casa dello studente. C'è una mafia universitaria irriducibile, selvaggia, ladra, prevaricatrice, che impone la sua volontà e la legge della violenza, che vive e prospera per l'omertà generale dell'atterrita classe studentesca, dei dirigenti dell'ateneo, degli impiegati amministrativi e anche dei rappresentanti del corpo accademico. Né gli studenti, né i dirigenti, né il numeroso personale subalterno sempre presente di notte e di giorno, hanno mai voluto indicare un nome, un sospetto o una traccia per la ricerca degli autori. Si sparava al bersaglio nell'atrio, si esplodeva la dinamite, si commettevano rapine a viso scoperto, si rubavano mobili e montagne di coperte dai magazzini scassinati".

Ciò avveniva con la complicità delle forze politiche universitarie e l'irresponsabilità delle forze dell'ordine.

"Per procacciarsi poi un sostegno nel potere questa mafia si è inserita nelle forze politiche, fiancheggiando quei gruppi che non hanno altra speranza di rivincita se non nella violenza, nel terrore e nella sopraffazione. Da quelle fazioni politiche la mafia studentesca trae appoggio e iattanza, nonché l'usbergo ideologico che serve a coprire l'infami dei suoi delitti, la sua vocazione allo sfruttamento, al furto, alla rapina, al parassitismo. Ed appoggio trae, altresì, da alcuni centri di potere della pseudo democrazia universitaria, che spesso non hanno disdegnato di servirsene come strumento di manovra per conservazione di privilegi. Le forze che potrebbero porre un valido argine al dilagare di questo potere mafioso nella Casa dello studente sarebbero la magistratura e la polizia, ma l'una e l'altra non avvertirono, nei confronti della classe studentesca, quell'esigenza di repressione e prevenzione che pure si avverte nei confronti dei delinquenti appartenenti ad altra classe sociale. Diverso trattamento avrebbe avuto, per identici fatti, altri delinquenti se i gravi crimini consumati abitualmente nella Casa dello studente fossero stati perpetrati in un albergo cittadino [...]. E non v'è poi dubbio che se un cittadino qualsiasi fosse stato imputato dei reati ascritti a Cattafi Prota e Laurendi e costui avesse usato il mitra e la pistola, non avrebbe certo fruito di libertà provvisoria e non sarebbe stato condannato alle irrisorie pene inflitte dal Tribunale col beneficio della sospensione condizionale"

La Goliardia viene definita come

"l'alibi morale di tutti coloro che esercitano la prepotenza mafiosa nell'Università, che rapinano i pasti, esplodono le bombe, sparano nelle camere per incutere terrore [...]. Non solo la magistratura e le forze di polizia sono in colpa, ma lo sono in misura molto più grave l'amministrazione universitaria e, in particolare, le autorità disciplinari dell'Ateneo che dovrebbero bandire come indegni, dalle Università della Repubblica, tutti i teppisti".

Nel 1973 a capo della Goliardia messinese era Adolfo Romeo, originario di Rogudi, attivista di destra e fratello del sindaco Angelo, già arrestato nel luglio 1970 a Reggio. Vicario era Giuseppe Forganni, missino, protagonista di una delle tante vicende mai chiarite all'epoca: durante una festa della matricola, fu ferito alla gamba da un colpo di pistola.

# Il *caso* Lentini

## Introduzione

Lentini è un comune della provincia di Siracusa. Non è città universitaria, è posto alla periferia di uno dei tre sistemi universitari siciliani (Catania). Che c'entra allora Lentini con il Sessantotto? All'inizio della nostra ricerca eravamo partiti dall'idea di verificare come un territorio periferico avesse "visto" quello che accadeva "in città" (Catania, le notizie provenienti dal "continente" attraverso i giornali ecc.). I primi risultati dell'indagine ci mostrano una realtà "periferica" molto più complessa di quanto ci si potesse all'inizio aspettare.

A Lentini il gruppo locale dei giovani cattolici della FUCI partecipa alla manifestazione in cui migliaia di braccianti sfilano in silenzio per le vie cittadine all'indomani dei fatti di Avola del 2 dicembre 1968. E' un fatto inusuale, non solo per il silenzio di quel corteo: mai era avvenuto che studenti cattolici, immediatamente identificabili come tali, partecipassero a una manifestazione di braccianti. E' questo un momento indicativo del fermento cattolico che aveva portato i fucini lentinesi ad aderire all'esperienza fiorentina dell'Isolotto di don Enzo Mazzi, mentre uno di essi (Armando Rossitto) ha parte nel consiglio direttivo nazionale FUCI. Lentini e Catania mostrano i fermenti di una nuova generazione di ragazzi e ragazze che rompe con la tradizione della Dc. E' una esperienza di sconfitta (allora) all'interno del mondo cattolico la cui gerarchia già nel 1969 riconduce tutto all'ordine.

Lentini è un caso specifico, ma non è un caso isolato: la storia della provincia nel Sessantotto siciliano ci appare a una prima indagine molto ricca e articolata: Lentini è un percorso, con le lotte braccantili e la forte presenza del Partito Comunista e il ruolo significativo dei cattolici, ma anche Gela con la sua nuova realtà industriale, campo d'azione dei giovani delle nuove organizzazioni di sinistra venuti a scoprire la classe operaia del sud e da cui proviene in quegli anni uno dei primi documenti di rivendicazione della soggettività femminile [635], e Caltagirone, grosso centro che dovrebbe offrire ai paesi vicini le scuole per una accresciuta domanda di scolarizzazione e che si trova invece alle prese con la carenza strutturale di edifici scolastici [636]. Sono tutti luoghi e spunti emblematici di altri percorsi che noi abbiamo qui voluto limitare al "caso Lentini".

Il territorio di Lentini [637] è interessato negli anni Sessanta da una vivacissima lotta sindacale, che vede i braccianti in prima fila nei movimenti di lotta per l'uguaglianza salariale (contro le "gabbie salariali") e per il miglioramento delle condizioni di lavoro. Nel passaggio dal vecchio al nuovo che questa situazione comporta (il tentativo del PCI non solo di egemonizzare queste battaglie salariali ma soprattutto di far sì che il movimento si politicizzasse su obiettivi di più lungo respiro, porta a Lentini funzionari di alto livello come Otello Marilli, Luigi Boggio e Graziella Vistré) assistiamo ad una profonda divisione ed estraneità fra due culture:

> "Lentini è un paese grosso, con una grande tradizione bracciantile, un'amministrazione di sinistra, comunista, molto importante. La sua società è caratterizzata da una divisione fortissima. O si era nel movimento comunista che era formato quasi esclusivamente da braccianti, con pochissimi intellettuali, oppure si era contro, cioè dall'altra parte. C'era una grande paura di questo movimento bracciantile, in tutti i ceti che non erano bracciantili. Io mi ricordo gli scioperi del novembre del 1966 e quelli del 1968 che poi culminarono con i fatti di Avola. Gli scontri con la polizia erano cose epiche con

---

635 *Femminismo e lotta di classe in Italia (1970-1973)* / a cura di Biancamaria Frabotta. - Roma : Savelli, 1973.

636 *Scuola e sistema mafioso* / Maria Attanasio ; prefazione di Sebastiano Addamo. - Catania : Tringale, 1983.

637 Per "territorio di Lentini" intendiamo qui il cosiddetto "triangolo" rappresentato dai Comuni di Lentini Carlentini e Francofonte. Il territorio, posto ai confini tra la provincia di Siracusa e quella di Catania, è caratterizzato dalla produzione agrumicola in quegli anni molto forte e che faceva di quest'area un'area più ricca, rispetto alle aree circostanti; e con la presenza di una manodopera agricola specializzata.

migliaia di persone che si ammassavano intorno alla stazione ferroviaria dove c'era tutto il centro della produzione agrumicola e questi reparti della polizia, con idranti, autoblindo che si scontravano e normalmente finiva che questi idranti, autoblindo finivano nel fossato, gente ferita, ti dico, scontri veramente..." (Intervista a Saro Mangiameli, luglio 1998).

E' in questo contesto che il Sessantotto lentinese vede la presenza attiva dei giovani cattolici della FUCI. Si tratta di un gruppo di ragazzi e ragazze abbastanza omogeneo, proveniente dalla piccola borghesia non contadina, estranea al bracciantato. Sarà il Sessantotto della "Lettera ad una professoressa", delle scuole estive di quartiere (organizzano un doposcuola per i figli dei braccianti), dell'impegno femminile. I fucini sono una sessantina fra ragazzi e ragazze, tutti studenti pendolari di facoltà umanistiche all'Università di Catania. Aderiscono alle posizioni più avanzate del cattolicesimo post-conciliare, e diventano il punto di riferimento anche per i circoli fucini siciliani.

## Situazione economica e sociale

Lentini è il caso di una città a economia prevalentemente agricola - agrumicoltura, con presenza progressivamente marginali di colture di grano e di olivo -, città non universitaria, posta a metà strada tra Siracusa e Catania: la dipendenza amministrava da Siracusa ma una forte tendenza a gravitare verso Catania: per gli acquisti e la frequentazione universitaria. La città si trova al centro di un sistema economico e culturale omogeneo, di cui fanno parte anche le città di Carlentini e Francofonte. Nel 1870 le baronie locali permisero di far passare da Lentini la linea ferroviaria Catania-Siracusa, contribuendo anche in questo modo al mantenimento dello status di città e lo sviluppo del territorio.

Lentini è stata interessata tra gli anni Quaranta e l'inizio degli anni Cinquanta [638] dalla bonifica della palude del Biviere, e dalla lottizzazione di queste terre date (tramite anche la riforma agraria) allo sfruttamento intensivo della piccola proprietà contadina. Gli anni Cinquanta e Sessanta vedono a Lentini (e nel suo territorio) il formarsi di un grosso movimento bracciantile, tendente alla rivendicazioni di migliori condizioni di vita e di lavoro nelle campagne. Il movimento bracciantile permise il radicamento della presenza del Pci nella zona, soprattutto grazie alla presenza della figura di Otello Marilli. Baronia - attraverso le famiglie principali dei Beneventano [639], dei Signorelli e dei San Lio, e dei principi Borghese -, movimento bracciantile (che trovava espressione istituzionale nel Pci e nella Camera del Lavoro, ma non interamente controllato da questi), e ceti professionali che un momento di coagulo ideologico attorno al cattolicesimo e alle correnti della Dc, sono i tre poli attorno cui gravita la vita e lo sviluppo della città nel tempo.

La baronia continua a avere un ruolo sociale e politico forte in città fino alla metà degli anni Cinquanta, soprattutto grazie alla famiglia Beneventano. Dopo, si assiste a un ritrarsi di questa presenza, pur continuando a mantenere queste famiglie consistenti possedimenti (di origini feudali) nel territorio: le famiglie di nobiltà aristocratica mantengono case e possedimenti nel territorio ma vivono la loro vita altrove - a Catania o a Siracusa. In alcuni casi si assiste alla frantumazione dei feudi originari a seguito di divisioni ereditarie; in altri casi il disinteresse per le colture provoca il fenomeno dell'abbandono del feudo (il caso del feudo Cassis, che negli anni del 1968-1969 diventa oggetto di contesa da parte dei lavoratori della Camera del Lavoro di Lentini che lo occupano).

La città è lasciata al bipolarismo dato dai ceti medi-alti professionali e commerciali, e alle espressioni istituzionali del movimento bracciantile e al movimento di coagulo che nasce attorno ai "magazzini" in cui avviene la preparazione delle arance per l'esportazione. Nei "magazzini" si forma un nucleo sostanziale

---

638 Cfr. uno studio fondamentale come: *Agricoltura ricca nel sottosviluppo : storia e mito della Sicilia agrumaria (1860-1950)* / Salvatore Lupo, in: «Archivio storico per la Sicilia orientale», anno 79, n. 1-2, 1983.

639 La famiglia Beneventano ha avuto un ruolo importante nello sviluppo urbano e civile della città di Lentini dalla fine dell'Ottocento. Qualcosa è possibile arguire anche attraverso la ricostruzione dell'archivio di famiglia che solo parzialmente si è salvato dalla dispersione. Cfr. *L'archivio Beneventano in Lentini* / Giuseppe Astuto, Rosario Mangiameli, in: «Archivio storico per la Sicilia orientale», anno 74, 1978, p. 761.

proto-operaio: si tratta di lavoratori che stagionalmente sono assunti dai commercianti di agrumi, e che provvedono alla pulizia (lavaggio), stufaggio e ceratura dei frutti degli aranci, e al confezionamento della cassette. Accanto ai "magazzini" sorgono negli anni Sessanta piccole fabbriche di cassette di arance, e tipografiche (le arance vengono confezionate avvolte in quadratini di carta velina stampata a colori, per presentarle in maniera più gradevole ai mercati del Nord).

Se per la raccolta delle arance e per i lavori necessari ai "giardini" viene utilizzata soprattutto manodopera maschile (raccoglitori, "rimunnaturi" [640], "insettaturi" [641] ecc.), nei magazzini e nella fabbriche viene utilizzata manodopera maschile e femminile. Fino a tutto gli anni Sessanta, viene inoltre qui utilizzata manodopera infantile.

Limitrofa a queste classi, quella degli artigiani - piccoli e medi - mentre gli addetti all'edilizia rimangono attestati attorno a piccole aziende a carattere familiare.

Il ceto professionale costituisce a Lentini - come in altre parte della Sicilia - la borghesia della città: medici, e soprattutto avvocati di cui esiste a Lentini una tradizione. Negli anni Cinquanta e Sessanta a questo ceto si affianca, per interesse di classe ma non per omogeneità sociale, quello dei commercianti: i proprietari dei "magazzini" che fanno fortuna con la vendita del prodotto agrumario nei mercati del Nord. "Il commerciante" a Lentini non è tanto il proprietario delle piccole botteghe di vendita dei prodotti per il consumo locale, che rimangono in tutti questi anni a uno stadio familiare e marginale, quanto coloro che, disponendo di capitali, sono in grado di acquistare il prodotto agrumario dai proprietari coltivatori, lo immagazzinano, lo fanno lavorare e trovano uno sbocco di mercato. La provenienza di questo ceto è varia: si tratta di "sensali", ovvero intermediari alla vendita - il commerciante non va in giro per la campagna a controllare qualità e grado di maturazione del prodotto ma si avvale di questo personale intermedio di propria fiducia; oppure di ex caporali, addetti al coordinamento e alla formazione delle "ciurme" (i gruppi di braccianti che scendono nelle campagne per la raccolta); alcuni hanno provenienza extra-territoriale, investitori dei paesi vicini (è esistito un gruppo di commercianti di provenienza da

---

640 Sono gli addetti alla potatura, di cui abbisognano periodicamente gli alberi di arancio.

641 Sono gli addetti all'innesto delle piante.

Giambilieri, in provincia di Messina attivi fino alla prima metà degli anni Settanta formato da arricchiti dai gruppi di lavoratori provenienti da quelle zone e utilizzati negli anni Sessanta come braccianti) disponibili dei capitali necessari per avviare questo tipo di attività speculativa.

|  | Estensione (Kmq) | Residenti 1961 | Residenti 1971 |
|---|---|---|---|
| Lentini | 215,8 | 32.389 | 31.741 |
| Carlentini | 198 | 12.671 | 11.775 |
| Francofonte | 73,9 | 15.861 | 14.139 |

| Censimento 1961: | Totale pop. attiva | Attivi nell'industria | Attivi in agricoltura |
|---|---|---|---|
| Lentini | 10.738 | 1.181 | 5.445 |
| Carlentini | 4.177 | 534 | 2.554 |
| Francofonte | 5.222 | 558 | 3.716 |

Fonte: rielaborazione dati ISTA, censimenti popolazione 1961 e 1971

## Il movimento bracciantile

"Nel dicembre 1966, nel corso della lotta per il rinnovo del contratto, dopo uno scacco salariale molto lungo, i braccianti di Lentini si scontrano con la polizia, costringendola a sgomberare il paese" [642]

---

642 *Sviluppo capitalistico e lotte bracciantili nell'agricoltura siciliana* / Sergio Giani, Antonio Leonardi, in: «Giovane critica», n. 19, inverno 1968-1969, p. 8.

Prendiamo questa succinta annotazione da un breve saggio apparso sulla rivista «Giovane critica». A scrivere sono Sergio Giani e Antonio Leonardi, siamo nel 1968. In questi anni Lentini e il suo movimento bracciantile appaiono abbastanza di frequente nella considerazione della pubblicistica, soprattutto della sinistra. I "fatti di Lentini" interessano e sono periodicamente notati dalla stampa quotidiana e da quella politica e ideologica. In realtà è tutta la fascia costiera al di sotto dell'Etna a essere interessata da un vasto movimento bracciantile. I "fatti" più famosi saranno quelli di Avola [643], ma anche altri centri sono coinvolti: Palagonia, Paternò, Scordia ecc. Si tratta del movimento contadino più consistente dopo quello dei "fasci dei lavoratori" del 1892-94 [644] che il territorio abbia conosciuto.

E' un movimento che si cerca di comprendere sul piano sociologico e economico [645], mentre le strutture tradizionali di sinistra (Pci e Camere del Lavoro) cercano in qualche modo di guidare e incanalare.

---

643 Cfr. tra gli altri: *I fatti di Avola* / Sebastiano Burgaretta ; nota introduttiva di Giuseppe Giarrizzo. - Avola : Libreria F. Urso, 1981. Per le ripercussioni e una "visione" di tali fatti da parte cattolica, può essere interessante: *Avola, dopo* / Antonino Scalfaro, in: «Ricerca», anno XXV, n. 2-3, 15 febbraio 1969, p. 23.

644 Anche Lentini fu pienamente interessata al movimento dei "fasci siciliani". Qui il "fascio" fu costituito il 25 dicembre 1892 (mentre il 13 maggio del 1893 le locali sezioni aderirono al Psli). Su questa vicenda si rimanda a uno studio diventato un classico della storiografia: *I fasci siciliani : 1892-94* / Francesco Renda. - Torino : Einaudi, 1977.

645 Ciò anche a livello locale oltre che nazionale. Si veda ad esempio il Centro Studi G. Di Vittorio di Siracusa che nel febbraio 1967 pubblica una *Analisi critica del censimento agrario . Processo di sviluppo dell'agricoltura siciliana, sue contraddizioni e prospettive*. All'interno di questa analisi si cerca di distinguere la stratificazione sociale delle campagne: "viene definito: *contadino salariato* il lavoratore che prevalentemente viene impiegato come venditore di forza lavoro, in quanto oltre a coprire il fabbisogno di lavoro del proprio appezzamento di terra, è costretto a ricavare dal salario la maggior parte del reddito necessario; *contadino diretto-coltivatore* il lavoratore che o integra il reddito proveniente dal lavoro prestato nella propria azienda con una parte del salario o ricava dalla sola propria azienda l'intero reddito necessario, o anche è costretto ad assumere mano d'opera salariata in misura non superiore al 20% del fabbisogno complessivo di lavoro; *contadino capitalista* colui che oltre al lavoro proprio è costretto ad assumere mano d'opera salariata in misura superiore al 30%; *capitalista* colui che assume solo mano d'opera salariata" (p. 6). Sulla base di queste categorie, nella provincia di Siracusa, nella zona trasformata, i contadini salariati avevano il 3,2% del territorio (coprendo il 32,6% del numero di aziende), i coltivatori diretti avevano il 6,2% del territorio (con il 19,4% delle aziende), i contadini capitalisti il 3,9% del territorio (con il 6,6% delle aziende), e le aziende capitalistiche avevano l'86,7% del territorio (con il 41,4% delle aziende). Analogo l'andamento nella zona trasformata della provincia di Catania.

Raffronto zone trasformate provincia di Siracusa e di Catania (per ogni rigo, il primo numero si riferisce alla provincia di Siracusa, il secondo alla Provincia di Catania)

|  | n° aziende | ettari di terra | media ettari/per azienda | % n° aziende | % ettari di terra |
|---|---|---|---|---|---|
| contadini salariati | 10.646 | 5.277 | 0,49 | 32,6 | 3,2 |
|  | 14.905 | 6.557 | 0,44 | 36,6 | 5,1 |
| coltivatori diretti | 6.334 | 10.110 | 1,59 | 19,4 | 6,2 |
|  | 6.755 | 10.797 | 1,59 | 16,6 | 8,3 |
| contadini capitalisti | 2.159 | 6.356 | 2,9 | 6,6 | 3,9 |
|  | 1.691 | 5.065 | 2,9 | 4,1 | 3,9 |
| capitalisti | 13.543 | 140.992 | 10,4 | 41,4 | 86,7 |
|  | 17.382 | 107.816 | 6,2 | 42,7 | 82,7 |

Fonte: elaborazione dati e nostra composizione tabella, sulla base di: *Analisi critica del censimento agrario . Processo di sviluppo dell'agricoltura siciliana, sue contraddizioni e prospettive* / a cura del Centro Studi G. Di Vittorio, febbraio 1967, Siracusa.

Sono lotte la cui importanza e partecipazione viene rivissuta con intensa partecipazione a distanza di trent'anni dai testimoni e protagonisti che abbiamo proceduto a intervistare nel corso della nostra ricerca.

Scrive Enzo Caruso:

> "Credo che molti, come me, conoscono il viale Riccardo da Lentini come *a sctrata da stazioni*. In effetti la via della Stazione di Lentini è quella che segue al viale e porta a piazza del Commercio, cioè alla stazione ferroviaria.
>
> Per quella parte della sua storia legata alle vicende agrumicole e alle lotte bracciantili degli anni Sessanta, tutta la strada, nei suoi segmenti, è quasi diventata un mito. In quegli anni fu spesso teatro di cortei, manifestazioni, anche di scontri furibondi. Quando i lavoratori erano sufficientemente esasperati dal braccio di ferro con i padroni, occupavano lo scalo ferroviario per impedire ai vagoni di arance di partire e presidiavano i magazzini.
>
> Posso anche dire, con una punta di orgoglio, di essere stato spettatore di uno degli scontri più crudeli di quegli

anni tra polizia e manifestanti, avvenuto all'incrocio con via Regione Siciliana. Io ero allora un ragazzo curioso e osservavo lo scontro in corso stando al sicuro dietro un muretto al margine della strada. Primo lo slancio dei lavoratori che tentavano di rompere il cordone di polizia, poi le cariche con le jeep che zigzagavano fin sopra i marciapiedi e li disperdevano.

Una, due, tante volte così.

Poi, come sorta dal nulla arrivò lei, anche lei un mito, Graziella della Camera del Lavoro. Brandiva la bandiera rossa e la seguivano tante altre donne, solo donne, e tutte marciavano impavide verso il muro dei poliziotti che sembrò sorpreso, parve aprirsi.

Ma entrarono in funzione gli idranti. Un violento e freddo getto d'acqua le investì, le inzuppò, le disperse.

Qualcuna cadde, urla e pianti. "Questo non dovevate farlo", dissero i braccianti, e caricarono come quando si arrabbiano davvero.

I poliziotti furono sopraffatti, inseguiti, uno di loro sparò e un ragazzo crollò sulla strada colpito a una gamba". [646]

Ricorda Pippo Moncada:

"Io insegnavo al Liceo Scientifico che era in via Riccardo da Lentini, e alcuni braccianti, quelli più facinorosi, sono penetrati dentro la scuola. Un ragazzo aveva scattato le fotografie a questi braccianti che manifestavano, quelli lì ritennero opportuno di venirsi a pigliare la macchina fotografica, entrarono dentro le classi, aggredirono questi ragazzi, e poi fummo chiamati a testimoniare per vedere chi è che erano questi che erano entrati [nella scuola]" (P. Moncada).

E Rosario Mangiameli:

---
646 *La strada della stazione* / Enzo Caruso, in: «Giro di Vite», n. 45, agosto 1998, p.1.

"Io mi ricordo gli scioperi del novembre del 1966 e quelli del 1968 che poi culminarono con i fatti di Avola [...]. Gli scontri con la polizia erano cose epiche con migliaia di persone che si ammassavano intorno alla stazione ferroviaria dove c'era tutto il centro della produzione agrumicola e questi reparti della polizia, con idranti, autoblindo che si scontravano e normalmente finiva che questi idranti, autoblindo finivano nel fossato, gente ferita [...]. Di solito fra novembre e dicembre, era il momento del rinnovo del contratto degli agrumai interni [...] a cui si aggregavano gli agrumai esterni che erano le ciurme che andavano a raccogliere le arance in campagna. E a cui si aggregavano le donne che facevano parte degli agrumai interni e c'era un movimento femminile importantissimo come questa sindacalista che amo ricordare che si chiama Graziella Vistré, che era una donna anziana, fumava Alfa, sigarette alfa, ecc., che era stata mandata dal Partito Comunista apposta per gestire questa situazione sindacale, sostanzialmente. E veramente era un personaggio che mi piacerebbe ora a distanza di tempo conoscere meglio [...].

Nel '66 c'è quest'assalto di un grossissimo gruppo di braccianti al liceo, cioè erano venuti per farci uscire dalla scuola, il preside ha ordinato di chiudere le finestre e c'è stata questa sassaiola contro il liceo, per dire come queste istituzioni...come la scuola in fondo era abbastanza estranea. Anche se c'erano dei professori di sinistra, come Addamo, era abbastanza estranea al movimento bracciantile reale del paese, che era molto difficile da avvicinare proprio per la sua qualità di movimento bracciantile di classe e basta, no? Non aveva articolazioni sociali nel paese, non ne conosceva, tanto è vero che i dirigenti spesso venivano da fuori [...]. Otello Marilli, sindaco per molto tempo, toscano e personaggio di grandissima importanza..." (Mangiameli).

Interessante risulta la figura di Graziella Vistrè, donna e funzionario della Camera del Lavoro, impegnata nell'INCA-Cgil e con un forte seguito non solo tra le donne del bracciantato lentinese (interviste a Saro Mangiameli, e Luigi Boggio): "E' da lei che ho imparato l'importanza di un Piano Regolatore per la vita di una città. Aveva riempito le pareti del salone della Camera del lavoro con le mappe toponomastiche della città e spiegava la sera fino a notte fonda ai compagni che l'attorniavano dove sarebbe andata la zona 167, dove il parco..." (Luigi Boggio, nel 1968 appena nominato segretario della Camera del Lavoro di Lentini).

Uno dei documenti più interessanti trovati nel corso della ricerca è l'opuscolo a carattere propagantistico, *I fatti di Lentini del 13 dicembre 1966 : Lentini, Agrigento e la crisi del centro-sinistra* [647]. Il documento mostra in quale quadro un partito come il Pci, a livello nazionale, cercava di inquadrare i "fatti di Lentini", ovvero all'interno della lotta politica condotta da questo partito in quegli anni contro i governi del centro-sinistra. All'interno di una vertenza molto dura, in atto ormai da nove giorni, l'irrigidimento delle due parti - padronato agrumaio e sindacalisti. La controparte padronale rifiuta il piano di mediazione proposto dal prefetto. A questo punto, sembra su pressione dei commercianti agrumai e esautorando lo stesso prefetto, vengono inviati 300 agenti del XII reparto mobile della pubblica sicurezza da Catania. La sera del 13 la polizia spara, e ferisce due giovani, Salvatore Tragna e Nicola Amantia. Segue la reazione degli scioperanti che in pratica isolano le forze dell'ordine. La calma è riportata grazie alla presenza dei deputati del Pci presenti a Siracusa per seguire la vertenza, e ai sindaci di Lentini e di Carlentini (Marilli e Guercio).

Alla Camera del Lavoro di Lentini le tensioni esistenti sul territorio hanno un momento di organizzazione e razionalizzazione. Ricorda ancora Luigi Boggio [648]:

---

647 *I fatti di Lentini del 13 dicembre 1966 : Lentini, Agrigento e la crisi del centro-sinistra : Discorsi pronunciati alla Camera dei Deputati nella seduta del 9 gennaio 1967* / E. Macaluso, V. Failla, S. Di Lorenzo. - [Roma] : Carlo Colombo, [1967].

648 Nato nel 1942 a Nicosia (Enna), Luigi Boggio ha partecipato alle lotte del 1960 di Messina tra gli studenti medi (contro il governo Tambroni). Dopo aver svolto attività politica e sindacale a Nicosia, viene mandato a dirigere la Camera del Lavoro nel dicembre 1968. Nella segreteria regionale del Pci, nel 1979 diventa deputato al Parlamento italiano. Si dissocia dal suo gruppo quando il Pci decide di non condannare l'invasione dell'Afganistan. Dopo l'esperienza parlamentare torna a Lentini riprendendo il suo posto come segretario della Camera del Lavoro.

> "Si trattava di unificare le lotte degli agrumai interni con quelli delle zone trasformate [...]. Siamo riusciti a collegare i due fronti e a creare lotte molto forti, anche con punte aspre all'interno del movimento ma anche con forti rivendicazioni [...]. Ci sono state delle lotte significative per la Sicilia: la questione della gestione del collocamento, e quella del feudo abbandonato - la questione della Cassis. E poi l'applicazione dello Statuto dei lavoratori. Il primo delegato in Sicilia che ci sia stato è stato all'azienda Cassis [nel settembre 1969...]. E' stato un momento di grande svolta" (Luigi Boggio).

Boggio ricorda le difficoltà di quelle lotte e di quegli scioperi - si trattava di scioperi che duravano almeno dieci giorni, era impossibile, dato il tipo di lavoro della campagna, fare scioperi che potessero durare una sola giornata. Veniva utilizzato anche lo strumento del dazebao: veniva appeso in piazza "L'agrario del giorno": un riquadro 70x100 dove giornalmente veniva indicato il nome di un agrario, quanti ettari di terreno possedeva, quante giornate d'ingaggio dichiarava per i suoi lavoratori, e quante giornate avrebbe dovuto dichiarare (la non-dichiarazione significava per l'agrario poter pagare meno tasse, ma per il lavoratore versamenti in meno nei contributi e per la pensione).

Il movimento bracciantile trova nei partiti della sinistra (Pci soprattutto, ma anche Psiup) una sponda istituzionale grazie alla quale alcune delle rivendicazioni vengono gradualmente accolte all'interno della legislazione del lavoro e nei contratti di categoria. A livello locale è il Pci a beneficiare in maniera più stabile nel tempo di tale appoggio. E' un beneficio che permane anche quando le classi bracciantili subiscono la progressiva erosione a seguito delle trasformazioni economiche del territorio e alla crisi della agrumicoltura negli anni Ottanta e Novanta. Ciò permetterà in questi due decenni la permanenza di un relativamente forte Pci/Pds/Ds al potere nell'amministrazione locale, pur con alterne vicende.

Il Pci ha a Lentini una forte presenza già all'indomani della guerra. Uno dei sindaci che viene ancora ricordato di quegli anni fu Nello Arena, ferocemente anticlericale. Otello Marilli ha un grosso carisma, la sua influenza dura in pratica fino al 1975. Nel 1975, la sconfitta del Pci di Lentini alle elezioni è l'occasione per la resa dei conti interna per una base di quadri intermedi che non aveva mai sopportato il dirigismo marilliano. Marilli non è solo il "forestiero", il reduce di una stagione di lotte e di una metodologia che si sente estranea, ma soprattutto è il tipo di dirigente che, per formazione personale e culturale, si pone in linguaggio altro rispetto ai quadri formatisi all'interno delle lotte agrumaie e sostanzialmente "incompreso" [649].

## I fermenti cattolici

La Dc nasce a Lentini per impulso della chiesa cattolica, grazie soprattutto agli uffizi di monsignor La Rosa, sacerdote della chiesa principale di Lentini (Sant'Alfio). Essa riesce a coagulare abbastanza presto il ceto sociale medio e medio-alto dei professionisti. Già alla fine degli anni Cinquanta si avvertono segni di crisi all'interno della città cattolica e democristiana. Il partito è diviso in correnti. La corrente più grossa ha come leader Enzo Nicotra, legata ai potenti provinciali dei Verzotto. Di essa fa parte anche Pippo La Rocca. Esiste una corrente fanfaniana (cui fanno riferimento all'inizio degli anni Sessanta Pippo Moncada, Cirino Di Mauro, Turi Moncada). Un'altra corrente ha come leader l'avvocato Vincenzo Bombaci [650]. I leader di queste correnti provengono tutti dal ceto professionale degli avvocati.

---

649 Per Sebastiano Neddu Cava, che della figura di Marilli è stato il maggiore studioso locale (cui ha dedicato la tesi universitaria), Marilli aveva una posizione riformista, era uomo formatosi nell'amministrazione. Pensava che lo sviluppo dovesse passare ad esempio attraverso il Piano Regolatore: una cosa che non sempre gli altri del Pci di Lentini comprendevano. Nel 1975, quando Achille Occhetto venne a Lentini (era allora segretario regionale del Pci), l'azzeramento della dirigenza - al seguito di una assemblea che fu infuocata - significò la fine politica di Marilli, che morì poco tempo dopo. A Marilli accenna in maniera sintetica ma puntuale Mangiameli, p. 594 e nota in: *La regione in guerra (1943-50)* / Rosario Mangiameli, in: *Storia d'Italia : Le regioni dall'Unità a oggi : La Sicilia* / a cura di Maurice Aymard e Giuseppe Giarrizzo. - Torino : Einaudi, 1987.

650 Pippo La Rocca e Vincenzo Bombaci diverranno anche, negli anni Ottanta, sindaci di Lentini. Enzo Nicotra, avvocato, divenne deputato al Parlamento italiano; dopo il 1989 si è ritirato dalla vita politica attiva.

Le gerarchie cattoliche "facevano votare Democrazia Cristiana per il semplice fatto che era la Democrazia Cristiana: non si ponevano poi il problema se amministravano bene o male" (P. Moncada).

La gestione è verticistica, clientelare. Segni di crisi che trovano nella generazione dei cattolici ventenni nel Sessantotto, i segni più chiari di un tentativo di contrasto.

## L'associazione Il Ponte

Già la generazione immediatamente precedente aveva visto coagularsi attorno all'esperienza dell'associazione culturale privata «Il Ponte», un primo momento di dibattito e di apertura. Le gerarchie e le istituzioni cattoliche non erano state coinvolte, l'esperienza de «Il Ponte» era tutta interna all'apertura del dialogo tra sinistra e cattolici. A dare vita a questa associazione, che per la scelta del nome si rifà al nome della rivista di Calamandrei, sono lo scrittore marxista Sebastiano Addamo, e il giudice Paglialunga, cattolico democratico di formazione lapiriana [651]. Ne fanno parte Pippo Moncada [652], Carlo Lo Presti, l'ingegnere Cicero, il commerciante genovese Franco Zerega, Alessandro Tribulato, Gaetano Sgalambro. Addamo in quegli anni svolge una notevole funzione culturale e politica nella città, anche nella sua qualità di preside del Liceo-Ginnasio "Gorgia". Autore già messo in luce nei "Gettoni" di Vittorini, svolge una buona attività pubblicista

---

651 Allievo di La Pira, Paglialunga proveniva da Pachino. Fu nominato alla pretura di Lentini come pretore capo, che in quegli anni accoglieva anche il futuro giudice Santiapichi.

652 Nato a Lentini nel 1939, Giuseppe "Pippo" Moncada è figlio di un educatore cattolico, uno dei primi segretari politici della Dc a Lentini. Nella giovinezza è stato cattolico, vicino alla Dc è poi passato al Pci (tesserato nel 1974). Dopo essere stato nella Fuci, nel 1969 ha partecipato a Lentini all'azione evangelizzatrice di una comunità di base di Assisi, nei quartieri poveri della città (San Francesco di Paola, e San Paolo). Ha avuto ruolo di amministratore, prima come dirigente amministrativo dell'Ospedale di Lentini, poi come vicesindaco (giunta Bosco). Nel Pci lentinese ha assunto posizioni "ingraiane". E' stato tra i fondatori a Lentini di Rifondazione Comunista - nel 1998 ha aderito alla componente cossuttiana. Nella vita privata, è stato insegnante di matematica (laureatosi nel 1962-3) e ora preside al Liceo Scientifico di Scordia. Il fratello, Salvatore "Turi" Moncada, ha svolto intensa attività politica dentro la Dc, divenendo presidente della provincia di Siracusa e poi presidente della TAPSO di Siracusa. La madre, Olga, è stata per anni elettrice della Dc (per il senatore Terranova negli anni Cinquanta, e poi per il figlio Salvatore Moncada).

collaborando a diversi giornali e pubblicazioni. Tra le altre cose, collabora all'inizio degli anni Sessanta alla rivista catanese «Incidenza», diretta dal docente universitario cattolico Antonio Corsaro, che verrà sospesa nel 1962-1963 su invito delle autorità ecclesiastiche per le posizioni considerate troppo avanzate [653].

«Il Ponte» avvia incontri e discussioni, cercando di stimolare la vita culturale della città. Un incontro fu fatto sul Concilio Vaticano Secondo. Un altro sui fatti de «La zanzara», con la partecipazione di molti giovani liceali. Sulla riforma ospedaliera. Un incontro fu fatto con don Antonio Corsaro. Gli incontri più importanti si tenevano nei locali pubblici adibiti allora anche per le riunioni del Consiglio Comunale [654]. Le riunioni dei soci avvenivano a casa di Franco Zerega, un genovese che svolgeva a Lentini la professione di commerciante d'agrumi.

L'associazione «Il Ponte» è il gruppo più agguerrito dal punto di vista degli strumenti culturali, prima dell'esperienza della Fuci di don Scalici [655].

## La Fuci di Lentini

A far scoppiare la crisi all'interno della nuova generazione sono i giovani raccolti attorno alla FUCI di Lentini. La Fuci a Lentini nasce in parallelo alle organizzazioni cattoliche, ha a livello locale una caratteristica evolutiva "a fisarmonica", in dipendenza non solo del numero ma anche della qualità delle presenze e delle generazioni che si susseguono. La permanenza all'interno della Fuci è sempre legata alla permanenza individuale all'interno della "carriera" scolastica universitaria. Si tratta quasi sempre di giovani appartenenti alle famiglie del ceto medio e medio-alto, in genere professionisti, e di cultura familiare rigorosamente cattolica. Nella

---

653 Sulla vicenda cfr.: *Una rivista catanese degli anni Sessanta : «Incidenza»* / Gisella Padovani, in «Archivio storico per la Sicilia Orientale», anno 84, 1988, p. 71. La rivista, bimestrale di letteratura, riprese le pubblicazioni nel 1964 ma ormai in fase calante. A quest'ultima fase collaborò anche Manlio Sgalambro, anche lui lentinese.

654 Allora Lentini non disponeva di una sala consiliare.

655 Sopravvivevano - ma ancora per poco - il Centro Studi che aveva avuto una gloriosa tradizione negli anni Cinquanta, diretto dal dott. La Pira (e che aveva sede alla Badia), e il «Premio Lentini».

Fuci del 1963 entrano a far parte studenti cattolici anche di estrazione più bassa, provenienti dai ceti dei piccoli proprietari contadini. E le donne: si forma una organizzazione Fuci femminile.

A Lentini a dare l'avvio a una nuova epoca alla Fuci locale è la presenza, in qualità di assistente spirituale, del frate francescano Salvatore Scalici (chiamato "padre Francesco"), chiamato a quest'ufficio da monsignor D'Asta allora parroco di Sant'Alfio [656]. Scalici porta un'aria nuova nella Fuci di Lentini, con effetti immediati sulle attività e sulla volontà di impegno dei fucini. Proveniente da Catania - ma di origini palermitane -, dal convento francescano di via Crociferi, porta nuove idee e la nuova teologia conciliare: faceva viaggi, almeno 2-3 volte la settimana, con la moto, per svolgere la sua opera presso i ragazzi e le ragazze di Lentini. La Fuci che sopravviveva fino ad allora come centro ricreativo, in cui i ragazzi si riunivano ma senza svolgere altre attività, viene investito da una nuova voglia. Si rinizia a studiare il Vangelo e i passi biblici, si discute in gruppo, i fucini partecipano alle funzioni secondo il nuovo rito (messa in italiano, con l'altare rivolto al popolo), servono messa, accompagnano il rito con il canto: "facemmo cose che normalmente erano demandate ai religiosi", nello spirito della partecipazione comunitaria. Si riapre la chiesa di San Francesco di Paola, con funzioni domenicali alle 10 e mezza, molto seguita. Le ragazze possono leggere passi del Vangelo durante la messa. Si avviano contatti epistolari con altre esperienze cattoliche avanzate del resto dell'Italia. Viene pubblicato un periodico mensile, «Gioventù fucina», primo numero nell'ottobre 1964: prima ciclostilato, fu poi stampato presso una tipografia catanese (presso cui padre Scalici aveva ottenuto un prezzo di favore).

Fanno parte della nuova Fuci una cinquantina di ragazzi e ragazze. Vi è la presenza di alcuni dei "vecchi" fucini, appartenenti alla generazione immediatamente precedente (Gianni Cannone, Pippo Moncada), ma senza continuità: la maggior parte sono tutti ragazzi/e nuovi, formati dagli universitari pendolari e soprattutto delle facoltà umanistiche (le facoltà scientifiche, per il tipo di

---

656 D'Asta insegnava allora anche al Liceo Classico "Gorgia", e contendeva da parte cattolica - e di estrema destra - la battaglia culturale che, da parte di sinistra era portata avanti (e rappresentata) da Addamo.

studio specifico, richiedevano la frequenza e dunque la necessità dell'affitto di una casa stabile a Catania, cosa che era possibile solo per gli studenti di famiglie più agiate).

Appartengono a questa nuova generazione fucina: Armando Rossitto, Elio Cardillo [657], Maria Rosa Cardillo, Santino Ragazzi [658], Filly Ossino, Delfo Inserra, Mario Bucello, Mario Cormaci, Di Maria, Maria Di Noto, Clara Genovese, Ada Giannone, Salva Antico, Cirino Gula, Domenico Tirrò, Vittorio Emmi, Francesco Moncada, Cirino Ossino, Antonio Strano. Tra i "vecchi" fucini continua a frequentare Ciccio Fisicaro, che fu uno dei primi presidenti [659]. A qualche riunione partecipa anche un "esterno" come Rosario Mangiameli [660].

I fucini non si limitano alle iniziative interne alla parrocchia, ma cominciano a partecipare anche alla vita culturale della città. "Ricordo un incontro in cui fummo chiamati proprio come Fuci a parlare del Concilio Vaticano Secondo, dall'associazione «Il Ponte»" (Rossitto), cui erano presenti anche i cattolici catanesi Paolo Beretta e Angelo Rosanno. Temi che prima erano discussi solo nelle cerchie ristrette del mondo accademico o religioso sono ora discussi tra i ragazzi, nel mondo laico e in quello cattolico.

E' Armando Rossitto, che si trovava a Milano nella pasqua del 1967, a portare a Lentini la prima copia della *Lettera a una professoressa*, già nei primi mesi del 1968. Un testo su cui già si era cominciato a discutere ma che nelle riunioni venne letto e riletto.

---

657 Elio Cardillo, nato a Carlentini nel 1943, da famiglia contadina (il padre era coltivatore diretto). Cattolico, insegnante di matematica alle medie. Nel 1983 ha fondato la Confraternita dei Devoti Spingitori, che accompagna le celebrazioni della festività del santo principale della città di Lentini. La sua attività politica nota risulta iscritta alla partecipazione alla campagna elettorale del 1982, quando si presentò come candidato al Consiglio comunale di Lentini. Il resto della sua attività è dentro il recupero delle tradizioni popolari del paese.

658 Santino Ragazzi fu anche presidente della Fuci di Lentini. E' poi passato al Psi di cui è stato segretario, sindaco di Lentini. E' poi passato al Pds, di cui è divenuto consigliere comunale e assessore (giunta Raiti).

659 Francesco Fisicaro, laureatosi poco dopo in giurisprudenza, diventerà presidente del Consorzio Bonifica invaso del Biviere. Egli rappresenta il "tratto d'unione" tra la vecchia Fuci e la nuova generazione dei fucini. Negli anni di ricormazione del gruppo Fuci a Lentini, continuerà a frequentare occasionalmente gli incontri più importanti della Fuci. Dopo la laurea, frequenterà come praticante lo studio dell'avvocato Bombaci e intraprenderà la carriera politica nella DC (unico tra i fucini qui nominati).

660 Sono i nomi che siamo riusciti a raccogliere sulla base delle interviste registrate. La documentazione, esistente, non ci è stato possibile consultarla.

Era parte delle funzioni della Fuci una certa attività caritativa, nei confronti dei "disagiati". Raccolta di indumenti, di cibo, collette, visite a ammalati e all'Istituto Manzitto - ente cattolico locale specializzato nell'accoglienza degli orfani del territorio -. E' una attività che viene incrementata dal volontariato dei giovani fucini, in collaborazione con l'organizzazione caritatevole San Vincenzo.

> "La Fuci aveva al proprio interno un gruppo che si occupava dei poveri, degli ultimi. Attraverso la San Vincenzo faceva la carità alla povera gente: proprio la assisteva nei bisogni materiali elementari. Questa esperienza fu un'esperienza forte, per dei ragazzi che venivano a contatto per la prima volta con situazioni anche disperate. Andavamo in giro per le case della povera gente, gli portavamo la pasta, il pane, gli abiti. Scoprimmo situazioni di disagio che non conoscevamo assolutamente [...]. Cominciava a operare una scelta precisa, che era quella che ci portò a considerare la necessità di un impegno sociale meno precario del fare la carità per un giorno e poi starsene a casa per i fatti propri, cioè a fare scelte più radicali, tanto che si sviluppò questo slogan: Fare la carità oggi significa fare politica, cioè cambiare la situazione delle persone. Don Milani diceva: la politica è *sortirne* insieme" (Rossitto).

L'organizzazione maschile e femminile erano separate ma in questo periodo ci fu il tentativo di fondersi. "Dicevano che era un'agenzia matrimoniale, in realtà era un'occasione di incontro fra persone che erano impegnate nello stesso progetto" (Mangiameli). Era un'organizzazione collaterale alla Democrazia cristiana ma "lì avvenne questa strana cosa, che il rapporto con la DC in qualche modo entrò in crisi, nel senso che il rapporto con la politica fu ricostruito, riletto, e tutto partì dalla lettura di *Lettera a una professoressa*" (Mangiameli).

Nel gennaio del 1968 essi avviano il primo doposcuola, gratuito, per i figli dei braccianti. E' un'esperienza che riescono a mantenere per tre anni, durante i quali svolgono la loro opera volontaria. "Era un'attività impegnativa, che sottraeva ore allo studio" ricorda

Armando Rossitto. Vengono organizzati turni, in modo da alternarsi al doposcuola.

Era un'attività che anche i gruppi laici e di sinistra vedevano con simpatia - allora il gruppo giovanile più organizzato era quello della Fgci (guidato allora da Armando Ansaldi). "Venivamo sollecitati a un confronto, a un dialogo, dai dirigenti sindacali dell'epoca, dai dirigenti politici. Ricordo che Marilli varie volte si incontrò con noi in maniera informale, simpatica [...]. C'era un rapporto di simpatia reciproca" (Rossitto).

> "Non posso dimenticare quando alcuni giovani del mondo cattolico hanno chiesto un incontro libero con i braccianti su questi temi [del lavoro, la questione del feudo Cassis ecc.] senza la mediazione del segretario della Camera del Lavoro, in quel caso io. E c'era il salone pieno, stracolmo: da un lato la delegazione di questo mondo cattolico e dall'altro il direttivo dei braccianti [...]. Loro ponevano le domande, i lavoratori rispondevano, c'era questo dialogo che per la prima volta era un dialogo, una comunicazione tra mondi completamente diversi [...]" (Luigi Boggio).

Accanto a queste attività sociali, i giovani continuano a mantenere la tradizione delle attività ludiche: gite, feste con balli. "La domenica quando uscivamo dalla messa" ricorda Rossitto, "era uno spettacolo vedere tutti quei giovani, immediatamente riconoscibili, passeggiare festosi lungo la via Garibaldi".

> "Il ruolo che ebbe la Fuci in quegli anni fu estremamente positivo. Perché attraverso la mediazione dei ceti tradizionalmente moderati, si veicolava il nuovo. Che era questa fortissima esigenza di opporsi alle ingiustizie sociali" (Rossitto).

I fucini di Lentini, diventati punto di riferimento anche per i circoli delle città del siracusano, partecipano ai convegni nazionali (Firenze 1965, Messina 1967), oltre che a quelli regionali.

Scalici ottiene una seconda laurea all'Università Cattolica di Milano. Conosce qui il prof. Franco Cordero, che insegnava allora procedura penale ed era esponente di spicco del cattolicesimo conciliarista. I contatti con il clima milanese servono per portarlo su posizioni ancora più avanzate, in campo religioso e sociale, e così anche il gruppo lentinese viene influenzato dalle nuove idee, trovando in questi ragazzi/e terreno fertile.

Quando accadono i fatti di Avola, anche i fucini lentinesi rispondono partecipando immediatamente alla manifestazione cittadina:

> "Quando si seppe la notizia eravamo riuniti al gruppo della Fuci. E fu immediata e spontanea la necessità per noi di solidarizzare uscendo dalla [sede della] Fuci, organizzandoci, e testimoniando accanto al movimento che esprimeva il bracciantato, accanto ai suoi dirigenti [...]" (Rossitto).

E' un tipo di attività che comincia a destare qualche nervosismo all'interno del mondo cattolico tradizionale. L'idea che un fermento dissidente possa provenire dall'interno stesso dei gruppi borghesi del cattolicesimo è difficile a essere accettata. Padre Candella, parroco della chiesa di Santa Croce, che da sempre coniugava rigorismo ideologico e interventismo nei quartieri poveri, "all'inizio non capì ma quando capì fece un ostruzionismo fortissimo insieme a Enzo Nicotra" (Mangiameli), il leader della DC del tempo.

Al congresso nazionale della Fuci di Verona nel 1969, il gruppo di Lentini che partecipa è il più numeroso. Sono una trentina di ragazzi (un terzo circa sono ragazze). Portano con sé un proprio documento sulla Chiesa del post-concilio, su cui hanno lavorato a lungo, divisi in gruppi di 3-5, ogni gruppo ha lavorato su un tema specifico (il rapporto con il lavoro, il rapporto con i poveri, il rapporto con la Chiesa ecc.). L'impatto dei ragazzi di Lentini è notevole, all'interno del congresso. "Non lo scorderò mai", ricorda Elio Cardillo, "tutti quanti volevano sentire cosa pensavamo. A tavola, ognuno di noi avevano attorno 40-50 persone che sentivano il nostro punto di vista". Il gruppo di Lentini trovò nel gruppo di Padova sostegno [661]. In particolare, furono presentate dai fucini lentinesi due mozioni riguardanti il testo unitario del gruppo di discussione su "I gruppi di universitari cristiani nella Chiesa". La mozione n. 7 dei lentinesi fu poi approvata dall'assemblea dopo essere stata discussa e votata a parte, e invitava i gruppi Fuci a "una sostanziale partecipazione alla vita della Chiesa locale" e a inventare "nuove forme di presenza nelle parrocchie per la realizzazione di una più profonda 'pienezza' di comunione onde evitare le condizioni di privilegio ecclesiale in cui spesse volte si vengono a trovare" [662]. La mozione n. 6 invece non fu approvata né all'interno della discussione del gruppo e nell'elaborazione della mozione "di maggioranza", né dall'assemblea. Con essa la mozione n. 18 del gruppo fucino di Padova, portavoce Umberto Picchiura. Sia la mozione padovana che questa seconda lentinese insistevano sulla necessità di superare le divisioni interne alla Chiesa ma soprattutto di superare il limite dell'azione fucina nell'ambiente universitario, aprirsi all'incontro con ogni categoria di persone. I lentinesi ponevano l'esigenza di superare l'elitarismo universitario:

> "è reale la consapevolezza, fatta esplodere dal MS [movimento studentesco], che non esistono problemi settorializzati, ma, piuttosto, una serie di problemi comuni all'uomo che lo coinvolgono qualunque sia il suo 'ambiente' e che pongono l'esigenza di un esame comprensivo delle varie realtà. Per questo parlare ancora di un 'ambiente' universitario a se stante è un anacronismo, perché i mali dell'università, come quelli del

---

661 Per una ricostruzione delle discussioni avutesi al congresso di Verona solo parzialmente può essere utile quanto pubblicato su «Ricerca», il quindicinale ufficiale della Fuci: la perdita delle registrazioni costrinse i redattori a farsi consegnare dagli interessati loro contributi scritti e postumi: cfr. *Interventi al Congresso di Verona*, in: «Ricerca», anno XXV, n. 19, 15 ottobre 1969: contiene gli interventi di presidenti e personalità maggiori invitate (Vittorio Bachelet, Peppino Orlando, don Renzo Belloni, André van Kempen, Ettore d'Elia, il padre camaldolese Emanuele Bargellini. La seconda puntata fu pubblicato in: «Ricerca», anno XXV, n. 24, 31 dicembre 1969 (*Interventi al congresso di Verona 2*, p. 9): qui sono gli interventi dei lentinesi Rossitto e Ragazzi. In: «Ricerca», anno XXVI, n. 1-2, 31 gennaio 1970 sono pubblicate le mozioni (*Le mozioni*, p. 9-10) tra cui quelle dei lentinesi Cirino Gula e Domenico Tirrò - è qui che ci si può fare un'idea migliore del dibattito avutosi all'interno del congresso e delle diverse contrapposizioni; mentre in «Ricerca» anno XXVI, n. 3, 15 febbraio 1970 furono pubblicati degli *Interventi dopo l'assemblea Federale*, tra cui quello di Lentini (p. 4) firmato a nome collettivo (circolo Fuci Lentini).

662 *Le mozioni*, in: «Ricerca», anno XXVI, n. 1-2, 31 gennaio 1970, p. 9.

mondo del lavoro, della scuola, dei laureati etc., hanno un'unica matrice: la società così com'è strutturata.

E' la società attuale che va messa in crisi e gli ambiti concreti di studio e di intervento (università, fabbrica, campagna...) vanno scelti dai gruppi in base all'opportunità del momento [...]. L'AF [Azione Fucina] per superare la mentalità elitaria dei gruppi Fuci / **auspica** che si tenda a svuotare di significato la qualificante esteriore sociologica (l'essere universitari) in modo che la costituzione del gruppo abbia come unico fondamento la condivisione del messaggio evangelico" [663].

Di qui la proposta di aprirsi "a tutte le componenti delle classi sociali: operai, braccianti, laureati, etc.", "l'invenzione di nuovi modi di rapporto e di accostamento con le classi sociali più umili e povere al fine di iniziarle ai valori autentici della cultura: doposcuola, esperienze di lavoro per e con i lavoratori". L'impegno nell'università poteva essere recuperato, ma solo "come uno dei tanti possibili" [664]. Si trattava di tesi e idee decisamente dirompenti rispetto all'organizzazione tradizionale della Fuci. La discussione all'interno del gruppo di lavoro e nell'assemblea generale fu molto partecipata, la maggioranza si coagulò attorno ai presidenti nazionali Benzoni e Gallinaro, fermamente contrari a idee di scompaginamento dello specifico fucino. Che tuttavia quella dei lentinesi non fosse una posizione isolata lo mostra il consenso avuto anche presso altri gruppi. L'organo ufficiale della Fuci nazionale, «Ricerca», pubblicò con obiettività sia le mozioni di maggioranza che quelle di minoranza e dei gruppi, dando conto dell'intero dibattito, segno della volontà di dialogo esistente all'interno dell'organizzazione. Del resto uno dei lentinesi, Armando Rossitto, verrà cooptato nella dirigenza nazionale a Roma. Anche questo segno di come le spinte al cambiamento all'interno della Fuci prevalessero comunque, in quella fase, rispetto alle tentazioni di conservazione e di arroccamento.

---

663 *Le mozioni*, in: «Ricerca», anno XXVI, n. 1-2, 31 gennaio 1970, p. 11.

664 *Le mozioni*, in: «Ricerca», anno XXVI, n. 1-2, 31 gennaio 1970, p. 11.

Al termine del congresso i fucini lentinesi passano da Firenze. Già avevano avuto contatti epistolari con la comunità dell'Isolotto di don Mazzi. Si trovano a passare, ospiti della comunità, proprio nei giorni in cui le tensioni tra don Mazzi e il cardinale di Firenze, Ermenegildo Florìt [665], raggiungono l'apice [666]. "Ci trovammo a Firenze proprio il giorno in cui il cardinale Florit sancì la spaccatura con la comunità dell'Isolotto, con don Enzo Mazzi. Entrò la mattina nella chiesa dell'Isolotto e disse che don Mazzi era fuori dalla Chiesa. Noi ci trovavamo a visitare la comunità dell'Isolotto. Entrammo in chiesa, mentre don Mazzi e il suo gruppo era rimasto sul sagrato; noi entrammo in chiesa per capire

---

665 Nato nel 1901 a Fagagna, Ermenegildo Florìt era tra i cardinali più in vista del tempo e della gerarchia. Era stato pro-rettore della Pontificia Università Laterana (1951-54), poi arcivescovo. Nel 1962 era stato nominato arcivescovo di Firenze e il 22 febbraio 1965 aveva ricevuto il titolo di "cardinale del titolo di Regina Apostolorum", da Paolo VI.

666 Le vicende del dissenso tra la comunità dell'Isolotto e il cardinale Florit arriveranno poi allo scontro e al ricorso processuale. Cfr. *Isolotto 1954-1969* / Comunità dell'Isolotto. - Bari : Laterza, 1969; e: *Isolotto sotto processo* / a cura della Comunità dell'Isolotto. - Bari : Laterza, 1971. I due libri danno anche indicazioni sul contesto storico in cui si pone l'esperienza dell'Isolotto, all'interno del cattolicesimo di quegli anni e della città. Sul filone di studi e testimonianze relativi al dissenso cattolico in quegli anni, si veda: *Il dissenso cattolico in Italia : 1965-1980* / Mario Cuminetti. - Milano : Rizzoli, 1983. *Contro la Chiesa di classe* / a cura di Marco Boato. - Padova : Marsilio, 1969. In entrambi si trovano documenti relativi alla vicenda dell'Isolotto. Per quanto riguarda gli effetti di questa vicenda in ambiente Fuci, è interessante notare la puntualità con cui, dopo una iniziale incomprensione (*I profeti impazienti* / Maria Nunzella, in: «Ricerca», n. 19, 15 ottobre 1968), la Fuci nazionale segua la vicenda, soprattutto attraverso il suo organo «Ricerca»: *Da Parma all'Isolotto* / Marisa Nunzella, in: «Ricerca» n. 21, 1968; *Alla Chiesa di Dio che è pellegrina in Firenze* / M. Nunzella e L. Accattoli, in: «Ricerca» n. 24, 1968; *Incontro a Cristo attraverso la vita dei poveri* / Luigi Accattoli, in: «Ricerca» n. 1, 1969; *Siamo tornati all'Isolotto* / Luigi Accattoli, in: «Ricerca» n. 19, 15 ottobre 1969. In area cattolica, le due principali posizioni possono essere esemplificate da questi due articoli: *Il "catechismo" dell'Isolotto* / Giuseppe De Rosa, in: «La civiltà cattolica», 2845 (4-I-1969); e: *Una proposta mancata in una esperienza coraggiosa* / Adriana Zarri, in: «Settegiorni», n. 80 (22-XII-1968). In occasione del "trentennale" del Sessantotto la bibliografia relativa a questo aspetto del Sessantotto (il Sessantotto cattolico) ha visto rinfoltirsi il numero degli studi. A parte: *La Chiesa postconciliare* / G. Verucci, in: *Storia dell'Italia repubblicana II, La trasformazione dell'Italia : sviluppo e squilibri*, tomo secondo. - Torino : Einaudi, 1995. Centrato sui cattolici pre-Sessantotto è: *Dal Concilio al '68 : Il mondo cattolico italiano negli anni sessanta* / Rocco Cerrato, in: *Prima del 68 : cultura e politica negli anni sessanta* / Collettivo Storici Strada Maggiore. - Milano : Alternative Europa, 1997. "Assolutamente confuso, disinformato e storicamente inattendibile la ricostruzione delle posizioni ideologiche di soggetti politici e culturali verso i quali nutre profondo pregiudizio" è il giudizio di C. Adagio, che condividiamo in pieno su: *Il lungo autunno : Controstoria del sessantotto cattolico* / R. Beretta. - Milano : Rizzoli, 1998. Il giudizio è in: Cultura e politica nelle riviste bolognesi (1965-1969) / Carmelo Adagio, in: *Tra immaginazione e programmazione : Bologna di fronte al '68 : Materiali per una storia del '68 a Bologna* / Carmelo Adagio, Fabrizio Billi, Andrea Rapini, Simona Urso. - Milano : Punto rosso, 1998. - pp. 140-195. In particolare, per ciò che qui interessa, il saggio sulla rivista cattolica «Collegamenti», da p. 177 ("L'esperienza dei gruppi spontanei e la radicalizzazione politica del dissenso cattolico in Collegamenti").

se l'arcivescovo fosse andato lì per dire parole di riappacificazione e invece ascoltammo parole molto dure, di rottura, che ci provocarono una istintiva reazione. Uscimmo dalla chiesa e solidarizzammo con don Mazzi" (Rossitto). Ricorda Elio Cardillo:

> "Il cardinale diceva messa dentro la chiesa con tutta gente ma non dell'Isolotto, portata con i pullman. E fuori, sotto un grande ombrellone, c'era la lettura del *Passio*, la passione di Cristo. E c'era la piazza piena come mai gli occhi miei l'hanno vista. Carabinieri in divisa e in borghese in tutti gli angoli. E centinaia di sacerdoti, da tutto il mondo, di ogni colore, che in fila indiana volevano salire alla cattedra per leggere un piccolo brano. Vero è che, anche se il *Passio* è lungo, erano tanti che ad ogni sacerdote toccò di dire manco mezza frase, o due o tre parole, tanta era la gente in fila [...]. Non ho mai visto tanta gente piangere contemporaneamente: dentro si faceva festa con il cardinale e fuori gli abitanti dell'Isolotto in lacrime. Finita questa funzione religiosa, abbiamo fatto penitenza. Don Mazzi invitò tutti a saltare il pranzo e la cena. Siamo stati davanti alla chiesa tutti quanti seduti, a fare digiuno [...]. A sera assemblea in una piazza vicino. E qui prese la parola, sia qualcuno di noi ma anche il nostro assistente. Il quale scese in primo piano anche a leggere un breve passo. L'altro assistente nostro invece [667] - con grande carità, ci fece tanta pena, ma siamo stati rispettosissimi - avendo compreso l'eccezionale gravità ci disse: 'Mia madre è ancora viva, io sono prete. Oggi io perdo di essere sacerdote. Fate finta che io non esista'. E uscì con i pantaloncini corti vestito da turista per non farsi conoscere. Camuffato. Noi fummo estremamente rispettosi [...]. Però, apro una piccola parentesi, qualche tempo dopo il vertice della sua comunità seppe tutto e fu severamente punito perché fu mandato a fare penitenza per un bel po' di anni [...], anche se non era entrato nel merito, solo per il fatto che c'era [...]. Quell'altro invece [padre Scalici] quella sera in

---

667 Si tratta del carmelitano, padre Teresio. Dopo i fatti qui raccontati svolgerà le funzioni per molti anni nel territorio di Carlentini. Oltre agli elementi umani della vicenda, non secondario è il diverso ordine di appartenenza di padre Teresio rispetto al francescano padre Francesco.

pubblico parlando dell'esperienza disse che il cardinale era venuto a mettere la spada nel cuore di nostro Signore - a conficcare la spada nel cuore del Signore -. Questa fu una battuta ad effetto, una battuta grave. Noi la notte partimmo in treno. Giunti a Napoli, la mattina presto, abbassammo i finestrini dello scompartimento e c'erano quelli che vendevano giornali [...]. In tutta la stampa del lunedì mattino, in prima pagina, a caratteri scritti grossissimi c'era la frase che aveva detto [...]: il vescovo Florit è venuto a ficcare nel cuore del Signore la spada [...]. Comprammo Il Corriere, L'Unità, Il Carlino, Il Roma... Tutti quanti i giornali: in prima pagina c'era la foto di don Mazzi seduto sui gradini della chiesa e con accanto Armando Rossitto [668]. Tutti quanti la stessa foto in tutta quanta l'Italia. Noi ci siamo chiusi dentro lo scompartimento e abbiamo ripreso a piangere perché abbiamo capito che ormai era tutto perduto" (Cardillo).

Al ritorno a Lentini le cose precipitarono. Il vescovo di Siracusa, Bonfiglioli [669], fece allontanare Scalici che fu trasferito a Palermo [670], e al suo posto fu messo un altro assistente, Ermanno Di Pasquale. Verrà successivamente anche questo rimosso.

---

668 Cfr. *Accusati di scisma i fedeli dell'Isolotto* / Marcello Lazzerini, in: «L'Unità» dell'1 settembre 1969, p. 2. L'articolo (in seconda pagina e non in prima come invece ricorda la nostra fonte orale, è accompagnato dalla foto. Degli altri giornali abbiamo potuto consultare: «Il Corriere della Sera» del 2 settembre 1969, a p. 4 con un articolo intitolato *L'Isolotto fuori dalla Chiesa* e siglato L.P. (l'1 settembre era lunedì e il Corriere non usciva). Puntuale l'informazione de «Il Giorno» (ma senza foto di don Mazzi): l'1 settembre 1969 (anno XIV, n. 34), richiamo in prima pagina con titolo *Florit fra il muro dell'Isolotto*, con foto del cardinale Florit, e rimando all'articolo in seconda pagina: *Florit dice Messa e don Mazzi inizia il digiuno*. Il giorno dopo, articolo "dal nostro Inviato": *Per l'Isolotto rottura irrimediabile?* («Il Giorno», 2 settembre 1969, p. 2).

669 Nella ricostruzione di Elio Cardillo: in quei giorni Bonfiglioli si trovava a Roma, alla CEI. E' qui che il cardinale Florit fa pressioni su Bonfiglioli, e da Roma Bonfiglioli manda un telegramma al responsabile degli assistenti spirituali della provincia di Siracusa, Gozzi, per convocare al suo ritorno i fucini di Lentini. I fucini furono ricevuto da Bonfiglioli, che chiese una lettera di perdono da inviare a Florit. Tornati a Lentini i fucini scrissero una lettera in cui chiedevano perdono per il modo ma non per il contenuto. Il vescovo lesse la lettera e non la accettò (la strappò, secondo Cardillo); stessa sorte una seconda lettera più mite. La terza volta "la mette in tasca senza leggerla".

670 Ancora nella ricostruzione di Elio Cardillo: a Palermo padre Scalici fu sottoposto a regime punitivo, costretto a dire messa all'alba, e a non muoversi dalla sua cella, senza poter vedere nessuno. I ragazzi di Lentini che andarono fino a Palermo per poter parlare con lui non furono ricevuti. Dopo qualche anno chiese il ritorno allo stato laicale che fu concesso dalle autorità ecclesiastiche solo dopo alcuni anni. Scalici divenne insegnante, a Rho.

Il gruppo dei fucini decise di continuare le attività. Si spostò, dai locali della chiesa di Sant'Alfio - in cui era stato nominato nuovo parroco don Castro, al posto di padre D'Asta rimosso perché contestato [671] - a una propria sede in via Teocle, affittata a metà con l'ex assistente (che era stato ex-fucino prima di diventare sacerdote), padre Ermanno Di Pasquale. "Lì in quella casa si fu liberi di fare adesso politica" (Cardillo). Qui si fece il doposcuola. Erano una ventina di alunni della scuola media, provenienti dai quartieri popolari (di Sopra La Fiera). Si sentiva il radiogiornale, si faceva palestra, si studiava.

Si continuavano a mantenere i rapporti con la federazione nazionale, i cui dirigenti erano ospitati quando venivano in visita. Nel febbraio 1970 «Ricerca» pubblica un nuovo corposo intervento del gruppo Fuci di Lentini, con il quale il gruppo precisa e ribadisce le proprie posizioni di apertura e superamento dell'esperienza strettamente universitaria, ricollegandosi alla propria mozione andata in minoranza al congresso di Verona. Stavolta si fanno chiari riferimenti all'esperienza dell'Isolotto, ci si schiera contro la "neutralità della Chiesa": "chi è il modello della Chiesa, Pilato o Cristo?":

> "Non accettiamo [...] che un gruppo, come quello fuci, si possa costituire solo per affrontare i problemi tecnici della propria categoria. Sarebbe estremamente banale una simile giustificazione [...]. L'impegno nell'università non sta all'origine del gruppo come motivo fondante, ma è un gesto contingente che il gruppo decide di fare per motivi occasionali che non hanno niente a che fare con la qualificante sociologica dei componenti.
>
> Partendo da questa analisi non si vede, allora, perché nello stesso gruppo non vi debbano essere quali interlocutori i lavoratori, gli studenti e chiunque altro voglia farvi parte. Per le questioni tecniche [come quelle

---

671 La contestazione di padre D'Asta avviene, da parte dei fedeli, per le sue frequentazioni dei locali più poveri e malfamati della città. A ciò si aggiunga una eccessiva generosità amministrativa. Tra i fedeli contestanti, la famiglia Tirrò che disponeva di parenti altolocati (un loro zio, Cavarra) all'interno del vescovado.

universitarie] si trova sempre spazio per discuterne separatamente" [672].

Nel maggio 1970, Armando Rossitto, passato all'inizio dell'anno alla redazione nazionale di «Ricerca», dalle pagine del quindicinale fucino inviterà (a margine dell'articolo *Barbiana oggi* [673] che si configura come uno dei maggiori contributi sul tema della "controscuola" proveniente dall'interno delle organizzazioni cattoliche italiane ufficiali dell'epoca) i vari gruppi presenti in Italia a inviare una loro relazione sulle esperienze sparse del doposcuola. Risponderanno in vari gruppi, e naturalmente il gruppo di Lentini [674]. Dalla Sicilia risponderanno altre tre realtà presenti: Catania [675], Ragusa [676], Modica [677]. Il contributo della Fuci di Lentini è riassuntivo dell'esperienza locale del doposcuola. Dopo un breve quadro socio-economico riguardante il territorio e l'inquadramento all'interno delle coordinate di "scuola classista" versus "controscuola" dell'operazione doposcuola a Lentini, si fa una breve "storia" delle due fasi del doposcuola fucino a Lentini, all'interno della quale si misurano limiti e prospettive di questa esperienza. Della prima fase, relativa al doposcuola del 1968, si riconoscono i limiti:

"La mancanza di esperienze nell'insegnamento da parte nostra, il numero elevato dei ragazzi, il tempo limitato ad essi dedicato insieme con l'insufficienza e dispersione dei programmi scolastici, cui per necessità eravamo legati, non consentì di registrare un sensibile progresso dei ragazzi. Anche per carenze organizzative non si raggiunse d'altra parte una percentuale considerevole di promozioni. Però, al di là di questi limiti, il lavoro fra i ragazzi ci aprì una finestra sul loro mondo, ci introdusse

---

672 *Interventi dopo l'Assemblea Federale : Lentini*, in: «Ricerca», anno XXVI, n. 3, 15 febbraio 1970, p. 4.

673 *Barbiana oggi* / Armando Rossitto, in: «Ricerca», anno XXVI, n. 10, 31 maggio 1970, p. 14-15.

674 Cfr. *Il doposcuola nei gruppi: Lentini*, in: «Ricerca», anno XXVI, n. 11-12, 30 giugno 1970, p. 17.

675 «Ricerca», n. 15-16, 15-31 agosto 1970, p. 9.

676 «Ricerca», n. 17, 15 settembre 1970.

677 «Ricerca», n. 21, 15 novembre 1970.

a parlare la loro lingua ed indicò la strada migliore per comprendere la loro mentalità legata ad esperienze brucianti di vita: il contatto umano costante a tutti i livelli" [678].

Nell'estate del 1969, l'esperienza riparte su altre basi, grazie alla lettura e al confronto di gruppo con *Lettera a una professoressa*. Viene ridotto il numero di ragazzi e si compie quella che viene da essi chiamata una "scelta classista": "scelta dell'inferiore per restituirgli il necessario alla convivenza cosciente: in una parola gli strumenti di liberazione dall'uomo, perché acquistassero la consapevolezza di essere servi solo di Dio e fratelli di tutti gli uomini" [679]. "I risultati questa volta furono migliori: agli esami di riparazione passarono tutti" [680]. Il documento esamina le prospettive del doposcuola in atto, le attività che si svolgono (dalla lettura dei giornali alle riunioni dei gruppi su temi come la pace, lo sfruttamento, la povertà, la fede, i rapporti genitore/figli ecc.):

> "per abituare i ragazzi a parlare e a prendere coscienza di certi problemi che sono di tutti, assieme a tutti, compagni ed **insegnanti**, a superare certe timidezze, **a ragionare con la loro testa**. Dapprincipio fu difficile, perché i ragazzi si vergognavano; poi, man mano... E' un'esperienza arricchente (soprattutto per noi!).
>
> Tutto questo non l'ha imposto nessuno: non ci sono programmi ministeriali. Ce l'hanno fatto capire i ragazzi stessi che vanno scoprendo i loro interessi e vogliono coltivarli in una scuola fatta da loro. Rimane questa la nostra aspirazione. Una scuola a dimensione d'uomo aperta a tutti, al passo con la storia, capace di fornire un bagaglio di cognizioni, vocaboli, immagini e tecnica dialettica e soprattutto capace di porre le persone in grado di esprimere giudizi di valore e giudizi politici.

---

678 *Il doposcuola nei gruppi: Lentini*, in: «Ricerca», anno XXVI, n. 11-12, 30 giugno 1970, p. 17.

679 *Il doposcuola nei gruppi: Lentini*, in: «Ricerca», anno XXVI, n. 11-12, 30 giugno 1970, p. 17.

680 *Il doposcuola nei gruppi: Lentini*, in: «Ricerca», anno XXVI, n. 11-12, 30 giugno 1970, p. 17.

In ogni caso dopo avremo degli uomini coscienti di se stessi, disposti e capaci di prendere in mano il proprio destino: il che significa concretamente capaci domani di 'farsi' - essi stessi - liberi con gesti politici veri. Siamo certi di servire così (contribuendo, cioè, a creare questa coscienza rivoluzionaria) la nostra fede nella salvezza e liberazione integrale dell'uomo tramite l'Evangelo [...]" [681].

A livello politico gran parte dei fucini si spostò nel corso del 1970 a sinistra, pur rimanendo cattolici. "Ricordo la foto di Mao nella nostra associazione accanto a quella di San Francesco d'Assisi. Era un atteggiamento culturale, non era una militanza partitica" (Cardillo). Pur non militando direttamente nei partiti, i giovani fucini in questa seconda fase hanno idee che li fanno votare alle elezioni per e essere vicini ai partiti della sinistra: Pci, Psiup, Pcd'I, Servire il popolo. Interessante rispetto alle posizioni anche sociali assunte dal gruppo fucino, un articolo pubblicato su «Ricerca» nel 1970, firmato da Filly Ossino - uno dei fucini lentinesi più attivo - e che riferisce della partecipazione del gruppo alle lotte sindacali bracciantili del novembre di quell'anno, per ottenere il rispetto, da parte degli agrari, dei patti precedentemente stipulati nel 1968 e il funzionamento dell'ufficio di collocamento che avrebbe dovuto arginare il fenomeno del caporalato. L'articolo si auto-contestualizza all'interno delle lotte bracciantili del territorio, viene fatta una scelta non solo di argomento ma anche "di campo". A due anni dai "fatti di Avola", mentre la magistratura emette un mandato di comparizione contro i braccianti avolesi accusandoli di violenza e tenta di archiviare l'omicidio avvenuto come "opera di ignoti", il giudizio dell'autore dell'articolo è netto: si tratta "di un atto ricattatorio, di una minaccia tendente a reprimere sul nascere la lotta sindacale. Il che rientra nella logica di violenza del sistema, la quale si esercita a vari livelli e si serve dei mezzi che ha sua disposizione (magistratura compresa)". Di fronte alla situazione di miseria esistente e di inapplicazione di qualsiasi accordo o legge dello Stato, la violenza dei braccianti e dei lavoratori dell'agricoltura viene vista come sacrosanta:

---

681 *Il doposcuola nei gruppi: Lentini*, in: «Ricerca», anno XXVI, n. 11-12, 30 giugno 1970, p. 17.

"La necessità economica che disgrega il nucleo familiare, il trattamento razzista che sono costretti a subire i lavoratori, in tanti casi, sui posti di lavoro e l'insicurezza quotidiana, creano una situazione di violenza che i braccianti vivono sin dalla nascita. E se a questo si aggiunge che alla resistenza degli agrari non si strappa nulla se non con la lotta, ogni giudizio di illegalità e di liberticidio sullo sciopero è solo moralistico.

[...] L'intervento prefettizio (concessione di un certo numero di milioni per i disoccupati) è sintomatico di una incapacità strutturale del sistema a risolvere problemi di fondo. In una società in cui la legge sovrana è il profitto con i suoi rigidi meccanismi economici, ai quali anche l'apparato statale deve sottostare, gli organi statali non possono intervenire se non per tappare le falle più grosse ed inevitabili. Questo intervento risulta essere sostanzialmente solo di copertura, perché tende a colmare superficialmente le contraddizioni del sistema ed a nascondere la subordinazione della politica all'economia [...].

La burocrazia non è solo un modo per far procedere lentamente le cose, ma anche una maniera sottile per eludere certi problemi. Le lotte bracciantili in questo contesto, oltre ai normali aspetti rivendicativi, assumono la caratteristica di controllo sui miglioramenti strappati anche col sangue. Ma il potenziale rivoluzionario che esse esprimono consiste non tanto nel perseguire questi fini, quanto nel creare continuamente situazioni esplosive tendenti a determinare rapporti strutturali sempre più insostenibili, che facciano vacillare l'intera impalcatura agraria come ambito particolare del sistema" [682].

I giudizi presenti all'interno dell'articolo - che per il tono e il linguaggio ci sembra più un "manifesto" politico e rivendicativo che un semplice "pezzo" informativo su una situazione locale - ci sembrano altrettanto importanti del "fatto" in sé della partecipazione dei fucini alle lotte bracciantili e sindacali lentinesi:

---

682 *Da Avola a Lentini* / Filly Ossino, in: «Ricerca», anno XXVI, n. 23-24, 10-13 dicembre 1970, p. 11.

e la pubblicazione su un quindicinale di parte cattolica di un articolo di questo genere (che oggi verrebbe rubricato come "marxista-comunista") ci sembra indicativo del fermento esistente alla fine del 1970 all'interno di alcuni settori giovanili cattolici.

Agli inizi degli anni Settanta monsignor Bonfiglioli volle ricucire lo strappo, e venire a dire messa nella sede dei fucini, fu fatto un altare nella camera da pranzo. I fucini tuttavia, non accettarono la ricucitura.

> "Con l'Università di Catania non avevamo un rapporto così come gli studenti che stavano a Catania. Cioè il Sessantotto noi lo abbiamo vissuto non stando all'interno del movimento studentesco, se non in qualche assemblea dando il nostro contributo. Non eravamo... diciamo: nessuno di noi aveva un ruolo di leader all'interno dei gruppi studenteschi. Però partecipavamo. Io ricordo una cosa - ancora con angoscia: quando passo da piazza Università [a Catania...]. Ricordo una mattina l'arrivo di un gruppo di fascisti con le catene che ci fecero uscire - stavamo facendo un'assemblea -, praticamente ci obbligarono a uscire fuori agitando queste catene, per cui noi del tutto impreparati a qualsiasi scontro di questa natura, eravamo spaventati" (Rossitto).

Mentre la Fuci di Lentini nei fatti compie la propria esperienza separata dalle autorità ecclesiali, Rossitto continua a far parte del gruppo dirigente nazionale (presidente era allora Giovanni Benzoni; presidente nazionale della Fuci femminile era Mirella Gallinaro [683]). "Nel 1973 mi laureai e quindi dovetti lasciare la Fuci" ricorda Rossitto: "più o meno in quell'anno anche gli altri seguirono questo percorso". In questo modo l'esperienza della Fuci di Lentini ebbe termine. "Tutto quello che si è costruito in quegli anni va a finire nel mondo del lavoro" (Rossitto). Certamente, sulla capacità di resistenza e di evoluzione della Fuci a Lentini pesa la stessa assenza di Rossitto a Roma e poi la sua fuoriuscita "naturale". I fucini rimasti non sono capaci di

---

683 Divenne poi moglie di Benzoni.

continuare il processo di rinnovamento interno al cattolicesimo, cercano di inserirsi all'interno del gioco delle correnti della DC [684], ma è un gioco perdente.

Gli effetti della crisi della Fuci furono dirompenti, nel ricordo personale dei protagonisti e nella storia della città. La Fuci nazionale, spostatasi su posizioni di "sinistra", rischiò la chiusura e solo l'intervento di papa Paolo VI impedì la soppressione. La generazione di ragazzi che aveva avuto allora un ruolo nella dirigenza nazionale, ruppe la tradizione delle generazioni cattoliche precedenti [685]: nessuno di loro entrò nella Dc, cosa che ebbe effetti sul rinnovamento interno dei quadri dirigenti di quel partito (con effetti evidenti negli anni Ottanta). Hanno proseguito il loro impegno non politico, ma sociale, nella professione privata e nell'insegnamento. Rossitto è stato uno di questi ragazzi: dopo laureato è entrato nel mondo della scuola [686].

A livello locale la sconfitta della Fuci ha significato l'allontanamento di quell'*intellighenzia* cattolica dal cattolicesimo

---

684 Alcuni di loro appoggiano politicamente Tribulato, contrapposto a Enzo Nicotra.

685 La Fuci, nata grazie a Romolo Murri (X congresso dei cattolici italiani di Fiesole, 1896), aveva avuto come presidenti Aldo Moro (1939-1942), Giulio Andreotti (1942-1944), mentre Montini futuro papa Palo VI nel 1925-1933 aveva ricoperto la carica di assistente ecclesiastico. Per una storia complessiva della FUCI nazionale si rimanda a un lavoro encomiabile ma che si ferma al 1970: *Storia della Fuci* / Gabriella Marcucci Fanello. - Roma : Studium, 1971. Significativamente occorre notare che, appena uscito, il libro fu subito recensito in «Ricerca» (*La storia della Fuci : note in margine al libro di G. Marcucci Fanello* / Fulvio Mastropaolo, in: «Ricerca», anno XXVII, n. 24, 31 dicembre 1971, p. 8-9; e in: «Ricerca», anno XXVIII, n. 1, 15 gennaio 1972, p. 13) con un contributo che sottolineava la radicalità delle posizioni del "padre fondatore" Murri e i suoi conflitti con la Chiesa ufficiale. Per quanto riguarda la Sicilia non ci risultano studi né storie complessive. Un accenno, nel più complessivo contesto della storia dell'Azione Cattolica locale è in: *L'Azione Cattolica a Caltanissetta e in Sicilia dagli anni Trenta agli anni Quaranta* / Angelo Sindoni. - Caltanissetta : Edizioni del Seminario, 1984.

686 Armando Rossitto, nato nel 1944 a Lentini, figlio di un maestro di scuola cattolico che era stato tra i fondatori della Dc a Lentini, e consigliere comunale, da cui si era allontanato all'inizio degli anni Sessanta. Armando, dopo essere diventato consigliere nazionale dalla Fuci, laureatosi in lettere all'Università di Catania ebbe subito la nomina di ruolo, come insegnante, a Frosinone e a Sora, ha partecipato negli anni Settanta alla nascita del sindacato Cgil-Cicl-Uil e alle lotte corporative e per la democratizzazione interna. Tornato nel 1982 a Lentini, ha collaborato alla nascita dell'esperienza della cooperativa Il Trivio. Divenuto preside di una scuola media a Francofonte, si è impegnato nella sperimentazione didattica. Nel 1997 la scuola è stata devastata da ignoti: l'androne, nel quale campeggiava la scritta di don Milani "I care" è stato dato alle fiamme: si è attivata la solidarietà nazionale e delle associazioni anti-mafia. Nel 1993 ha avuto una esperienza politica, partecipando alla campagna politica per l'elezione del sindaco del Comune di Lentini.

(per parte di loro) e dalla Dc locale. "Avevano in mano tutta l'intelligenza, tutta la crema della città e se la sono lasciata scappare" (Cardillo). Con un indebolimento dei quadri politici locali - soprattutto della Dc che costituiva il "naturale" sbocco politico di quei quadri giovanili. Nessuno di quei ragazzi/e entrò nella Dc, quei pochi che fecero una attività politica la fecero in altri partiti.

Racconta Rossitto, che nel 1993 in occasione della sua candidatura per l'elezione del sindaco a Lentini, incontrò un gruppo di cattolici:

> "Delle persone che orbitavano nel mondo cattolico mi chiesero un incontro [...]. La prima domanda che mi fu fatta fu questa: se era vero che io avevo schiaffeggiato l'arcivescovo di Siracusa, monsignor Bonfiglioli. Fu una domanda così... secca, asciutta, fatta all'improvviso, all'inizio, che mi venne da ridere. Mi misi a ridere [...]. C'erano stati contrasti con l'arcivescovo [...] ma mai c'erano stati livelli di scontro che avessero la benché minima caratteristica di violenza, né verbale né materiale [...]. Evidentemente in una parte del mondo cattolico locale la Fuci è stata vissuta così negativamente al punto che la legittimazione della sua chiusura veniva creata con un gesto di violenza così inconcepibile [...]. Questo è significativo, perché era inaccettabile tutte le cose che dicevamo e facevamo allora. Cioè dicevamo che la Democrazia Cristiana era un partito che non rappresentava tutti i cattolici, dicevamo che nella Democrazia Cristiana c'era gente che rubava, che faceva i suoi interessi, che era un partito che non rappresentava i ceti più deboli..." (Rossitto).

# I fermenti nella sinistra

La scuola rimane estranea al tessuto sociale della città, ma prepara culturalmente e ideologicamente le generazioni successive. I figli semi-analfabeti dei piccoli proprietari e dei coltivatori diretti mandano i propri figli a scuola, nell'ansia di qualcosa che non è solo desiderio di riscatto economico e sociale, ma soprattutto - nel quadro dei sopravvenuti stimoli e modelli culturali provenienti dall'esterno -, ansia e desiderio che i propri figli non seguino il mestiere e la tradizione della famiglia. I padri non vogliono che i figli diventino contadini, i figli non vogliono fare quello che facevano i padri. Il disconoscimento ha conseguenze di lungo periodo nella storia della città. Nel periodo esaminato, la generazione scolarizzata è la prima, di una certa consistenza, in città. Chi frequenta i licei non partecipa alle lotte del bracciantato e degli operai. Il caso dell'assalto del Liceo Scientifico durante lo sciopero del 1966 è il caso di una reciproca estraneità culturale e sociale tra i due mondi. Si tratta di una estraneità di classe (o di aspirazione di classe). All'interno di un partito come il PCI, i quadri provenienti dal bracciantato o che sono passati attraverso la Camera del Lavoro si differenziano nettamente dai quadri scolarizzati.

I fermenti all'interno della sinistra in questi anni passano attraverso le fasce sociali che approdano alla scolarizzazione di massa. Da questo punto di vista può essere visto come esemplare il caso di Rosario Mangiameli.

## La formazione al Liceo

La ripresa del movimento studentesco, attivo in qualche modo nei primi anni Sessanta, avviene in concomitanza con la vicenda della "Zanzara". I cattolici avevano fatto il giornale «Cose nostre», mentre gli studenti di sinistra avevano «L'indipendente di sinistra» che si muoveva più in area socialista. «L'Indipendente» aveva polemizzato (ricorda Mangiameli) contro le scuole private, a Lentini c'era il caso di un Istituto Magistrale privato, dalla dubbia moralità. I professori di sinistra erano divisi generazionalmente: Addamo e altri professori di "sinistra" (Caponnetto, Privitera) condividevano "tutto sommato, il distacco rispetto ai ragazzi e, in fondo, la paura della repressione degli anni Cinquanta" (Mangiameli). Diverso il caso di Antonio Nicosia e Marrelli: questi "erano invece giovani al primo insegnamento [...] che si ponevano già in un modo problematico nei confronti del rapporto con gli studenti, sentivano già il cambiare dei tempi".

Al Liceo avviene l'incontro tra i ragazzi (e le ragazze) provenienti dalla piccola borghesia agraria, e la borghesia professionale legata alla rendita e al ceto delle professioni. Mangiameli proviene dalla piccola borghesia e sente il distacco con i "nobilucci". L'anno scolastico 1967-1968 fa "maturare" il gruppo di studenti cattolici che al Liceo avevano la preminenza, e permette a Mangiameli di riorganizzare il Comitato Studentesco: "riscrissi uno statuto del comitato studentesco [...] assumendomene una specie di paternità politica giacobina e fondammo un giornaletto che si chiamava «Il Gorgia» a stampa: uscì una sola copia, un solo numero, siamo nel '67". Preside era allora Sebastiano Lo Nigro che poi avrebbe insegnato Storia delle tradizioni popolari all'Università di Catania, "democratico ma molto rigido". Lo Nigro era succeduto a un preside di destra, Arturo Mannino. Su quell'unico numero uscito

> "si commemorava Walt Disney, perché era giusto morto mentre noi stavamo stampando il giornale, e c'erano poesie e articoli uno per esempio era intitolato "Nessun uomo è un'isola" di chiara derivazione cattolica, perché io avevo voluto che i cattolici ci fossero e molto presenti... Le firme erano tante [...] io ci partecipavo con una recensione a un film che avevo visto, casualmente, qualche giorno prima [...] si intitolava "America paese di Dio". Era un documentario sull'America, sugli Stati Uniti, molto bello, e quindi mi aveva colpito e avevo pensato di farne la recensione dove si parlava anche della faccenda dell'integrazione razziale [...] poi c'era un articolo sull'Antigone [...] fatto da uno che è poi diventato sindaco, Santino Ragazzi" (Mangiameli).

Del caso «Zanzara» vengono a sapere attraverso due libri bianchi acquistati presso la Libreria Amore (di Lentini). Ma l'impatto più forte del caso «Zanzara» fu a scuola:

> "il preside, che era questo Arturo Mannino, un uomo sicuramente di destra, ex-ufficiale, ecc., ecc. ci riunì e ci fece... ci tenne una concione sull'immoralità dei tempi,

sulla pericolosità [...]. E con una grande volgarità ci intrattenne sulla questione della libertà sessuale stigmatizzandola, naturalmente e insomma ebbero anche un valore pedagogico al contrario, diciamo così [...] anche amici molto più moderati di me vennero infastiditi da questa cosa" (Mangiameli).

Ricorda Mangiameli:

"Il '68 a Lentini comincia con le notizie del '68 [...]. Tv7 fece una serie di trasmissioni sull'argomento [...]. Si organizza un'assemblea [...]. C'era stata qualche tempo prima un'assemblea con Giangiacomo Feltrinelli reduce dal viaggio a Cuba in occasione della morte di Che Guevara, e da allora conservo un manifesto [687 ...]. E parlano gli universitari, raccontano quello che sta succedendo e tutti quanti erano favorevoli ad una protesta, almeno negli aspetti sindacali [...]. Per quanto riguarda l'aspetto politico ci fu chi si lamentò di aver visto all'università a Catania degli *altarini* a Ho-chi-min [Rossitto]. L'anno '68 finì così a Lentini senza grandi ripercussioni, tranne che per me: fu l'anno degli esami di maturità e della vicenda dell'occupazione, della primavera di Praga" (Mangiameli).

Mangiameli ricorda l'assemblea, alla quale parteciparono diversi ragazzi della sinistra universitaria lentinese di allora: Pippo Cardillo, i fratelli Tondo, Armando Anzaldo, Aurelio Borandini. Tra i cattolici e universitari, a esprimere "qualche preoccupazione" c'era Armando Rossitto.

Il Sessantotto sono anche le notizie provenienti da Praga. Anche su questo è nettissimo il ricordo di Mangiameli. I fatti di Praga inquietano, seminano ansia di conoscenza, voglia di averne ragione. Mangiameli ha la tentazione di parlarne con Addamo, la figura carismatica dell'intellettualità marxista della città, che incontra casualmente in quei giorni - rimasto in panne, gli viene

---

687 Il manifesto in questione, siglato UGI, 1967, riporta una frase di Tacito. E' stato da noi visto - debitamente incorniciato e protetto da vetro - appeso nello studio di Mangiameli, all'Università (Scienze Politiche), Palazzo dell'ESA, nel novembre 1998.

dato un passaggio da Moncada e Mangiameli. E' una tentazione che viene subito meno: forte è la distanza generazionale, diverso il linguaggio, diverso l'approccio (Addamo e gli altri intellettuali avevano vissuto i fatti di Ungheria del 1956). L'esigenza è quella del confronto fra pari su un mondo reso più vicino e più accessibile dallo sviluppo dell'informazione (televisione, cinema, giornali, radio). Mangiameli ha di quei giorni anche un secondo ricordo, anche questo indicativo dei sentimenti di quella generazione: in viaggio col padre, sulle strade tortuose di una Calabria ancora senza autostrada, le notizie da Praga sono apprese insieme alla ripetizione di una canzone di Patty Pravo, all'interno del programma radiofonico di "Notturno dall'Italia": rabbia per Praga e fascino della trasgressione, politica e vita sentimentale uniti per sempre nella memoria e nell'immaginario, insoddisfazione per l'una e per l'altra, fascino potente dell'immaginazione evocata dalle notizie e dalle note.

## L'Università tra Catania e Lentini

Dopo gli anni del Liceo, è a Catania che avviene per Mangiameli la maturazione politica reale. Mangiameli svolge in quegli anni il ruolo di mediatore politico tra Lentini e Catania. Di contatto tra i gruppi della Nuova Sinistra di Catania e la realtà studentesca lentinese. I suoi primi contatti sono a Scienze politiche, dove incontra Beppe Ardizzone, Franco Migliorino e altri attivi nel movimento degli studenti di quella facoltà.

> "Inizialmente il gruppo politico di riferimento fu l'Unione dei Comunisti marxisti-leninisti che ebbe a Catania nel '69 una grande diffusione perché si innestò stranamente su un preesistente gruppo di giovani dissidenti che erano troskisti. Questi, da troskisti, seguendo una linea nazionale di questo movimento che si chiamava Falce e martello, diventarono stalinisti, con Brandirali in testa che inizialmente faceva parte di questo movimento [...]. Si ebbe questa conversione, avendo anche una certa notorietà le persone che appartenevano a questo gruppo a Catania, Nicola Torre e tanti altri,

> ebbero una loro presenza, una loro visibilità. Chi voleva fuoriuscire dal PCI [...] si rivolgeva a loro.[...] Nel '69 organizzarono quella che chiamarono una *lunga marcia*, cioè un giro per i centri di provincia facendo proselitismo e fu in quell'occasione, io già li conoscevo, che ci incontrammo a Lentini. C'era Antonio Pioletti e passammo un po' di ore a discutere" (Mangiameli).

Lo scontro però con l'ala marxista-leninista, che avvenne subito dopo, si verificò sempre a Lentini:

> "Avevamo organizzato una sezione dove c'erano normalmente disoccupati, persone marginali diciamo, anziani, che non potevano lavorare, che venivano a sentire questa forma di radicalismo giovanile [...], un gruppo consistente di giovani [...]. Io fui accusato di privilegiare troppo l'elemento borghese, cioè studentesco e quindi fui espulso" (Mangiameli).

Rimasero lì tre/quattro persone. Tutto il gruppo, una trentina di ragazzi, che si era organizzato venne fuori insieme a Mangiameli. Rimasero a fare politica finché dopo un anno aderirono tutti al «Manifesto». Anche qui alla base della nascita del gruppo del «Manifesto» a Lentini ci sono le frequentazioni di Mangiameli: Santa Zanghì, Umberto Di Giorgi ecc., e la presenza nella nuova facoltà di Scienze Politiche a Catania che aveva richiamato la presenza di nuovi insegnanti, alcuni che venivano da fuori, anche con esperienze radicali (Alberoni, Candeloro, Francesco Renda Reinei, Cazzola, Catanzaro; mentre Pietro Barcellona che proveniva da esperienze più moderate e interne al Pci, fu spinto su posizioni di critica e di attenzione alla Nuova Sinistra).

> "Non facevamo altro che riunioni e scrivere documenti [...] e riunioni che andavano dalle riunioni preparatorie delle assemblee alle assemblee stesse, dalle assemblee di facoltà a quelle interfacoltà, ecc. ecc.. Era un continuo vivere nella riunione" (Mangiameli).

Il gruppo de «Il Manifesto» ha anche a Lentini un certo seguito, ma non riesce a aggregare le generazioni immediatamente successive.

## I gruppi della Nuova Sinistra a Lentini

La vicinanza con Catania comporta uno scambio reciproco tra i due mondi politici. Gruppi della nuova sinistra formatisi nel 1968 catanese guardano a Lentini (oltre che agli altri territori della periferia) alla ricerca di un contatto organico con il mondo del lavoro e delle lotte sindacali. Il gruppo più attivo, nei suoi rapporti con Lentini, è «Falce e martello»: il gruppo catanese compie una serie di visite a Lentini, viene persino fondata una sede e si cerca di penetrare nelle lotte sindacali e bracciantili della zona. Può essere interessante, quale documento dell'epoca il volantino datato 30-4-1968, firmato Falcemartello con invito allo sciopero ai lavoratori delle segherie di Lentini, prevalentemente impegnate nel confezionamento delle cassette per le arance (allora in legno, negli anni Settanta saranno prodotte in plastica):

> "Il primo maggio è la festa dei lavoratori / Il padrone non lavora! / lui vorrebbe tenere la segheria sempre aperta / vorrebbe farvi lavorare. / Ma voi il primo maggio non andrete a lavorare / le segherie rimarranno deserte, le segherie dove voi / lavorate undici ore al giorno e vi pagano poco. / Vediamoci e discutiamo in via Zara 40 il primo maggio alle ore 11 // Segantini / i padroni sono pochi e i lavoratori tanti / tutti i lavoratori uniti contro i padroni! / Lentini 30.4.1968 / Via Zara –40 / Falcemartello" [688].

Ricorda Nino Recupero che di quei tentativi fu uno dei protagonisti:

---

688 Cfr Fondo Archivio Nino Recupero, Cart. 1, fasc. 5 (Biblioteche riunite Ursino-Recupero, Catania).

"Nell'aprile [1968], dovette essere distaccato a Lentini un intero gruppo di persone per seguire la lotta dei segantini, i minorenni supersfruttati addetti alla fabbricazione delle cassette di legno per agrumi; di lì nacque la partecipazione alla lotta degli agrumai interni. Per la carica impressionante di rinnovamento morale, e perfino linguistico, questo ricordo mi emoziona più di quello dei lunghi e faticosi 'interventi' alla SINCAT di Priolo, più di quello delle due sedi aperte nel quartiere di Cibali" [689].

Falce e martello catanese vedeva nella esistenza di una classe operaia omogenea le possibilità di una azione comune in tutta la fascia orientale: da Catania ad Acireale a Lentini, la presenza di segherie faceva pensare a condizioni omogenee e interessi di classe (operaia) comuni [690]. Si tratta tuttavia di tentativi che trovano poco terreno tra i lavoratori e in un ambiente impermeabile all'esterno come quello lentinese, che trovava nella Camera del lavoro locale un efficace strumento di lotta e di organizzazione.

Nel 1972, poco prima della sua fuoriuscita dalla politica attiva e poco dopo le disastrose elezioni politiche che avevano visto la sconfitta nazionale (e locale) dei partiti della nuova sinistra presentatisi divisi [691], Mangiameli incontra un gruppo di ragazzi a Lentini. In gioco è l'adesione di questi ragazzi al «Manifesto» di Lentini, che Mangiameli aveva fatto nascere nel frattempo

---

689 Nino Recupero, in: *'68 che passione* / Salvatore DiStefano. - Catania : Cuecm, 1988, p. 12.

690 Di qui anche i tentativi di analisi economica comparata, di cui il saggio di Giani e Leonardi cit. su «Giovane critica».

691 Il gruppo del Manifesto si presentò allora diviso dal PSIUP, mentre l'Unione dei Comunisti si presentò con lo slogan "un voto per l'insurrezione". Lotta Comunista decise di non presentarsi e di non appoggiare nessuno. Mangiameli ricorda come nella scelta dei candidati per la Sicilia Orientale, furono fatte scelte discutibili: furono presentati personaggi da lui tutt'oggi considerati non adatti: Paolo Pattavina, e il notino Griendi. Mangiameli ricorda in particolare questo Griendi, che si era inventato un suo partito (PRI= Partito rivoluzionario italiano), molto attivo e sempre in giro alle elezioni con la sua vecchia 1100. A causa del "complesso di incapacità di collegarsi al popolo" (Mangiameli) furono individuati questi due candidati, che nel corso delle elezioni si dimostrarono indegni del ruolo, sempre in concorrenza tra di loro e incapaci di stare persino sul palco senza spingersi o litigare su chi doveva parlare per primo. Nella lista facevano parte anche alcuni "lavoratori" che però non si interessarono di fare campagna elettorale. La sconfitta delle elezioni fu molto cocente: in pratica il Manifesto - e i piccoli gruppetti alternativi - sottrasse i voti necessari perché al PSIUP scattasse il seggio.

spostatosi su posizioni maoiste, e «Lotta Comunista» di impostazione rigidamente "leninista". I ragazzi scelgono Lotta Comunista [692] e Mangiameli deve lasciare il campo sconfitto [693].

Lotta Comunista ebbe in quegli anni una certa presenza a Lentini. Ad aderire tra i primi sono Paolo Pattavina e Alfio Aloisi (politicizzatosi dopo una permanenza a Genova). Ne fanno parte, fino al 1974, Paolo Ragazzi, Angelo Magnano, Stefano Bombaci, Enrico Sesto, Cirino Bosco. Di tutti questi, a volte solo occasionali frequentatori del gruppo, a rimanere all'interno di questa formazione saranno - per quel che ci è dato sapere - Paolo Pattavina [694] e Cirino Bosco [695]. Lotta Comunista cercò di incunearsi anche all'interno degli scioperi operai delle segherie: nel dicembre 1973 riescono a organizzare uno sciopero tra i segantini facendo circolare i contratti di lavoro dei segantini del Nord d'Italia tra i lavoratori lentinesi. E' uno sciopero che dura un mese, la prima volta in cui a Lentini i giovani studenti della sinistra non-Pci si vedono organizzare qualcosa assieme ai lavoratori locali, con punte di lotta anche aspre ma che alla fine rientra, in tempo per le festività natalizie.

In quanto alle loro posizioni politiche, i lotta-comunisti a Lentini facevano le funzioni di Lotta Continua, presente in maniera più consistente in altre città siciliane (Palermo, Catania, ma anche Augusta), ma con posizioni più elitarie e gerarchizzate al proprio interno ("leniniste" come si diceva allora).

---

692 Tra quei ragazzi è Stefano Bombaci, che avrà una storia di "quadro" all'interno di Lotta Comunista, e coinvolto quando sarà attuata la repressione del "terrorismo" - Stefano finisce in carcere per una decina di anni, benché non coinvolto in nessun "fatto di sangue" - e dei gruppi della Nuova Sinistra. Contemporanea alla vicenda di Stefano Bombaci e del suo gruppo, è quella dei coetanei che invece scelgono di entrare nel PCI: a quella generazione appartiene Riccardo Insolia - che svolgerà un ruolo politico importante in città fino ai primi degli anni Ottanta, ricoprendo la carica di sindaco e di segretario del PCI -, Sebastiano Cava, Fino Giuliano, Elio Magnano, Arcidiacono e altri. Alcuni di questi sceglieranno di fare la carriera di funzionari (Insolia, Magnano, Arcidiacono). Questa "biforcazione" generazionale viene interpretata da mangiameli come effetto della sconfitta delle elezioni del 1972: da una parte di radicalizzazione *contro* le "istituzioni", dall'altra di consapevolezza della forza (e sicurezza) di un "partito di massa" *dentro* o in posizioni di critica dialettica con "le istituzioni".

693 Nel 1972 Rosario Mangiameli decide di impegnarsi nello studio e di laurearsi. Seguirà fondamentalmente la carriera accademica, fino all'insegnamento di Storia contemporanea all'Università di Catania (facoltà di Scienze Politiche).

694 Paolo Pattavina è impiegato presso l'Ufficio di Collocamento di Lentini. Insieme alla moglie collabora al settimanale locale «La Notizia».

695 Cirino Bosco, politicizzatosi a Genova, svolge (1998) attività di proprietario-benzinaio in una dei punti più centrali di Lentini (vicino l'ex Carmes).

Altro gruppo della nuova sinistra che dopo il Sessantotto appare alle manifestazioni soprattutto liceali, è quello maoista. Oltre a Saro Mangiameli (per poco tempo) c'è Nuccio Cannizzaro [696], che proveniva dalla Fgci e che dà vita a «Servire il popolo»: per un certo periodo di tempo trova momenti di dialogo con la Camera del Lavoro affiancando le lotte da questa organizzate. Anche qui, si tratta di un'esperienza piuttosto breve che non ha influenza sostanziale sulla vita della città.

# Conclusioni

Il Sessantotto non riguardò solo gli ambienti studenteschi "di sinistra". La ventata sessantottina attraversò le canoniche e i gruppi cattolici. La struttura reagì bloccando i fermenti. Ciò ebbe conseguenze di lungo periodo all'interno della città.

> "Che non ci sia stato poi una Chiesa che abbia contrastato poi a Lentini il Partito Comunista, la cultura comunista, secondo me è stato un male. Perché dalla dialettica tra queste due culture si poteva vivacizzare la città di Lentini [...]. Questa cosa ha pesato molto sulla città di Lentini, facendola decadere molto dal punto di vista culturale [...]. Mentre in altre parti d'Italia i preti si sono posti il problema dei più deboli, si sono posti anche in contestazione alla gestione del potere così come veniva gestito dalla Democrazia Cristiana. Qui a Lentini non c'è stato niente di tutto questo [...]. La Chiesa di Lentini non è riuscita a essere innovativa, cioè a dare un impulso a quella che era la società civile [...]. Loro non hanno saputo neppure contestare certi atteggiamenti delle amministrazioni di sinistra..." (P. Moncada).

---

696 Nuccio Cannizzaro è morto nell'ottobre 1998. Cultore di musica etnica, ha lasciato un discreto patrimonio discografico. Timido e riservato, gli amici lo ricordano fumatore accanito, sempre rintanato nella stanza della casa dei genitori di via Bricinna. Ne usciva per andare a Catania, frequentare i negozi di dischi e gli amici catanesi dei gruppi della Nuova sinistra.

Nello stesso tempo, fu il momento angolare di una generazione che a Lentini ebbe un connotato anche di classe specifico. Sia che l'appartenenza si coagulasse attorno a una ideologia cattolica o a una ideologia marxista, a Lentini fu la prima generazione che studiava nella classe di appartenenza (piccoli possidenti, commercianti, impiegati). Essi costituivano, di necessità, un gruppo chiuso, e un gruppo che imitava modelli borghesi (la festa, il mare, le uscite) e in cui tutti erano o in fase di corteggiamento o in relazioni di coppia. relazioni tutte assolutamente "segrete", quindi impacciate, colme del peso della responsabilità della "prima generazione che studia" che ambisce ad uno status diverso da quello di provenienza. Sono "futuri" medici, avvocati e soprattutto insegnanti. Tutto quello che succede in città, oltre ai libri, ai film e alla musica, è oggetto di interminabili discussioni. Vi è una tendenza alla libertà intellettuale, che trova pesanti limiti sociali. Nel caso di Mangiameli, un ricordo ancora vivo: l'ingenua confessione della frequentazione della Camera del lavoro costa al ragazzo, allora sedicenne, due ore di inginocchiamento al confessionale del prete (padre Castro). Domina pesante il clima sessuofobico, che enfatizza il rapporto. L'università, la "fuoriuscita" significa per alcuni di questi ragazzi il poter venire a contatto non solo con "la città" ma soprattutto con la possibilità del viaggio e del contatto con il mondo. E' un rapporto arricchente, che potrebbe aprire nuove possibilità e sviluppo a tutto il territorio. La sconfitta duplice di quella generazione (cattolica e di matrice marxista) e l'imminenza della crisi agrumicola, hanno bloccato a Lentini e in tutto il territorio limitrofo il processo di modernizzazione e di sviluppo [697].

---

697 Si ringraziano coloro che ci hanno aiutato nel corso di questa ricerca. In particolar modo i testimoni che ci hanno concesso le interviste (registrate): Saro Mangiameli, Nino Recupero, Armando Rossitto, Luigi Boggio, Elio Cardillo, Pippo Moncada. Per le notizie personali riportate nelle note, ci siamo limitati a riportare solo ciò su cui avevamo autorizzazione diretta e le informazioni pubbliche (incarichi pubblici in amministrazioni ed enti ecc.).

# Le fonti

La nostra è stata prima di tutto una ricerca dei testi, nella speranza di trovare indicazioni di percorsi, di temi, di documenti. Un dato che è da rilevare è l'esiguità dei materiali bibliografici specifici esistenti sul Sessantotto siciliano. Ci siamo allora avvalsi di tre tipi di fonti: fonti scritte inedite; fonti scritte edite; interviste dirette ai protagonisti e ai testimoni delle vicende (soprattutto Catania). Le interviste e il diretto contatto con i testimoni e protagonisti dell'epoca ci hanno permesso l'accesso a fondi e archivi privati altrimenti non conoscibili.

## Fonti scritte edite

Occorre qui fare una precisazione: i testi a cui ci riferiamo sono, a parte due, editi tutti da piccole case editrici. Ciò assimila questi testi quasi a degli inediti e comporta difficoltà suppletive di reperimento per i ricercatori in Sicilia e limiti alla circolazione delle conoscenze [698].

I testi specifici sul Sessantotto siciliano si riducono in pratica a due: "'68 che passione!" [699] di Salvatore Distefano (per Catania), "Il '68 a Palermo, ovvero Palermo nel '68" [700] di Umberto Santino (per Palermo). Si tratta di testi a metà strada fra la testimonianza, la memoria e l'analisi storico-politica, condotta da chi ha partecipato alle vicende del Sessantotto nei gruppi della nuova sinistra.

---

698 Tanto più che non sempre al di fuori delle città in cui questi testi sono stati editi, le biblioteche siciliane hanno provveduto all'acquisto.

699 '68, che passione! : il movimento studentesco a Catania / Salvatore Distefano ; prefazione di Nino Recupero, interventi di Carlo Muscetta e Massimo Gaglio. - Catania : Cooperativa Universitaria Editrice Catanese di Magistero, 1988.

700 Il '68 a Palermo, ovvero Palermo nel '68 / di Umberto Santino, in: L'ingranaggio inceppato : il '68 della periferia / a cura di franco riccio e Salvo Vaccaro. - Palermo : Ila Palma, 1992.

Su Messina non esiste nulla, di edito e di specifico sul Sessantotto con queste caratteristiche. Nel 1998 viene pubblicato a cura del Comitato Messinese per la Pace e il Disarmo Unilaterale, un breve saggio [701] che è un vero e proprio atto d'accusa contro la classe politica e cattedratica messinese negli ultimi trent'anni. Particolarmente interessante per noi, il capitolo dedicato agli anni a partire dal 1969 fino ai primi anni Settanta (*Dal 'boia chi molla' al dominio nell'università*) e la cronologia (dedicata a *Gli anni dell'eversione neofascista*).

Alla memorialistica appartengono essenzialmente due libri, di Emma Baeri [702] e di Carlo Muscetta [703], che indicano alcuni aspetti interessanti sul Sessantotto catanese.

## Fonti scritte inedite

Le interviste ci hanno portato alla scoperta delle (nostre) fonti inedite, visto che si tratta per lo più di archivi privati dei protagonisti - militanti, intellettuali - della vita politica tra la fine degli anni Sessanta e l'inizio degli anni Settanta (per Messina: Saro Visicaro e Giuseppe Restifo; per Palermo: Umberto Santino del Centro di documentazione Peppino Impastato; per Catania: Gabriele Centineo [704] e Franco De Grazia).

L'intervista a Nino Recupero ci ha portato al prezioso fondo d'archivio, da lui predisposto e donato alla Biblioteca Ursino-

---

701 Le mani sull'Università : borghesi e massoni nell'ateneo messinese / Comitato Messinese per la Pace e il Disarmo Unilaterale ; prefazione di Francesco Forgine e Giuseppe Restifo ; foto di Enrico Di Giacomo. - Messina : Armando Siciliano, 1998.

702 I lumi e il cerchio : una esercitazione di storia / Emma Baeri. - Roma : Editori Riuniti, 1992.

703 L'erranza : memorie in forma di lettere / Carlo Muscetta. - Valverde : Il Girasole, 1992.

704 Grazie a Gabriele Centineo abbiamo potuto consultare documenti prodotti dal Psiup di Catania, una rivista importante come Sicilia UGI, e Giovane Critica. Può essere notato come la rivista Giovane Critica manchi dalle biblioteche pubbliche di Catania, nonostante la sua importanza non solo storica e culturale. Alcuni numeri del 1964 sono presenti presso la Biblioteca della Facoltà di Lettere dell'Università di Catania, ma gli altri numeri (che pure dovevano esserci) sono spariti.

Recupero di Catania. Il Fondo-Archivio Recupero, non ancora catalogato, raccoglie documenti relativi all'attività del circolo Pintor, del Centro Cinematografico Universitario, dei collettivi femministi, del pacifismo, della lotta alla mafia: documenti, depliants, opuscoli prodotti e circolanti a Catania dal 1963 al 1983 (in qualche caso relativi anche a Palermo, dove Recupero e la moglie Anna Vio hanno svolto attività politica nei primi anni Settanta). Una parte importantissima dell'attività della nuova sinistra a Catania negli ultimi decenni.

Accanto a queste fonti inedite abbiamo utilizzato pubblicazioni custodite presso la Biblioteca Regionale di Catania e di Messina, presso le quali sono raccolte di riviste e opuscoli pubblicati all'epoca e che danno un quadro "ufficiale" delle posizioni, delle idee e degli eventi di quegli anni.

Per un primo parziale approccio al "'68 delle donne" in Sicilia ci siamo avvalsi di alcune testimonianze dei nostri intervistati. Per quanto riguarda le fonti inedite, ancora una volta il Fondo Recupero ci ha fornito una serie di documenti riguardanti l'attività dei primi collettivi femministi catanesi e palermitani e poi del movimento delle donne fino ai primi anni ottanta.

Tra le fonti edite il catalogo della mostra organizzata a Catania nel febbraio 1998 sui manifesti del movimento delle donne dal titolo "Riguardarsi". E il contributo di Simona Mafai al testo su Palermo.

# Le interviste

## I nomi, i modi, i tempi

Nel corso della ricerca sul '68 in Sicilia, abbiamo raccolto una serie di testimonianze attraverso interviste registrate ai protagonisti della storia che stavamo ricostruendo. La scelta delle persone e gli stessi temi rispecchiano in qualche modo l'evoluzione della ricerca. Che è partita da Catania e in questa città si è sviluppata in misura maggiore. Dalle prime interviste, che rispondono ai nomi subito associati al '68, e soprattutto al pre-sessantotto, diciamo nella memoria diffusa (Nino Recupero, Gabriele Centineo, Anna Vio, Carlo Muscetta, Emma Baeri) si è proceduto poi al periodo dell'occupazione delle lotte (Distefano, Pioletti, Sara Gentile), e, successivamente, abbiamo voluto raccogliere testimonianze meno dirette su altri aspetti, la provincia (Mangiameli, Mudò), la presenza femminile (Bruna Bellante, Gigia Donati, Ada Mollica, Angela Bonfiglio e Giovanna Crivelli).

Le interviste sono state fatte tra la fine del '97 e metà del '98. In mezzo tutte le letture, molti i testi che sono usciti in questo trentennale; le rievocazioni [705]. Ma sul '68 si sono sedimentate anche le letture precedenti, copiosa la produzione anche nel 'ventennale, soprattutto, per Catania, il libro di Salvatore Distefano, letto in questi anni dai principali protagonisti del '68 (nelle interviste qualche "ricordo personale" era già ricordo rielaborato dalla lettura di quel testo).

Si tratta inoltre di persone che hanno scelto di rimanere. Sono cioè persone che hanno continuato la loro attività nelle città dove hanno vissuto il Sessantotto e dove hanno continuato a svolgere attività politica e lavorativa, non nettamente disgiunte. Sono forse in grado di misurarne meglio, "dall'interno", gli sviluppi e sono meno contaminati dall' "effetto nostalgia". Dalla nostra ricerca abbiamo volutamente escluso le diverse categorie di emigrati (i

---

705 al Nievskij, il pub della sinistra catanese è stata allestita una mostra che è durata per tutto luglio 1998 e sono stati fatti dei dibattiti.

sessantottini che per un motivo o per l'altro hanno deciso di non vivere più la propria città; i siciliani che hanno fatto il loro Sessantotto nelle città del centro e nord d'Italia [706]).

Le interviste sono una via di mezzo fra racconto degli eventi, ovviamente da ottiche diverse, esperienze personali e private, riflessioni, spesso lungamente pensate, bilanci anche personali e esistenziali.

## Lo sguardo

Rileviamo questo aspetto perché qui si tratta di testimoni particolari, di testimoni che fin dall'epoca cercavano e pretendevano di capire le dinamiche storiche nelle quali erano inseriti, anche utilizzando gli strumenti dell'analisi marxiana, e, soprattutto, che oggi sono per lo più insegnanti universitari e non, di discipline storico-umanistiche.

E' uno sguardo ricco, stratificato, complesso, quello che si rivolge, oggi, attraverso queste interviste, al Sessantotto. E' uno sguardo, sono degli sguardi, che ci permettono di ricostruire la storia del Sessantotto in maniera non univoca. La pluralità dei punti di vista ci ha consentito di individuare nuovi temi da indagare - la provincia, la presenza femminile, l'emigrazione, la formazione.

## Gli sguardi

In questo contesto particolarmente interessante è vedere come opera lo sguardo femminile e quello maschile. Si tratta di una diversità che muta, di un ruolo che cambia dall'epoca degli eventi all'epoca della memoria e questo cambiamento è leggibile nei

---

706 Tra gli "emigrati" poteva considerarsi Turi Toscano, uno dei leader del Sessantotto a Milano, insieme a Capanna. Toscano morì in un incidente stradale in Jugoslavia nel 1976. Ma il caso di Toscano è quello di un leader, di un personaggio noto. Accanto a lui centinaia di "emigrati" studenti siciliani nelle Università italiane.

percorsi di vita, nel modo di ricostruire i ricordi, nel giudizio su di sé e su quegli anni.

# I temi della memoria

## Le scoperte: Ester Fano Damascelli

Le fonti orali si sono rivelate preziose per scoprire nuovi aspetti, dicevamo. E certo, se ci si limita ai documenti si perde la possibilità di ricordare e di capire il ruolo di personaggi come Ester Fano Damascelli, e, con lei, le profonde relazioni tra i vari gruppi della sinistra culturale e politica catanese dei primi anni sessanta, la composizione sociologica di questi gruppi, l'atmosfera catanese dei primi anni sessanta, e il ruolo dei modelli culturali del nord soprattutto per le ragazze (non a caso il ricordo di Ester Fano è presente nella memorie delle donne mentre è praticamente assente in quella degli uomini.

## Il Sessantotto diviso e condiviso

Numerose furono le ragazze che parteciparono all'occupazione, in un clima di parità e coralità. Esisteva nel '68 una questione femminile, ma non ancora resa cosciente né tra le femmine né tra i maschi. Di qui un maschilismo non ancora estirpato, introiettato ancora culturalmente nello stesso movimento.

Dalle interviste raccolte nel corso di questa ricerca emergono alcuni dati che secondo noi vanno evidenziati e sono possibili di ulteriori indagini. Il quadro è, per le donne che alla fine degli anni Sessanta erano in età universitaria, quello di una società molto chiusa e arretrata dal punto di vista delle 'conquiste' borghesi. La fine degli anni Sessanta pongono a Catania il forte influsso delle idee e dei modelli provenienti dallo sviluppo della società italiana di quegli anni, soprattutto tramite i mass-media del tempo: cinema, televisione, ma soprattutto rotocalchi. Di fronte a questi influssi, avviene la divisione all'interno della fascia di sesso femminile giovanile della popolazione. Ci è sembrato esemplare da questo punto di vista il numero del quotidiano «La Sicilia», 5 maggio 1968, che pubblica l'articolo sui disordini seguiti al comizio di De Lorenzo e l'arresto di Anna Vio, mentre sulla pagina immediatamente precedente un servizio in stile rotocalco che parla della "Catania by night", con foto delle baronessine e delle giovani-bene di Catania che il sabato e la domenica giravano per i night dell'epoca, modello di una borghesia e di una aristocrazia che non era solo imitativa di quella romana o del "centro" culturale e dei modelli sociali del paese. Due fasce giovanili dunque, due borghesie; due modi di vivere la socialità da parte di maschi e femmine. L'assenza dell'altra fascia sociale, quella costituita da una maggioranza silenziosa, una piccola borghesia e ceti operai e contadini esclusi dalle luci dei giornali se non per i fatti di cronaca nera.

All'interno della fascia sociale costituita dalle giovani donne della media borghesia catanese che allora si accostava alla politica, terreno privilegiato ed esclusivo fino ad allora dei maschietti, vi è un atteggiamento sostanzialmente di "remissione attiva"; una forte volontà e voglia di capire, di dare un proprio apporto; la sensazione tuttavia di trovarsi su un terreno non proprio. Crediamo che entrambi questi aspetti siano segni importantissimi dei mutamenti sociali e storici del momento.

I percorsi individuali sono però diversi e difficile è la generalizzazione a partire dalle interviste. Affidiamo quindi il senso di questa presenza a tre storie, tre modi di raccontare diversi che ci sono sembrati emblematici.

Emma Baeri coglie alcuni di questi aspetti che furono comuni a molte donne allora. Parte parlando del suo impegno all'Università, nei primi anni Sessanta:

> "Parlavo di rivoluzione ma non la inseguivo. Quella astrattezza rassicurante garantiva le mie contraddizioni di figlia della borghesia 'in via di proletarizzazione', e si mescolava con la cultura della Resistenza, che noi – prima generazione del dopo guerra – avevamo scoperto commossi e orgogliosi, oltre la fitta barriera ideologica degli anni di Scelba e di Pacelli.
> 
> Agli inizi degli anni '60 l'Unione Goliardica Catanese mi aveva accolto tra le sue file come Consigliera di

Goliardia, unica donna. Parlai una volta sola, ricordo, per denunciare l'astrattezza dei discorsi; poi tacqui per sempre. Ma dentro, una vita appassionata agitava il mio sangue, e si fermava in gola rischiando di soffocarmi. Mai dimenticherò quelle riunioni, in cui le parole salivano fino al limite dell'aria [...]. I miei compagni, uguali a me in pizzeria, diventavano altri non appena la riunione aveva inizio. Avrei capito dieci anni dopo il senso di quel fatto, che in quegli anni leggevo come mia incapacità e timidezza. Nei cortei gridavo, come loro, la mia parola varcava il muro delle labbra, gridavo quello che non sapevo dire nei luoghi della politica ragionante. Ero passata dal salotto al corteo eludendo le stanze delle riunioni, il mio silenzio secolare.

Erano gli anni delle lotte contro il Piano Gui, per il sindacalismo studentesco. La parola 'riforma' era eco nella valle: non c'era luogo che non ne risuonasse [...]. Inseguivo l'uguaglianza, ma il mio seno fiorente e una inguaribile attitudine al sorriso mi tenevano lontana dal suo compiuto possesso [...] mi mancava la categoria del nemico per stare saldamente sul terreno della politica. La tendenza – materna? – a capire le ragioni degli altri oltre gli schemi, oltre le apparenze, la consapevolezza che lì, in quel momento, si giocava solo una piccola parte della mia, della nostra storia, che la vastità e complessità del mondo ridimensionava ben oltre gli scontri ideologici furibondi, il mio sorriso interiore sulla seriosità delle contrapposizioni, insidiava le certezze della politica [...]. Questo mio sguardo strabico sulla politica, che assumeva la passione nello stesso momento in cui se ne distaccava, bruciava in questa pendolarità la mia possibilità di essere militante in quegli anni" [707].

Emma Baeri parla della

"speranza di una nuova 'età delle riforme', nei tardi anni '60. Il sogno giacobino di democrazia politica attraversava i muri delle aule, scendeva nelle strade,

---
707 I lumi e il cerchio : una esercitazione di storia / Emma Baeri. – Roma : Editori Riuniti, 1992. – (Gli studi. Storia). Vedi: p. 156-157.

entrava nelle case, si sedeva a tavola con le famiglie, prometteva di ristabilire quel nesso tra riforma sociale ed educazione che le scuole siciliane avevano mancato nel Settecento [...].

Il '68 mi colse all'Archivio di Stato di Palermo, il naso dentro le carte del Canonico [708]. Da due anni facevo solo questo, coi tempi lunghi che la mia condizione di figlia di famiglia mi consentivano, compiacendomi dei grandi ideali che il mio passato prossimo di militante del movimento studentesco e il passato remoto che indagavo nel mio apprendistato di storica si rimandavano. Seppi lì – tra odore di muffa e arabeschi di tarme – che i miei compagni avevano occupato l'università. Mi fu detto di dibattiti appassionati e di conformi amori in sacco a pelo. Vergine matura ad alto rischio, pensai solo di avere perduto un'occasione propizia" [709].

A parte il tipo di ironica prosa fiorita della scrittura di Emma Baeri, e la pubblicazione del suo scritto che avviene nel 1992, con l'attraversamento delle fasi successive della vita politica e sociale (il femminismo, e il mutamento del femminismo ecc.), ritroviamo molti elementi che ci permettono di ricostruire una parte degli atteggiamenti dei 'partecipanti femmine' a quegli anni.

Anna Vio, presente nelle manifestazioni antimperialiste dei primi anni sessanta, in quelle operaie della fine degli anni sessanta, in quelle politiche dei primi anni settanta e poi in quelle femministe fino alla manifestazioni per la pace a Comiso nei primi anni ottanta, tende a sminuire il suo ruolo.

Il suo racconto, procede per ricordi improvvisi e improvvise associazioni con giudizi però sempre precisi. Fiorentina, si trasferisce a Catania con la madre negli ultimi anni di Liceo. Siamo nei primi anni Sessanta. L'ambiente è quello del CUC (Centro Universitario di cinematografia), del Pintor e di Giovane Critica: Mughini, Recupero, Turi Toscano, Ester Fano Damascelli. Un

---

708 De Cosmi, canonico e giacobino settecentesco, su cui Baeri svolgeva allora la ricerca.

709 I lumi e il cerchio : una esercitazione di storia / Emma Baeri. – Roma : Editori Riuniti, 1992. – (Gli studi. Storia). Vedi: p. 158-159.

rapporto ricco ma anche conflittuale, sicuramente lo spazio più libero a Catania in quegli anni ma la città è sempre vissuta come luogo da cui fuggire. L'inquietudine la caratterizza: Francia, Germania, Inghilterra, ma anche Roma, Firenze, Catania, tra studio e lavoro: Ragazza alla pari in Francia, infermiera in ospedale In Inghilterra, volontaria a Firenze dopo l'alluvione a lavorare nella Biblioteca al recupero dei libri. Il '68 è "una grande confusione gioiosa" ma non è Catania: è Firenze, Feltrinelli al Magistero, l'alluvione, il lavoro in biblioteca, le manifestazioni, il maoismo: *"anche questa voglia di cambiare il mondo. Venivamo tutti da un periodo, gli anni cinquanta sono stati tristi per tutti [...] e ci sembrava di scoprire il mondo"*. Anche nei paesi rossi iniziava la crisi del PCI ed i giovani erano visti bene, ricorda a Vittoria un comizio fortissimo, acclamatissima.

Il '69 è il matrimonio, *"dopo un anno che vivevamo insieme"*. Si sposano, lei e Nino Recupero, a Londra, in bicicletta con un testimone cinese e uno coreano, pranzo cinese, "perché all'epoca c'era la rivoluzione". Un modo per "non" sposarsi, o , almeno, per evitare i riti "borghesi" del matrimonio a Catania.

Ricorda oggi Angela Bonfiglio:

> "avevo la sensazione di stare vivendo un periodo nuovo dal punto di vista proprio scolastico, dal punto di vista anche morale, ci sentivamo... ci volevamo liberare da certi condizionamenti anche familiari, abbiamo avuto proprio questa sensazione di...di stare vivendo un periodo grosso[...] che le cose stessero per cambiare e che noi volevamo che cambiassero . Però tutto sommato sai quando tu ti trovi calata nella situazione, almeno per me, eravamo un po' così, un cuor d'asino e uno di leone, cioè io non riuscivo a staccarmi decisamente dalla tradizione, perché avendo una famiglia alle spalle molto tradizionale mi veniva un po' difficile, tanto è vero che se io per esempio volevo
>
> andare alle assemblee ed era un giorno in cui magari i miei sapevano che non c'era lezione "Ah! No, ma dove vai!" con due fratelli più grandi di me molto... iperprotettivi, allora io mi sentivo molto legata, però

volevo, chiaramente, partecipare, quindi ho vissuto questa cosa un pochino, così, ai margini, non ho fatto niente di particolare, non ho partecipato alla lotta sai attiva, sentivo ovviamente parlare...[...]. Certo, a qualche assemblea ho partecipato, ma senza mai prendere la parola, capisci? Cioè sentivo che c'era molta passione, passionalità nei miei compagni, ma non essendo politicizzata, ma veramente non essendo politicizzata non è che capissi granché, lo dico veramente: non capivo un granché. Ora, alla luce dei fatti, capisci? Perché poi ero una bambina st... che in fondo sì, più che altro, divertiva e comunque apprezzava, che cosa, la libertà, la libertà di poter andare all'Università a tutte le ore, di stare un pochino in giro di più, che poi avevo delle limitazioni di orario che erano assurde, tipo le sette e mezza di sera... a quel punto tu che fai ?..."

Mentre le ragazze scoprono l'euforia della libertà, e anche i prezzi pagati scompaiono dal ricordo di fronte a questa conquista, i ragazzi scoprono l'assenza di libertà, trovano nel ricordo la pena di rapporti difficili, per l'assenza di libertà delle ragazze o perché ricordano oggi i loro comportamenti di allora, la pena di essere stati giovani prima della rivoluzione dei costumi sessuali.

Le ragazze, non comprendendo allora, hanno recuperato nel ricordo la giustezza di quelle posizioni.

I ragazzi, che credevano allora di aver capito tutto, hanno fatto conti durissimi con se stessi per capire dove hanno sbagliato, anche se fra i nostri intervistati non ci sono posizioni revisioniste [710], nella sostanza sono tutti profondamente convinti di aver vissuto, preparato, creato, un movimento che ha certamente più luci che ombre.

Gli studenti hanno uno status, dei bisogni, le studentesse hanno un diverso status e, forse, bisogni diversi. Dalle interviste emerge un dato veramente comune: le ragazze subiscono forse più dei ragazzi il fascino dei miti del Sessantotto. Sono testimoni attente e curiose, consapevoli di stare vivendo un momento storico eccezionale e si misurano con le loro difficoltà e i loro limiti.

---

710 Del tipo di quelle espresse da Giampiero Mughini.

Ricordano la voglia di esserci e il disagio, la sensazione di muoversi su un terreno non proprio.

Quella del '68 resterà per tutte, protagoniste e militanti, semplici testimoni alle assemblee, un esperienza esistenziale determinante sia per la vita privata che per il loro impegno politico, che si intrecciano strettamente.

## Il viaggio

E' la punta estrema della sprovincializzazione, è espressione del disagio, l'inizio del disagio, è l'inizio dell'affermazione di sé. E' occasione di incontro con chi usa lo stesso linguaggio, è apertura al mondo, curiosità, sete di conoscenza. E', nel caso dei maschi, voglia di relazioni sessuali più libere. Nel caso delle ragazze esperienza interiore di libertà. Il viaggio è la dimensione più propria, la ricaduta esistenziale di un'epoca, resta privilegio di pochi: anche quando lavorano è solo una élite di poche centinaia di ragazzi e ragazze. Amicizia, ostelli della gioventù, conoscenza di coetanei europei. Si tratta di occasioni di crescita e di arricchimento interiore, per alcuni viene tradotto anche in rafforzamento e maturazione politica.

## L'emigrazione

C'è poi il viaggio da emigrante, alla fine degli studi. Si fa l'insegnante fuori, al Nord. Con lo stesso spirito dei viaggi precedenti ma con un effetto di sradicamento che si vedrà solo dopo, sulla deprivazione dei luoghi da cui partono. La perdita è netta soprattutto in provincia. A metà degli anni settanta la generazione "che ha fatto il '68" ( o lo ha solo vissuto, il che ai fini del nostro discorso è lo stesso) è fuori: Lombardia, Veneto, Piemonte. Sono gli universitari cattolici che hanno letto "Lettera a una professoressa", sono gli studenti di sinistra che per un po' avevano vissuto la "confusione gioiosa" del '68.

# Circoli

Il percorso è comune a città e provincia. Tutti i primi anni sessanta sono agitati da attività di circoli e associazioni che cercano di sfuggire all'atmosfera rigidamente di classe ma anche per molti versi "staliniana" del PCI. A Messina "Popoli in cammino", a Palermo il Circolo Labriola, poi circolo Lenin. A Catania il circolo "Pintor", poi il CUC e poi Giovane critica., ma anche il circolo "Reich" di Fabrizio De Duca. I fatti d'Ungheria avevano scosso gli intellettuali vicini al PCI. Le nuove generazioni non vedevano spazi per loro nella politica.

I circoli sono prevalentemente luoghi della socializzazione, ma anche della crescita culturale e politica. Incontri con Sciascia, Feltrinelli e Fortini, discussioni su Reich, letture e discussioni sui classici del marxismo.

Attorno alla vita di questi circoli a Catania i primi anni sessanta sono caratterizzati dalla presenza a di Ester Fano Damascelli, romana, a Catania per motivi di lavoro del marito; lei diventa lettrice all'Università. La sua casa è il porto riparato per questi giovani che, fuori dalla formalità delle riunioni alla Cuc, alla Casa della cultura e all'UGI, possono vedersi e parlare più liberamente di film, di libri, di politica. Ester Fano è donna di grande cultura ma è soprattutto modello di grande libertà. A casa sua i ragazzi, e soprattutto le ragazze, non trovano i rigidi comportamenti formali delle buone famiglie borghesi da cui tutti provengono. Nei loro ricordi Catania diventa, quasi nella stessa aria che si respira, l'opposto dei soffocanti anni cinquanta, clericali e bigotti, repressivi e sessuofobici. Si ricordano le passeggiate serali nelle strade vicino al porto, le bibite al chiosco, le interminabili discussioni dopo i film, al CUC. Il tramite tra questi studenti catanesi e Ester è Turi Tommaso, che sarà poi il leader, insieme a Mario Capanna, del Movimento Studentesco. E' in quest'ambiente che maturano le relazioni con i "Quaderni piacentini" e l'influenza di Panzieri e altri.

# Catania : la città, l'università, il sessantotto

Tutte le interviste qui presentate riguardano Catania e il Sessantotto catanese. Riassumiamo per cenni l'immagine di città che viene fuori da queste interviste.

L'idea di città che ha la generazione pre-sessantottina e quella sessantottina, è quella di una realtà "vecchia", antiquata, in cui essi rappresentano il "nuovo" e la modernizzazione. Le realtà cittadine in cui si muovono queste generazioni sono in effetti molto complesse. In genere si tratta di realtà con enormi spazi di povertà e di "sofferenza" sociale. La loro provenienza di classe non li pone in diretto contatto con queste aree; sono le scelte politiche personali e generazionali che li portano a muoversi, ad andare verso le realtà della povertà cittadina: così i ragazzi catanesi dei gruppi di Servire il popolo, oppure i ragazzi della Fuci di Lentini.

D'altra parte, la realtà universitaria riproduce "in piccolo" e in maniera ovattata, i segnali di questa schizofrenia sociale: problemi di cattivo funzionamento delle strutture (in genere insufficienti e comunque mal gestiti dal personale amministrativo e accademico) accanto alla presenza di studiosi di punta che negli anni del pre-Sessantotto e in quelli successivi diventano figure esemplari e "maestri di vita": così a Catania Carlo Muscetta e, in parte, Sylos Labini; negli anni post-Sessantotto l'apertura a Catania della facoltà di Scienze Politiche porta nei primissimi anni Settanta insegnanti come Franco Cazzola, Francesco Alberoni, Pietro Barcellona ecc.. E' da queste frequentazioni che nascono e si rafforzano, le esperienze dei circoli pre-sessantottini e le attività dei gruppi della nuova sinistra dopo.

L'enfasi sulla eccezionalità dell'esperienza e la valutazione sempre positiva che dimentica, nella risposta sintetica, tutti i distinguo che magari si sono fatti nel corso dell'intervista, ci pone di fronte a una rivalutazione dell'esperienza che è tipica degli ultimi anni.

Il '68 ha una lunga preparazione, sia in provincia che in città. Tutto inizia nel '60. I fatti di luglio, la celebrazione del '25 aprile col foglio "La Resistenza continua", ma anche "La dolce vita" di Fellini al cinema.

Le lotte bracciantili, le manifestazioni per il Vietnam, il recupero della memoria della Resistenza, il dibattito, soprattutto all'università, sulla riforma degli studi e sul ruolo della scuola.

L'occupazione dell'università nel '68 è lo sbocco di queste esperienze, anche se non ne costituisce l'elemento culminante, e il momento del raccordo con quanto avveniva nelle altre università.

La ricchezza e l'articolazione delle posizioni, l'efficacia e la presa del movimento si verifica soprattutto nei primi anni settanta, con il coinvolgimento di tutte le facoltà e delle scuole superiori, che avevano conosciuto anch'esse un presessantotto molto vivace (giornali, agitazioni, dibattiti, assemblee).

I cambiamenti sono immediati, e strutturali, all'Università. Nella didattica e nella ricerca, si assiste ad un deciso svecchiamento, di cui già da subito si percepiscono i vantaggi.

Efficace l'influenza del sessantotto nel mondo della scuola, l'esempio può essere quello della rivitalizzazione del MCE (Movimento cooperazione educativa) dove sono presenti tra l'altro molte donne.

Interessante il rapporto col femminismo degli anni settanta e ottanta, che procede per vie diverse e non sempre scontate, campo di ricerca appena indagato sul quale le interviste ci offrono qualche utile traccia. (Non solo il rapporto con i gruppi della sinistra - il caso di Lotta continua a livello nazionale si riproduce anche a Catania - ma anche l'onda lunga del femminismo dei collettivi di autocoscienza, il rapporto col pacifismo degli anni ottanta, la doppia militanza, l'Udi, la significativa presenza del Movimento di Liberazione della Donna a Catania).

Gli esiti più duraturi sul piano politico si trovano nella battaglia per il divorzio, e, dopo le divisioni della fine degli anni settanta, nel movimento pacifista che trova nella battaglia contro i missili a Comiso il momento di sintesi delle posizioni di tutta la sinistra.

Il connotato principale, malgrado i tentativi di rapporto col territorio, sia a livello di lotta politica (i quartieri, le lotte bracciantili, gli edili) che a livello di elaborazione teorica (le analisi su Sicilia Ugi del ruolo dell'università e del suo rapporto con l'industria e le scelte politico-economiche) resta quello della sprovincializzazione. Il campo d'azione, o meglio, di interesse e quindi di agitazione politica, resta soprattutto quello delle grandi questioni nazionali e internazionali. Da quasi tutte le interviste appare la difficoltà a misurarsi con i problemi del territorio, e non per assenza di strumenti di analisi e organizzativi, ma proprio per la natura del movimento, il suo essere proiettato su una dimensione più ampia e agito da una classe che è il primo frutto maturo dell'unità nazionale ed erede della guerra fredda. Significativo quanto dice a questo proposito Nino Recupero:

*"C'è in Sicilia un angolo di feudalesimo che è stata la ducea di Bronte. Quest'angolo di feudalesimo ha la sua origine lontana, nella concessione di questa ducea da parte del re Borbone al duca di Nelson come premio per il massacro che esso fece dei giacobini napoletani. Nella Ducea di Bronte vissero soprattutto nell'area di Maniace fino al 1962, data di applicazione definitiva della riforma agraria, vissero dei contadini in condizione feudale. Per condizione feudale si intende: che senza il permesso del soprastante non si poteva mangiare carne, non si potevano allevare polli e conigli ed altre cose: non si poteva costruire una casa, ma soltanto vivere nelle capanne. Condizioni di feudo: 1962. E io ricordo di essere stato portato lì proprio in quegli anni e proprio da Franco Pezzino [711] a vedere l'applicazione della riforma agraria. Con la violenta ostilità dei soprastanti del duca: nel 1962. Naturalmente in quegli anni lì si parlava del petrolio siciliano, c'era il caso Mattei, era già avvenuto il trasferimento della rendita fondiaria alla speculazione edilizia nella città. Però la ducea di Nelson invadeva tutto il campo visivo. Sembrava che la Sicilia fosse solo*

---

711 Franco Pezzino, deputato del Pci, figura di spicco anche per i giovani. Si veda: Una vita contro il malgoverno : intervista a Franco Pezzino / Tino Vittorio. - Catania : Cuecm, 1990. L'intervista fu rilasciata poco prima della morte di Pezzino. Pezzino fu anche fotografo sociale. Di lui restano molto belle le foto pubblicate in: Il lavoro e la lotta : operai e contadini nella Sicilia degli anni '40 e '50 / testo e fotografiae di Franco Pezzino ; prefazione di Francesco Renda. - Catania : Cuecm, 1987.

*quello. Un posto senza strade dove si poteva camminare solo nel fango"* (Intervista a Nino Recupero, dicembre 1997).

# Conclusioni

Il quadro dell'economia e della società siciliane tra la fine degli anni Cinquanta e gli anni Sessanta contiene ancora forti elementi di dinamismo, un quadro ricco e mobile di realtà diverse che spingono quasi tutte nella direzione dello sviluppo e della modernizzazione. Il problema è: quale sviluppo, quale modernizzazione.

C'è stata, negli anni Cinquanta, la riforma agraria. Attuata limitatamente e su terre molto povere, ha consentito fra l'altro agli agrari di spostare in tempo i loro interessi dalla campagna alla città (la speculazione edilizia come unica forma di sviluppo degli anni Sessanta e Settanta).

Nascono le industrie di trasformazione del petrolio e chimiche concentrate nei poli di Priolo e Gela. Nascono speranze di un'isola inserita nel pieno dello sviluppo occidentale e capitalistico europeo. Si effettuano i primi investimenti, ma poi tutto viene bloccato a metà, non si prosegue nella pianificazione di quello sviluppo. La stessa domanda di beni di consumo che deriva dalla nuova occupazione operaia in queste aree, e nelle aree urbane di Palermo, Catania, Messina interessate indirettamente alla modernizzazione, è diretta verso beni di consumo di provenienza esterna, che non porta a stimolare la nascita di aziende locali. Anzi, si registra la progressiva scomparsa dei piccoli artigiani e le difficoltà delle aziende che invece avrebbero potuto svilupparsi secondo tradizioni produttive locali: dall'artigianato all'industria tessile a quella alimentare.

Nel 1962 è la mini-riforma del governo regionale. I dipendenti passano da 200 a 1000, poi a 1450. Dovrebbe facilitare il lavoro di coordinamento e di stimolo delle attività dell'isola, crea invece un apparato burocratico-clientelare responsabile molto spesso delle mancate necessarie riforme. L'autonomia della Regione significa autonomia tributaria e conferimento ai privati della gestione delle esattorie, con aggi esattoriali che rimangono i più alti tra quelli praticati in Italia e nel Mezzogiorno.

La mafia attua nei primi anni sessanta il salto di qualità legato al traffico della droga, mentre consolida la sua presenza nei consorzi di bonifica, nei consorzi agrari e nel controllo dei flussi di spesa pubblica.

I processi di ristrutturazione nelle campagne portano ad un movimento migratorio che si dirige da un lato verso la città (grande cantiere edile negli anni della speculazione edilizia e delle opere pubbliche), dall'altro verso "il Continente" e l'Europa.

In questo contesto il Sessantotto - superata quasi immediatamente la fase della rivendicazione corporativa - costituì un tentativo forte di lavorare ad una "diversa" modernizzazione.

Quanto il fallimento di questa prospettiva sia legato alle forze in campo a livello locale e quanto invece a dinamiche più ampie è quello che in fondo ci siamo realmente chiesti con questa ricerca. La risposta, parziale e da approfondire quanto la ricerca stessa, è a nostro avviso che i margini di manovra per un movimento come quello del Sessantotto erano veramente piuttosto scarsi.

La strage di Piazza Fontana pone un salto di qualità nello scontro politico in atto, con una radicalizzazione che esula dallo specifico dei problemi della scuola, ma diventa scontro tra due diverse idee della politica e dei rapporti tra gli individui. Gli effetti anche in Sicilia sono evidenti, qui con più chiaro il risultato di una sconfitta politica e sociale della sinistra, la "vittoria" della destra non solo a livello amministrativo: Catania e Messina diventano le città più "nere" d'Italia, forniranno quadri e soldati alla guerra in corso.

La vittoria missina alle elezioni politiche del 1971 segna la chiusura di una storia politica per la Sicilia, e l'apertura di un capitolo completamente diverso. Ciò che avviene in Sicilia ha il significato di un campanello d'allarme per i partiti stabilizzati nel gioco del potere e dell'opposizione (il blocco DC-PSI e PCI), fa riconcentrare l'attenzione generale sulla Sicilia [712].

---

712 Questa forte avanzata (culturale e politica) della Destra, insieme a quanto avviene nel quadro internazionale più generale (di lì a poco il golpe cileno) e lo scatenarsi in Italia della "strategia della tensione" e poi della crisi economica per l' "embargo petrolifero", proiettano tutta la storia su un altro binario che ci sembra chiudere (definitivamente) il capitolo che ha avuto nei movimenti del 1968-69 l'apice e l'emblema.

Scrive Giarrizzo:

> "In Sicilia, come nel resto del paese, si instaura un clima di sospetto che mortifica e intorbida ogni razionale, lucido approccio al potere e ai suoi strumenti formali e non: la critica delle istituzioni scivola in rifiuto delle istituzioni, in rifiuto del sistema. Donde la demonizzazione del potere, vischioso e avvolgente, nei confronti del quale ogni violenza è legittima: il consenso che questa cultura trova nel post '68 ha radici libertarie, e non di classe; e la violenza anti-istituzionale dei primi anni '70 non è l'ostetrica della storia. C'è un'eredità velenosa della contestazione sessantottesca, che nella scuola siciliana ebbe manifestazioni tutto sommato composte (e le esagerazioni della paura e le provocazioni non bastarono a giustificare interventi della magistratura); ma ce n'è una positiva, che presto troverà espressione politica nel radicalismo. E in Sicilia il movimento radicale maturerà crescenti consensi, contribuendo alla politicizzazione di vasti gruppi giovanili nella fase – che sarà degli anni '70 – di degrado morale e culturale della politica e dei partiti. Su questo terreno, e attraverso la scuola e l'impegno a esser presenti nel 'sociale', le generazioni più giovani – tra i 20 e i 30 anni – entreranno in quell'area di nuovo laicismo che il referendum sul divorzio avrebbe rivelato in Sicilia così ampia e affollata.
>
> [...] Sul piano socio-culturale questa presenza dei 'giovani' si manifesta come nuovi bisogni; e a soddisfarli, in una società che si definisce scarsa di risorse, monta la pressione sulle istituzioni – la scuola, la Chiesa, la magistratura, il potere locale -, e ne denunciala crisi. E' l'affermarsi di quei 'nuovi' bisogni una delle vie per le quali i modelli culturali delle società industriali entrano nella società siciliana" [713].

---

La Sicilia non sarà interessata dal fenomeno del "terrorismo" di sinistra degli anni Settanta: il controllo mafioso, con il nuovo asse Palermo-Catania sarà ferreo. La lotta politica si sposta in Sicilia su un altro fronte, quello della lotta, un po' di retroguardia, dell'anti-mafia. E quando si configurano chiari i rapporti tra mafia e nuova militarizzazione del territorio (Comiso), il movimento riprenderà consistenza, riallacciando i nodi con i movimenti anti-NATO degli anni Sessanta. Stagione intensa ma breve, che ha avuto le sue vittime (l'uccisione di Pio La Torre).

713 Giar87, p. 647-648.

Solo quando la guerra interna allo Stato italiano avrà come "vincente" la fazione democratica, potrà essere avviato su questo fronte un repulisti - e si avranno le esperienze dei "sindaci democratici" Enzo Bianco a Catania, e Leoluca Orlando a Palermo. All'interno di queste vicende politiche degli anni Novanta, è possibile ritrovare alcuni di coloro che nel 1968-1969 avevano svolto attività politica all'interno dei movimenti studenteschi e dei movimenti culturali dell'epoca. Una parziale "rivalsa" trent'anni dopo, che fa segnare un bilancio meno negativo di quanto era possibile vedere nella Sicilia degli anni Ottanta, per il "ventennale". Una vittoria di uno spirito democratico "sessantottesco" trent'anni dopo? Certamente non una "vittoria" piena né totale, ma la fornitura al quadro politico degli anni Novanta di solo una parte del personale politico rimasto attivo, e certamente solo di quella parte proveniente dai partiti e dalle formazioni rimaste all'interno della gestione del potere - DC e PCI -.

Giuseppe Giarrizzo scrive: "Il 1968 era stato qui, non l'anno della contestazione bensì l'anno del Belice" [714]. Certamente gli anni tra il 1967 e il 1969 vedono in Sicilia una serie di avvenimenti storici che hanno effetti di media e lunga durata, indicativi di quel tipo particolare di non-sviluppo che ha caratterizzato questa regione e che ne ha permesso il controllo e il dominio negli anni all'interno dei bisogni dello Stato nazionale, e che ha contribuito in questo modo alla politica e allo sviluppo economico italiano. I fatti della contestazione del Sessantotto in Sicilia si inseriscono certamente all'interno di un quadro politico, culturale e sociale più vasto, che è quello italiano di quegli anni. Ma non crediamo che sia stato un fenomeno minoritario, né che i suoi effetti siano passati inosservati all'interno della società siciliana che vive quegli anni una profonda ristrutturazione sociale e culturale con il passaggio da una civiltà contadina a una civiltà di consumi borghese (anche se senza industrie).

---

714 Giar87, p. 650. Ed è molto bella la chiusura del cap. 9 in Ginsborg96, p. 262-263 con la pubblicazione dello scambio epistolare del 1976 tra una bambina di Santa Ninfa e un presidente del consiglio di Roma.

# Appendice

## A. Le fonti orali

Nel corso della ricerca ci siamo valsi di una serie di colloqui e interviste dirette. Riportiamo l'elenco delle nostre "fonti orali", di cui si dà in allegato trascrizione.

| N° d'ordine | Cognome e nome dell'intervistato | Nota |
|---|---|---|
| INT 01 | Recupero Nino | Lotte studentesche a Catania nel 1968 |
| INT 02 | Muscetta Carlo | Lotte studentesche e situazione accademica a Catania nel 1968 |
| INT 03 | Pioletti Antonio | Lotte studentesche a Catania nel 1968 |
| INT 04 | De Grazia Francesco | Lotte studentesche a Catania nel 1968 |
| INT 05 | Vio Anna | Lotte studentesche a Catania, movimenti della sinistra dopo il 1968 |
| INT 06 | Centineo Gabriele | Lotte studentesche a Catania nel 1968, movimenti della sinistra dopo il 1968 |
| INT 07 | Baeri Emma | Lotte studentesche prima del 1968 a Catania |
| INT 08 | Mudò Pino | Fonte per la storia locale (Scordia) |
| INT 09 | Bombaci Stefano | Fonte per la storia locale (Lentini) successiva al 1968. |

| INT 10 | Di Marco Marika | Lotte studentesche a Palermo |
|---|---|---|

## B. Documenti

Elenco dei documenti allegati, in forma di fotocopia di originali. Tali documenti si trovano presso i seguenti archivi, privati o pubblici:

Recupero     Fondo Nino Recupero, presso la Biblioteca Ursino-Recupero di Catania

DeGrazia     Archivio privato, del prof. De Grazia (Catania)

Centineo     Archivio privato, del prof. Gabriele Centineo (Catania)

Failla       Archivio privato, di Sergio Failla (Lentini)

| N° d'ordine | Fondo | N° cartelle | Titolo o Descrizione, data |
|---|---|---|---|
| B 1 | Failla | 16 | Scuola e libertà Scuola e società : atti del I° Convegno Studenti / FUCI, Gioventù Studentesca. – Catania, 14 maggio 1961. |
| B 2 | Failla | | Sicilia UGI : organo interno dell'Unione Goliardica in Sicilia, marzo-aprile 1963. |
| B 3 | Failla | | Sicilia UGI : organo dell'Unione Goliardica Catanese, anno I, n. 4, ottobre 1963. |
| B 4 | Failla | | Sicilia UGI : organo dell'Unione Goliardica Catanese, anno I, n. 5, dicembre 1963. |
| B 5 | Failla | | Sicilia UGI : organo dell'Unione Goliardica Catanese, anno secondo n. 1, febbraio 1964. |

| B 6 | Failla | | Sicilia UGI : organo dell'Unione Goliardica Catanese, anno secondo n. 2, aprile 1964. |
|---|---|---|---|
| B 7 | Failla | | Sicilia UGI : organo dell'Unione Goliardica catanese, ann II, n. 3, 4 dicembre 1964. |
| B 8 | Failla | | Sicilia UGI : organo dell'Unione Goliardica Catanese, anno terzo, n. 1-2, gennaio-febbraio 1965. |
| B 9 | Failla | | Sicilia UGI : organo dell'Unione Goliardica catanese, anno III, n. 4, 2 dicembre 1965. |
| B 10 | Centineo | 2 | Fuori gli americani dal Vietnam Fuori gli italiani dalla NATO! / Circolo Gaime Pintor. Catania 3 agosto 1966. |
| B 11 | Centineo | 8 | Sicilia UGI : organo dell'Unione Goliardica catanese, anno IV, n. 2, aprile 1967 |
| B 12 | Centineo | (8) | Sicilia UGI : organo dell'Unione Goliardica Catanese, anno V, n. 3, 29 novembre 1967. N° 4 pagine di giornale, formato A3. |
| B 13 | Centineo | 6 | Quaderni di dibattito n° 1, novembre 1967, facoltà di lettere filosofia lingue |
| B 14 | DeGrazia | 1 | Volantino Assemblea Studenti Lettere Filosofia e Lingue, Catania 12-12-1967 |
| B 15 | Centineo | 10 | Bollettino dell'occupazione, 1-2 marzo 1968 |
| B 16 | Centineo | 8 | Bollettino dell'occupazione, 2-3 marzo 1968 |
| B 17 | DeGrazia | 4 | Carta rivendicativa degli occupanti la sede centrale, Catania |
| B 18 | Centineo | 4 | Carta rivendicativa degli occupanti la sede centrale, Catania |
| B 19 | DeGrazia | 2 | Delibera del Consiglio dei professori della Facoltà di Lettere e Filosofia, Catania |
| B 20 | DeGrazia | 1 | L'università è occupata / Comitato di agitazione della Facoltà di Lettere e Filosofia |
| B 21 | DeGrazia | 1 | Come combattere l'attuale situazione |

| | | | |
|---|---|---|---|
| B 22 | DeGrazia | 1 | Agli studenti medi chiediamo |
| B 23 | DeGrazia | 1 | "Esiste attualmente una barriera" / Commissioni didattica, mozioni. |
| B 24 | DeGrazia | 1 | Delibera del Consiglio dei professori della Facoltà di Lettere e Filosofia, Catania |
| B 25 | DeGrazia | 1 | L'Università è il luogo degli studenti. |
| B 26 | Centineo | 7 | Relazione commissioni di studio Facoltà di Medicina, Catania marzo 1968 |
| B 27 | DeGrazia | 1 | Emendamento integrativo della mozione Giarrizzo alla revisione della mozione Stazzone, Catania 1968 |
| B 28 | DeGrazia | 3 | Lettere convocazione assemblea 23 marzo 1968 / Comitato politico dell'occupazione del Palazzo Centrale |
| B 29 | DeGrazia | 1 | Ordine del giorno e iscritti a parlare, assemblea del 2 aprile 1968 |
| B 30 | DeGrazia | 2 | Verbale assemblea generale del 2 aprile 1968 |
| B 31 | DeGrazia | 1 | Mozione conclusiva approvata dell'assemblea in data 3 aprile 1968 |
| B 32 | DeGrazia | 5 | Verbale dell'assemblea in data 3 aprile 1968 |
| B 33 | DeGrazia | 1 | Gruppi di studio proposti nell'assemblea di Lettere, Filosofia e Lingue del 4 aprile1968 |
| B 34 | DeGrazia | 2 | Gruppi di studio proposti nell'assemblea di Lettere, Filosofia e Lingue del 4 aprile1968, con correzioni |
| B 35 | DeGrazia | 2 | Gruppi di studio proposti nelle assemblee di Lettere Filosofia e Lingue del 4-5 aprile 1968 |
| B 36 | DeGrazia | 6 | Cronistoria delle ultime lotte studentesche |
| B 37 | DeGrazia | 1 | Minuta sull'assemblea generale della Facoltà di Lettere e Filosofia del 18 aprile 1968 |

| B 38 | DeGrazia | 12 | Assemblea di facoltà di giovedì 18 aprile 1968 |
| --- | --- | --- | --- |
| B 39 | DeGrazia | 7 | Assemblea generale del 22 aprile 1968 |
| B 40 | DeGrazia | 1 | Minuta ordine del giorno assemblea del 24 (aprile 1968?) |
| B 41 | Centineo | 4 | Cosa è la nocività /Nucleo studenti del PSIUP, Catania settembre 1969 |
| B 42 | Centineo | 5 | Schema di discussione / Nucleo studenti PSIUP, Assemblea del nucleo, 12 ottobre (1969?). |

Del Fondo Recupero non è stata possibile (data anche la vastità del materiale), fare fotocopia. Diamo una prima "descrizione" del Fondo.

## Descrizione del fondo Archivio Nino Recupero alla Biblioteca Ursino-Recupero di Catania

Il Fondo è stato costituito nel 1994 da Nino Recupero, e contiene tutto il materiale politico da lui accumulato dal 1962 al 1990. Il materiale è stato diviso per annate e per argomenti, custodito all'interno di 25 grossi contenitori d'archivio, sulla cui costa è (dattiloscritto) il titolo con il contenuto. I contenitori sono numerati da 1 a 24 (il n. 23 è presente anche come "23 bis").

Elenco dei titoli dei contenitori del Fondo:

- 1962-1968 Università. UGI. "Sicilia UGI", stampa neofascista.
- 1962-1968. Dissidenti nel PCI. La scoperta della Cina, giornali ed opuscoli. "La città futura" (1965-66), "Broadsheet" (1968-69).
- Il sessantotto.

- Il Sessantotto. Movimento Studentesco Catania 1971-73. "Falcemartello" 1968.

- Il Sessantotto: documenti. (Lettere, manoscritti e documenti). "La sinistra", "Città futura" (1963-64).

- Giornali politici anni '60. "Sicilia UGI", "L'autonomia", "Classe operaia", "Classe e stato".

- Socialist Labour League. Documenti di lotta in Gran Bretagna (1968-69).

- Solidarity. (Socialism or Barbarism, Londra 1969).

- Materiale per la storia elettorale. (Giornali, opuscoli e volantini).

- PC(m-l)I 1971-75. Documenti ufficiali. Comitato centrale, Verbali, Minute.

- PC(m-l)I 1971-75. Pubblicazioni di Propaganda e di fiancheggiamento.

- PC(m-l)I 1971-75. Dalla "Unione dei Comunisti" al PC(m-l)I 1971-73. Documenti Minute. "La voce operaia" (quotidiano murale), Manifesti murali.

- PC(m-l)I 1971-75. Milano, Palermo, Catania. Minute Verbali Stampati. MCR Palermo.

- PC(m-l)I 1971-75. Attività di massa e lotte sociali. 1971-75. Volantini.

- PC(m-l)I 1971-75. La fase finale. 1975-77.

- Gruppi marxisti leninisti. Nuova unità, Movimento Studentesco a Milano. "Realismo" (1975-6). Centro Fanon.

- 4° Internazionale 1966-68. "Bollettino".

- 4° Internazionale 1966-68. "Bandiera Rossa"

- Opuscoli e Pamphlets 1962-70.

- Opuscoli e Pamphlets 1962-70.

- Opuscoli e Pamphlets 1962-70.

- Periodici vari. "Unità proletaria" n. 1-8 del 1975-6. "Meridione città-campagna". "Quaderni siciliani".

- Pacifismo. Femminismo. Lotta alla mafia. Volantini, Avvisi, Opuscoli.

23 bis. 1980-85. Lotta alla mafia. Scuola.

- 1977-90. Maoisti dopo il '77. Autonomia operaia e gruppi semiclandestini 1977-79. Femminismo. Partiti (varia di volantini e opuscoli).

Per quanto riguarda la sigla di riferimento sui materiali cui si fa cenno in questa ricerca, abbiamo utilizzato la sigla **Cart.** (numero) per indicare i contenitori principali. Ogni contenitore raccoglie i documenti all'interno di cartelline (**fasc.**) di vario genere:

*Cart. (numero), fasc. (numero), (numero)*

Solo i contenitori principali (Cart.) hanno una numerazione, le altre numerazioni rispettano l'ordine in cui abbiamo trovato i relativi materiali.

# Ringraziamenti

Si ringrazia il personale e la direttrice della Biblioteca Ursino-Recupero di Catania per averci permesso la consultazione dell'Archivio Nino Recupero e per l'assistenza. E Umberto Santino per l'accesso al Centro di documentazione "Giuseppe Impastato" di Palermo.

Ringraziamo tutti coloro che abbiamo incontrato nel corso di questa ricerca - si tratta di un centinaio di persone -, che ci hanno fornito testimonianze e indicazioni. In particolare vogliamo ringraziare: per Catania: Emma Baeri, Gabriele Centineo, Antonio Pioletti, Salvatore "castoro" Di Stefano, Nicola Torre, Gianni Famoso; per Messina: Citto Saija, Pippo Restifo; per Palermo: Umberto Santino; per Lentini: Luigi Boggio, Pippo Moncada, Elio Cardillo, Armando Rossitto, Stefano Bombaci, Neddu Cava.

Questo libro e questa ricerca non sarebbero stati possibili senza Carmelo Adagio e Simona Urso. Indispensabili indicazioni e incoraggiamento li dobbiamo a Rosario Mangiameli.

# Bibliografia

## Bibliografia generale: Università, riforma, stato del sistema scolastico alla fine degli anni Sessanta

- Cento anni di università : l'istruzione superiore in Italia dall'unità ai nostri giorni : atti del III convegno nazionale, Padova 9-10 novembre 1984 / Centro italiano per la ricerca storico-educativa. - Napoli : Ediz. scientifiche italiane, 1986.

- Il PCI e l'università. - Milano : S. Reina, 1977.

- Il quadro strutturale dell'università italiana : 1948-1990 / Giancarlo Orioli. - Roma : Ediun Coopergion, 1993.

- Il sistema scolastico italiano / Anna Laura Fadiga Zanatta. - Bologna : Il Mulino, 1971.

- La questione universitaria / Antimo Negri. - Roma : A. Armando, 1977.

- Le scienze dell'uomo e la riforma universitaria : studi e ricerche / condotte dal Centro nazionale di prevenzione e difesa sociale. - Bari : Laterza, 1969.

- Libro bianco sull'università. - Milano : Edizioni Abete, 1968 (?).

- L'istruzione superiore nell'Italia industriale : problemi e prospettive dell'università italiana / Raffaello barbaresi. - Milano : Franco Angeli, 1964.

- L'ordinamento didattico universitario : lauree e diplomi universitari che si conseguono in Italia / Paola Pirker. - Roma : Edizioni dell'Ateneo, 1967.

- L'Università brucia / Giampaolo Bonani. - Torino : Einaudi, 1969.

- L'università come impresa / Gino Martinoli. - Firenze : La Nuova Italia, 1967

- L'università del dissenso / a cura di Theodore Roszak. - Torino : Einaudi, 1969.

- L'università in trasformazione / David, Zloczower, Halsey, Aron, Trow, Dahrendorf. - Milano : Edizioni Comunità, 1964.
- L'Università italiana dalla Costituzione ad oggi. - Roma : Ediun Coopergion, 1990.
- L'università oggi : atti del convegno / Comitato Cattolico docenti universitari. - Bologna : Il Mulino, 1965.
- Morte (o trasfigurazione?) dell'università / Pietro Piovani. - Napoli : Guida, 1969.
- Per il rinnovamento dell'Università italiana : atti del convegno. Roma : 1965. - Milano : Giuffrè, 1965.
- Per l'università di domani : atti del congresso del / Comitato nazionale universitario. - Padova : Marsilio, 1972.
- Pianificazione e disegno dell'università / a cura di Giancarlo De Carlo. - Venezia : Edizioni universitarie italiane, 1968
- Politica e universitari : elezioni studentesche e orientamenti politico-culturali degli universitari italiani dal 1946 al 1965 / Giuliano Urbani. - Firenze : Sansoni, 1966.
- Processo all'università : contestazione e restaurazione viste attraverso l'analisi istituzionale / Georges Lapassade. - Milano : Emme, 1976.
- Proposte per la riforma universitaria / Gabriello Illuminati, Paolo Sylos Labini. - Milano : edizioni di Comunità, 1970.
- Quale facoltà scegliere? / Confederazione generale dell'industria italiana, Servizio istruzione professionale. - Roma : 1968.
- Rapporto sull'università italiana / Arturo Colombo. - Milano : Comunità, 1962.
- Studi sull'università : vol. I La popolazione universitaria / Comitato studio dei problemi dell'università italiana. - Bologna : Il Mulino, 1960.
- Studi sull'università : vol. II Le facoltà umanistiche / Comitato studio dei problemi dell'università italiana. - Bologna : Il Mulino, 1967.

- Studi sull'università : vol. IV Finanziamento e spese dell'università / Comitato studio dei problemi dell'università italiana. - Bologna : Il Mulino, 1964.

- Studi sull'università : vol. V Una politica per l'università / Comitato studio dei problemi dell'università italiana. - Bologna : Il Mulino, 1961.

- Un futuro per l'università italiana / Giuseppe Barillà. - Bari : Laterza, 1961.

- Università di oggi e società di domani : studi e ricerche / condotte dal Centro Nazionale di prevenzione e difesa sociale. - Bari : Laterza, 1969.

- Università e classe politica / Felice Froio. - Milano : Edizioni di Comunità, 1968.

- Università in prima linea / Carlo Ludovico Ragghianti. - Firenze : Vallecchi, 1968.


## Bibliografia generale: Lotte politiche negli anni Sessanta e Settanta

- 1977, Bologna. Fatti nostri. - Verona : Bertani, 1977.
- '68 : vent'anni dopo / Massimo Ghirelli. - Roma : Editori Riuniti, 1988.
- Alcune osservazioni sui fatti di piazza Statuto / Goffredo Fofi ; in: Cronache dei Quaderni Rossi, n. 1, settembre 1962.
- Alice è il diavolo. - Milano : Edizioni L'Erba Voglio, 1976.
- Alle porte del 1969, l'autunno degli operai. - suppl. a Il Manifesto, 1989.
- Alto là chi va là / a cura di G. Orsini e P. Ortoleva. - Roma : Coop. Giornalisti Lotta Continua, 1977.
- Apparati di stato e "transizione" / Romano Canosa ; in: Quaderni Piacentini, n. 69, Piacenza 1978.

- Appunti per un bilancio delle recenti manifestazioni di piazza / Grazia Cherchi, Alberto Bellocchio ; in: Quaderni Piacentini, n. 6, dicembre 1962.
- Autonomia operaia / a cura di Lucio Castellano. - Roma : Savelli, 1980.
- Autoritratto di gruppo / L. Passerini. - Firenze : 1988.
- Avanguardia di massa / Maurizio Calvesi. - Milano : Feltrinelli, 1977.
- Bosio oggi: rilettura di una esperienza / a cura di Cesare Bermani. - Mantova : Istituto Ernesto De Martino, 1986.
- Brigate Rosse, che cosa hanno fatto, che cosa hanno detto, che cosa se ne è detto / a cura di Soccorso Rosso. - Milano : Feltrinelli, 1976.
- Cenni sulla formazione della nostra corrente, in: Maelstrom, marzo 1984. - Milano : Varani.
- Conflitti in europa : lotte di classe, sindacati e Stato dopo il '68 / a cura di C. Crouch, A. Pizzorno. - Milano : Etas Libri, 1977.
- Contro l'Università / Guido Viale ; in: «Quaderni Piacentini», n. 33, 1968. - [Poi anche in: Quaderni Piacentini : antologia 1962-1968 / a cura di L. Baranelli e M.G. Cherchi. - Milano : 1977]
- Crisi delle politiche e politiche nella crisi. - Napoli : Libreria l'Ateneo, 1981.
- Crisi e organizzazione operaia. - Milano : Feltrinelli, 1974.
- Critica della ragione dialettica / Jean-Paul Sartre. - Milano : Il Saggiatore.
- Cronaca politica / Giampiero Mughini ; in: «Cultura e ideologia della nuova sinistra». - Milano : Comunità, 1973.
- Da sfruttati a produttori / Bruno Trentin. - Bari : De Donato, 1978.
- Dal movimento ai gruppi. - suppl. a Il Manifesto, 1986.
- Dalla canzone popolare alla drammaturgia popolare e operaia / Gianni Bosio, in «Il nuovo Canzoniere italiano», II serie, novembre-dicembre 1970. - Milano : 1970.

- Dalla parte delle bambine / Elena Gianini-Belotti. - Milano : Feltrinelli, 1973.
- Dall'operaio massa all'operaio sociale / Toni Negri. - Milano : Multhipla, 1979.
- Democrazia autoritaria e capitalismo maturo. Milano : Feltrinelli, 1978.
- Democrazia e disordine : movimenti di protesta e politica in Italia, 1965-1975 / S. Tarrow. - Roma, Bari : Laterza, 1990.
- Dieci interventi sulla storia sociale. - Torino : Rosenberg & Sellier, 1981.
- Discussione aperta / Gianni Bosio, Roberto Leydi ; in: Il nuovo Canzoniere italiano, I serie, febbraio 1965, n. 5.
- E a Milano nel '67 scoppiò il sessantotto / G. Mariotti ; in: Corriere della sera, 15 novembre 1997.
- Formidabili quegli anni / Mario Capanna. - Milano : Rizzoli, 1988.
- Grundrisse / Karl Marx. - Firenze : La Nuova Italia, 1957.
- I comitati unitari di base: origini, sviluppi, prospettive. In: «I quaderni di Avanguardia operaia». - Milano : Sapere edizioni, 1970.
- I dieci anni che sconvolsero il mondo. - Roma : Arcana, 1978.
- I fiori di Gutenberg. - Roma : Arcana, 1970.
- I giovani non sono piante / Aldo Ricci. - Milano : Sugar, 1978.
- I persuasori occulti / Vance Packard. - Torino : Einaudi, 1958.
- Il '68 : come eravamo. - Roma, Bari : Laterza, 1978.
- Il dissenso e l'autorità / Franco Fortini ; in: Quaderni Piacentini, n. 34, 1968.
- Il malaffare / Roberto Faenza. - Milano : Mondadori, 1978.
- Il movimento studentesco e le sue lotte / Carlo Oliva, Alberto Rendi. - Milano : Feltrinelli, 1969.
- Il pre '68 / Sergio Dalmasso, in: «Notiziario CDP», n. 155, gennaio-febbraio 1998, anno XXIX.
- Il secondo sesso / Simone de Beauvoir. - Il Saggiatore, 1961.
- La crisi della democrazia. - Milano : Franco Angeli, 1977.

- La guerra di guerriglia / Ernesto Che Guevara. - Milano : Feltrinelli, 1967.
- La maggioranza deviante / Franco Basaglia, Franca Basaglia Ongaro. - Torino : Einaudi, 1971.
- La maniera forte / Domenico Tarantini. - Verona : Bertani, 1975.
- La monarchia di luglio del capitalismo italiano / Vittorio Foa ; in: Mondo nuovo, n. 29, 1962.
- La rivolta di piazza Statuto. Torino, luglio 1962 / Dario Lanzardo. - Milano : Feltrinelli, 1979.
- La tribù delle talpe / Sergio Bologna. - Milano : Feltrinelli, 1978.
- La zecca e il garbuglio / Giuliano Spazzali. - Milano : Machina Libri, 1981.
- L'affare Feltrinelli. - Milano : Stampa club, 1972.
- L'assalto al cielo / Massimo Pini. - Milano : Longanesi, 1989.
- Le due società / Alberto Asor Rosa. - Torino : Einaudi, 1977.
- Le lotte nell'Università. L'esempio di Torino / Luigi Bobbio ; in: Quaderni Piacentini, n. 30, 1967.
- L'economia italiana 1945-1970 / a cura di A. Graziani. - Bologna : Il Mulino, 1979.
- L'eroe che pensa : disavventure dell'impegno / Alfonso Berardinelli. - Torino : Einaudi, 1997.
- Lettera a una professoressa / Scuola di Barbiana [don Lorenzo Milani]. - Firenze : Libreria editrice fiorentina, 1966.
- L'evasione impossibile / Sante Notarnicola. - Milano : Feltrinelli.
- L'infamia originaria / Lea Melandri. - Milano : Edizioni L'Erba Voglio, 1977.
- L'intellettuale rovesciato. Interventi e ricerche sulla emergenza d'interesse verso le forme di espressione e di organizzazione "spontanee" nel mondo popolare e proletario (gennaio 1963-agosto 1971) / Gianni Bosio. - Milano : Edizioni Bella Ciao, 1975.

- L'Italia contemporanea 1945-1975 / a cura di V. Castronovo. - Torino : Einaudi, 1976.
- L'obbedienza non è più una virtù / don Milani. - Firenze : Libreria editrice fiorentina, 1967.
- L'occupazione dell'hotel Commercio / Giuseppe Natale ; in: Quaderni Piacentini, n. 37, 1969.
- L'orda d'oro : la grande ondata rivoluzionaria e creativa, politica ed esistenziale / Nanni Balestrini, Primo Moroni; cura di Sergio Bianchi; hanno collaborato Franco Berardi (Bifo), Franca Chiaromonte, Giairo Daghini, Letizia Paolozzi. - Milano : Feltrinelli, 1997.
- Lotta di classe a Milano: operai, studenti, impiegati, in: Quaderni Piacentini, n. 38, 1969.
- Lotte operaie nello sviluppo capitalistico / Renato Panzieri ; a cura di Sandro Mancini. - Torino : Einaudi, 1976.
- Mai più senza fucile / Alessandro Silj. - Firenze : Vallecchi, 1976.
- Militanti politici di base / Danilo Montaldi. - Torino : Einaudi, 1971
- Non contate su di noi / Andrea Valcarenghi. - Roma : Arcana, 1977.
- Non parlarmi degli archi, parlami delle tue galere / Franca Rame. - Milano : FR edizioni, 1984.
- Note sulla Rivoluzione culturale cinese / Edoarda Masi ; in: Quaderni piacentini, n. 30, 1967.
- Pater, ave e storia / Claudio Rinaldi ; in: Panorama, 22 novembre 1987.
- Perché la rivolta degli studenti / Ruggero Zangrandi. - Milano : Feltrinelli, 1968.
- Perché tutto il mondo insieme? / Alberto Asor Rosa. - suppl. a L'Espresso, n. 3, 1988.
- Primo maggio oltre il movimento / Sergio Bologna, in Primo Maggio, n. 13, Milano 1979.
- Ragione e rivoluzione / Herbert Marcuse. - Bologna : Il Mulino, 1966.

- Ristrutturazione capitalistica, proletarizzazione e riforma della scuola, in: Linea di massa, n. 3, Roma 1969.
- Rivolta femminile. - Roma : Scritti di Rivolta Femminile, 1970.
- Se cede la legge / Norberto Bobbio, in La Stampa, 17 luglio 1977.
- Sette anni di desiderio / Umberto Eco. - Milano : Bompiani, 1983.
- Speculum / Luce Irigaray. - Milano : Feltrinelli, 1975.
- Storia del Movimento studentesco e dei marxisti-leninisti in Italia / Walter Tobagi. - Milano : Sugar, 1970.
- Storia d'Italia dal dopoguerra ad oggi / Paul Ginsborg. - Torino : Einaudi scuola, 1996.
- Storia e coscienza di classe / Gyorgy Lukacs. - Milano : Sugar, 1967.
- Studenti e composizione di classe / a cura di Roberta Tomassini. - Milano : Edizioni Aut Aut, 1977.
- Tesi sul rapporto generale di intellighentzia scientifica e coscienza di classe proletaria / Hans Jurgen Krahl ; in: Quaderni Piacentini, n. 43, 1971.
- Underground / Walter Hollstein. - Firenze : Sansoni, 1975.
- Underground a pugno chiuso! / Andrea Valcarenghi. - Roma : Arcana, 1973.
- Università Cattolica. - Milano : Sapere edizioni, 1968.
- Vivere insieme : il libro delle comuni. - Roma : Arcana, 1975.
- Vogliamo tutto / Nanni Balestrini. - Milano : Feltrinelli, 1973.

## Bibliografia generale: Università nel Mezzogiorno e in Sicilia

- Alcune impressioni e osservazioni sulle Università siciliane / Lucio Lombardo-Radice, Alberto Monroy ; in: Il ponte, a. 15 (1959), n. 5, p. 677.

- I problemi della scuola / Salvatore Onufrio ; in: Il Ponte, a. 15 (1959), n. 5, p. 686.

- Il Mezzogiorno e l'università / Mario Gianturco ; in: Nuova Antologia, a. 98, vol. 489, settembre-dicembre 1963. - Roma, 1963.

- Mezzogiorno : realtà sociale ed università / Franco Catalano, Ermanno Rea. - Milano : Bompiani, 1974.

- Scuola e sistema mafioso / Maria Attanasio ; prefazione di Sebastiano Addamo. - Catania : Tringale, 1983.

- Università e sviluppo economico / Francesco Parrillo ; Università di Messina, Facoltà di Economia e commercio, Istituto di scienze economiche. - Milano : Giuffrè, 1965.

## Bibliografia generale: Situazione politica ed economica in Sicilia alla fine degli anni Sessanta

- Aspetti e problemi del sud / Ugo Piscopo, Giovanni D'Elia. - Napoli : Ferraro, 1977.

- Cinque anni di omicidi in Sicilia : 1967-1971 : indagine sociologica / Fausto Galatino. - Palermo : Ila Palma, 1975.

- Della corruzione : fisiologia e patologia di un sistema politico / Franco Cazzola. - Bologna : Il Mulino, 1988.

- Elites e potere in Sicilia : dal medioevo ad oggi / a cura di Francesco Benigno e Claudio Torrisi. - Catanzaro : Meridiana libri, 1995.

- I fatti di Avola / Sebastiano Burgaretta ; nota introduttiva di Giuseppe Giarrizzo. - Avola : Libreria F. Urso, 1981.

- I nuovi insediamenti industriali / Salvatore La Francesca ; in: Storia della Sicilia / diretta da Rosario Romeo. – Società editrice storia di Napoli, del Mezzogiorno continentale e della Sicilia, 1977. - vol. IX, p. 39-63.

- Il lavoro e la lotta : operai e contadini nella Sicilia degli anni '40 e '50 / testo e fotografie di Franco Pezzino ; prefazione di Francesco Renda. - Catania : Cuecm, 1987.

- Il Mezzogiorno tra due legislature / Francesco Compagna. - Milano : Il saggiatore, 1968.

- Il movimento contadino in Sicilia e la fine del blocco agrario nel Mezzogiorno / F. Renda. - Bari : Laterza, 1976.

- L'economia della provincia di Siracusa : centenario della Camera di commercio industria e agricoltura si Siracusa. - Caltanissetta Roma : Salvatore Sciascia, 1963.

- Mafia e potere politico : relazione di minoranza e proposte unitarie della commissione parlamentare d'inchiesta sulla mafia / prefazione di Pio La Torre. - Roma : Editori Riuniti, 1976. - (Ventesimo secolo ; 50).

- Notizie sulla congiuntura economica siciliana. Consuntivo 1966. (anno I, n.2) / Cassa di Risparmio V.E. per le Province Siciliane, a cura dell'Ufficio Studi. - Palermo : 1967.

- Problemi dell'economia siciliana / a cura di P. Sylos Labini. - Milano : Feltrinelli, 1966.

- Relazione conclusiva / a cura della Commissione Parlamentare d'inchiesta sul fenomeno della mafia in Sicilia. - Roma : Tipografia del senato, 1976. - [In anni seguenti sono stati pubblicati: Documentazione allegata alla relazione conclusiva]

- Sicilia in Italia : per la storia culturale e sociale della Sicilia nell'Italia unita / Giuseppe Galasso. - Catania : edizioni del Prisma, 1994.

- Sicilia oggi (1950-1986) / Giuseppe Giarrizzo ; in: La Sicilia / a cura di Maurice Aymard e Giuseppe Giarrizzo. - Torino : Einaudi, 1987. - (Storia d'Italia : Le Regioni dall'Unità ad oggi).

- Storia d'Italia : dal dopoguerra ad oggi / Paul Ginsborg. – Torino : Einaudi, 1989. [Abbiamo utilizzato l'edizione Einaudi Scuola, 1996].

- Testo integrale della Relazione della Commissione Parlamentare d'inchiesta sul fenomeno della mafia / a cura di Alfonso Madeo ; con le testimonianze dell'on. Francesco

Cattanei, dell'on. Libero della Briotta e dell'on. Pio La Torre. - Roma : Cooperativa Scrittori, 1973. - 3 volumi.

## Bibliografia: Catania

- '68, che passione! : il movimento studentesco a Catania / Salvatore Distefano ; prefazione di Nino Recupero, interventi di Carlo Muscetta e Massimo Gaglio. - Catania : Cooperativa Universitaria Editrice Catanese di Magistero, 1988.

- Catania / Giuseppe Giarrizzo. - Bari : Laterza, 1986. - (Storia e società).

- Catania nella vita democratica : (1946-1975) : tomo III / Giovanni Merode, Vincenzo Pavone. – Catania : Greco, 1988.

- Democrazia cristiana e potere nel Mezzogiorno : Il sistema democristiano a Catania / Mario Caciagli ; in collaborazione con Antonino Anastasi, Renato D'Amico, M. Rosaria Gentile, Neri Gori, Liborio Mattina, Enzo Nocifora. - Rimini, Firenze : Guaraldi, 1977. - (La società politica ; 2).

- I lumi e il cerchio : una esercitazione di storia / Emma Baeri. – Roma : Editori Riuniti, 1992. – (Gli studi. Storia).

- Il giorno prima del Sessantotto : romanzo / Giorgio Dell'Arti. - Milano : Arnoldo Mondadori, 1987. - (Scrittori italiani e stranieri). - [Romanzo rievocativo]

- 

- La parabola di Giovane Critica / di Sergio Dalmasso ; in: «Per il Sessantotto», n. 13, 1997, pp. 24-31.

- L'erranza : memorie in forma di lettere / Carlo Muscetta. - Valverde : Il Girasole, 1992. - (Dioniso).

- L'*ordine* e la *moralità* negli affari a Catania : il ruolo del ragioniere in cento anni di storia / Tino Vittorio ; prefazione di Francesco Di Stefano. - Catania : Collegio dei ragionieri e periti commerciali di Catania per i circondari dei Tribunali di Enna e di Catania, 1993. - [Si tratta di una ricerca d'occasione, commissionata per il centenario del Collegio dei Ragionieri, l'autore se ne serve per una sua ricostruzione polemica della storia recente di Catania].

- Marxismo ed intellettuali / Romano Luperini. – Marsilio, 1974.
- Quaderno dell'Istituto di disegno, n. 3. - Catania : Istituto di disegno, 1971.
- Una vita contro il malgoverno : intervista a Franco Pezzino / Tino Vittorio. - Catania : Cuecm, 1990.
- Università e territorio in Sicilia / Giuseppe D'Urso. - Catania, 1971.

## Bibliografia: Messina

- Crisi economica e classi sociali a Messina / Antonello Cammarota ; in: Alla periferia del Mezzogiorno. - Milano, 1981.
- Il prospetto urbano di Messina : documenti per l'identità 1860-1985 / Giuseppe Campione. - Roma : Gangemi, 1988.
- La Provincia di Messina e la programmazione economica / a cura dell'Amministrazione provinciale di Messina. - Messina : Tipografia Samperi, 1966.
- La Provincia di Messina e la programmazione economica : atti del convegno degli amministratori degli Enti Locali : Messina 17-18 dicembre 1966 / a cura dell'Amministrazione Provinciale di Messina. - Messina : Tipografia Samperi, 1967.
- Le città del Sud: territorio e classi sociali / Nella Ginatempo ; prefazione di Enzo Mingione. - Milano : Mazzotta, 1976.
- Le mani sull'Università : borghesi mafiosi e massoni nell'ateneo messinese / Comitato Messinese per la Pace e il Disarmo Unilaterale ; prefazione di Francesco Forgine e Giuseppe Restifo ; foto di Enrico Di Giacomo. - Messina : Armando Siciliano, 1998.
- L'ora socialista : periodico del PSIUP. - Messina : Psiup, 1967-1973.

- Messina / Amelia Ioli Gigante. - Bari : Laterza, 1980.
- Non possiamo tacere / Gruppo Fuci di Messina, in: «Ricerca», anno XXIX, n. 14-15, 31-7 / 15-8 1973, p. 13.
- Problemi territoriali e aspetti economici della condizione studentesca meridionale. Il caso della Facoltà di Scienze politiche dell'Università di Messina / Mario Centorrrino, Tullio D'Aponte. - Milano : Giuffrè, 1972.
- Prospettive di politica economica con particolare riguardo alla provincia di Messina / Rosario Ansaldo Patti. - s.n.c., [1970?]
- *Zoning* industriale e riequilibrio territoriale : atti del dibattito sugli indirizzi del piano regolatore dell'area di sviluppo industriale della provincia di Messina . Milazzo 29 giugno 1975 / Consorzio per l'area di sviluppo industriale della provincia di Messina. - Messina, 1976.

## Bibliografia: Palermo

- Annali : della Facoltà di Magistero, Università di Palermo. - Palermo, 1968.
- Chi gioca solo / Danilo Dolci. - Torino : Einaudi, 1966.
- I veleni di Palermo / Rosario La Duca ; introduzione di Leonardo Sciascia. - Palermo : Esse, 1970.
- Inchiesta a Palermo / Danilo Dolci. - Torino : Einaudi, 1958. - [Abbiamo letto la terza edizione, 1960]
- Le industrie di Palermo / Idomedeo Barbadoro. - Palermo : Edizioni Libri siciliani, 1966.
- Palermo / Cesare De Seta. - Bari : Laterza, 1980.
- Palermo, capitale delle illusioni / Giuseppe Josca ; in: Dal nostro inviato speciale / a cura di Salvatore Nicolosi. - Catania, 1983.
- Patronage, power and poverty in southern Italy : a tale of two cities / Judith Chubb. - Cambridge : Cambridge University Press, 1982.

- Scritti sulla mafia disponibili presso la biblioteca dell'Istituto Gramsci siciliano / a cura di Linda Pantano. - Palermo : Ist. Gramsci Siciliano, 1995.

- La scuola a Palermo / a cura dell'ARCI. - Palermo, 1982.

- Sull'operaismo. - Palermo, Roma : Praxis, 1973.

- Crisi economica e crisi delle istituzioni. - Palermo, Roma : Praxis, 1974.

- L'avanguardia del '68 e il partito rivoluzionario. - Palermo, Roma : Praxis, 1974.

- Ateneo e studenti a Palermo ; in: Annali della Facoltà di Lettere. - Palermo : Università di Palermo, 1981.

- Rapporto su Palermo. - Palermo : Banco di Sicilia, 1987.

- Un filosofo in svendita : dialoghetto su Armando Plebe / Cesare Cases, in: «Quaderni piacentini», n. 47.

- Il Circolo Lenin di Palermo / a cura del Circolo Lenin. - Palermo : 1969. - [Dattiloscritto, reperibile presso Centro di documentazione Impastato].

- La Lega Studenti Rivoluzionari / a cura del Circolo Lenin. - Palermo : 1970. [Dattiloscritto, reperibile presso Centro di documentazione Impastato].

- Il congresso di Viareggio dell'UNURI / C. Crescimanno, in: Bollettino politico-culturale del circolo Labriola, n. 1, 1966.

- Mario Mineo, comunista rivoluzionario / E. Guarneri, in: «Segno», n. 91-92, 1988.

- Lettera n. 2 / del Movimento Studentesco. - Palermo : 1968. - [Ciclostilato, reperibile presso Centro di documentazione Impastato].

- Rapporto sui fascisti a Palermo / a cura di Lotta Continua. - Palermo : 1972.

- Verso il X congresso del PCI / Mario Mineo. - Palermo : 1962. - [Dattiloscritto, reperibile presso Centro di documentazione Impastato].

- Il caso Praxis / Mario Mineo. - Palermo, Roma : Praxis, 1976.

- Lo Stato e la transizione / Mario Mineo . - Milano : Unicopli, 1987.

- A proposito delle recenti manifestazioni universitarie / F. Mistretta, in: Bollettino politico-culturale del circolo Labriola, n. 2, 1966.

- Scuola, sviluppo capitalistico, alternativa operaia e studentesca : atti del convegno organizzato da Il Manifesto. - Roma : 1970. - quaderno n.1.

- L'ingranaggio inceppato : il '68 della periferia / a cura di Franco Riccio e Salvo Vaccaro. - Palermo : Ila Palma, 1992.

- Per il risanamento di Palermo : alcune esperienze sui problemi dell'ambiente e del territorio in una scuola media superiore di Palermo / Giuseppe Cipolla. - Palermo : Vittorietti, 1975.

- Rostagno : un delitto tra amici / Attilio Bolzoni, Giuseppe D'Avanzo. - Milano : Arnoldo Mondadori, 1997. - (Le frecce).

## Bibliografia: Aspetti e temi particolari

*Sul movimento cattolico del dissenso:*

- *Una rivista catanese degli anni Sessanta* : «Incidenza» / Gisella Padovani, in «Archivio storico per la Sicilia Orientale», anno 84, 1988, p. 71.

- *Isolotto 1954-1969* / Comunità dell'Isolotto. - Bari : Laterza, 1969.

- *Isolotto sotto processo* / a cura della Comunità dell'Isolotto. - Bari : Laterza, 1971.

- *Il dissenso cattolico in Italia : 1965-1980* / Mario Cuminetti. - Milano : Rizzoli, 1983.

- *Contro la Chiesa di classe* / a cura di Marco Boato. - Padova : Marsilio, 1969.

- *'68, che passione! : il movimento studentesco a Catania* / Salvatore Distefano ; prefazione di Nino Recupero, interventi di Carlo

Muscetta e Massimo Gaglio. - Catania : Cooperativa Universitaria Editrice Catanese di Magistero, 1988. - [Parti relative al dissenso cattolico a Catania nel periodo del Sessantotto].

- *Ricerca : quindicinale di Azione Fucina,* anni 1967-1973.

- *Cristiani per il socialismo* / Gigi Accattoli, in: «Ricerca», anno XXIX, n. 19, 15 ottobre 1973, p. 13.

- *Cultura e politica nelle riviste bolognesi (1965-1969)* / Carmelo Adagio, in: *Tra immaginazione e programmazione : Bologna di fronte al '68 : Materiali per una storia del '68 a Bologna* / Carmelo Adagio, Fabrizio Billi, Andrea Rapini, Simona Urso. - Milano : Punto rosso, 1998. - pp. 140-195. In particolare sulla rivista cattolica «Collegamenti», da p. 177 ("L'esperienza dei gruppi spontanei e la radicalizzazione politica del dissenso cattolico in Collegamenti").

- *Il lungo autunno : Controstoria del sessantotto cattolico* / R. Beretta. - Milano : Rizzoli, 1998.

*Sul femminismo:*

- Femminismo e lotta di classe in Italia (1970-1973) / a cura di Biancamaria Frabotta. - Roma : Savelli, 1973.

- *I movimenti femministi in Italia* / Rosalba Spagnoletti. - Roma : Samonà e Savelli, Roma, 1971.

- "Memoria", rivista di storia delle donne, n. 19-20 (1-2, 1987). - Torino : Rosenberg & Sellier, 1987. [dedicato a "Il movimento femminista negli anni '70"].

- *La politica del femminismo* / a cura di Biancamaria Frabotta. Roma : Savelli, 1977.

- I lumi e il cerchio / Emma Baeri. - Roma : Editori Riuniti, 1992.

- Riguardarsi : Manifesti del Movimento politico delle donne in Italia / a cura di emma Baeri e Annarita Buttafuoco ;

Fondazione Elvira Badaracco. - Milano : Protagon. Siena : Editori Toscani, 1997.

- *Sputiamo su Hegel. La donna clitoridea e la donna vaginale* / Carla Lonzi. - Milano : Scritti di rivolta femminile, 1974 ; ristampa.

- *L'infamia originaria* / Lea Melandri. - Milano : Edizioni Erba Voglio, 1977.

- *Lessico politico delle donne. Teorie del femminismo* / a cura di Manuela Fraire. - Milano : Gulliver, 1979.

- *Produrre e riprodurre.* - Roma : Cooperativa editrice Il Manifesto, 1984.

- *Udi. Laboratorio di politica delle donne* / Maria Michetti, Margherita Repetto, Luciana Viviani. - Roma : Cooperativa Libera Stampa, 1985.

- *Non credere di avere dei diritti. La generazione della libertà femminile nell'idea e nelle vicende di un gruppo di donne* / Libreria delle donne di Milano. - Torino : Rosenberg & Sellier, 1987.

- *Esperienza storica femminile nell'età moderna e contemporanea. Parte seconda* / a cura di Anna Maria Crispino. - Roma : Udi - La goccia, 1989.

- *Discutendo di storia. Soggettività, ricerca, biografia* / Società italiana delle Storiche. - Torino, Rosenberg & Sellier, 1990.

- *L'io in rivolta* / Maria Luisa Boccia. - Milano : La Tartaruga, 1990.

- *Viaggio nell'isola* / Letizia Paolozzi.

- *La cultura e i luoghi del '68* / a cura di Aldo Agosti, Luisa Passerini, Nicola Tranfaglia, Dipartimento di storia dell'Università di Torino. - Torino : Franco Angeli, 1991. In particolare: *Il movimento delle donne* / di Luisa Passerini

- *La ricerca delle donne- studi femministi in Italia* / a cura di Maria Cristina Marcuzzo e Anna Rossi-Doria. In particolare: *Storia orale: dalla denuncia dell'esclusione all'interpretazione della soggettività* / di Luisa Passerini; *Storie di vita e forme narrative della soggettività* / di Laura Derossi; *Femminismo e storia orale* / di Roberta Fossati.

- *Nelle maglie della politica : Femminismo, istituzioni e politiche sociali nell'Italia degli anni '70* / di Yasmine Ergas ; Griff : Gruppo di ricerca sulla famiglia e condizione femminile. - Torino : Franco Angeli, 1986.

- *Storie di donne e femministe* / Luisa Passerini. - Torino : Rosenberg & Sellier, 1991.

*Sulle lotte bracciantili:*

- *Sviluppo capitalistico e lotte bracciantili nell'agricoltura siciliana* / Sergio Giani, Antonio Leonardi, in: «Giovane critica», n. 19, inverno 1968-1969.
- *I fatti di Avola* / Sebastiano Burgaretta ; nota introduttiva di Giuseppe Giarrizzo. - Avola : Libreria F. Urso, 1981.
- *I fasci siciliani : 1892-94* / Francesco Renda. - Torino : Einaudi, 1977.
- *Analisi critica del censimento agrario. Processo di sviluppo dell'agricoltura siciliana, sue contraddizioni e prospettive* / a cura del Centro Studi G. Di Vittorio di Siracusa. - Siracusa : febbraio 1967.
- *La regione in guerra (1943-50)* / Rosario Mangiameli, in: *Storia d'Italia : Le regioni dall'Unità a oggi : La Sicilia* / a cura di Maurice Aymard e Giuseppe Giarrizzo. - Torino : Einaudi, 1987. - [Relativamente alla situazione agraria fino agli anni Cinquanta].
- *Agricoltura ricca nel sottosviluppo : storia e mito della Sicilia agrumaria (1860-1950)* / Salvatore Lupo, in: «Archivio storico per la Sicilia orientale», anno 79, n. 1-2, 1983.

*Su Lentini:*

- *L'archivio Beneventano in Lentini* / Giuseppe Astuto, Rosario Mangiameli, in: «Archivio storico per la Sicilia orientale», anno 74, 1978, p. 761.
- *La strada della stazione* / Enzo Caruso, in: «Giro di Vite», n. 45, agosto 1998, p.1.
- *I fatti di Lentini del 13 dicembre 1966 : Lentini, Agrigento e la crisi del centro-sinistra : Discorsi pronunciati alla Camera dei Deputati nella*

*seduta del 9 gennaio 1967* / E. Macaluso, V. Failla, S. Di Lorenzo. - [Roma] : Carlo Colombo, [1967].

# Sigle usate

Per i testi di carattere generale o che hanno citazione ristretta, si dà conto nelle note relative. Per i testi da noi citati in maniera più massiccia e soprattutto con particolare riferimento agli ambiti geografici e storici interessati dalla ricerca, abbiamo utilizzato i riferimenti tramite sigle. Diamo elenco delle sigle bibliografiche utilizzate.

| Sigla | Testo |
|---|---|
| Attanasio83 | Scuola e sistema mafioso / Maria Attanasio ; prefazione di Sebastiano Addamo. - Catania : Tringale, 1983. |
| Baeri92 | I lumi e il cerchio : una esercitazione di storia / Emma Baeri. – Roma : Editori Riuniti, 1992. – (Gli studi. Storia). |
| Caciagli77 | Democrazia cristiana e potere nel Mezzogiorno : Il sistema democristiano a Catania / Mario Caciagli ; in collaborazione con Antonino Anastasi, Renato D'Amico, M. Rosaria Gentile, Neri Gori, Liborio Mattina, Enzo Nocifora. - Rimini, Firenze : Guaraldi, 1977. - (La società politica ; 2). |
| Capanna88 | Formidabili quegli anni / Mario Capanna. - Milano : Rizzoli, 1988. |
| CMPDU98 | Le mani sull'Università . borghesi mafiosi e massoni nell'ateneo messinese / Comitato Messinese per la Pace e il Disarmo Unilaterale ; prefazione di Francesco Forgine e Giuseppe Restifo ; foto di Enrico Di Giacomo. - Messina : Armando Siciliano, 1998. |
| Dalmasso97 | La parabola di Giovane Critica / di Sergio Dalmasso, in Per il Sessantotto, n. 13, 1997, pp. 24-31. |
| DS88 | '68, che passione! : il movimento studentesco a |

| | |
|---|---|
| | Catania / Salvatore Distefano ; prefazione di Nino Recupero, interventi di Carlo Muscetta e Massimo Gaglio. - Catania : Cooperativa Universitaria Editrice Catanese di Magistero, 1988. |
| Giar86 | Catania / Giuseppe Giarrizzo. - Bari : Laterza, 1986. - (Storia e società). |
| Giar87 | Sicilia oggi (1950-1986) / Giuseppe Giarrizzo, in: La Sicilia / a cura di Maurice Aymard e Giuseppe Giarrizzo. - Torino : Einaudi, 1987. - (Storia d'Italia : Le Regioni dall'Unità ad oggi). |
| Ginsborg96 | Storia d'Italia : dal dopoguerra ad oggi / Paul Ginsborg. – Torino : Einaudi, 1989. Abbiamo utilizzato l'edizione Einaudi Scuola, 1996. |
| Lafran77 | I nuovi insediamenti industriali / Salvatore La Francesca, in: Storia della Sicilia / diretta da Rosario Romeo. – Società editrice storia di Napoli, del Mezzogiorno continentale e della Sicilia, 1977. - vol. IX, p. 39-63 |
| LombRad59 | Alcune impressioni e osservazioni sulle Università siciliane / Lucio Lombardo-radice, Alberto Monroy ; in: Il ponte, a. 15 (1959), n. 5, p. 677. |
| Luperini74 | Marxismo ed intellettuali / Romano Luperini. – Marsilio, 1974. |
| Mafia76 | Mafia e potere politico : relazione di minoranza e proposte unitarie della commissione parlamentare d'inchiesta sulla mafia / prefazione di Pio La Torre. - Roma : Editori Riuniti, 1976. - (Ventesimo secolo ; 50). |
| Merode88 | Catania nella vita democratica : (1946-1975) : tomo III / Giovanni Merode, Vincenzo Pavone. – Catania : Greco, 1988. |
| Muscetta92 | L'erranza : memorie in forma di lettere / Carlo Muscetta. - Valverde : Il Girasole, 1992. - (Dioniso). |
| Onufrio59 | I problemi della scuola / Salvatore Onufrio ; in: Il Ponte, a. 15 (1959), n. 5, p. 686. |
| Pirker67 | L'ordinamento didattico universitario : lauree e |

| | |
|---|---|
| | diplomi universitari che si conseguono in Italia / Paola Pirker. - Roma : Edizioni dell'Ateneo, 1967. |
| Quaderno71 | Quaderno dell'Istituto di disegno, n. 3. - Catania : Istituto di disegno, 1971. |
| Relazione73 | Testo integrale della Relazione della Commissione Parlamentare d'inchiesta sul fenomeno della mafia / a cura di Alfonso Madeo ; con le testimonianze dell'on. Francesco Cattanei, dell'on. Libero della Briotta e dell'on. Pio La Torre. - Roma : Cooperativa Scrittori, 1973. - 3 volumi. |
| Renda76 | Il movimento contadino in Sicilia e la fine del blocco agrario nel Mezzogiorno / F. Renda. - Bari : Laterza, 1976. |
| Santino92 | Il '68 a Palermo, ovvero Palermo nel '68, in: L'ingranaggio inceppato : il '68 della periferia / a cura di Franco Riccio e Salvo Vaccaro. - Palermo : Ila Palma, 1992. |
| Sylos66 | Problemi dell'economia siciliana / a cura di P. Sylos Labini. - Milano : Feltrinelli, 1966. |
| Urbani66 | Politica e universitari : elezioni studentesche e orientamenti politico-culturali degli universitari italiani dal 1946 al 1965 / Giuliano Urbani. - Firenze : Sansoni, 1966. - (Centro di ricerca e documentazione Luigi Einaudi). |

# Indice generale

**Nota** ..................................................................................7

**Introduzione**......................................................................9
    QUATTRO CASI PER QUATTRO CITTÀ.................................13

**La Sicilia negli anni Sessanta**........................................15
    L'ECONOMIA..................................................................15
    IL POTERE DELLE ESATTORIE...........................................23
    LA MAFIA......................................................................24
    IL SINDACATO................................................................28
    L'EMIGRAZIONE..............................................................29
    LA MAGISTRATURA.........................................................29
    CENTRI CULTURALI E TRASMISSIONE DELLA CULTURA IN SICILIA..30
    LA CHIESA CATTOLICA....................................................30
    LA CULTURA LAICA.........................................................31
    L'UNIVERSITÀ E LA SCUOLA............................................31
        *Gli organismi di rappresentanza studentesca prima del Sessantotto.....36*
        *La scuola e l'emancipazione femminile.......................................38*

**Il caso Catania**.................................................................39
    INTRODUZIONE..............................................................39
    GLI ANNI CINQUANTA....................................................39
        *La Catania del quartiere san Berillo.........................................39*
        *La cultura negli anni Cinquanta.............................................45*
        *La situazione economica negli anni Cinquanta..........................47*
    GLI ANNI SESSANTA.......................................................52
        *La situazione culturale...........................................................61*
        *La crisi dei partiti istituzionali................................................62*

Il '68 di Catania ..................................................................... 67
    *La contestazione studentesca* ........................................... *67*
    *La chiesa cattolica* ........................................................... *70*
    *Lo scontro tra i partiti. Le elezioni 1968-1972* ................... *73*
    *Catania e le occupazioni* .................................................. *76*
    *Prima dell'occupazione* ..................................................... *77*
    *FGCI* ................................................................................. *84*
    *FGSI* ................................................................................. *85*
    *Il circolo Giaime Pintor* ................................................... *85*
La fine dell'esperienza del Pintor ............................................ 88
    *Giovane Critica* ................................................................ *90*
Giovane critica dopo il 1969 .................................................... 95
    *L'UGI* ............................................................................... *96*
Sicilia UGI 1963-1966 .............................................................. 96
Il punto di non-ritorno dell'UGI: il 1967 ................................. 98
    *Falcemartello* ................................................................. *108*
    *5 Vietnam* ...................................................................... *109*
    *CUC* ............................................................................... *109*
    *Il mondo accademico catanese* ....................................... *113*
    *L'occupazione: la prima occupazione della facoltà di Lettere* ...... *115*
Le reazioni all'occupazione: i gruppi ..................................... 127
Le reazioni all'occupazione: solidarietà dal sindacato ............ 127
Le reazioni all'occupazione: i giornali .................................... 127
Le reazioni all'occupazione: il mondo accademico ................ 129
Cosa succedeva fuori .............................................................. 133
La smobilitazione della prima occupazione ........................... 134
    *Le lotte studentesche nel 1968-1969* ............................. *135*
    *Le altre occupazioni a Catania* ...................................... *137*
    *Le assemblee* .................................................................. *142*
    *Le ragazze del Sessantotto* ............................................. *143*

  *La Sinistra giovanile a Catania*.....................................................*147*
  *I cattolici*.......................................................................................*148*
Le reazioni all'occupazione: il mondo cattolico............................**149**
  *Caratteristiche sociologiche*.........................................................*150*
  *Le discussioni*................................................................................*151*
  *Limiti: il muro della città*............................................................*152*
  *Dopo le occupazioni: i mutamenti di struttura dei gruppi giovanili*....*155*
  *Il sindacato del personale amministrativo dell'Università*...................*167*
  *Referenti e contatti nazionali*......................................................*168*
  *Dopo il Sessantotto*......................................................................*168*
  *Gli effetti sulla didattica*..............................................................*169*
  *Effetti sulla ricerca*......................................................................*170*
  *A partire dall'invasione della Cecoslovacchia*.............................*172*
  *I gruppi post-sessantottini: Servire il popolo*..............................*173*
  *I gruppi post-sessantottini: Pcd'I*.................................................*174*
  *I gruppi post-sessantottini: maoisti*.............................................*175*
  *I gruppi post-sessantottini: FGCI*................................................*176*
  *I gruppi post-sessantottini: il Nucleo Studenti del PSIUP*...............*176*
  *I gruppi post-sessantottini: MS*...................................................*178*
Lo scontro con i neofascisti e il Movimento Studentesco............**184**
La fine del MS.................................................................................**189**
  *Dopo il 1968: Catania megalopoli: economia e sviluppo urbano*........*189*
  *Il Sessantotto di Catania: conclusioni*..........................................*195*

## Il caso Palermo..........................................................................**198**
  Introduzione.................................................................................**198**
  La situazione sociale ed economica........................................**200**
  La città politica...........................................................................**205**
  I problemi della scuola e le connessioni con la mafia...**209**
  Lo stato dell'Università.............................................................**238**
    *Università e mafia*.........................................................................*238*

  *Il degrado quotidiano dell'Università di Palermo*..................*243*
  *Dalle lotte sindacali alle lotte politiche*..................*248*
 L'ANNO 1968 A PALERMO..................253
  *Il movimento studentesco all'Università: la fase delle occupazioni*.......*253*
  *Gli studenti medi*..................*256*
  *La nascita dei gruppi politici studenteschi*..................*257*
 I GRUPPI DELLA SINISTRA DOPO IL 1968 A PALERMO..................260
  *Circolo Lenin*..................*261*
  *Il Manifesto tra Palermo e Roma*..................*263*
  *Lotta Continua*..................*265*
  *Pcd'I*..................*266*
  *OCML*..................*266*
  *Avanguardia comunista*..................*266*
  *Avanguardia operaia*..................*266*
 PROBLEMI SOCIALI A PALERMO DOPO IL 1968 E L'ATTIVITÀ DEI GRUPPI DELLA SINISTRA..................267
  *La lotta per la casa*..................*267*
  *La lotta alla mafia*..................*269*
  *La questione meridionale*..................*271*
  *Antiautoritarismo e parità dei sessi*..................*273*
 LO SCONTRO CON LA DESTRA..................273

**Il caso Messina**..................**275**
 INTRODUZIONE..................275
 SITUAZIONE ECONOMICA A MESSINA NEGLI ANNI SESSANTA.....276
 L'UNIVERSITÀ DI MESSINA ALLA FINE DEGLI ANNI SESSANTA....278
 DOPO IL SESSANTOTTO A MESSINA..................279
  *L'intreccio tra neofascismo e delinquenza mafiosa*..................*279*
  *Gli anni di fuoco di Messina: gli anni Settanta*..................*288*

**Il caso Lentini**..................**300**
 INTRODUZIONE ..................300

    Situazione economica e sociale..................................................302
    Il movimento bracciantile.........................................................305
    I fermenti cattolici......................................................................312
        *L'associazione Il Ponte*......................................................*313*
        *La Fuci di Lentini*..............................................................*314*
    I fermenti nella sinistra............................................................333
        *La formazione al Liceo*......................................................*333*
        *L'Università tra Catania e Lentini*....................................*336*
        *I gruppi della Nuova Sinistra a Lentini*............................*338*
    Conclusioni................................................................................341

## Le fonti...................................................................................344
    Fonti scritte edite......................................................................344
    Fonti scritte inedite ..................................................................345

## Le interviste...........................................................................347
    I nomi, i modi, i tempi..............................................................347
    Lo sguardo.................................................................................348
    Gli sguardi..................................................................................348

## I temi della memoria...........................................................350
    Le scoperte: Ester Fano Damascelli......................................350
    Il Sessantotto diviso e condiviso...........................................350
    Il viaggio.....................................................................................356
    L'emigrazione............................................................................356
    Circoli..........................................................................................357
    Catania : la città, l'università, il sessantotto......................357

## Conclusioni............................................................................362

## Appendice...............................................................................366
    A. Le fonti orali.........................................................................366
    B. Documenti ............................................................................367

    *Descrizione del fondo Archivio Nino Recupero alla Biblioteca Ursino-Recupero di Catania*..................................................................................*370*

    RINGRAZIAMENTI..................................................................................373

## Bibliografia..................................................................................374

    BIBLIOGRAFIA GENERALE: UNIVERSITÀ, RIFORMA, STATO DEL SISTEMA SCOLASTICO ALLA FINE DEGLI ANNI SESSANTA..............374

    BIBLIOGRAFIA GENERALE: LOTTE POLITICHE NEGLI ANNI SESSANTA E SETTANTA..................................................................................376

    BIBLIOGRAFIA GENERALE: UNIVERSITÀ NEL MEZZOGIORNO E IN SICILIA..................................................................................381

    BIBLIOGRAFIA GENERALE: SITUAZIONE POLITICA ED ECONOMICA IN SICILIA ALLA FINE DEGLI ANNI SESSANTA ..............................382

    BIBLIOGRAFIA: CATANIA..................................................................................384

    BIBLIOGRAFIA: MESSINA..................................................................................385

    BIBLIOGRAFIA: PALERMO..................................................................................386

    BIBLIOGRAFIA: ASPETTI E TEMI PARTICOLARI..............................388

    SIGLE USATE..................................................................................393

## Indice generale..................................................................................396

## Nota editoriale..................................................................................402

    QUESTO LIBRO..................................................................................402

    GLI AUTORI..................................................................................402

    I NOSTRI LIBRI..................................................................................403

# Nota editoriale

## Questo Libro

Il Sessantotto non è avvenuto solo a Roma o nel Nord Italia. C'è stato un Sessantotto anche nel Sud, e in Sicilia. Qual è stato l'apporto e quali sono state le caratteristiche del Sessantotto delle periferie? E quale "periferia", quale "centro"? Come ha funzionato l'incontro / scontro tra modernità e resistenze locali? Questo è il primo studio organico che sia stato fatto sul Sessantotto in Sicilia, in occasione del "trentennale" del Sessantotto (Bologna 1998, a cura dell'istituto Gramsci Emilia Romagna). Lo ripubblichiamo in forma ampliata come utile materiale documentario per il "cinquantenario" del 2018 e per i successivi.

## Gli Autori

**Pina La Villa** è nata nel 1960 a Francofonte. Laurea in Storia e Filosofia, insegna nei Licei, vive a Catania. Dirige la rivista Sherazade, si occupa di pari opportunità. Ha svolto ricerche di storia sul Sessantotto in Sicilia. Scrive per Girodivite. Ha pubblicato per ZeroBook: *Elle come leggere* (2006), *Segnali di fumo* (2007) con una nota di Maria Attanasio, *Socrate al caffé* (2007).

**Sergio Failla** è nato a Roma nel 1962, si è occupato di storia, informatica e letteratura. E' stato tra i fondatori del collettivo Girodivite. Lavora presso un ISP siciliano, come sviluppatore e progettista di siti web. Ha pubblicato per ZeroBook: *I ragazzi sono in Giro* (2006), *I ragni di Praha* (2006), *L'isola che naviga: storia del web in Sicilia* (2007), le raccolte di poesie: Fragma 1978-1983 (nuova edizione

ZeroBook 2016), *Stanze d'uomini e sole : poesie 1986-1996* (2015), *La mancanza dei frigoriferi: poesie 1996-1997* (2015). Ha curato l'edizione 2015 de *Il cronoWeb*, cronologia della storia del Web dalle origini al 2015.

## I nostri libri

Le edizioni ZeroBook nascono nel 2003 a fianco delle attività di www.girodivite.it. Il claim è: "un'altra editoria è possibile". ZeroBook è una piccola casa editrice attiva soprattutto (ma non solo) nel campo dell'editoriale digitale e nella libera circolazione dei saperi e delle conoscenze.

Quanti sono interessati, possono contattarci via email: zerobook@girodivite.it

O visitare le pagine su: http://www.girodivite.it/-ZeroBook-.html

**Ultimi volumi:**

**Accanto ad un bicchiere di vino : antologia della poesia da Li Po a Rino Gaetano / a cura di Piero Buscemi (ISBN 978-88-6711-107-7, 978-88-6711-108-4)**

**Il cronoWeb 2015 / a cura di Sergio Failla (ISBN 978-88-6711-097-1)**

**Col volto reclinato sulla sinistra / di Orazio Leotta (ISBN 978-88-6711-023-0)**

**L'isola dei cani / di Piero Buscemi (ISBN 978-88-6711-037-7)**

**Saggistica:**

**Antenati: per una storia delle letterature europee: volume primo: dalle origini al Trecento / di Sandro Letta (ISBN 978-88-6711-101-5)**

**Antenati: per una storia delle letterature europee: volume secondo: dal Quattrocento all'Ottocento / di Sandro Letta (ISBN 978-88-6711-103-9)**

Antenati: per una storia delle letterature europee: volume terzo: dal Novecento al Ventunesimo secolo / di Sandro Letta (ISBN 978-88-6711-105-3)

Il cronoWeb 2015 / a cura di Sergio Failla (ISBN 978-88-6711-097-1)

Il prima e il Mentre del Web / di Victor Kusak (ISBN 978-88-6711-098-8)

Col volto reclinato sulla sinistra / di Orazio Leotta (ISBN 978-88-6711-023-0)

Il torto del recensore / di Victor Kusak (ISBN 978-6711-051-3)

Elle come leggere / di Pina La Villa (ISBN 978-88-6711-029-2)

Segnali di fumo / di Pina La Villa (ISBN 978-88-6711-035-3)

Musica rebelde / di Victor Kusak (ISBN 978-88-6711-025-4)

Il design negli anni Sessanta / di Barbara Failla

Maledetti toscani / di Sandro Letta (ISBN 978-88-6711-053-7)

Socrate al caffé / di Pina La Villa (ISBN 978-88-6711-027-8)

Le tre persone di Pier Vittorio Tondelli / di Alessandra L. Ximenes (ISBN 978-88-6711-047-6)

Del mondo come presenza / di Maria Carla Cunsolo (ISBN 978-88-6711-017-9)

Stanislavskij: il sistema della verità e della menzogna / di Barbara Failla (ISBN 978-88-6711-021-6)

Quando informazione è partecipazione? / di Lorenzo Misuraca (ISBN 978-88-6711-041-4)

L'isola che naviga: per una storia del web in Sicilia / di Sergio Failla

Lo snodo della rete / di Tano Rizza (ISBN 978-88-6711-033-9)

Comunicazioni sonore / di Tano Rizza (ISBN 978-88-6711-013-1)

Radio Alice, Bologna 1977 / di Lorenzo Misuraca (ISBN 978-88-6711-043-8)

L'intelligenza collettiva di Pierre Lévy / di Tano Rizza (ISBN 978-88-6711-031-5)

I ragazzi sono in giro / a cura di Sergio Failla (ISBN 978-88-6711-011-7)

Proverbi siciliani / a cura di Fabio Pulvirenti (ISBN 978-88-6711-015-5)

**Narrativa:**

L'isola dei cani / di Piero Buscemi (ISBN 978-88-6711-037-7)

L'anno delle tredici lune / di Sandro Letta (ISBN 978-88-6711-019-3)

**Poesia:**

Il libro dei piccoli rifiuti molesti / di Victor Kusak (ISBN 978-88-6711-063-6)

L'isola ed altre catastrofi (2000-2010) di Sandro Letta (ISBN 978-88-6711-059-9)

La mancanza dei frigoriferi (1996-1997) / di Sergio Failla (ISBN 978-88-6711-057-5)

Stanze d'uomini e sole (1986-1996) / di Sergio Failla (ISBN 978-88-6711-039-1)

Fragma (1978-1983) / di Sergio Failla (ISBN 978-88-6711-093-3)

**Libri fotografici:**

I ragni di Praha / di Sergio Failla (ISBN 978-88-6711-049-0)

Transiti / di Vicotr Kusak (ISBN 978-88-6711-055-1)

Dirty Eyes / di Victor Kusak (ISBN 978-88-6711-065-0)

Ventimetri / di Victor Kusak (ISBN 978-88-6711-095-7)

**Cataloghi:**

ZeroBook: catalogo dei libri e delle idee 2016

ZeroBook: catalogo dei libri e delle idee 2015
ZeroBook: catalogo dei libri e delle idee 2012
Catalogo ZeroBook 2007
Catalogo ZeroBook 2006